国家出版基金项目
"十二五"国家重点图书出版规划项目

孙中山全集

第九卷

公牍（上）

尚明轩 主编

人民出版社

总 目 录

第一卷　专论
　　前言
　　凡例
　　目录
　　正文

第二卷　文集
　　凡例
　　目录
　　　论著
　　　传记与回忆
　　　序跋
　　　祭悼
　　　祝词
　　　其他
　　　译著
　　　遗嘱
　　正文

第三卷　文告　规章
　　凡例
　　目录
　　　　文告
　　　　通电
　　　　启事（含声明、讣告等）
　　　　其他
　　　　规章
　　正文

第四卷　函札（上）
　　凡例
　　目录
　　正文

第五卷　函札（下）
　　凡例
　　目录
　　正文

第六卷　文电
　　凡例
　　目录
　　正文

第七卷　演说

　　　　凡例
　　　　目录
　　　　正文

第八卷　　谈话
　　　　凡例
　　　　目录
　　　　正文

第九卷　　公牍(上)
　　　　凡例
　　　　目录
　　　　正文

第十卷　　公牍(中)
　　　　凡例
　　　　目录
　　　　正文

第十一卷　　公牍(下)
　　　　凡例
　　　　目录
　　　　正文

第十二卷　　人事任免(上)
　　　　凡例

目录

正文

第十三卷　人事任免（下）
凡例
目录
正文

第十四卷　外文著述
凡例
目录
正文

第十五卷　题词遗墨
凡例
目录
正文

第十六卷　索引　传略
凡例
目录
　索引
　传略
后记

凡 例

一、本全集共收录孙中山现有著述11500余篇,按文体性质分类(含有多种性质的,据其主要倾向归类),依时间顺序编次,据类别和篇幅列卷。

二、日期与编次。底本有写作日期的,按原日期。无写作日期的,按最后发表日期,或通过考证予以判明;写作日期无从考证的,列于该类之末。著述日期统一采用公历,标于标题下方圆括号内。各卷原则上按时间顺序编次;卷内存在分类的,按各类时间顺序编次。

三、分类与列卷。根据类别和篇幅,分22类,列15卷:第一卷,专论(收录集中反映孙中山政治思想的5种著述);第二卷,文集(含论著、传记与回忆、序跋、祭悼、祝词、译著、遗嘱等);第三卷,文告规章(含文告、通电、启事、规章等);第四、五卷,函札;第六卷,文电;第七卷,演说;第八卷,谈话;第九、十、十一卷,公牍;第十二、十三卷,人事任免;第十四卷,外文著述;第十五卷,题词遗墨。索引和传略单独列卷,为第十六卷。

四、底本的选择。优先采用原始文件、影印件和初刊本;充分吸收现有各种图书报刊的文献成果,如中国社会科学院近代史研究所中华民国史研究室、广东省社会科学院历史研究室(所)、中山大学历史系孙中山研究室合编《孙中山全集》(中华书局1981—1986年出版),秦孝仪主编《国父全集》(台北近代中国出版社1989年版)。发表在不同图书报刊的同内容文献,有歧义之处的,经考证后取其一说,其余在注释中简要介绍;诸说并存的,选择最佳版本;文字内容虽有出入但各具特色的,原则上选择底本来源较权威者为主文,其余作为"同题异文"附录于后。

五、标题。原有标题的,一般保留,个别编者酌改;原无标题的,编者酌拟。标题文字以国家现行文字规范为准。标题中的人名一律统一为现行惯称,文中不另做说明。

六、注释。每篇著述,文末均注明所据底本。文内酌加的注释,均为页下注。人物有多个字、号、别名的,地名有多种译法的,原则上在该卷首次出现时加注,其后不注。【　】内的文字,系编者为避免上下文表意脱节或缺省所加的说明。

七、校勘与标点。文内明显的错漏,编者均予以校勘:订正讹字,置于〔　〕内;增补脱字,置于〈　〉内;衍文加[　];有疑误、难以确定的,用〔?〕表示;字句残缺或难以辨认的,用□表示。校勘、考释和外文翻译等,部分吸收前人成果,本全集一般不做具体说明。标点符号原则上执行国家现行规范。底本无标点或有标点但与国家现行规范不符的,均重新标点。

八、本全集中文为简体字横排,底本的繁体、古体和异体字,原则上统一为简体字,特殊含义者例外。第十四卷"外文著述",参考秦孝仪主编《国父全集》(台北近代中国出版社1989年版)编排。全集中插图及题词遗墨,一般据底本影印;质量较差的,适当修版或据原图重新绘制。

九、受时代局限,有的著述中使用的词语及字词用法和个别观点在今天看来欠妥,但因是原文固有,均不做改动。

目 录

给公记捐助军需收据(一九〇七年九月二十二日) …………………… 1
改历谕令(一九一一年十二月三十一日) …………………………… 1
  附录　同题异文 ……………………………………………………… 2
命各军划一发饷令(一九一二年一月八日) ………………………… 2
令汪缦卿等移交川路股款筹办蜀军文(一九一二年一月九日) …… 2
咨复参议会论国旗文(一九一二年一月十二日) …………………… 3
咨参议院请核议法制局职制草案文(一九一二年一月十二日) …… 5
准颁布陆军编制表令(一九一二年一月十六日) …………………… 5
命陆军部严加约束士兵令(一九一二年一月十六日) ……………… 6
命陆军部颁行军令整顿军纪令(一九一二年一月二十日) ………… 6
批陆军部呈(一九一二年一月上中旬) ……………………………… 7
  附录　陆军军官学校暂行条例 …………………………………… 8
命陆军部赏恤石凤鸣令(一九一二年一月二十二日) ……………… 10
命将江南造币厂归财政部管理令(一九一二年一月二十三日) …… 11
发交财政部核办公文令(一九一二年一月二十四日) ……………… 11
命各军团应设军医令(一九一二年一月二十五日) ………………… 12
令各行政机关购阅公报文(一九一二年一月二十八日) …………… 12
咨参议院陈述作战方略文(一九一二年一月三十日) ……………… 12
批张人杰等来函(一九一二年一月三十日) ………………………… 13
批华侨联合会会长王敬祥等呈(一九一二年一月三十一日) ……… 14

咨参议院核议南京府官制草案等文(一九一二年一月三十一日) ……… 14
统一盐政事权通令(一九一二年一月) ……… 15
命内务部编印历书令(一九一二年一月) ……… 16
批张翼枢来函(一九一二年一月) ……… 17
命财政部筹办发行南京军用钞票令(一九一二年二月一日) ……… 17
令实业部通告汉口商民建筑市场文(一九一二年二月二日) ……… 17
令内务部通饬所属保护人民财产文(一九一二年二月三日) ……… 18
命财政部核办变通军用票办法令(一九一二年二月四日) ……… 18
批秦毓鎏呈(一九一二年二月五日) ……… 19
咨参议院请核议各部官制文(一九一二年二月六日) ……… 19
令松江太仓所属本年应完粮税暂拨沪军应用文
　(一九一二年二月六日) ……… 20
批沈懋昭呈(一九一二年二月六日) ……… 21
批女界共和协济社禀明兴学办报并请拨女界协济会捐款呈
　(一九一二年二月六日) ……… 21
颁发陆军暂行给与令文(一九一二年二月六日) ……… 22
令茅乃登将南洋印刷厂交归印铸局办理文(一九一二年二月八日) ……… 22
令内务部筹画兴复汉口市场文(一九一二年二月八日) ……… 22
批内务部呈(一九一二年二月八日) ……… 23
　附录　内务部原呈 ……… 23
令法制局拟定任官状纸及任官规制文(一九一二年二月九日) ……… 24
令内务部电各省将属部改称为司文(一九一二年二月九日) ……… 24
令庄蕴宽将周阮冤案移交沪军都督办理文(一九一二年二月九日) ……… 25
令陈其美秉公讯办周阮被杀案文(一九一二年二月十日) ……… 25
令张察将姚荣泽及全案卷宗解送沪督讯办文(一九一二年二月十日) ……… 26
命安徽都督查究贵池小学损失各物令(一九一二年二月十日) ……… 26
令江苏都督转饬南洋印刷厂速办交代文(一九一二年二月十一日) ……… 27
批谭道渊等呈(一九一二年二月十一日) ……… 27

  附录　谭道渊等致孙中山原呈 …… 28
饬陆军部饬所有北伐军改名讨虏军令(一九一二年二月十一日) …… 30
命财政部核办沈秉荃呈请代招银行股本令(一九一二年二月十二日) …… 30
咨参议院辞临时大总统职文(一九一二年二月十三日) …… 31
令徐绍桢妥订检查章程文(一九一二年二月十三日) …… 32
咨参议院推荐袁世凯文(一九一二年二月十三日) …… 32
定于十五日率同各部长以次人员恭谒孝陵令
  (一九一二年二月十四日) …… 33
令准财政部从权办理盐政文(一九一二年二月十四日) …… 34
令陆军内务两部会同教育部保护各处学堂及充公房屋文
  (一九一二年二月十四日) …… 34
批内务部请颁文官试验令文(一九一二年二月十四日) …… 35
令准派汤寿潜充南洋劝募公债总理文(一九一二年二月十五日) …… 36
给蓝天蔚胡瑛的训令(一九一二年二月十五日) …… 36
命财政部办理前清沪道交托比国存款令(一九一二年二月十七日) …… 37
咨参议院答复汉冶萍借款并无违法文(一九一二年二月十八日) …… 37
令内务部凡谒陵时被残损田苗准照数赔给示文
  (一九一二年二月二十日) …… 38
令内务部核办江宁自治公所等请另委南京府知事呈
  (一九一二年二月二十一日) …… 38
令财政部将江南造币厂归中央管理文(一九一二年二月二十二日) …… 39
命庄蕴宽取缔渔业公会令(一九一二年二月二十二日) …… 40
批法制局呈(一九一二年二月二十二日) …… 41
令交通部规定宁省铁路时刻表文(一九一二年二月二十二日) …… 41
令法制局迅速编纂文官试验草案文(一九一二年二月二十二日) …… 42
命教育部核办女子蚕桑学校令(一九一二年二月二十二日) …… 42
咨黎元洪转达参议院仍举黎为临时副总统文
  (一九一二年二月二十二日) …… 43

命沪军都督核办朱佩珍辞职事令（一九一二年二月二十二日） …… 43
咨参议院建议设立稽勋局文（一九一二年二月二十三日） …… 44
咨复参议院再次质询临时政府抵押借款等案文
　（一九一二年二月二十三日） …… 45
命教育部核办甘霖呈请官费留学令（一九一二年二月二十四日） …… 46
命法制局审定官职试验章程草案令（一九一二年二月二十四日） …… 46
命陆军部选派卫兵驻参议院守卫令（一九一二年二月二十四日） …… 47
令陆军财政内务三部遵照参议院统一军民财政办法文
　（一九一二年二月二十四日） …… 47
令财政部准安徽都督呈请拨盐分销文（一九一二年二月二十五日） …… 48
令陆军部内务部查封及借用民房应咨南京府知事文
　（一九一二年二月二十七日） …… 48
咨参议院在稽勋局内设捐输调查科文（一九一二年二月二十七日） …… 49
批康新民等呈（一九一二年二月二十七日） …… 50
咨参议院议决文官考试令等草案文（一九一二年二月二十八日） …… 50
批财政部呈（一九一二年二月二十八日） …… 51
　附录一　财政部原呈 …… 51
　附录二　造币厂章程 …… 51
令内务部通知革除前清官厅称呼文（一九一二年二月二十九日前） …… 52
命内务部准中华民国红十字会立案令（一九一二年二月二十九日） …… 53
批江安渔业公会呈（一九一二年二月二十九日） …… 53
批王先孚呈（一九一二年二月二十九日） …… 54
命财政部查照承认中华银行为商银行并予补助令
　（一九一二年二月二十九日） …… 54
令印铸局长黄复生编具概算书文（一九一二年二月二十九日） …… 56
对吴铁城的面谕（一九一二年二月） …… 56
命陆军部转饬所属统一领取军需公债办法令
　（一九一二年三月一日） …… 57

令财政部与交通等部协商张人杰等输款事宜文
  （一九一二年三月一日）……………………………………… 58
咨参议院请核议借华俄道胜银行款项文二件
  （一九一二年三月一日）……………………………………… 58
批陆军部呈报勋章章程文（一九一二年三月一日）………… 59
咨参议院请核议张人杰等输款事文（一九一二年三月一日）… 60
颁给梅乔林旌义状（一九一二年三月一日）………………… 60
颁给邓慕韩旌义状（一九一二年三月一日）………………… 61
颁给骆连焕旌义状（一九一二年三月一日）………………… 61
颁给林义顺旌义状（一九一二年三月一日）………………… 62
颁给郑螺生旌义状（一九一二年三月一日）………………… 62
颁给李源水旌义状（一九一二年三月一日）………………… 63
颁给张永福旌义状（一九一二年三月一日）………………… 63
颁给张蔼蕴旌义状（一九一二年三月一日）………………… 64
颁给周献瑞旌义状（一九一二年三月一日）………………… 64
颁给李笃宾旌义状（一九一二年三月一日）………………… 65
颁给温庆武旌义状（一九一二年三月一日）………………… 65
颁给陈新政旌义状（一九一二年三月一日）………………… 66
颁给《少年中国报》优等旌义状（一九一二年三月一日）… 66
颁给埔吧哇觉群书报社旌义状（一九一二年三月一日）…… 67
颁给林镜秋旌义状（一九一二年三月一日）………………… 67
颁给沈联芳旌义状（一九一二年三月一日）………………… 68
颁给陈信藩旌义状（一九一二年三月一日）………………… 68
颁给许柏轩旌义状（一九一二年三月一日）………………… 69
颁给徐赞周旌义状（一九一二年三月一日）………………… 69
颁给何荫三旌义状（一九一二年三月一日）………………… 70
颁给潘叔谦旌义状（一九一二年三月一日）………………… 70
颁给潘受之旌义状（一九一二年三月一日）………………… 71

颁给槟城书报社优等旌义状(一九一二年三月一日) ……………… 71
颁给广州《平民报》优等旌义状(一九一二年三月一日) …………… 72
颁给印尼松柏港民群书报社旌义状(一九一二年三月一日) ………… 72
颁给上海《天铎报》优等旌义状(一九一二年三月一日) ……………… 73
严禁鸦片通令(一九一二年三月二日) ……………………………… 73
令内务部禁止买卖人口文(一九一二年三月二日) …………………… 74
令内务司法两部通饬所属禁止刑讯文(一九一二年三月二日) ……… 74
批叶韶奎等呈(一九一二年三月二日) ……………………………… 75
命沪军都督停止发行公债票令(一九一二年三月三日) ……………… 76
批杨文彬呈(一九一二年三月三日) ………………………………… 77
令沪都督核办杨文彬为被嫌久拘请省释文(一九一二年三月三日) … 77
咨复参议院弹劾吕志伊违法文(一九一二年三月三日) ……………… 78
咨参议院核议借款救济皖灾案文(一九一二年三月三日) …………… 79
令准陆军部呈请奖恤吴禄贞等文(一九一二年三月四日) …………… 79
准补充造币厂正长等职批文(一九一二年三月四日) ………………… 80
饬内务部撤去日商广告令(一九一二年三月五日) …………………… 81
命内务部晓示人民一律剪辫令(一九一二年三月五日) ……………… 81
令法制局审定南京市制草案文(一九一二年三月五日) ……………… 82
咨参议院请核议商业注册章程文(一九一二年三月五日) …………… 82
批刀安仁呈二件(一九一二年三月五日) …………………………… 83
令内务部核办云南干崖土司行政兴革及品级章服文
　(一九一二年三月五日) ………………………………………… 84
批钱广益堂尤福记呈(一九一二年三月五日) ……………………… 84
批汪俊升呈(一九一二年三月五日) ………………………………… 85
令内务部通饬禁烟文(一九一二年三月六日) ……………………… 85
令陆军部准建杨郑二烈士专祠并附祀吴熊陈三烈士文
　(一九一二年三月六日) ………………………………………… 86
批卢安泽等呈(一九一二年三月六日) ……………………………… 87

批陆军部呈(一九一二年三月六日) …… 87
批江宁自治公所等呈(一九一二年三月六日) …… 88
批方潜呈(一九一二年三月六日) …… 88
批冯滋深等呈(一九一二年三月六日) …… 88
批唐庆镁呈(一九一二年三月六日) …… 89
批武立元等呈(一九一二年三月六日) …… 89
批毛伯龙呈(一九一二年三月六日) …… 89
命陆军部准所拟编练第三军办法令(一九一二年三月六日) …… 90
咨参议院请议决统一政府办法文(一九一二年三月六日) …… 90
令江苏都督核办冯滋深等请留钟志沆仍办鹾务文
　(一九一二年三月六日) …… 91
令内务部掩埋城垣内外各处暴露尸棺文(一九一二年三月七日) …… 91
令王宠惠关于各部局互相咨商之件应直接办理文
　(一九一二年三月七日) …… 92
令内务部安置江宁难民及提拨款项文(一九一二年三月八日) …… 93
批潘宗彝呈(一九一二年三月八日) …… 93
令法制局迅复南京市制文(一九一二年三月八日) …… 93
令法制局审定临时中央裁判所草案文(一九一二年三月八日) …… 94
咨参议院请速议决设稽勋局及捐输调查科两案文
　(一九一二年三月八日) …… 94
令内务部取消暂行报律文(一九一二年三月九日) …… 95
咨参议院请议决袁世凯拟派唐绍仪为国务总理文
　(一九一二年三月九日) …… 95
令财政部准刊纪念币等新模鼓铸文(一九一二年三月九日) …… 96
命司法部将各省审检厅暂行大纲留部参考令
　(一九一二年三月十日) …… 97
令交通部整顿电话文(一九一二年三月十日) …… 97
令交通部整顿宁省铁路开车时间文(一九一二年三月十日) …… 98

批李燮和呈(一九一二年三月十日) …………………………………… 98
批江阴布厂呈(一九一二年三月十日) …………………………………… 99
命内务部司法部通饬所属禁止体罚令(一九一二年三月十一日) …… 99
令内务部遵照南京府官制办理文(一九一二年三月十二日) ………… 100
咨参议院请将四国银行借款先行备案文(一九一二年三月十二日) … 100
批黄复生呈(一九一二年三月十二日) …………………………………… 101
转发祝晋条陈令交通部备采择文(一九一二年三月十二日) ………… 101
批张惠人等呈(一九一二年三月十二日) ………………………………… 101
令江北都督蒋雁行核办张惠人请赈文(一九一二年三月十二日) …… 102
为暂缓设置造币总厂正长批文(一九一二年三月十二日) …………… 102
命陆军部海军部统一长江水师编制委任妥员令
　(一九一二年三月十二日) ……………………………………………… 103
令内务部通饬各省劝禁缠足文(一九一二年三月十三日) …………… 104
令内务部通饬各省慎重农事文(一九一二年三月十三日) …………… 104
转发蒯寿枢条陈令实业部藉备采择文(一九一二年三月十三日) …… 105
批李文藻呈(一九一二年三月十三日) …………………………………… 105
批江宁自治公所呈(一九一二年三月十三日) …………………………… 106
命财政部核办造币总厂匠徒呈文令(一九一二年三月十三日) ……… 106
令外交部妥筹禁绝贩卖"猪仔"及保护华侨办法文
　(一九一二年三月十四日) ……………………………………………… 107
批吉涌等呈(一九一二年三月十五日) …………………………………… 107
令内务部核办吉涌等请变卖八卦洲产业以作旗民生计文
　(一九一二年三月十五日) ……………………………………………… 108
令内务部核办李鼎等呈请抚恤文(一九一二年三月十五日) ………… 108
令江苏都督遵照财政部议复江南造币厂办法文
　(一九一二年三月十五日) ……………………………………………… 109
　　附录　陈锦涛呈 …………………………………………………… 109
批宁省铁路局总协理呈(一九一二年三月十五日) ……………………… 111

— 8 —

令交通部核办温世珍等呈报改良行车办法文

  (一九一二年三月十五日)………………………………… 111

令财政部将侨商统一联合会王敬祥等募捐清册存案文

  (一九一二年三月十五日)………………………………… 112

批陆军部呈(一九一二年三月十五日)…………………………… 112

批陈婉衍呈(一九一二年三月十五日)…………………………… 113

令实业部审批王敬祥等拟办贸易会社事文………………………… 113

  (一九一二年三月十六日)

咨参议院请查照国务员名单文(一九一二年三月十六日)……… 113

命财政部核办贾凤威请于无锡设分银行令(一九一二年三月十六日)…… 114

令各省都督遵行财政部所拟发行债票办法文

  (一九一二年三月十七日)………………………………… 114

令交通部核办报界公会请减邮电费文(一九一二年三月十七日)…… 115

令内务部通令蛋户惰民等一律享有公权私权文

  (一九一二年三月十七日)………………………………… 116

令浙江都督查办刘学询呈称抵款各节文(一九一二年三月十七日)…… 117

咨参议院请核议商业银行暂行则例文(一九一二年三月十七日)…… 117

批胡汉民等呈(一九一二年三月十七日)………………………… 118

咨参议院请核议设立国史院文(一九一二年三月十七日)……… 118

批左酉山等呈(一九一二年三月十七日)………………………… 120

令财政部核办左酉山等请留扬州盐务办事地点文

  (一九一二年三月十七日)………………………………… 120

批李国梁等呈(一九一二年三月十七日)………………………… 120

令财政部察核李国梁等呈请改良盐政文(一九一二年三月十七日)…… 121

批仇志远呈二件(一九一二年三月十七日)……………………… 121

令实业部核办仇志远呈请泾县煤矿立案文(一九一二年三月十七日)…… 122

批杨显焘等呈(一九一二年三月十七日)………………………… 122

批上海日报公会呈(一九一二年三月十七日)…………………… 123

批上海总商会呈(一九一二年三月十七日) …………………………… 123
补发杨贺的同盟会员证书(一九一二年三月十七日) …………… 124
批财政部呈(一九一二年三月十八日) ……………………………… 124
命内务部咨江苏都督清理阜宁苇荡积弊令(一九一二年三月十八日) …… 125
批曹运郎等呈(一九一二年三月十九日) …………………………… 125
令广东都督严禁贩卖"猪仔"文(一九一二年三月十九日) ……… 126
令教育部通告各省优初级师范开学文(一九一二年三月十九日) …… 126
批叶宝书等呈(一九一二年三月十九日) …………………………… 127
令实业部核办叶宝书等呈请改良浙省盐政办法文
　(一九一二年三月十九日) ………………………………………… 127
批陆军部呈(一九一二年三月十九日) ……………………………… 128
批石仁山等呈(一九一二年三月十九日) …………………………… 128
防止各省另举都督令(一九一二年三月十九日) …………………… 129
命黄兴准予烈士王家驹优恤令(一九一二年三月十九日) ………… 129
命安徽都督办理上海裘业商会呈令(一九一二年三月二十日) …… 130
批郑裕庆呈(一九一二年三月二十日) ……………………………… 130
令江西都督查办郑裕庆宝记银号被封案文(一九一二年三月二十日) … 131
批张瀛呈(一九一二年三月二十日) ………………………………… 131
令南京府知事调查饥民设局平粜文(一九一二年三月二十日) …… 132
咨参议院请核议各部院三月份概算书文(一九一二年三月二十日) … 132
批上海裘业商会呈(一九一二年三月二十日) ……………………… 134
批潘月樵等呈(一九一二年三月二十日) …………………………… 134
批邓城呈(一九一二年三月二十日) ………………………………… 134
批辛汉呈(一九一二年三月二十日) ………………………………… 135
令外交部总长慎重用人文(一九一二年三月二十日) ……………… 135
批刘绍基等呈(一九一二年三月二十一日) ………………………… 136
批陆海军部呈(一九一二年三月二十一日) ………………………… 137
咨参议院送交袁世凯在北京受职誓书文(一九一二年三月二十一日) … 137

咨参议院请核议中国银行则例文(一九一二年三月二十一日) …… 138
令上海通商交涉使查复梁祖禄承办垦牧被奸商捏控情形文
　(一九一二年三月二十一日) …… 138
令陆军部查办曹锡圭请设督垦营地局文(一九一二年三月二十一日) …… 139
命财政部核办上海源丰润号押产令(一九一二年三月二十一日) …… 139
指拨源丰润等钱号抵押前清沪道部款为中国公学经费令
　(一九一二年三月二十一日) …… 140
批财政部准予不补助中华银行文(一九一二年三月二十一日) …… 141
批钮永建呈(一九一二年三月二十一日) …… 141
令内务部转饬辛汉遵照批示赴任文(一九一二年三月二十一日) …… 142
令法制局审核呈复律师法草案文(一九一二年三月二十二日) …… 142
命黄兴准予陈鲁恤金令(一九一二年三月二十三日) …… 143
批财政部呈送兴农等银行则例文(一九一二年三月二十三日) …… 143
　　附录　财政总长陈锦涛呈稿 …… 144
令参谋部裁撤大本营名目文(一九一二年三月二十三日) …… 145
令教育部准佛教会立案文(一九一二年三月二十四日) …… 146
令法制局核复驻沪通商交涉使分设厅科任职章程文
　(一九一二年三月二十四日) …… 146
　　附录　原呈 …… 147
令财政部核办李炳耀等呈请给国债事务所委札文
　(一九一二年三月二十四日) …… 147
咨参议院请核议暂行法律文(一九一二年三月二十四日) …… 148
批孙道仁呈(一九一二年三月二十四日) …… 148
令广东都督派员迎接赵声烈士灵柩文(一九一二年三月二十六日) …… 149
咨参议院请核议金库则例文(一九一二年三月二十六日) …… 149
咨参议院请核议法官考试委员官职令草案等文
　(一九一二年三月二十六日) …… 150
咨参议院请核议暂行传染病预防法草案文(一九一二年三月二十六日) … 151

命黄兴优恤刘道一令（一九一二年三月二十七日） …………… 151
令财政部拨款实业部赈济清淮灾民文（一九一二年三月二十七日） …… 152
咨参议院议决参谋部公债票预算书文（一九一二年三月二十七日） …… 153
批司法部呈（一九一二年三月二十七日） …………………………… 154
咨参议院议决袁世凯大赦令文（一九一二年三月二十七日） ………… 154
批交通部呈（一九一二年三月二十七日） …………………………… 155
令广东都督酌发昭字全军将士功牌执照文
　（一九一二年三月二十七日） …………………………………… 156
命各省都督酌放急赈令（一九一二年三月二十八日） ………………… 156
饬各省都督保护人民生命财产令（一九一二年三月二十八日） ……… 157
咨参议院议决国务院官制文（一九一二年三月二十九日） …………… 158
咨参议院请议决三月份概算表册文（一九一二年三月二十九日） …… 158
批黄兴等呈（一九一二年三月二十九日） …………………………… 159
批黄兴呈（一九一二年三月二十九日） ……………………………… 159
令陆军部抚恤邹谢喻彭四烈士文（一九一二年三月二十九日） ……… 160
批陆军部呈（一九一二年三月二十九日） …………………………… 160
令财政部将拨助拓殖协会经费编入预算文（一九一二年三月三十日） … 161
令陆军部抚恤廖传珆等文（一九一二年三月三十日） ………………… 162
咨参议院议决海军部官职令草案文（一九一二年三月三十日） ……… 162
咨参议院议决稽勋局官职令草案文（一九一二年三月三十日） ……… 163
咨参议院取消陆军部概算册中之卫戍费文（一九一二年三月三十日） … 163
令各省都督将解部各款从速完缴文（一九一二年三月三十一日） …… 164
令准陆军部抚恤烈士李君白等文（一九一二年三月三十一日） ……… 165
咨参议院请议决协助拓殖协会经费文（一九一二年三月三十一日） … 166
为民服务通令（一九一二年三月） …………………………………… 167
严禁鸦片通令（一九一二年三月） …………………………………… 168
令交通部限制官电文（一九一二年四月一日） ……………………… 168
批马伯援等呈（一九一二年四月一日） ……………………………… 169

令财政部拨给武汉死义烈士遗孤教养所经费文
　（一九一二年四月一日）……………………………… 169
临时大总统解职令（一九一二年四月一日）………………… 170
咨参议院报告解职日期文（一九一二年四月三日）………… 171
命陆军部议恤令（一九一二年四月三日）…………………… 171
令准陆军部请抚恤赵康时等文（一九一二年四月三日）…… 172
批黄兴等呈（一九一二年四月三日）………………………… 173
批袁世凯来电（一九一二年六月一日）……………………… 173
　附录　袁世凯致孙中山电…………………………………… 173
拟创办中华振兴商工银行说帖（一九一二年六月十一日）… 174
　附录　创办中华振兴商工银行草约………………………… 175
批内务部总长呈（一九一二年）……………………………… 178
批苏格兰某君函（一九一四年三月）………………………… 178
批澳洲黄国民函（一九一四年七月十日）…………………… 178
批吴麟兆函（一九一四年七月二十日）……………………… 179
批伍曜南函（一九一四年七月二十三日）…………………… 179
批陈新政等函（一九一四年七月二十九日）………………… 179
批陈楚楠函（一九一四年九月二日）………………………… 180
批郑文炳函（一九一四年十月六日）………………………… 180
批陈警天函（一九一四年十月二十二日）…………………… 181
批李容恢来函（一九一四年十月二十二日）………………… 181
批吴宗明函（一九一四年十月三十一日）…………………… 181
批芙蓉某君函（一九一四年十一月十八日）………………… 182
批民国维持会函（一九一四年十一月二十三日）…………… 182
批某君函（一九一四年十一月二十六日）…………………… 182
批释加盖指模之意义（一九一四年十二月五日）…………… 183
批查昆臣报告书（一九一四年十二月二十三日）…………… 184
批郑汉武函（一九一四年十二月二十四日）………………… 184

饬中华革命党总务部不再经手何海鸣等给款手谕
（一九一四年十二月） ……………………………………………… 185

批宿务革命党人函（一九一四年至一九一五年间） ……………… 185

批查昆臣函（一九一五年一月三日） ……………………………… 185

批曾集棠函（一九一五年一月四日） ……………………………… 186

命总务部等核委李容恢职务令（一九一五年一月六日） ………… 186

批傅铁民函（一九一五年一月九日） ……………………………… 186

批刘平函（一九一五年一月九日） ………………………………… 187

批怡保某君函（一九一五年一月十一日） ………………………… 187

批王孟琹函（一九一五年一月十五日） …………………………… 188

批居正呈（一九一五年一月十九日） ……………………………… 188

对豫、鲁地区军事的指示（一九一五年一月二十日） …………… 188

谕许崇智呈（一九一五年一月二十一日） ………………………… 189

批许崇智等呈（一九一五年一月二十六日） ……………………… 189

批许崇智等函（一九一五年一月二十七日） ……………………… 189

批杨熙续函（一九一五年一月二十七日） ………………………… 190

批陈其美许崇智呈（一九一五年一月三十一日） ………………… 190

批许崇智周应时呈（一九一五年二月一日） ……………………… 190

谕军事部呈（一九一五年二月一日） ……………………………… 191

收到山田纯三郎来款收据（一九一五年二月二日） ……………… 191

批许崇智周应时呈（一九一五年二月三日） ……………………… 191

批许崇智周应时呈二件（一九一五年二月四日） ………………… 192

批卢耀堂函（一九一五年二月七日） ……………………………… 192

批许崇智等呈（一九一五年二月十四日） ………………………… 193

批居正呈（一九一五年二月二十五日） …………………………… 193

批许崇智等呈（一九一五年二月二十七日） ……………………… 193

批蔡济民呈（一九一五年四月十日） ……………………………… 194

批党务部呈（一九一五年四月十二日） …………………………… 194

谕党务部长即寄誓约两本交香港朱卓文收用手令
　（一九一五年四月十七日） ································· 194

批叶独醒函（一九一五年四月二十三日） ····················· 195

批周应时函（一九一五年五月二日） ························· 195

批陈慕徐函（一九一五年五月八日） ························· 195

批葛庞函（一九一五年五月十六日） ························· 196

批黄实函（一九一五年五月二十六日） ······················· 196

批中华革命党金山支部函（一九一五年六月二十三日） ········· 196

批居正呈（一九一五年七月五日） ··························· 197

批驻英利物浦埠国民党支部评议部函（一九一五年七月十二日） ··· 197

批居正呈（一九一五年七月十五日） ························· 198

批班林书函（一九一五年九月七日） ························· 198

收回公家还款凭单（一九一五年九月十三日） ················· 199

批马杰瑞等函（一九一五年九月二十二日） ··················· 199

批周应时呈（一九一五年十月十五日） ······················· 199

批杨汉孙函（一九一五年十月二十三日） ····················· 200

批萧汉卫函（一九一五年十月二十五日） ····················· 200

批容星桥函（一九一五年十一月九日） ······················· 201

批郭汉图函（一九一五年十一月九日） ······················· 201

批洪兆麟函（一九一五年十一月十一日） ····················· 201

批潘祯初函（一九一五年十一月十二日） ····················· 202

颁给李庆标奖状（一九一五年十一月十五日） ················· 202

颁给何荫三奖状（一九一五年十一月十五日） ················· 203

批王敬祥函（一九一五年十一月十九日） ····················· 203

颁给郑秀炳奖状（一九一五年十一月二十日） ················· 204

批吴铁城函（一九一五年十一月二十六日） ··················· 204

颁给吕双合奖状（一九一五年十二月一日） ··················· 205

颁给黄馥生奖状（一九一五年十二月一日） ··················· 205

批日本神田代木君函(一九一五年十二月八日) …………………… 205
批梁愚函(一九一五年十二月二十一日) …………………………… 206
批傅天民函(一九一五年十二月二十四日) ………………………… 206
批刘崛函(一九一五年十二月二十四日) …………………………… 206
批郑振春函(一九一五年十二月二十七日) ………………………… 207
批周之贞函(一九一五年十二月二十七日) ………………………… 207
批伍平一函(一九一五年) …………………………………………… 208
批某侨埠中华革命党支部函(一九一五年至一九一六年间) ……… 208
颁给何荫三奖状(一九一五年至一九一六年间) …………………… 209
颁给黄德源奖状(一九一五年至一九一六年间) …………………… 209
颁给邢炳光奖状(一九一五年至一九一六年间) …………………… 210
批尹子柱等函(一九一六年一月三日) ……………………………… 210
批□□伟致谢持函(一九一六年一月四日) ………………………… 210
批胡汉民签转香港某君函(一九一六年一月十日) ………………… 211
批梁愚函(一九一六年一月十一日) ………………………………… 211
批薛汉英函(一九一六年一月十三日) ……………………………… 211
批吴铁城函(一九一六年一月十四日) ……………………………… 212
批冯自由函(一九一六年一月十四日) ……………………………… 212
批许直臣呈(一九一六年一月十四日) ……………………………… 212
颁给林元光奖状(一九一六年一月二十一日) ……………………… 213
批冯自由函(一九一六年一月) ……………………………………… 213
给夏次岩经费手谕(一九一六年二月七日) ………………………… 213
电送香港朱超经费手谕(一九一六年二月八日) …………………… 214
令汇款东京手谕(一九一六年二月八日) …………………………… 214
颁给陈秉心奖状(一九一六年二月八日) …………………………… 214
交吴藻华经费手谕(一九一六年二月十五日) ……………………… 215
交周淡游经费手谕(一九一六年二月十八日) ……………………… 215
交吴藻华经费手谕(一九一六年二月十八日) ……………………… 215

批邓居文函(一九一六年二月十九日) …… 216

交刘友敏经费手谕(一九一六年二月二十日) …… 216

给久原房之助借款收据及证明书(一九一六年二月二十日) …… 216

批陈煊雷瑞廷等函(一九一六年三月五日) …… 217

批小吕宋吴宗明函(一九一六年三月六日) …… 217

批史明民函(一九一六年三月二十日) …… 218

批朱霁青致谢持函(一九一六年三月二十二日) …… 218

颁给杨其焕奖状(一九一六年三月三十一日) …… 218

颁给黄挺生奖状(一九一六年四月八日) …… 219

批陈某函(一九一六年四月十日) …… 219

颁给黄升奖状(一九一六年四月十五日) …… 220

批刘煜焕函(一九一六年四月十八日) …… 220

批刘灯维函(一九一六年四月二十一日) …… 220

批陈中孚函(一九一六年春) …… 221

颁给李蔼春奖状(一九一六年五月十日) …… 221

颁给冯尔琛奖状(一九一六年五月十日) …… 222

颁给陈明春奖状(一九一六年五月十日) …… 222

谕交胡汉民五千元令(一九一六年五月二十四日) …… 223

交曹亚伯经费手谕(一九一六年五月二十五日) …… 223

交孙洪伊银元手谕(一九一六年五月二十五日) …… 223

交山田等用费手谕(一九一六年六月四日) …… 224

颁给叶独醒奖状(一九一六年六月十日) …… 224

批姚锦城函(一九一六年六月二十三日) …… 224

交曹亚伯经费手谕(一九一六年六月二十四日) …… 225

批青岛某君电(一九一六年七月十六日) …… 225

批赵鸾恩函(一九一六年九月二十二日) …… 225

批云南陆军驻蒙步兵二十二团第二营函(一九一六年九月二十三日) …… 226

批古同志等函(一九一六年九月二十六日) …… 226

批加属华侨函(一九一六年九月至十月间) ············· 226
批旧金山中国国民党美洲总支部函(一九一六年十月一日) ··· 227
批汪德渊函(一九一六年十月三日) ················· 227
批乔义生函(一九一六年十月八日) ················· 227
批吴铁城函(一九一六年十月九日) ················· 228
批吕宗荣来函(一九一六年十月十三日) ············· 228
批居正函(一九一六年十月二十四日) ··············· 228
批马骥函(一九一六年十月) ······················· 229
批旧同志组织大政党事函(一九一六年秋冬间) ········· 229
批曹沛函(一九一六年十一月九日) ················· 230
批四川仁寿县征收局某君函(一九一六年十一月十日) ··· 230
批黄容生函(一九一六年十一月十二日) ············· 230
批广州严君函(一九一六年十一月十四日) ··········· 231
批马耀星等函(一九一六年十一月十六日) ··········· 231
批智利某君函(一九一六年十一月十六日) ··········· 231
批夏君函(一九一六年十一月十九日) ··············· 232
批冯君函(一九一六年十一月二十四日) ············· 232
批徐化龙函(一九一六年十一月二十四日) ··········· 232
批某君函(一九一六年十一月二十八日) ············· 233
批某某函二件(一九一六年十一月三十日) ··········· 233
批冯自由函(一九一六年十二月一日) ··············· 234
颁给郑螺生李源水奖状二件(一九一五年十二月一日前后) ··· 234
批三藩市中国国民党美洲总支部函(一九一六年十二月二日) ··· 235
批黄伯耀函(一九一六年十二月三日) ··············· 235
批孙一鸣函(一九一六年十二月五日) ··············· 236
批杨汉魂函(一九一六年十二月五日) ··············· 236
批某君函(一九一六年十二月六日) ················· 236
批周子骥函(一九一六年十二月六日) ··············· 237

批香港黄君函(一九一六年十二月六日) …… 237
批某君函(一九一六年十二月十一日) …… 237
批华侨某同志函(一九一六年十二月十八日) …… 238
批陆费逵函(一九一六年十二月二十三日) …… 238
批程壮致朱执信函(一九一六年十二月二十三日) …… 238
批旧金山美洲总支部函(一九一六年十二月二十五日) …… 239
批加拿大品夫分部函(一九一六年十二月) …… 239
批偿还借款等事函(一九一六年冬) …… 239
批张汇滔意见书(一九一六年) …… 240
批孙静山函(一九一六年) …… 240
批请将用款列入向政府交涉还债案事函(一九一六年) …… 241
批朱葭等函(一九一六年至一九一七年间) …… 241
批某某函(一九一六年至一九一七年间) …… 241
批某某函(一九一六年至一九一七年间) …… 242
批某某函(一九一六年至一九一七年间) …… 242
批某某函(一九一六年至一九一七年间) …… 243
批吴某函(一九一六年至一九一七年间) …… 243
批借款筹还事函(一九一六年至一九一七年间) …… 243
批某某函(一九一六年至一九一七年间) …… 244
批江南合群实业公司某某函(一九一六年至一九一七年间) …… 244
批加拿大温哥华国民党支部陈某函(一九一六年至一九一七年间) …… 244
批某某函(一九一六年至一九一七年间) …… 245
批徐某函(一九一六年至一九一七年间) …… 245
批阚钧函(一九一六年至一九一七年间) …… 246
批某某函(一九一六年至一九一七年间) …… 246
批美国《民气周报》函(一九一六年至一九一七年间) …… 247
批□幼柏函(一九一六年至一九一七年间) …… 247
批隆世储函(一九一七年一月一日) …… 248

批崇德公报社函(一九一七年一月九日) …… 248

批郑占南函(一九一七年一月十日) …… 248

批某某函(一九一七年一月十二日) …… 249

批卢永祥函(一九一七年一月十二日) …… 249

批广州岭南学校某君函(一九一七年一月十二日) …… 249

批杨某函(一九一七年一月二十五日) …… 250

批某某函(一九一七年一月二十六日) …… 250

批某某函(一九一七年一月三十日) …… 250

批中华革命党列必珠分部函(一九一七年二月五日) …… 251

批某某函(一九一七年二月十七日) …… 251

批刘季谋函(一九一七年二月十九日) …… 251

批陈树人函(一九一七年二月二十日) …… 252

批某某函(一九一七年二月二十七日) …… 252

批吉隆坡同志函(一九一七年二月二十九日) …… 253

批洪兆麟等呈(一九一七年二月) …… 253

批黄甲元函(一九一七年三月一日) …… 253

批林定一函(一九一七年三月五日) …… 254

批丁怀瑾函(一九一七年三月五日) …… 254

批某某函(一九一七年三月十五日) …… 254

批询北朱家桥发信人(一九一七年三月十七日) …… 255

批朱君函(一九一七年三月二十七日) …… 255

批包君函(一九一七年三月二十七日) …… 256

批冯炎寄呈文件(一九一七年四月二日) …… 256

批李墨西函(一九一七年四月十四日) …… 256

批某君函(一九一七年春) …… 257

批某某函(一九一七年三月至五月间) …… 257

批陆望华函(一九一七年四月至五月间) …… 258

批保定军校学生函(一九一七年四月至五月间) …… 258

批李宗黄函(一九一七年五月) ………………………………………… 259

谕交孙洪伊洋一万元令(一九一七年六月五日) …………………… 259

公布海陆军大元帅府组织条例令(一九一七年九月十一日) ……… 259

公布大元帅府秘书处组织条例令(一九一七年九月十七日) ……… 260

公布特别军事会议条例令(一九一七年九月十七日) ……………… 260

咨国会非常会议谘询外交方针文(一九一七年九月十八日) ……… 260

公布大元帅府参军处组织条例令(一九一七年九月十九日) ……… 261

咨国会非常会议请改外交案词句文(一九一七年九月二十日) …… 261

咨国会非常会议请核议军事内国公债奖励条例文
  (一九一七年九月二十六日前) ……………………………………… 262

公布军事内国公债条例令(一九一七年九月二十六日) …………… 263

公布军政府公报条例令(一九一七年九月二十六日) ……………… 263

公布承购军事内国公债人员奖励条例令(一九一七年九月二十六日) … 263

缉拿乱国盗权首逆段祺瑞等令(一九一七年十月三日) …………… 264

批许崇智呈令(一九一七年十月八日) ……………………………… 264

委派黄大伟致祭先烈令(一九一七年十月八日) …………………… 265

批徐璞函(一九一七年十月十七日) ………………………………… 265

批居正呈令(一九一七年十月) ……………………………………… 265

停招民军令(一九一七年十一月二十三日) ………………………… 266

停止招抚事宜令(一九一七年十二月四日) ………………………… 266

委派黄大伟代祭先烈令(一九一七年十二月二十四日) …………… 267

批周之贞函(一九一七年十二月二十七日) ………………………… 268

着秘书处作书五通交赵德恒带往云南手谕(一九一七年十二月) … 268

批某某函(一九一七年) ……………………………………………… 268

批徐永丰介绍与钮永建共办苏事名片(一九一七年至一九一八年间) … 269

给陈翘等的命令(一九一八年一月四日) …………………………… 269

咨国会非常会议请讨论增加国会经费文(一九一八年二月四日) … 270

批李锡熙等呈文令(一九一八年二月八日) ………………………… 270

批刘柱石朱大同等请设保卫局令(一九一八年二月八日) …………… 271

批胡汉卿等呈请给恤隆世储农有兴令(一九一八年二月十八日) …… 271

咨国会非常会议请设大理院文(一九一八年二月十八日) …………… 272

批朱明芳等呈令(一九一八年二月二十三日) ………………………… 273

批内政部呈令(一九一八年二月二十三日) …………………………… 273

咨国会非常会议请选举海军总长文(一九一八年二月二十七日) …… 274

命财政部拨款为程璧光治丧令(一九一八年二月二十七日) ………… 274

  附录　同题异文 …………………………………………………… 275

委派林葆怿为程璧光治丧令(一九一八年二月二十八日) …………… 275

命廖仲恺拨发程璧光治丧费令(一九一八年二月二十八日) ………… 276

命居正严缉杀害程璧光凶徒令(一九一八年二月二十八日) ………… 276

批湖南陆军第一师来函(一九一八年二月) …………………………… 277

咨国会非常会议请为程璧光优议荣典文(一九一八年三月一日) …… 277

国葬程璧光令(一九一八年三月二日) ………………………………… 278

命内政部为程璧光举行国葬令(一九一八年三月四日) ……………… 278

咨国会非常会议请议大理院组织大纲文(一九一八年三月五日) …… 279

批居正呈令(一九一八年三月十一日) ………………………………… 279

给中国银行广东分行的命令(一九一八年三月十四日) ……………… 280

批廖仲恺呈令(一九一八年三月十八日) ……………………………… 280

命廖仲恺等将盐税收入按预算分配提取令(一九一八年三月十八日) …… 281

批居正令(一九一八年三月十九日) …………………………………… 281

批马君武呈令(一九一八年三月二十日) ……………………………… 282

批龙璋函(一九一八年三月二十三日) ………………………………… 282

批徐朗西来电(一九一八年四月四日) ………………………………… 283

命居正体察应否设终审机关令(一九一八年四月十三日) …………… 283

批邓燄函(一九一八年四月十八日) …………………………………… 284

命内政部确查阮复殉难事实令(一九一八年四月十八日) …………… 284

命财政部拨给阮复家属恤款令(一九一八年四月十八日) …………… 285

批张鲁藩来函(一九一八年四月十九日)	285
准崔文藻请假令(一九一八年四月二十五日)	286
咨国会非常会议派居正代表出席会议文(一九一八年五月四日)	286
咨国会非常会议辞大元帅职文(一九一八年五月四日)	286
咨国会非常会议请追认发行公债文(一九一八年五月十七日)	287
咨国会非常会议派居正为代表办理交代事宜文(一九一八年五月十八日)	288
咨国会非常会议为结清账目事宜文(一九一八年五月二十日)	288
对文中须加"去乡国之理由"的批语(一九一八年五月中旬)	289
颁给赵国璋奖状(一九一八年六月一日)	289
批丁怀瑾来函(一九一八年八月二十八日)	289
批廖湘芸函(一九一八年九月十八日)	290
谕电汕头陈炯明调袁带征闽令(一九一八年九月)	290
批凌钺来函(一九一八年十月二十五日)	290
批凌钺萧辉锦函(一九一八年十一月十一日)	291
批澳洲雪梨民国报来函(一九一八年十一月十五日)	291
批答关于欧洲和平会议代表问题(一九一八年十二月十四日)	291
批焦易堂函(一九一八年十二月十四日)	292
批唐继尧函(一九一八年十二月二十一日)	292
批林修梅函(一九一八年十二月二十三日)	292
批林伯渠函(一九一八年十二月二十三日)	293
批丁惟汾等函(一九一八年十二月二十六日)	293
批秦广礼函(一九一八年底)	293
批关于三民主义及五权宪法参考书目(一九一八年至一九一九年间)	294
批答某君立心做革命勿存依赖人之心(一九一八年至一九一九年间)	294
批答通电中外反对岑陆徐靳之苟和(一九一八年至一九一九年间)	295
批马逢伯函(一九一九年一月四日)	295
批刘英函(一九一九年一月六日)	295

批萧辉锦等函(一九一九年一月十二日) …… 296
批蔡元培张相文函(一九一九年一月十四日) …… 296
批于右任函(一九一九年一月二十一日) …… 296
批冯熙周函(一九一九年一月二十八日) …… 297
批卢师谛杨虎函(一九一九年二月五日) …… 297
批于右任函(一九一九年二月十日) …… 297
批杨虎函(一九一九年二月二十一日) …… 298
批黄白元函(一九一九年二月二十三日) …… 298
批叶夏声函(一九一九年二月二十四日) …… 298
批林森函(一九一九年二月二十五日) …… 299
批陶礼燊等函(一九一九年三月三日) …… 299
批曹羡李焕章等函(一九一九年三月十五日) …… 300
批宝庆赵泰纪上总理呈(一九一九年三月十七日) …… 300
批赵泰纪函(一九一九年四月一日) …… 300
批程潜函(一九一九年四月九日) …… 301
批唐继尧函(一九一九年四月十四日) …… 301
批杨熙绩函(一九一九年四月十九日) …… 301
批孙宗昉函(一九一九年四月二十日) …… 302
批国会议员函(一九一九年四月二十七日) …… 302
给邵力子的指示(一九一九年五月六日) …… 303
批刘仁航函(一九一九年五月六日) …… 303
批陈汉明函(一九一九年五月八日) …… 303
批许崇智函(一九一九年五月十二日) …… 304
批杨鹤龄函(一九一九年五月二十四日) …… 304
批朱和中函(一九一九年五月三十一日) …… 304
批马逢伯函(一九一九年六月五日) …… 305
批罗端侯函(一九一九年六月十日) …… 305
批陈炯明函(一九一九年六月十五日) …… 305

批刘焕藜函(一九一九年六月十六日) …………………………… 306

批王道函(一九一九年六月十七日) …………………………… 306

批曾杰函(一九一九年六月二十四日) ………………………… 306

批史志元函(一九一九年六月二十五日) ……………………… 307

批广东各社团公民代表联合团电(一九一九年六月二十七日) … 307

批旅沪慈善教会各公团函(一九一九年六月三十日) ………… 308

批王鼎函(一九一九年七月三日) ……………………………… 308

批王鼎函(一九一九年七月四日) ……………………………… 308

批罗剑仇函(一九一九年七月五日) …………………………… 309

批许协揆函(一九一九年七月六日) …………………………… 309

批刘焕藜函(一九一九年七月八日) …………………………… 309

批廖湘芸函(一九一九年七月十四日) ………………………… 310

批尹天杰函(一九一九年七月二十四日) ……………………… 310

批李希莲函(一九一九年七月二十五日) ……………………… 310

批刘湘函(一九一九年八月六日) ……………………………… 311

批杨庶堪函(一九一九年八月六日) …………………………… 311

批彭程万函(一九一九年八月十四日) ………………………… 311

批广州众议院函(一九一九年八月十七日) …………………… 312

批赖君函(一九一九年八月二十三日) ………………………… 312

批罗正文函(一九一九年八月二十七日) ……………………… 313

批湖南国民大会函(一九一九年八月二十八日) ……………… 313

批于右任函(一九一九年八月三十一日) ……………………… 313

批林森吴景濂函(一九一九年八月) …………………………… 314

批广州香山公会函(一九一九年八月) ………………………… 314

批林修梅函(一九一九年九月四日) …………………………… 315

批张翼振函(一九一九年九月七日) …………………………… 315

批谌伊勋函(一九一九年九月八日) …………………………… 316

批臧善达等函(一九一九年九月十三日) ……………………… 316

批廖湘芸派潘康时来谒函(一九一九年九月十八日) ………… 316

批广东省学生联合会函(一九一九年九月二十二日) ………… 317

批复关于驱除陆荣廷事函(一九一九年九月二十四日) ………… 317

批刘仁航函(一九一九年九月二十五日) ………… 317

批陆福廷函(一九一九年九月二十八日) ………… 318

批徐宗鉴函(一九一九年九月二十九日) ………… 318

批游运炽函(一九一九年十月十五日) ………… 318

复廖奉恩函(一九一九年十月二十日) ………… 319

批梁柏明函(一九一九年十月二十日) ………… 319

批廖德山函(一九一九年十月二十日) ………… 319

批彭堃函(一九一九年十月二十三日) ………… 320

批黄孝愚函(一九一九年十月二十三日) ………… 320

批彭养光函(一九一九年十月二十四日) ………… 320

批粟无忌函(一九一九年十月二十四日) ………… 321

批吴忠信函(一九一九年十月二十六日) ………… 321

批黎天才函(一九一九年十月二十七日) ………… 322

批焦易堂函(一九一九年十月三十日) ………… 322

批伍毓瑞函(一九一九年十一月十日) ………… 322

批加拿大黄容生请维持党务函(一九一九年十一月十二日) ………… 323

批吕超函(一九一九年十一月十七日) ………… 323

批魏勋函(一九一九年十一月十八日) ………… 324

批谢心准函(一九一九年十一月二十二日) ………… 324

批李绮庵函(一九一九年十二月二日) ………… 324

批陈炯明函(一九一九年十二月五日) ………… 325

批唐宝锷函(一九一九年十二月八日) ………… 325

批洪兆麟函(一九一九年十二月八日) ………… 325

批吴醒汉函(一九一九年十二月十二日) ………… 326

批林森函(一九一九年十二月十七日) ………… 326

批凌钺函(一九一九年十二月二十三日) …… 326

批葛庞函(一九一九年十二月二十七日) …… 327

批林修梅函(一九一九年十二月二十七日) …… 327

批吴文龙函(一九一九年十二月二十九日) …… 327

批杨熙绩函(一九一九年十二月三十日) …… 328

批柳大训等函(一九一九年) …… 328

批助林修梅统一湘西(一九一九年) …… 328

批郝培云函(一九一九年) …… 329

批□□函(一九一九年) …… 329

批陈春生函(一九一九年) …… 330

批徐东垣函(一九二〇年一月一日) …… 330

批罗仁普函(一九二〇年一月十四日) …… 331

批林正煊等函(一九二〇年一月二十八日) …… 331

批杨玉山函(一九二〇年一月三十一日) …… 331

批陶乐勤函(一九二〇年二月十四日) …… 332

批李维汉函(一九二〇年二月十九日) …… 332

批刘焕藜函(一九二〇年二月二十八日) …… 332

批殷占闿等函(一九二〇年三月二日) …… 333

批刘焕藜函(一九二〇年三月二日) …… 333

批徐元诰函(一九二〇年三月三日) …… 333

批殷占闿等函(一九二〇年三月五日) …… 334

批林修梅函(一九二〇年三月七日) …… 334

批陈卓平函(一九二〇年三月十七日) …… 334

批胡文灿等函(一九二〇年三月二十一日) …… 335

批黎萼等函(一九二〇年三月二十九日) …… 335

批林修梅函(一九二〇年四月五日) …… 336

批邓家彦函(一九二〇年四月十日) …… 336

批卢殷民函(一九二〇年四月十六日) …… 336

批胡万州函(一九二〇年四月二十二日) …… 337
批谢英伯函(一九二〇年四月二十八日) …… 337
批朱和中函(一九二〇年五月十八日) …… 337
批姚畏青函(一九二〇年五月二十二日) …… 338
批罗鉴龙函(一九二〇年五月二十三日) …… 338
批孙祥夫函(一九二〇年五月二十五日) …… 339
批李仲夔函(一九二〇年六月九日) …… 339
批沈声夏函(一九二〇年六月十二日) …… 339
批谭平函(一九二〇年六月二十四日) …… 340
批蒋尊簋函(一九二〇年六月二十八日) …… 340
批徐东垣函(一九二〇年六月三十日) …… 340
批张铁梅等函(一九二〇年七月一日) …… 341
批朱和中函(一九二〇年七月三十日) …… 341
批胡海山等函(一九二〇年七月) …… 341
批朱和中函(一九二〇年七月至八月间) …… 342
批朱和中函(一九二〇年八月十九日) …… 342
批祁映寰函(一九二〇年九月一日) …… 343
批张醉侯函(一九二〇年九月七日) …… 343
批章昙函(一九二〇年九月八日) …… 343
批余鹰扬函(一九二〇年九月十五日) …… 344
批林德轩论平粤函(一九二〇年九月二十一日) …… 344
批陈自先来函(一九二〇年九月二十二日) …… 345
批谢申岳函(一九二〇年九月二十七日) …… 345
批马育航函(一九二〇年九月二十七日) …… 345
批沪江大学函(一九二〇年十月六日) …… 346
批蔡荣华函(一九二〇年十月六日) …… 346
批黄秉衡函(一九二〇年十月十二日) …… 346
批欧阳豪函(一九二〇年十月十三日) …… 347

批黄大伟函(一九二〇年十月十五日) …… 347

批蔡涛函(一九二〇年十月十七日) …… 347

批唐宝锷函(一九二〇年十月十八日) …… 348

批赵仲李伟函(一九二〇年十月二十五日) …… 348

批孙科电(一九二〇年十月二十六日) …… 348

批冯自由函(一九二〇年十月二十六日) …… 349

批田应诏函(一九二〇年十月二十六日) …… 349

批梁泮函(一九二〇年十月二十八日) …… 350

批陈继虞函(一九二〇年十月三十一日) …… 350

批三藩市《少年中国晨报》函(一九二〇年十月) …… 350

批张海涛函(一九二〇年十月) …… 351

批福建泉州培元中学来函(一九二〇年十月) …… 351

裁撤广东督军令(一九二〇年十一月一日) …… 351

批齐燮元函(一九二〇年十一月六日) …… 352

颁给赵国璋爱国奖状(一九二〇年十一月六日) …… 352

批上海基督教妇女节制协会函(一九二〇年十一月二十三日) …… 353

给檀香山大埠四大都会馆捐款收据(一九二〇年十二月二十四日) …… 353

本部来款收据(一九二〇年十二月二十八日) …… 353

批马希元函(一九二〇年十二月二十九日) …… 354

批答宋鹤庚请主持组织联省政府函(一九二〇年底) …… 354

批答林支宇请主持国是建设联治政府函(一九二〇年底) …… 354

咨陈政务会议就职日期文(一九二一年一月十一日) …… 355

批杨鹤龄函(一九二一年一月十六日) …… 355

在政务会议提案(一九二一年三月十二日) …… 355

颁给阮日华爱国奖状(一九二一年三月二十二日) …… 356

颁给高连泗爱国奖状(一九二一年三月二十二日) …… 356

颁给高敦焯爱国奖状(一九二一年三月二十二日) …… 357

命司法行政暂归大理院长兼管令(一九二一年五月十一日) …… 357

命陈炯明奖励议恤各军将士令(一九二一年五月十三日) …………… 357
给马蓁汇款收据(一九二一年五月二十一日) …………………………… 358
委派陈安仁执行任务令(一九二一年五月) ………………………………… 358
特派孙科督办广东治河事宜令(一九二一年六月四日) ………………… 359
颁布总统府各处司官制通则令(一九二一年六月二十日) ……………… 359
命裁撤内务部土地农务商务三局令(一九二一年六月二十三日) ……… 359
着交通行政事务归内务部兼管令(一九二一年六月二十三日) ………… 360
给徐维扬的命令(一九二一年六月二十六日) …………………………… 360
命陈炯明讨伐陆荣廷陈炳焜等令(一九二一年六月二十七日) ………… 360
颁布陆军部官制令(一九二一年七月八日) ……………………………… 361
饬马君武转谷正伦胡若愚奖励各该部并告以
　军事近况谕(一九二一年七月九日) ……………………………… 361
命民律延期施行令(一九二一年七月十四日) …………………………… 362
颁布内务部矿务局官制令(一九二一年七月十五日) …………………… 362
命财政部拨款救灾令(一九二一年七月二十六日) ……………………… 362
命陈炯明全权办理桂省军事善后事宜令(一九二一年七月二十八日) …… 363
咨复国会非常会议为派代表赴各国办理外交文
　(一九二一年七月二十九日) ……………………………………… 363
命陈炯明马君武办理广西军政事宜令(一九二一年八月十六日) ……… 364
命裁撤南宁等道尹令(一九二一年八月十九日) ………………………… 364
颁给蔡赞爱国奖状(一九二一年八月二十日) …………………………… 365
批张藩函(一九二一年八月二十八日) …………………………………… 365
复国会非常会议文(一九二一年八月底) ………………………………… 365
饬陆军部转告鄂军西路潘总司令奖勉该部将士谕
　(一九二一年九月十四日) ………………………………………… 366
准将林罗氏等分别减刑令(一九二一年九月十五日) …………………… 367
严禁鸦片令(一九二一年九月二十日) …………………………………… 367
命财政部拨款赈灾令(一九二一年九月二十日) ………………………… 368

宽免与释放罪犯令(一九二一年十月五日) …… 369
着军民司法行政长官速办庶狱清理并具报令(一九二一年十月五日) …… 369
给童法的命令(一九二一年十月十四日) …… 370
命财政部拨发林修梅治丧费并从优议恤令(一九二一年十月十五日) …… 370
命李福林率部赴韶关令(一九二一年十一月一日) …… 371
追赠林修梅为陆军上将令(一九二一年十一月二日) …… 371
给廖仲恺的训令(一九二一年十一月五日) …… 372
命廖仲恺筹款令(一九二一年十一月十二日) …… 372
咨非常国会文(一九二一年十一月十八日) …… 372
由梧州抵平乐时的命令(一九二一年十一月二十七日) …… 373
饬剿抚土匪令(一九二一年十一月二十七日) …… 373
公布林修梅鲁子材国葬令(一九二一年十二月一日) …… 374
公布军事会议条例令(一九二一年十二月一日) …… 374
给伍廷芳的指令(一九二一年十二月八日) …… 375
给外交总长的训令(一九二一年十二月九日) …… 375
给王乃昌的训令(一九二一年十二月十四日) …… 376
准将李亚伙等减刑令(一九二一年十二月十六日) …… 376
命陈炯明伍廷芳停止赈捐令(一九二一年十二月二十一日) …… 377
给林义顺等授勋令(一九二一年十二月二十七日) …… 378
命彻查滋事扰民军队令(一九二一年十二月二十九日) …… 378
批张兆基函(一九二二年一月四日) …… 379
命财政部按月清付经费令(一九二二年一月十日) …… 380
命桂林县赶筑马路令(一九二二年一月十三日) …… 380
命追赠赵士槐中将令(一九二二年一月十六日) …… 380
准将黄尽等减刑令(一九二二年一月十六日) …… 381
命谷正伦部改编令(一九二二年一月十九日) …… 381
命废除暂行刑律补充条例令(一九二二年二月十七日) …… 382
公布《暂行工会条例》令(一九二二年二月二十四日) …… 382

严行禁止蓄婢令(一九二二年二月二十四日) …………………………… 382

咨复国会文(一九二二年二月二十五日) …………………………… 383

准将刘张氏减刑令(一九二二年二月二十五日) …………………… 383

给卢焘金汉鼎授衔令(一九二二年二月二十六日) ………………… 384

着陈炯明遵照动员北伐训示并转饬所属办理令

　(一九二二年三月二十日) ………………………………………… 384

追赠邓铿为陆军上将并从优议恤令(一九二二年三月二十四日) … 385

准建联军忠烈祠令(一九二二年四月十四日) ……………………… 385

命裁撤广东总司令职务令(一九二二年四月二十一日) …………… 386

给陈炯明林永谟的训令(一九二二年四月二十一日) ……………… 386

给梁鸿楷的训令(一九二二年四月二十一日) ……………………… 386

命广三路调车至河口装运各军令(一九二二年四月二十一日) …… 387

饬各军齐集韶关令(一九二二年四月二十六日) …………………… 387

给马超俊的指示(一九二二年四月下旬) …………………………… 387

特赦陈炳生令(一九二二年五月二日) ……………………………… 388

声讨徐世昌令(一九二二年五月四日) ……………………………… 388

着广东各区善后处归省长直辖令(一九二二年五月六日) ………… 389

命维持粤省银行纸币令(一九二二年五月七日) …………………… 389

给李烈钧及各军长官的训令(一九二二年五月九日) ……………… 389

命国民党广东支部速组运输队令(一九二二年五月九日) ………… 390

给伍廷芳的训令(一九二二年五月十二日) ………………………… 391

严禁私自招兵的训令(一九二二年五月十六日) …………………… 391

给李炳荣的训令(一九二二年五月十七日) ………………………… 392

严禁军队拉夫令(一九二二年五月十七日) ………………………… 392

颁授李源水奖凭(一九二二年五月二十日) ………………………… 393

命犒赏凯旋将士令(一九二二年五月二十二日) …………………… 393

裁撤兵站处令(一九二二年五月二十二日) ………………………… 394

颁布大本营游击队别动队组织条例令(一九二二年五月二十七日) …… 394

命陈炯明办理两广军务令(一九二二年五月二十七日) …… 394
饬严管毛仲芳等令(一九二二年五月二十九日) …… 395
大元帅令(一九二二年五月下旬) …… 395
禁止军队向地方官要求供给令(一九二二年六月八日) …… 395
给黄实宾镇远的训令(一九二二年六月十二日) …… 396
命关国雄军开往前线令(一九二二年六月十五日) …… 396
批海军司令部请款呈(一九二二年六月十八日) …… 397
批李章达请款呈(一九二二年六月十八日) …… 397
批马伯麟请款呈(一九二二年六月十八日) …… 397
批袁良骅借款条(一九二二年六月十九日) …… 398
给李烈钧等的手令(一九二二年六月十九日) …… 398
饬发陈泽南公费令(一九二二年六月二十日) …… 398
饬发杨华馨公费令(一九二二年六月二十五日) …… 399
批□玉龙请款函(一九二二年六月二十五日) …… 399
给蒋尊簋招待费的手令(一九二二年六月二十五日) …… 399
饬发何福昌公费令(一九二二年六月二十六日) …… 400
饬发徐苏中等旅费条(一九二二年六月二十六日) …… 400
饬发谢良牧公费令(一九二二年六月二十七日) …… 400
批李天德请款呈(一九二二年六月二十七日) …… 401
批发给韩恢公费呈(一九二二年六月二十八日) …… 401
批永翔舰总带水李燕仪请发医药费呈(一九二二年六月二十八日) …… 402
批孙祥夫请款呈(一九二二年六月三十日) …… 402
批李天德请款条(一九二二年六月三十日) …… 403
饬交款手谕(一九二二年七月一日) …… 403
饬发居正经费令(一九二二年七月一日) …… 403
命发黄骚款项令(一九二二年七月一日) …… 404
命赏福安舰员令(一九二二年七月三日) …… 404
饬发吴志馨等经费令(一九二二年七月三日) …… 404

批程潜请款呈(一九二二年七月三日) …… 405
批陈策请款条(一九二二年七月五日) …… 405
批孙祥夫请款呈(一九二二年七月五日) …… 405
饬发庶务副官经费令(一九二二年七月五日) …… 406
批冯肇宪请款呈(一九二二年七月五日) …… 406
命发韩恢经费令(一九二二年七月五日) …… 406
批陈炯明调和代表来函(一九二二年七月五日) …… 407
批马伯麟请款呈(一九二二年七月五日) …… 407
命发警备司令徐树荣经费令(一九二二年七月五日) …… 407
命发海防司令陈策经费令(一九二二年七月五日) …… 408
批陈策请款呈(一九二二年七月六日) …… 408
给邓愚公收据(一九二二年七月七日) …… 408
收支款项条(一九二二年七月七日) …… 409
批赵守范函(一九二二年七月七日) …… 409
命发香港《晨报》津贴令(一九二二年七月七日) …… 409
命发李廷铿梁醉生旅费令(一九二二年七月八日) …… 410
对各舰长的指示(一九二二年七月九日) …… 410
批陈策请款呈(一九二二年七月九日) …… 411
批林若时借款呈(一九二二年七月九日) …… 411
批袁良骅请款条(一九二二年七月九日) …… 411
饬发陈群经费令(一九二二年七月十日) …… 412
命发黄骚购汽船费令(一九二二年七月十一日) …… 412
收款条(一九二二年七月十一日) …… 412
收款条(一九二二年七月十一日) …… 413
批冯肇宪借款呈(一九二二年七月十一日) …… 413
批陈策请款呈(一九二二年七月十一日) …… 413
批冯肇宪请款呈(一九二二年七月十一日) …… 414
批罗翰焯函(一九二二年七月十一日) …… 414

饬发永丰舰煤炭费令(一九二二年七月十二日)……414
收款条(一九二二年七月十二日)……415
批丁培龙请款呈(一九二二年七月十二日)……415
批陈策请款呈(一九二二年七月十二日)……415
饬发给陈策伙食费令(一九二二年七月十二日)……416
批招钰琪医药费呈(一九二二年七月十二日)……416
饬发三山水陆各军伙食费令(一九二二年七月十二日)……416
南洋兄弟烟草公司捐款收据(一九二二年七月十三日)……417
  附录 收南洋兄弟烟草公司捐款收条……417
命省河各舰不得自由行驶令(一九二二年七月十四日)……417
命发马伯麟经费令(一九二二年七月十四日)……418
收款条(一九二二年七月十五日)……418
批招桂章请款呈(一九二二年七月十七日)……418
命发黄骚经费令(一九二二年七月十七日)……419
命发黄骚经费令(一九二二年七月十八日)……419
准发伤员赏恤费(一九二二年七月十九日)……419
批陈际熙函(一九二二年七月二十日)……420
批给伤员抚慰费呈(一九二二年七月二十日)……420
批马湘收款条(一九二二年七月二十日)……420
批黄惠龙收款条(一九二二年七月二十日)……421
批陈侠夫收款条(一九二二年七月二十日)……421
命发严月生经费令(一九二二年七月二十二日)……421
命发杨虎经费令(一九二二年七月二十二日)……422
收款条(一九二二年七月二十二日)……422
命发连声海经费令(一九二二年七月二十三日)……422
批嘉利洋行煤炭费收据(一九二二年七月二十三日)……423
批招桂章请款呈(一九二二年七月二十四日)……423
关于支款的手令(一九二二年七月二十四日)……423

收款条(一九二二年七月二十四日) …… 424
批欧阳格请款呈(一九二二年七月二十五日) …… 424
批欧阳琳请款呈(一九二二年七月二十七日) …… 424
批冯肇宪请款呈(一九二二年七月二十七日) …… 425
批张文焕等领款条(一九二二年七月二十七日) …… 425
批招桂章请款呈(一九二二年七月二十八日) …… 425
批陈策请款呈(一九二二年七月二十八日) …… 426
批黄骚请款呈(一九二二年七月二十九日) …… 426
命发江顺舰饷令(一九二二年七月二十九日) …… 427
命发程潜经费令(一九二二年七月二十九日) …… 427
批欧阳格领状(一九二二年七月二十九日) …… 427
给各舰将士的命令(一九二二年七月三十日) …… 428
命杨虎直接指挥海军陆战队令(一九二二年七月) …… 428
批钱慰卿请款呈(一九二二年七月) …… 428
准给伤员抚慰费(一九二二年七月) …… 429
批兴业公司煤行收据(一九二二年七月) …… 429
批冯肇宪请款呈(一九二二年八月一日) …… 429
批兴业公司煤行收据(一九二二年八月一日) …… 430
命发黄骚经费令(一九二二年八月二日) …… 430
饬发廖湘芸旅费条(一九二二年八月二日) …… 430
命发黄骚经费令(一九二二年八月三日) …… 431
批胡文灿请款函(一九二二年八月三日) …… 431
批陈策请款呈(一九二二年八月三日) …… 431
批韩恢请款条(一九二二年八月五日) …… 432
批 BERBLINGER 公司账单(一九二二年八月初) …… 432
对各舰将士的指示(一九二二年八月六日) …… 433
批黄百借款呈(一九二二年八月七日) …… 433
命发陈际熙经费令(一九二二年八月七日) …… 433

批陈策请款呈(一九二二年八月八日) …… 434

命各舰归队令(一九二二年八月九日) …… 434

批林若时请款呈(一九二二年八月九日) …… 434

批岑静波函(一九二二年八月十六日) …… 435

批周颂西函(一九二二年八月二十五日) …… 435

收款条(一九二二年八月) …… 435

批石青阳函(一九二二年九月五日) …… 436

批徐际恒函(一九二二年九月八日) …… 436

批宋大章函(一九二二年九月十日) …… 436

批张武函(一九二二年九月十五日) …… 437

批刘尧夫函(一九二二年九月十五日) …… 437

批杨森函(一九二二年九月十五日) …… 437

批赵从宾函(一九二二年九月中旬) …… 438

批居正函(一九二二年九月二十六日) …… 438

批张骏函(一九二二年九月二十七日) …… 438

批吴泽理函(一九二二年九月) …… 439

批宋大章函(一九二二年九月以后) …… 439

批田清涛函(一九二二年九月至十月间) …… 439

批景梅九函(一九二二年十月一日) …… 440

批居正函(一九二二年十月三日) …… 440

批陈煊函(一九二二年十月四日) …… 440

批赵士觐函(一九二二年十月七日) …… 441

批孙镜亚函(一九二二年十月十一日) …… 441

批某君函(一九二二年十月十一日) …… 441

批徐维绘函(一九二二年十月十二日) …… 442

批梅冠林函(一九二二年十月十三日) …… 442

批张祖杰函(一九二二年十月十八日) …… 443

批廖湘芸函(一九二二年十月十九日) …… 443

任命状应加东路二字于讨贼军之上手谕(一九二二年十月十九日) …… 443

批盘鸿钧函(一九二二年十月二十日) …………………………… 444

批张启荣函(一九二二年十月二十一日) ………………………… 444

批李福林函(一九二二年十月二十一日) ………………………… 444

收到香港总工会助款之收据(一九二二年十月二十一日) ……… 445

批张启荣函(一九二二年十月二十三日) ………………………… 445

批张启荣函(一九二二年十月二十四日) ………………………… 445

批方瑞麟等函(一九二二年十月二十五日) ……………………… 446

批黄隆生函(一九二二年十月二十九日) ………………………… 446

批福建自治军电(一九二二年十月) ……………………………… 446

批刘玉山函(一九二二年十月) …………………………………… 447

批蒋光亮函(一九二二年十月) …………………………………… 447

批欧阳豪函(一九二二年秋后) …………………………………… 447

批陈荣广函(一九二二年十一月一日) …………………………… 448

饬每月发给飞鹰福安舞凤三舰伙食费令(一九二二年十一月一日) …… 448

批廖湘芸函(一九二二年十一月四日) …………………………… 449

批管鹏李廼璟函(一九二二年十一月四日) ……………………… 449

批护法议员办事处函(一九二二年十一月八日) ………………… 449

饬交夏重民债券收条及取货证各一本谕(一九二二年十一月九日) …… 450

批徐瑞霖函(一九二二年十一月十日) …………………………… 450

批杨大实函(一九二二年十一月十一日) ………………………… 450

批黄德函(一九二二年十一月十二日) …………………………… 451

批黄日权函(一九二二年十一月十四日) ………………………… 451

批赵士觐函(一九二二年十一月十五日) ………………………… 451

饬财政部发给公债收条谕(一九二二年十一月十七日) ………… 452

批焦易堂函(一九二二年十一月二十二日) ……………………… 452

批杨大实函(一九二二年十一月二十六日) ……………………… 452

批前年彰年函(一九二二年十一月二十九日) …………………… 453

批黎工倾函(一九二二年十一月二十九日) ………………………… 453

批郑次豪函(一九二二年十一月) …………………………………… 453

批高致和函(一九二二年十一月至十二月间) …………………… 454

批张启荣函(一九二二年十二月二日) …………………………… 454

批许春草函(一九二二年十二月二日) …………………………… 454

批方瑞麟函(一九二二年十二月二日) …………………………… 455

  附录 方瑞麟致孙中山函 …………………………………… 455

批欧阳格电(一九二二年十二月三日) …………………………… 456

批张煊函(一九二二年十二月四日) ……………………………… 457

批焦易堂函(一九二二年十二月五日) …………………………… 457

批梁栋函(一九二二年十二月六日) ……………………………… 457

批廖湘芸函(一九二二年十二月六日) …………………………… 458

批皮广生函(一九二二年十二月八日) …………………………… 458

批于应祥函(一九二二年十二月八日) …………………………… 458

批张兆函(一九二二年十二月十日) ……………………………… 459

批张启荣函(一九二二年十二月十日) …………………………… 459

批李福林请添购枪械函(一九二二年十二月十一日) …………… 459

批张启荣函(一九二二年十二月十二日) ………………………… 460

批王永泉函(一九二二年十二月十六日) ………………………… 460

批林少梅函(一九二二年十二月十七日) ………………………… 460

批刘文辉函(一九二二年十二月十九日) ………………………… 461

批外交部函(一九二二年十二月二十一日) ……………………… 461

批焦易堂函(一九二二年十二月二十一日) ……………………… 462

批张金钊等函(一九二二年十二月二十三日) …………………… 462

批罗翼群函(一九二二年十二月二十四日) ……………………… 462

批龚师曾函(一九二二年十二月二十四日) ……………………… 463

颁给陈辉石奖状(一九二二年十二月二十四日) ………………… 463

颁给林采昆奖状(一九二二年十二月二十五日) ………………… 463

颁给李庆标奖状(一九二二年十二月二十五日) …… 464

批何克夫函(一九二二年十二月二十五日) …… 464

批宋渊源函(一九二二年十二月二十五日) …… 464

批张启荣函(一九二二年十二月二十七日) …… 465

批廖湘芸函(一九二二年十二月二十九日) …… 465

批林支宇函(一九二二年十二月三十日) …… 465

批谢良牧函(一九二二年十二月三十日) …… 466

批田铭璋李希莲函(一九二二年) …… 466

批李烈钧电(一九二二年) …… 466

批马光晔请电责北京当局干涉国会函(一九二二年至一九二三年间) …… 467

批张恶石来函(一九二二年至一九二三年间) …… 467

批《中国国民党入党志愿书》格式(一九二三年一月一日) …… 468

批张兆基呈(一九二三年一月三日) …… 468

批复黄展堂等电(一九二三年一月八日) …… 468

批邵元冲函(一九二三年一月十一日) …… 469

批鲍应隆等称已集饷千余元即汇函(一九二三年一月十九日) …… 469

批王亚樵等函(一九二三年一月二十日) …… 469

批梅光培函(一九二三年一月中旬) …… 470

批何成濬函(一九二三年一月二十一日) …… 470

批袁兴周谭惟详呈(一九二三年一月二十二日) …… 470

委何世桢等办分部手谕(一九二三年一月二十三日) …… 471

命洪兆麟翁式亮立功自赎令(一九二三年一月二十八日) …… 471

批陈肇英函(一九二三年一月下旬) …… 472

命召集中央干部会议令(一九二三年一月) …… 472

颁给黄壬戌奖状(一九二三年一月) …… 473

批于应祥函(一九二三年二月一日) …… 473

批李烈钧电(一九二三年二月二日) …… 473

谕发给刘醒吾旅费令(一九二三年二月五日) …… 474

批彭素民呈(一九二三年二月八日) ………………………………… 474

批彭素民函(一九二三年二月八日) ………………………………… 474

批总务部呈(一九二三年二月八日) ………………………………… 475

福建省内中央直辖各行政机关着由省长暂行兼管令
　(一九二三年二月九日) …………………………………………… 475

批胡汉民电(一九二三年二月十日) ………………………………… 476

着每月发给民国日报津贴令(一九二三年二月十四日) …………… 476

通告以农林试验场为驻跸地的电令(一九二三年二月十四日) …… 477

批朱晋经来函(一九二三年二月二十二日) ………………………… 477

指定在粤各军防地令(一九二三年二月二十三日) ………………… 477

给杨希闵的训令(一九二三年二月二十四日) ……………………… 478

给沈鸿英的训令(一九二三年二月二十四日) ……………………… 479

给刘震寰的训令(一九二三年二月二十四日) ……………………… 479

给朱培德的训令(一九二三年二月二十四日) ……………………… 480

给程潜的训令(一九二三年二月二十四日) ………………………… 481

给杨希闵的训令(一九二三年二月二十四日) ……………………… 481

给海军官兵的训令(一九二三年二月二十四日) …………………… 482

发给姚雨平等公费令(一九二三年二月二十六日) ………………… 483

发给周雍能旅费令(一九二三年二月二十七日) …………………… 483

发给秘书参军等公费令(一九二三年二月二十八日) ……………… 483

谕发徐苏中等人奖金(一九二三年二月) …………………………… 484

追赠邓荫南令(一九二三年二月) …………………………………… 484

给谢文炳的指令(一九二三年三月二日) …………………………… 485

给杨西岩的指令(一九二三年三月三日) …………………………… 485

命李章达会同办理电报局令(一九二三年三月四日) ……………… 486

发给周道腴张九维旅费令(一九二三年三月四日) ………………… 486

给徐绍桢的训令(一九二三年三月五日) …………………………… 486

给胡汉民的指令(一九二三年三月六日) …………………………… 487

给刘玉山的训令(一九二三年三月七日) …………………………… 487

给杨希闵的训令(一九二三年三月七日) …………………………… 488

发给赵植之公费令(一九二三年三月七日) ………………………… 489

给伍学熀的指令(一九二三年三月七日) …………………………… 489

给杨希闵的指令(一九二三年三月八日) …………………………… 490

给徐绍桢的训令(一九二三年三月八日) …………………………… 490

给莫鸿秋的训令(一九二三年三月八日) …………………………… 491

令大本营参军处转饬两广盐运使将贮存军盐查封变卖谕
  (一九二三年三月九日前) ……………………………………… 491

给徐绍桢的训令(一九二三年三月九日) …………………………… 492

给徐绍桢的指令(一九二三年三月九日) …………………………… 492

发给孙祥夫公费令(一九二三年三月九日) ………………………… 493

批谢文炳来电(一九二三年三月十日) ……………………………… 493

给陈天太的训令(一九二三年三月十日) …………………………… 493

发给欧阳格公费令(一九二三年三月十日) ………………………… 494

撤销东江商运局令(一九二三年三月十二日) ……………………… 494

给王棠的指令(一九二三年三月十三日) …………………………… 495

发给杨熙绩公费令(一九二三年三月十三日) ……………………… 495

给李易标的指令(一九二三年三月十四日) ………………………… 496

发给杜墨林旅费令(一九二三年三月十四日) ……………………… 497

发给钟百毅紧急公费令(一九二三年三月十四日) ………………… 497

发给成国屏旅费令(一九二三年三月十六日) ……………………… 498

发给路孝忱办礼物费令(一九二三年三月十六日) ………………… 498

裁撤大本营金库令(一九二三年三月十七日) ……………………… 498

给刘震寰的训令(一九二三年三月十七日) ………………………… 499

给伍学熀的指令(一九二三年三月十七日) ………………………… 499

给杨西岩的指令(一九二三年三月十七日) ………………………… 500

给蒋光亮的指令(一九二三年三月十七日) ………………………… 501

给黄隆生的指令（一九二三年三月十七日） …… 501

给伍学煜的指令（一九二三年三月十七日） …… 502

发给吴煦泉公费令（一九二三年三月十八日） …… 503

发给陈煊旅费令（一九二三年三月二十日） …… 503

发给吴敌旅费令（一九二三年三月二十日） …… 504

发给谢良牧公费令（一九二三年三月二十日） …… 504

给程潜等的训令（一九二三年三月二十日） …… 504

批福州黄展云来电（一九二三年三月二十日） …… 505

命傅秉常与英领事交涉令（一九二三年三月二十一日） …… 506

给陈兴汉的指令（一九二三年三月二十一日） …… 506

给李易标的训令（一九二三年三月二十三日） …… 507

发给孙祥夫公费令（一九二三年三月二十四日） …… 508

发给于应祥公费令（一九二三年三月二十四日） …… 508

发给海军伙食费令（一九二三年三月二十四日） …… 509

给杨仙逸的指令（一九二三年三月二十四日） …… 509

饬将观音山开放为公园以后不准驻军手令
（一九二三年三月二十六日） …… 510

给李易标的训令（一九二三年三月二十六日） …… 510

给程潜的训令（一九二三年三月二十六日） …… 511

给徐绍桢的指令（一九二三年三月二十六日） …… 511

饬徐绍桢开放观音山为公园令（一九二三年三月二十六日） …… 512

饬杨希闵观音山不得驻军令（一九二三年三月二十六日） …… 512

着邓泽如速行恢复广东支部令（一九二三年三月二十六日） …… 513

给周之贞的训令（一九二三年三月二十七日） …… 513

给李易标的指令（一九二三年三月二十七日） …… 514

发给赵珊林旅费令（一九二三年三月二十八日） …… 515

给徐绍桢的训令（一九二三年三月二十八日） …… 515

发给报界公会津贴令（一九二三年三月二十八日） …… 516

发给梅光培公费令(一九二三年三月二十九日) ………………… 516

给程潜的训令(一九二三年三月二十九日) …………………… 516

命大理院长暂行兼管司法行政事务令(一九二三年三月三十日) …… 517

给杨廷培的指令(一九二三年三月三十日) …………………… 517

发给黄节公费令(一九二三年三月三十日) …………………… 518

命将东校场无线电台归广东无线电总局管理令
　(一九二三年四月一日至二日间) …………………………… 518

给古应芬等的训令(一九二三年四月二日) …………………… 519

给邓泽如的训令(一九二三年四月二日) ……………………… 520

给李安邦的训令(一九二三年四月二日) ……………………… 520

给朱培德的训令(一九二三年四月二日) ……………………… 521

给杨希闵徐绍桢的训令(一九二三年四月二日) ……………… 521

发给安健公费令(一九二三年四月二日) ……………………… 522

批林焕廷请汇蒋介石安家费电(一九二三年四月二日) ……… 522

给林焕廷汇款令(一九二三年四月二日) ……………………… 523

派宋子文调查财政厅档案令(一九二三年四月二日) ………… 523

发给霍汗公费令(一九二三年四月三日) ……………………… 523

发给夏百子恩俸令(一九二三年四月三日) …………………… 524

给杨仙逸的指令二件(一九二三年四月三日) ………………… 524

发给那文月俸令(一九二三年四月三日) ……………………… 525

发给刘玉山部伙食费令(一九二三年四月三日) ……………… 525

给程潜等的训令(一九二三年四月四日) ……………………… 526

给邓泽如孙祥夫的训令(一九二三年四月五日) ……………… 526

给徐绍桢等的训令(一九二三年四月六日) …………………… 527

给杨希闵的训令(一九二三年四月六日) ……………………… 528

发给程步瀛津贴令(一九二三年四月六日) …………………… 528

派梅光培接管官产处令(一九二三年四月六日) ……………… 529

给温树德等的训令(一九二三年四月七日) …………………… 529

发给陈天太部伙食费令(一九二三年四月七日) …………………… 530
褒扬顾品珍令(一九二三年四月九日) …………………………… 531
褒扬赵又新令(一九二三年四月九日) …………………………… 531
发给金华林黄昌谷旅费令(一九二三年四月九日) ……………… 532
给徐绍桢的训令(一九二三年四月十日) ………………………… 532
给李烈钧许崇智的训令(一九二三年四月十日) ………………… 533
给梁志宏的训令(一九二三年四月十日) ………………………… 533
  附录　着梁志宏将汕头无线建筑完备令(一九二三年四月九日) …… 534
给赵士北的训令(一九二三年四月十日) ………………………… 534
给程潜的指令(一九二三年四月十日) …………………………… 536
批胡思舜来函(一九二三年四月十日) …………………………… 536
给徐绍桢的训令二件(一九二三年四月十一日) ………………… 537
给赵士北的训令(一九二三年四月十一日) ……………………… 539
发给姚雨平部开拔费令(一九二三年四月十一日) ……………… 540
发给刘玉山制弹费令(一九二三年四月十一日) ………………… 541
命黄隆生收管金库券令(一九二三年四月十二日) ……………… 541
给黄焕庭的指令(一九二三年四月十二日) ……………………… 541
给程潜等的训令(一九二三年四月十三日) ……………………… 542
给程潜的训令(一九二三年四月十三日) ………………………… 542
给程潜等的训令(一九二三年四月十三日) ……………………… 543
给程潜的指令(一九二三年四月十三日) ………………………… 544
  附录　程潜原呈 ……………………………………………… 544
给温树德的指令(一九二三年四月十四日) ……………………… 545
给王棠陈兴汉的训令(一九二三年四月十四日) ………………… 545
批答沈鸿英"和平统一"宣言(一九二三年四月十四日) ………… 546
讨伐沈鸿英令(一九二三年四月十六日) ………………………… 546
饬发给伍毓瑞出入证手谕(一九二三年四月十六日) …………… 547
发给李福林部出发费令(一九二三年四月十六日) ……………… 547

取消变卖公产的命令(一九二三年四月十七日)……548
发给王之南用费令(一九二三年四月十七日)……548
发给刘玉山军费令(一九二三年四月十七日)……548
发给黄骚药料等费令(一九二三年四月十七日)……549
给赵士北的指令(一九二三年四月十七日)……549
命赵士觐将电话局交黄垣收管令(一九二三年四月十八日)……550
派黄垣收管广州电话局令(一九二三年四月十八日)……550
发给谢心准公费令(一九二三年四月十八日)……551
发给马源恤款令(一九二三年四月十八日)……551
发给黄骚购军米款令(一九二三年四月十八日)……551
给杨希闵的训令(一九二三年四月十八日)……552
命胡谦在军政部服务令(一九二三年四月十八日)……552
嘉慰前敌将士令(一九二三年四月十九日)……553
发给战伤官兵调养费令(一九二三年四月十九日)……553
发给刘震寰军费令(一九二三年四月十九日)……554
发给何克夫军费令(一九二三年四月十九日)……554
发给杨映波公费令(一九二三年四月十九日)……554
给粤汉铁路公司董事局的指令(一九二三年四月十九日)……555
给吴铁城的训令(一九二三年四月二十日)……555
给邓泽如等的训令二件(一九二三年四月二十日)……556
给王棠的训令二件(一九二三年四月二十日)……557
给程潜等的训令(一九二三年四月二十日)……558
发给徐树荣军费令(一九二三年四月二十日)……559
给李天德的指令(一九二三年四月二十日)……559
给冯伟的指令(一九二三年四月二十日)……560
给朱培德的指令(一九二三年四月二十日)……560
发给江门军队伙食费令(一九二三年四月二十日)……561
发给兵工厂长筹备费令(一九二三年四月二十日)……561

发给刘玉山军费令(一九二三年四月二十一日) …………… 561

给杨希闵的指令(一九二三年四月二十一日) …………… 562

着邓慕韩往财政厅调查津贴报界详细情形令
　(一九二三年四月二十二日) …………………………… 562

裁撤庶务司令(一九二三年四月二十三日) ………………… 563

给程潜的指令(一九二三年四月二十三日) ………………… 563

给程潜等的训令(一九二三年四月二十三日) ……………… 563

发给刘震寰部犒赏金令(一九二三年四月二十三日) ……… 564

发给杨赓笙公费令(一九二三年四月二十三日) …………… 565

发给黄骚办军米费令(一九二三年四月二十三日) ………… 565

给冯伟的训令(一九二三年四月二十三日) ………………… 565

给谢铁良的手令(一九二三年四月二十三日) ……………… 566

给荣业公司借款收据(一九二三年四月二十三日) ………… 567

给林树巍的训令(一九二三年四月二十四日) ……………… 567

给程潜的指令(一九二三年四月二十四日) ………………… 568

　附录　大本营军政部军法处组织条例 …………………… 568

给朱培德的指令(一九二三年四月二十四日) ……………… 569

派金华林赴前线视察令(一九二三年四月二十四日) ……… 569

给卢师谛等的训令(一九二三年四月二十五日) …………… 570

发给江门军队药料费令(一九二三年四月二十五日) ……… 570

发给周道腴公费令(一九二三年四月二十五日) …………… 571

发给李福林军费令(一九二三年四月二十五日) …………… 571

发给江固舰伙食费令(一九二三年四月二十五日) ………… 571

发给孙勇党款令(一九二三年四月二十五日) ……………… 572

发给孙勇公费令(一九二三年四月二十五日) ……………… 572

发给朱培德伤兵恤款及杂费令(一九二三年四月二十六日) …… 572

发给罗拔工务洋行款令(一九二三年四月二十六日) ……… 573

发给梅光培招待费令(一九二三年四月二十六日) ………… 573

严拿古日光令(一九二三年四月二十六日) …………………………… 573
命财政厅等将收入悉解大本营会计司令
　(一九二三年四月二十六日) …………………………… 574
命取消梁士诒通缉令(一九二三年四月二十七日) ………… 574
发给梁鸿楷军费令(一九二三年四月二十八日) …………… 575
发给江固舰饷及杂费令(一九二三年四月二十八日) ……… 575
给财政厅等命令二件(一九二三年四月二十九日) ………… 575
发给徐于密电本令(一九二三年四月二十九日) …………… 576
批蒋介石签(一九二三年四月二十九日) …………………… 576
发给喻毓西旅费令(一九二三年四月三十日) ……………… 576
给傅秉常的训令(一九二三年四月三十日) ………………… 577
给古应芬的指令(一九二三年四月三十日) ………………… 578
命江门海关放行电话机令(一九二三年四月三十日) ……… 578
饬发给谢铁良陈仲斌出入证(一九二三年四月) …………… 579
批陈天太借款原据(一九二三年四月) ……………………… 579
命安北舰暂留省河令(一九二三年五月一日) ……………… 579
给关景星的训令(一九二三年五月一日) …………………… 580
给伍汝康的训令(一九二三年五月一日) …………………… 580
发给杨希闵犒赏费令(一九二三年五月二日) ……………… 581
给先施公司借款收据(一九二三年五月三日) ……………… 581
给徐绍桢的训令(一九二三年五月三日) …………………… 581
给杨西岩的借款收据(一九二三年五月三日) ……………… 582
发给梁醉生旅费令(一九二三年五月四日) ………………… 582
发给夏醉雄旅费令(一九二三年五月四日) ………………… 583
给周之贞的命令(一九二三年五月四日) …………………… 583
裁撤八属绥靖处令(一九二三年五月五日) ………………… 583
给古应芬周之贞的训令(一九二三年五月五日) …………… 584
发给梁醉生旅费令(一九二三年五月六日) ………………… 584

发给卢师谛部伙食费令(一九二三年五月六日) ………………… 585
发给杨希闵伙食费令(一九二三年五月八日) ………………… 585
关于印花问题的指令(一九二三年五月九日) ………………… 585
发给黄骚取消定船赔补费令(一九二三年五月九日) ………… 586
发给西江军队军费令(一九二三年五月九日) ………………… 586
发给长洲要塞司令伙食费令(一九二三年五月十日) ………… 586
官产收归大本营办理令(一九二三年五月十日) ……………… 587
发给孙祥夫等公费令(一九二三年五月十日) ………………… 587
发给吴世英常庭兰旅费令(一九二三年五月十日) …………… 587
命查明有功乡团颁奖令(一九二三年五月十日) ……………… 588
通缉黄大伟手令(一九二三年五月十日) ……………………… 588
通缉黄大伟令(一九二三年五月十日) ………………………… 589
饬滇军赴韶关令(一九二三年五月十日) ……………………… 589
命杨廷培将炮交回李福林令(一九二三年五月十一日) ……… 590
命派员调查沿海盐务令(一九二三年五月十一日) …………… 590
发给刘玉山军费令(一九二三年五月十二日) ………………… 591
着沿海盐场驻军协同办理盐务调查令(一九二三年五月十二日) … 591
发给周伯甘谢愤生出发费令(一九二三年五月十三日) ……… 591
发给李元著杂费令(一九二三年五月十四日) ………………… 592
给王棠的训令(一九二三年五月十四日) ……………………… 592
给程潜等的训令(一九二三年五月十四日) …………………… 593
给王棠的训令(一九二三年五月十四日) ……………………… 594
给古应芬的训令(一九二三年五月十四日) …………………… 595
给罗翼群的训令(一九二三年五月十四日) …………………… 595
给罗翼群的指令(一九二三年五月十四日) …………………… 596
给朱和中的指令(一九二三年五月十四日) …………………… 596
发给黄昌谷公费令(一九二三年五月十五日) ………………… 597
发给徐于旅费令(一九二三年五月十五日) …………………… 597

发给徐树荣军费令(一九二三年五月十五日) …… 597
命谢文炳部归军政部编制令(一九二三年五月十六日) …… 598
给赵士北的指令(一九二三年五月十六日) …… 598
发给刘玉山军费令(一九二三年五月十七日) …… 599
命将盖印之手令编号注册令(一九二三年五月十七日) …… 599
发给无线电局经费令(一九二三年五月十七日) …… 599
发给肇庆赏恤费令(一九二三年五月十八日) …… 600
给杨希闵等的训令(一九二三年五月十八日) …… 600

  附录　饬严拿假冒军人手令 …… 601
批范石生呈(一九二三年五月十八日) …… 601
发给刘玉山军费令(一九二三年五月十九日) …… 601
发给杨如轩紧急费令(一九二三年五月十九日) …… 602
饬魏邦平即着邓演达所部即日来省电令(一九二三年五月十九日) …… 602
给杨希闵的训令(一九二三年五月十九日) …… 602
给王棠的训令三件(一九二三年五月十九日) …… 603
给傅秉常的指令(一九二三年五月十九日) …… 605
给廖仲恺的指令(一九二三年五月十九日) …… 605
给杨总司令的手令(一九二三年五月二十日) …… 606
给广州市政厅的命令(一九二三年五月二十日) …… 606
给王棠的训令(一九二三年五月二十一日) …… 607
给杨希闵的训令(一九二三年五月二十一日) …… 607
饬各师旅不得自行处决犯人令(一九二三年五月二十一日) …… 608
给赵士北的指令(一九二三年五月二十一日) …… 608
给王棠的训令(一九二三年五月二十一日) …… 609
命悬赏购拿杨坤如令(一九二三年五月二十二日) …… 609
命拿办李耀汉令(一九二三年五月二十二日) …… 610
命拿办沈子良杨梅宾令(一九二三年五月二十二日) …… 611
给王棠的训令(一九二三年五月二十二日) …… 611

给罗翼群的训令(一九二三年五月二十二日)	612
给廖仲恺的训令(一九二三年五月二十二日)	613
发给金华林旅费令(一九二三年五月二十三日)	614
发给李健民旅费令(一九二三年五月二十三日)	614
发给喻毓西旅费令(一九二三年五月二十三日)	614
给王棠的训令(一九二三年五月二十三日)	615
给赵士觐的训令(一九二三年五月二十三日)	616
给冯伟的训令(一九二三年五月二十三日)	617
发给海军伙食费令(一九二三年五月二十三日)	617
发给徐永丰旅费令(一九二三年五月二十四日)	618
发给刘玉山军费令(一九二三年五月二十四日)	618
命在前线直接核发军粮令(一九二三年五月二十四日)	618
发给地雷队出发费令(一九二三年五月二十四日)	619
发给刘震寰部军费令(一九二三年五月二十五日)	619
加发涂震亚旅费令(一九二三年五月二十七日)	620
发给岑静波用费令(一九二三年五月二十七日)	620
发给徐树荣伙食费令(一九二三年五月二十七日)	620
发给马伯麟公费令(一九二三年五月二十七日)	621
给彭澄的训令(一九二三年五月二十七日)	621
给袁良骅的训令(一九二三年五月二十七日)	622
命马伯麟赴长洲令(一九二三年五月二十七日)	622
发给邓慕韩杂费令(一九二三年五月二十八日)	623
给王棠的训令(一九二三年五月二十八日)	623
给伍岳的指令(一九二三年五月二十八日)	624
给杨西岩的训令(一九二三年五月二十九日)	624
给徐绍桢的指令(一九二三年五月三十日)	625
给赵士北的指令(一九二三年五月三十日)	626
宣布要塞戒严令(一九二三年五月三十日)	626

给廖湘芸的指令(一九二三年五月三十一日) …………………… 627

给王棠的训令(一九二三年五月三十一日) …………………… 627

海军兵舰暂由大元帅直接管辖令(一九二三年五月三十一日) ……… 628

给海军将士的训令(一九二三年五月三十一日) ……………… 628

命杨庶堪致函杨廷培令(一九二三年五月) …………………… 629

命虎门要塞放行李军所乘船令(一九二三年五月) …………… 629

饬卫戍总司令部等协同缉拿不法之徒令(一九二三年五月) ……… 630

命航空局派机察看军情令(一九二三年五月) ………………… 630

致虎门长洲两要塞司令的电令(一九二三年五月三十一日至六月初) … 631

接济梁鸿楷部伙食费令(一九二三年六月二日) ……………… 631

饬发给孙勇公费令(一九二三年六月二日) …………………… 631

饬发给孙文元公费令(一九二三年六月二日) ………………… 632

给伍汝康的指令(一九二三年六月二日) ……………………… 632

饬发给伏彪旅费令(一九二三年六月三日) …………………… 633

饬发给陈汉公费令(一九二三年六月三日) …………………… 633

给王棠的训令(一九二三年六月四日) ………………………… 633

给廖仲恺的训令(一九二三年六月五日) ……………………… 634

饬发给胡霖川资令(一九二三年六月六日) …………………… 635

饬发给孙勇特别公费令(一九二三年六月七日) ……………… 635

给王棠的训令三件(一九二三年六月八日) …………………… 635

给黄骚朱和中的训令(一九二三年六月八日) ………………… 637

饬王棠发给萧萱医药费令(一九二三年六月九日) …………… 637

饬王棠发给陈杰夫公费令(一九二三年六月九日) …………… 638

给广东省长及各军事长官的训令(一九二三年六月九日) …… 638

给黄骚的训令(一九二三年六月九日) ………………………… 639

给邓泽如的训令(一九二三年六月九日) ……………………… 639

给黄骚的训令(一九二三年六月九日) ………………………… 640

批廖仲恺来电(一九二三年六月十一日) ……………………… 641

给广东省长及各军事长官的训令(一九二三年六月十一日) …… 642
给傅秉常的训令(一九二三年六月十一日) …… 644
给王棠的训令(一九二三年六月十二日) …… 645
给陈可钰的训令(一九二三年六月十二日) …… 645
给罗翼群的训令(一九二三年六月十二日) …… 646
饬发给广东宣传局开办费令(一九二三年六月十三日) …… 647
饬发给刘民畏医药费令(一九二三年六月十三日) …… 647
给赵士觐等的训令(一九二三年六月十四日) …… 648
给廖仲恺的训令(一九二三年六月十四日) …… 648
给邹鲁的指令(一九二三年六月十五日) …… 649
给李福林的指令(一九二三年六月十五日) …… 650
筹给参军处伤兵费令(一九二三年六月十六日) …… 650
给杨希闵等的训令(一九二三年六月十六日) …… 651
着刘成禺前往汉口调查吴佩孚没收民产事令(一九二三年六月十七日) …… 651
发给孙万乘端木璜生公费令(一九二三年六月十八日) …… 652
发给宋绍殷医药费令(一九二三年六月十九日) …… 652
发给杜羲公费令(一九二三年六月十九日) …… 652
给王棠的训令(一九二三年六月十九日) …… 653
给程潜的指令(一九二三年六月十九日) …… 653
发给航空局买料费令(一九二三年六月十九日) …… 654
发给刘玉山部伙食费令(一九二三年六月十九日) …… 654
给邹鲁的训令(一九二三年六月二十日) …… 655
给王棠的训令(一九二三年六月二十日) …… 656
给各军长官的训令(一九二三年六月二十日) …… 656
核复广东财政厅纸币发行监督黄隆生呈请免职并责成财政厅
　自行清理其未交之库券令(一九二三年六月二十日) …… 658
给赵士北的指令(一九二三年六月二十日) …… 659
给徐绍桢的指令(一九二三年六月二十日) …… 659

巡视东江时给许崇智等的指令(一九二三年六月二十日) …… 660
给廖仲恺的指令(一九二三年六月二十一日) …… 660
褒扬伍廷芳令(一九二三年六月二十二日) …… 661
给王棠的训令(一九二三年六月二十三日) …… 661
给廖仲恺的训令(一九二三年六月二十四日) …… 662
官产沙田两清理处仍归财政厅管辖令(一九二三年六月二十五日) …… 662
给梅光培的训令(一九二三年六月二十五日) …… 663
给王棠的指令(一九二三年六月二十五日) …… 663
着刘甫臣等嘉勉川军扫清残寇申讨国贼令
　(一九二三年六月二十五日) …… 664
着函知邓泽如等的手令(一九二三年六月二十五日) …… 665
发给杨大实公费及川资令(一九二三年六月二十六日) …… 665
给王棠的训令二件(一九二三年六月二十七日) …… 666
给各军长官的训令(一九二三年六月二十七日) …… 667
给廖仲恺杨希闵的训令(一九二三年六月二十七日) …… 668
　附录　临时军律 …… 668
发给永翔楚豫两舰伙食公费令(一九二三年六月二十七日) …… 669
给伍朝枢的训令(一九二三年六月二十八日) …… 669
给王棠的训令(一九二三年六月三十日) …… 670
给张开儒程潜的训令(一九二三年六月三十日) …… 671
给罗翼群的指令(一九二三年六月三十日) …… 671
发给航空局修理机场费令(一九二三年六月三十日) …… 672
电令长洲要塞司令(一九二三年六月三十日) …… 672
发给平刚徐昌侯川资令(一九二三年七月一日) …… 673
发给邱鸿钧医药费令(一九二三年七月二日) …… 673
命朱卓文周之贞来大本营电(一九二三年七月二日) …… 673
命追赠并优恤杨锦堂陈培鎏令(一九二三年七月二日) …… 674
给刘纪文的指令(一九二三年七月三日) …… 674

给王棠的训令(一九二三年七月四日)	675
命筹发何成濬部伙食费令(一九二三年七月五日)	676
发给赴北江军费令(一九二三年七月五日)	676
给梅光培的指令(一九二三年七月五日)	676
命发给无线电总局修理费令(一九二三年七月五日)	677
命限期拿获劫车土匪令(一九二三年七月六日)	677
给朱培德的训令(一九二三年七月六日)	678
发给滇军赏款令(一九二三年七月六日)	679
给王棠的训令(一九二三年七月六日)	679
给罗翼群的指令(一九二三年七月六日)	680
着制弹厂发给陈理明部子弹令(一九二三年七月六日)	680
给廖仲恺等的训令(一九二三年七月七日)	681
命江门办事处不得干涉公产令(一九二三年七月八日)	681
发给徐树荣军费令(一九二三年七月九日)	682
发给胡舰长公费令(一九二三年七月九日)	682
发给程潜旅费令(一九二三年七月十日)	683
发给谭延闿回湘费令(一九二三年七月十日)	683
遣散冗兵令(一九二三年七月十一日)	683
给孙科的训令(一九二三年七月十二日)	684
命查办卢象森令(一九二三年七月十二日)	685
给程潜的指令(一九二三年七月十二日)	685
发给李天德伙食费令(一九二三年七月十二日)	686
发给宣传委员办公费令(一九二三年七月十三日)	686
发给朱世贵津贴令(一九二三年七月十三日)	687
发给张兆基旅费令(一九二三年七月十四日)	687
命调离兵工厂驻兵令(一九二三年七月十五日)	687
发给孙祥夫公费令(一九二三年七月十五日)	688
命拨官产价予江门办事处令(一九二三年七月十五日)	688

取消巩卫军令(一九二三年七月十六日) …………………………… 688

发给永丰舰回省费令(一九二三年七月十六日) ………………… 689

通缉金汉鼎黄毓成令(一九二三年七月十六日) ………………… 689

发还陈群欠款令(一九二三年七月十七日) ……………………… 689

着将香山缴款拨交会计司急用令(一九二三年七月十八日) …… 690

给王棠的训令二件(一九二三年七月十八日) …………………… 690

命调回顺德驻防部队令(一九二三年七月十九日) ……………… 692

发给任鹤年医药费令(一九二三年七月十九日) ………………… 692

命滇军速增兵平定东江叛军令(一九二三年七月十九日) ……… 692

给谭延闿的指令(一九二三年七月十九日) ……………………… 693

给赵士北的指令(一九二三年七月十九日) ……………………… 693

给黄镇磐的指令(一九二三年七月十九日) ……………………… 694

给叶恭绰等的训令(一九二三年七月二十日) …………………… 694

发给向炯旅费令(一九二三年七月二十日) ……………………… 695

给赵士北的指令(一九二三年七月二十日) ……………………… 695

着市政厅提前垫给航空局杂费手令(一九二三年七月二十一日) ……… 696

命蒙仁潜等部编入中央直辖广西讨贼军令
　(一九二三年七月二十四日) ………………………………… 696

给程潜的训令(一九二三年七月二十四日) ……………………… 697

非经大元帅签字不准支款令(一九二三年七月二十四日) ……… 698

命拟文奖励西江海陆军令(一九二三年七月二十四日) ………… 699

发给大元帅室杂支令(一九二三年七月二十六日) ……………… 699

给陈策的训令(一九二三年七月二十七日) ……………………… 699

给邹鲁的训令(一九二三年七月二十七日) ……………………… 700

给王棠的训令(一九二三年七月二十八日) ……………………… 700

给古应芬李济深的训令(一九二三年七月二十八日) …………… 701

给罗翼群的指令(一九二三年七月二十八日) …………………… 702

　附录　罗翼群呈 …………………………………………………… 702

给程潜的训令(一九二三年七月三十日) …………………………………… 703
给伍学熿的指令(一九二三年七月三十日) ………………………………… 704
给程潜的指令(一九二三年七月三十日) …………………………………… 705
给罗翼群的指令(一九二三年七月三十日) ………………………………… 705
给廖仲恺等的训令(一九二三年七月三十一日) …………………………… 706
给赵士北的指令(一九二三年七月三十一日) ……………………………… 706
给廖仲恺的训令(一九二三年七月三十一日) ……………………………… 707
给叶恭绰的指令(一九二三年七月三十一日) ……………………………… 708
命民产保证局担任子弹费令(一九二三年七月) …………………………… 708

给公记捐助军需收据

（一九〇七年九月二十二日）

兹收到公记捐助中华革命军军需洋银八千元，军政府成立后酬偿如下①：

一、列于为国立功者，

二、照数四倍偿还，

三、给以国内各□路矿优先利权。

中华革命同盟会总理孙文押
天运丁未年九月廿二日立据

（中国同盟会印章　The China Federal Association）

据陈旭麓、郝盛潮主编，王耿雄等编《孙中山集外集》（上海人民出版社一九九〇年版）影印原件

改 历 谕 令②

（一九一一年十二月三十一日）

本日(阴历十一月十二日)奉大总统孙谕令：以本月十三日为阳历元

---

① 原文为"如左"、"如右"、"右令"等，今按排版方式酌改为"如下"、"如上"、"上令"等。后文同。

② 此令摘自《沪军陈都督通告》，原通告中说："布告军民各界人等知悉，以黄帝纪元四千六百九年十一月十三日，着改为中华民国元年正月第一日。从前行用阴历，一律变更。孙大总统即择于元年元旦就任，发号施令，与天下更始。合亟出示晓谕，咸仰知悉，自明日起，各界一律悬挂国旗，以昭庆贺而光大典。"

旦,我民国百度维新,亟应及时更用阳历,期于〔与〕世界各强国同进文明,一新耳目。

据上海《申报》一九一二年一月二日《沪军陈都督通告》

附录　同题异文

照得前奉大总统谕令:改用阳历与世界各国一表大同。

据上海《时报》一九一二年一月三日

命各军划一发饷令

（一九一二年一月八日）

阴历十一月十三日业已改为中华民国元年元旦,所有黄帝纪元四千六百另九年十一月初一日起至十二日止,计十二天,各军辛饷应由各该营队长官核明发给。嗣后即以元年元旦为始,满月发放,以归一律。除通谕各军遵照外,并于昨日命令沪军都督迅即筹款,按营核给。

据上海《申报》一九一二年一月十日《划一发饷日期》

令汪缦卿等移交川路股款筹办蜀军文

（一九一二年一月九日）

本月初四日,据鄂军都督黎元洪转到蜀军都督张培爵、夏之时来电称:"蜀自赵尔丰荼毒后,糜烂不堪。重庆、成都虽各宣告独立,蒲殿俊、朱庆澜释赵不讨,反委以西藏,与以军饷五百万,以致防军溃变,任意焚掠,朱被炮伤,蒲亦窃逃,赵贼仍踞成都。土匪蜂起,民不聊生。重庆军械缺乏,不能进剿,恳赐援助"等语。

察成都一隅,倡义最先,受祸最烈。光复未几,复陷水火,谁非赤子,实堪恫念!中央政府统筹全局,自应速事戡定,惟近值和议未决,北伐在即,需款浩繁,势难兼顾。

前据苏军都督程德全、沪军都督陈其美呈称:"据蜀商童子钧、陈少谷等禀称:'自武汉起义,川路停修,各省及留沪各川人,皆欲提用沪上所存股款,筹办蜀军。驻沪川路公司管款员汪缦卿穷于应付,惧祸远飏,以川路存款股票折据交与商等管理。唯自汪去后,川人提款者,皆与商等为难。穷思以川路股款筹办蜀军,亦属以公济公,商等何敢固持不与;唯名目既多,良莠不齐,若使付托非人,窃恐虚縻无补。若得中央政府作主担保,即行交出,以供军用'"等语。

该商等深明大义,热心时局,殊堪嘉尚!唯念该款本系商股,若由私人借用,事前既易起纷争,事后恐难于归还。不如改由中央政府照数给与公债证券,似此办法,既有裨于大局,复无损于商本。除即委派黄复生、熊克武二员到沪接收路款外,为此令该商等,妥速将所存川路股款一律清算,点交黄、熊二员接收。俟交收清楚,即由财政部发给公债证券,以昭信用,而重商股。事关军务,幸勿迟延。此令。

驻沪川路公司管款员汪缦卿、管理擢据员童子钧、陈少谷知照

据《临时政府公报》第五号(南京一九一二年二月二日)

咨复参议会论国旗文

(一九一二年一月十二日)

贵会咨来议决用五色旗为国旗等因。本总统对于此问题,以为未可遽付颁行。盖现时民国各省已用之旗,大别有三:武汉首义则用内外十八省之徽志,苏浙则用五色之徽志;分用其一,必废其二。所用者必比较为最良,非有绝大充分之理由,不能为折衷定论。故本总统不欲遽定之于此时,而欲俟

满虏既亡,民选国会成立之后,付之国民公决。若决定于此时,则五色旗遂足为比较最良之徽志否,殆未易言。

(一)清国旧例,海军以五色旗为一二品大官之旗。今黜满清之国旗而用其官旗,未免失体。

(二)其用意为五大民旗〔族〕,然其分配代色,取义不确,如以黄代满之类。

(三)既言五族平等,而上下排列,仍有阶级。

夫国旗之颁用,所重有三:一旗之历史,二旗之取义,三旗之美观也。武汉之旗,以之为全国之首义尚矣;苏浙之旗,以之克复南京;而天日之旗,则为汉族共和党人用之南方起义者十余年。自乙未年陆皓东身殉此旗后,如黄冈、防城、镇南关、河口,最近如民国纪元前二年广东新军之反正,倪映典等流血,前一年广东城之起义,七十二人之流血,皆以此旗。南洋、美洲各埠华侨,同情于共和者亦已多年升用,外人总认为民国之旗。至于取义,则武汉多有极正大之主张,而青天白日,取象宏美,中国为远东大国,日出东方为恒星之最者。且青天白日,示光明正照自由平等之义,著于赤帜,亦为三色,其主张之理由尚多。但本总统以为非于此时决定,则可勿详论,因而知武汉所主张,亦有完满之解说。究之革命用兵之际,国旗统一,尚非所急,有如美国亦几经更改,而后定现所行用之旗章。故本总统以为暂勿颁定施行,而俟诸民选国会成立之后。

谨复,并请
公安

附粘天日旗样式两纸。

今日适得武昌来电,则主张用首义之旗,亦有理由,非经将来大会讨论,总难决定也。

据《临时政府公报》第六号(南京一九一二年二月三日)

咨参议院请核议法制局职制草案文

（一九一二年一月十二日）

窃维临时政府成立，所有一切法律命令，在在须行编订，法制局之设，刻不容缓。应将法制局职制提出贵院议决，以便施行。除派本府秘书员李肇甫于本月十二日亲赴贵院提议外，合即先将法制局职制草案咨送贵院查核办理。此咨。

据《临时政府公报》第三号（南京一九一二年一月三十一日）《大总统咨参议院法制局职制》

准颁布陆军编制表令

（一九一二年一月十六日）

中华民国临时大总统令

陆军编制表着即准此颁行。此令。

陆军部总长黄兴知照

计发交陆军编制表十四张，陆军官佐士兵阶级表一张。

孙　文

中华民国元年元月十六日

据中国第二历史档案馆藏《南京临时政府档案》原件

命陆军部严加约束士兵令

（一九一二年一月十六日）

中华民国临时大总统令

　　民国除旧布新，原为救民起见。江宁光复以来，秩序紊乱，至今尚未就理。顷闻城乡内外盗贼充斥，宵小横行，夜则拦路夺物，昼则当街卖赃。或有不肖兵士，藉稽查为名，私入人家，擅行劫掠，以至行者为之戒途，居者不得高枕。此皆兵士约束不严，警察诘奸不力所致。除令卫戍总督、巡警总监外，为此令仰贵总长速筹防范方法，转饬各军一体加意约束，以靖闾阎而肃军纪。此令。

　　陆军部总长黄兴知照

孙　文
中华民国元年元月十六日
据中国第二历史档案馆藏《南京临时政府档案》原件

命陆军部颁行军令整顿军纪令

（一九一二年一月二十日）

中华民国临时大总统令

　　南京各军队纪律不整，本总统早有所闻。今阅上海《泰晤士报》十九日论说，其所登载，多系情实。该报向表同情于民国，今为恳切之忠告，若不切实警戒约束，不唯贻讥外人，后患何堪设想？该报所报下级军官及高级之官，终必同受其危险者，诚非过虑。除令卫戍总督外，为此令仰贵部速即颁行军令，责成各军司令以下将校切实奉行，以后各负其责任，并将下附所译论文给与各军将校阅看，俾知警省。须知纪律严明，训练有素，然后能保军人之名誉,作民国之干城。我南京军队不乏爱国男儿,亦断不容以少数不规则之行为,坏全体之名誉也。宜将此义通谕知之。此令。

陆军部知照

附:抄译上海《泰晤士报》论文一纸。

孙　文①

中华民国元年正月二十日

据中国第二历史档案馆藏《南京临时政府档案》原件

批陆军部呈②

（一九一二年一月上中旬）

呈悉。发扬国威端赖军队,军队骨干全在军官。该部成立之初,即请设陆军军官学校,为造就初级军官之所,自系为亟图民国军事进行起见,殊堪嘉慰。兹阅所呈《陆军军官学校暂行条例》二十八条,胥属妥洽,自应照准,仰即遵照办理可也。此批。

据《临时政府公报》第三十五号（南京一九一二年三月十一日）《大总统批准陆军部所拟军官学校条例文》

---

① 原件此处盖有"中华民国临时大总统印"。
② 民国创建不久,以黄兴为部长的陆军部即决定开设陆军军官学校以培植北伐军军官,深得孙中山赞同。据南京中国第二历史档案馆现藏档案文件,除本篇所收附件《陆军军官学校暂行条例》稿（仅个别字不同）外,尚有1月15日陆军部所拟《陆军军官学校章程》稿（与暂行条例内容有较大出入）、16日《陆军部关于陆军军官学校宣布式及发给委任状并点验学生令》稿、24日陆军部颁发《陆军军官学校教育方针》印本、30日陆军军官学校校长金永炎致陆军部《为本校职员请暂不调委他项职任呈》等。从上述文件得知,陆军部于1月16日上午"齐集官长学生到校行宣布式"并将委任状发给校长金永炎等人。后因局势变化,该校可能并未正式开办。
又,此件于3月11日发行的《临时政府公报》公布,但据上注,孙中山的批示似在1月上中旬为妥。况且2月中旬南北和议己成,孙中山正式提出辞职,南京临时政府决定改由袁世凯组阁,故不可能迟至3月始有开设军校之议。具体日期待考。

附录　陆军军官学校暂行条例

第一条　本校直隶于陆军部。收集各兵科入伍生,授以初级军官应有之学术,养成爱国之精神,使具有初级军官之资格为宗旨。

第二条　本校教育以一年半为毕业。

第三条　本校教育分为教授、训育二科。

(一)教授科目如次:

战术学　兵器学　地形学　筑城学　军制学　军人卫生学　马学　外国语学(英、俄、德、法、日)

(二)训育科目如次:

操练　马术　体操及剑术　军用文及诸勤务、训诲

第四条　本校设置职员如下:

校长:右将军

副官:大(左)军校〔都尉〕

教官:左(右)都尉　军医　兽医　文职

总队长:大都尉

队长:左(右)都尉

队附军官:大(左)军校

军医

兽医

军需官

上士

中士

下士

第五条　校长直隶于陆军部,总理全校事务。

第六条　总队长禀承校长统属全校教育事宜。

第七条　副官掌理全校庶务及文牍。

第八条　队长担任本队内学生之训育,对于学生之成绩负完全责任。

第九条　队附军官辅佐队长,分担本队训育诸科目,监察学生日常躬行。

第十条　上士、中士、下士分管本队庶务、文牍兼充技术助教。

第十一条　兵学教官分担教授各军事学科,每科以高级资深教官一员为科长,俾规定本科教育计划及方法,以期教育齐一。

第十二条　马学教官担任教授马术,兼任调教马匹,掌管校厩一切事宜。

第十三条　文职教官分任教授外国语。

第十四条　军医掌管校内全体卫生事宜,兼任卫生学教授。

第十五条　兽医掌管校厩卫生事宜,兼任马学教授。

第十六条　军需官承校长命令,掌理全校军需事宜。

第十七条　本校学生额数,由陆军部逐年预计应行补充军官员数而定。

第十八条　学生在修学期内不准径请退学。如有故犯校规希图退学者,除按律严惩外,仍追缴用过学费。

第十九条　学生如犯有下列事项即行开除:

(一)学力缺乏难望毕业者;

(二)紊乱军纪、屡犯规则及品行不端者;

(三)伤痍疾病不堪修学者;

(四)毕业考试不及格者。

第二十条　学生如有以前开第三、第四项而被开除尚希望充军官者,酌量准其于次学期再行入校。

第二十一条　学生如有犯第十九条各项而被开除者,应否追缴学费,由校长酌量情形呈请陆军部核办。

第二十二条　学生如因疾病或别项事故,不能于修学期内完全学习所定之学术或不能受毕业考试者,酌量准其留校补习。

第二十三条　如有第二十、第二十二条事项,校长须将其事由呈报陆军部核办。

第二十四条　学生毕业考试，先由校长拟定考试规格，呈请陆军部核准后始行考试。

第二十五条　毕业考试毕，校长督同各教官、队长调查各生成绩定为考科序列，呈请陆军部核准后，由陆军部呈请大总统莅校发给毕业文凭。

第二十六条　发给文凭后，校长可命各生即归原队。

第二十七条　学生在肄业期内，除星期日、庆祝日例行放假外，酌放暑假三星期，其余概不准请假。

第二十八条　其余一切内务细则及教育管理诸规则，由本校体察情形拟订，呈请陆军部核准施行。

据《临时政府公报》第五十三号（南京一九一二年三月三十一日）《陆军军官学校暂行条例》

命陆军部赏恤石凤鸣令

（一九一二年一月二十二日）

中华民国临时大总统令

兹据镇军第一标一营前队二排二棚副目石凤鸣禀称"因中弹受伤，请给费接换假腿"等情前来。查镇军既已出发，该副目因伤独留，情实可矜。惟该副目伤状如何，曾否已由镇军赏恤，抑应照给医费之处，仰贵部查明酌核办理，以慰士心。原禀并发。此令。

陆军部知照

据中国第二历史档案馆藏《南京临时政府档案》原件

命将江南造币厂归财政部管理令

（一九一二年一月二十三日）

中华民国临时大总统令

兹据江南造币厂总理余成烈等禀请"厘定币制，整理厂规及应否隶归财政部，以便有所禀承"等因前来。据此，查该厂为民国特设鼓铸机关，应归财政部管理，所有厘定币制及整理厂规，应由贵部议复呈核。为此令行贵部迅速妥议，呈候核夺。原禀发阅。此令。

财政部知照

孙　文

中华民国元年元月二十三日

据中国第二历史档案馆藏《南京临时政府档案》原件

发交财政部核办公文令

（一九一二年一月二十四日）①

中华民国临时大总统令

兹有公文一件，应归贵部核办，合行钞由发交。此令。

财政部知照

计交公文一件：安徽中华银行监督申报开幕日期由。

孙　文

据中国第二历史档案馆藏《南京临时政府档案》原件

---

① 此件所标时间系财政部收文日期。

命各军团应设军医令

（一九一二年一月二十五日）

军中应设军医员，均须于西医上确有程度，方能委任。布告各军团，凡已厕身军医，须确实试验。

据上海《民立报》一九一二年一月二十六日《大总统择医》

令各行政机关购阅公报文

（一九一二年一月二十八日）

中华民国临时大总统令

临时政府成立，政事上一种公布性质，宜有独立机关经营，以收其效，则发行公报是也。东西洋各国莫不有之。兹经委令创设，经始出版，应令各行政机关咸有购阅该报之义务，除将暂定则例登载该报一律照办外，为此令该部、都督、卫戍总督知照，并通饬所属一体遵照。此令。

据《临时政府公报》第四号（南京一九一二年二月一日）
《大总统令各部及卫戍总督暨各都督》

咨参议院陈述作战方略文

（一九一二年一月三十日）①

本日准贵院咨开："议战议和，关系军国重要，固不宜黩武以致涂炭生

---

① 此件所标时间系《临时政府公报》第二号出版日期。

民,亦岂宜老师,甘堕敌人奸计?"除原文有案不录外,复开:"兹本院于本日开会议决办法三条,除推事〔举〕参议员三员面陈外,抄祈查照办理,并希先行见复施行。"并开办法三条等因。准此,查此时和局未终,停战期满。敌之一方电求停战,不欲遽与决裂,故未及提出。且讲和一事,早经公认,此次展期,乃由此一事发生,并非另生一事,似与临时政府组织大纲尚无违反。至议和成否,于数日内解决。现在用兵方略,当以鄂、湘为第一军,由汉京铁道前进;宁、皖为第二军,向河南前进,与第一军会合于开封、郑州之间;淮、扬为第三军,烟台为第四军,向山东前进,会于济南、秦皇岛;合关外之军为第五军,山、陕为第六军,向北京前进。一、二、三、四军既达第一之目的,复与第五、六军会合,共破房巢。和议一破,本总统当亲督江、皖之师,此时毋庸另委他员。

再:中央财政匮乏已极,各项租税急难整理。饷源一事,业令由财政、陆军两部会同筹画。合并声明。特此咨复。

据《临时政府公报》第二号(南京一九一二年一月三十日)
《大总统咨参议院作战方略并令部急筹财政》

批张人杰等来函[①]

（一九一二年一月三十日）

所请可行,着交财政部斟酌会同办理。

孙 文
中华民国元年元月三十日
据上海辛亥革命七十周年展览会陈列原件

[①] 张人杰、李厚禧、赵家蕃三人上书吁请在上海设局鼓铸银元、救济钱荒,孙中山批复"可行"。原件下端有财政总长陈锦涛、次长王鸿猷注"事已取消"字样。

批华侨联合会会长王敬祥等呈

（一九一二年一月三十一日）

中华民国临时大总统批。一件。华侨统一联合会会长王敬祥等呈解捐款请发给收单由。汇款如数收讫，该会员急公好义，协力筹助，具征爱国热诚，良深嘉许。所请给回收平，应俟令行财政部发给。至关于义捐等事转由该处侨商集合团体办理，自较妥善。贵会设立神户，宜与横滨、长崎等处侨商团体切实联络，现横滨后援会为民国政府筹募捐债，亦极热心，办有成绩，如彼此互相归编，协同共济，其利益于民国前涂〔途〕，自非浅小家所厚望者也。前呈请派民国代表赴东，今将派往，俟得参议院同意，即行发表。改历一节，前既颁本改用阳历，自应一体遵行，惟结算账目暂溽旧习仍用阴历亦无不可，仰即知照。此批。

孙　文

中华民国元年正月三十一日

据秦孝仪主编《国父全集》第六册（台北近代中国出版社一九八九年版）

咨参议院核议南京府官制草案等文

（一九一二年一月三十一日）

案查前据内务部总长程德全呈称："南京为临时首都，维持治安，自是要图，兹拟将旧有江宁巡警路工总局改为中央巡警厅，专管巡警事务。至原有之都督府及江宁民政厅，均为地方官。令〔今〕江苏都督已移驻苏州，而机关尚在江宁民政厅办理，亦不合法。拟将原有二机关消灭，另设一南京府知事，专管江宁、上元两县地方行政事务，均着直隶本部，以便监督而期整理。至各省起义之后,地方官制均系自由规定,罔相师袭,故难免歧异。目下中央政府业已成立,似宜统筹全局,从新厘订,以昭划一。恳即饬法制院,迅速编纂中央巡警厅及南京府知事与各地方官制通则,呈核交下,以便遵行。"

旋复据该部呈称:"民国建立,所有全国民政亟应改革办法,以期整齐,不至蹈满清稗政旧辙。惟官制尚未议定,而各属纷纷申请改用关防,既不能缘其旧称,又未便巧立名目,究应用民政长或知事名称之处,非本部所敢擅断。为此备文呈请大总统,伏乞饬令法制院从速筹议,见复施行"等由。

据此,当经令行法制局,将本京巡警及京外地方官制妥速编订。去后,兹据法制局局长宋教仁呈拟《南京府官制草案》二十二条前来,合照临时政府组织大纲第五条,咨请贵院议决咨复,以便督饬施行。又,查临时政府现已成立,而民国组织之法尚未制定,兹据法制局局长宋教仁呈拟《中华民国临时组织法草案》五十五条前来,合并咨送贵院,以资参考编订。此咨。

> 据《临时政府公报》第三号(南京一九一二年一月三十一日)《大总统咨参议院南京府官制草案请议决咨复并中华民国临时组织法草案》

统一盐政事权通令

(一九一二年一月)

临时政府成立,委任张謇为实业部总长,仍兼江苏两淮盐政总理,〈所〉有江苏省松、太与淮南、淮北各盐厂,湘、鄂、皖、赣向行淮盐,与苏五域凡关涉运销之事,用人行政,通归总理督率办理。盐课为饷项大宗,必须事权统一,总收总支。以后应待盐课盐厘加价等项,由总局统收,解交财政部,分别援照从前成案。关系赔偿洋偿〔赔偿洋款〕者,剔除备用,惟归各省者一律照拨,余俟政府指拨。各省都督、各军政府、各司令务各顾念大局。盐产〔产盐〕、运盐各地方,有须驻警保护者,务当协力相助,保商业即以顾饷源。

毋忽。此令。

> 据黄季陆主编《总理全集》下册（成都近芬书屋一九四四年版）《就临时大总统后所发布之各种重要通令（七）》

命内务部编印历书令

（一九一二年一月）

中华民国临时大总统令

按照改用阳历，前经本总统派员交参议院公议，当由该院全员议决，并通电各省在案。兹准参议院缄称："应即颁布历书，以崇正朔，而便日用"，并由该院开会议决编历办法四条，等因到府。合即令行贵部查照，斟酌美备，赶于阴历十二月前编印成书，以便颁发各省施行。至要。此令。

内务部知照

计抄发参议院原缄一件。

附：参议院原缄一件。

敬启者：改用阳历，前经大总统派员交议，当经本院议决，并通电各省，令即应颁布历书，以崇正朔，而便日用。兹经本院开会议决如下：

一、由政府于阴历十二月前制定历书，颁发各省。

二、新旧二历并存。

三、新历下附星期，旧历下附节气。

四、旧时习惯可存者，择要附录，吉凶神宿一律删除。

以上四条，既取决多数，相应函请饬部施行。

> 据中国第二历史档案馆藏《外交部驻云南特派员公署档案》原件

批张翼枢来函①

（一九一二年一月）

云：所来各信已经收到，因事忙不暇作复。

据黄彦、李伯新编《孙中山藏档选编》（中华书局一九八六年版）

命财政部筹办发行南京军用钞票令②

（一九一二年二月一日）

南京为民国首都，亟应整顿金融，以图都市之发达。业经筹拨巨款，开办中国银行，发行划一货币。惟目前军需孔亟，应先发行南京军用钞票，以维持市面，而协助饷糈。着财政部速筹办理。此令。

据《临时政府公报》第四号（南京一九一二年二月一日）

令实业部通告汉口商民建筑市场文③

（一九一二年二月二日）

鄂江起义以来，战事倥偬，凡百生业咸受影响，商家贸易尤遭损失，而汉

---

① 张翼枢，湖南醴陵人，旅法留学生，1906年加入同盟会。1911年11月孙中山回国路过巴黎时，曾担任孙中山的法文翻译，旋由南京临时政府任命为驻法全权代表。本批语见于张函的信封上，未署时日，当为1月间所写。信封上还有"已复"二字，表明孙中山的秘书已据此批语复函。（底本原注）

② 此令摘自《财政部告示》，所标时间系《临时政府公报》出版日期。

③ 此令摘自《实业部通告汉口商民建筑市场文》，日期据该文。

口全市为北兵焚毁，其惨酷情形，本总统蹙焉悯之！幸今者东南底定，民国肇基，商务为实业要政之一，亟应恢复，善后各事，尤宜审慎，须立永远之计，毋为权宜之策。兹据汉镇商民张崇、吴沛霖等呈请筹办汉镇商务、建筑市场等情，本总统察核情形，尚属可行。爰审定办法，先清丈被焚各家基址，即行登录，经地主议定地价，每年由公司纳租于地主，地主须按照所定地价百分之一纳地税于国家，径由公司缴纳，由租内扣除，以一事权。他日国家因公需地之时，即照现定地价随时买收，豁除前清给发官价之苛例。凡我国民仰体时艰，咸知大义，和衷共济，庶几商业之日兴；戮力同心，相跻共和之郅治。

据《临时政府公报》第八号（南京一九一二年二月五日）

令内务部通饬所属保护人民财产文①

（一九一二年二月三日）

江宁克复之际，各军封存房屋，作为办公驻军之用，原为取便于一时，并非攘以为利。临时政府成立以来，即以保护人民财产为急务。贵部职司民政，尤属责无旁贷。仰即通饬所属，共体此意，凡人民财产房屋，除经正式裁判宣告充公者外，勿得擅行查封，以安闾阎。并将此意出示通告。

据《临时政府公报》第六号（南京一九一二年二月三日）

命财政部核办变通军用票办法令

（一九一二年二月四日）

中华民国临时大总统令

兹有公文一件，应归贵部核办。除批示外，合行发交。此令。

---

① 此文摘自《内务部通饬保护人民财产令》，所标时间系《临时政府公报》第六号出版日期。

财政部知照

计交曾儁等维持市面变通军用票办法公禀一件。

孙　文

中华民国元年二月初四日

据中国第二历史档案馆藏《南京临时政府档案》原件

批秦毓鎏呈

（一九一二年二月五日）①

据呈均悉。现在中央财政极形困难，而整军北伐在在需款，殊深焦虑。兹锡金军政分府筹集银洋二千五百元，赍呈陆军部以备北伐之用，力顾大局，谊切同袍，洵堪嘉尚。至所呈报该军政分府布置情形，均属妥协，具见苦心。仰即并力进行，共襄宏业，本总统有厚望焉。

据《临时政府公报》第八号（南京一九一二年二月五日）

咨参议院请核议各部官制文

（一九一二年二月六日）②

现今各部业已先后成立，所有各部官制通则及各部院局官制，亟应编定，以利推行。兹据法制局拟就各部官制通则二十一条、陆军部官制三十条、外交部官制七条、内务部官制九条、交通部官制七条、教育部官制七条，并改订法制院官制十二条、公报局官制九条、铨叙局官制七条、印铸局官制八条，呈请交议前来。除海军、司法、财政、实业等部官制，俟拟定后另案咨

---

① 此件所标时间系《临时政府公报》第八号出版日期。
② 此件所标时间系《临时政府公报》第九号出版日期。

送外,合将现经编定各制,咨请贵院议决咨复,以便转饬遵行。此咨。

计咨送各部官制通则一件、陆军部官制一件、外交部官制一件、内务部官制一件、交通部官制一件、教育部官制一件、改订法制院官制一件、公报局官制一件、铨叙局官制一件、印铸局官制一件。

据《临时政府公报》第九号(南京一九一二年二月六日)
《大总统咨参议院编定各部官制》

令松江太仓所属本年应完粮税暂拨沪军应用文

(一九一二年二月六日)①

据沪军都督陈其美呈称:"迭据财政长米〔朱〕佩珍以金融垂绝,补救无方,来府求退。制造局长李钟珏亦以各厂赶造械弹军火,星夜加工,匠资、料资,积欠甚巨,亦一再求拨款接济。日昨邀集各参谋及上海财政、民政各长,再四筹商。金谓饷源盈绌,大局所关,既无别款可挹注,现在冬漕已届开征,拟将松江、太仓所属各县本年民间应完钱粮及地方各项税捐,暂行拨归沪军应用。出入数目,由上海财政长按月造报,俟事定仍归苏省都督主政"等语。查上海为江海机关,各省北伐之师,大半取道沪上。该都督应付饷糈子弹,源源不绝,自属力任其难。当此民国共和,本无分于畛域。所请将松江、太仓各属,本年民间应完钱粮及地方各项税捐,暂行拨归沪军应用,亦一时权宜之计,事属可行,应准变通办理。至收入支出数目,应由上海财政长按月造册,呈报贵部及江苏都督,俾有稽核。除令复该都督,务宜节用崇实,涓滴归公,力戒虚糜外;合将原呈发交贵部查照存案,并即转饬江苏都督,悉心商酌照拨为要。此令。

据《临时政府公报》第九号(南京一九一二年二月六日)

---

① 此件所标时间系《临时政府公报》第九号出版日期。

批沈懋昭呈①

（一九一二年二月六日）

呈及简章均悉。仍仰遵照前令，遇事与财政部妥商办理，所请便宜行事，及另立局所之处，应无庸议。此批。

据《临时政府公报》第九号（南京一九一二年二月六日）

批女界共和协济社禀明兴学办报并请拨女界协济会捐款呈

（一九一二年二月六日）②

据禀已悉。天赋人权，男女本非悬殊，平等大公，心同此理。自共和民国成立，将合全国以一致进行，女界多才，其入同盟会奔走国事百折不回者，已与各省志士媲美。至若勇往从戎，同仇北伐，或投身赤十字会，不辞艰险；或慷慨助饷，鼓吹舆论，振起国民精神，更彰彰在人耳目，女子将来之有参政权，盖事所必至。该社员等才学优美，并不遽求参政，而谋联合全国女界，普及教育，研究法政，提倡实业，以协助国家进步，愿力宏大，志高虑远，深堪嘉尚，应如所请，准其存案，并于所缴协赞会捐款万元内拨付五千元，为开办法政学校及共和日报经费。该社员等宜力行无倦，扩充女界政治思想，同尽责任，以光吾国，而促进共和。天演竞争，归于优胜，不患无位，患所以立，不患莫已知，求为可知。女子应否有参政权，定于何年实行，国会能否准女界设傍听席，皆当决诸公论，候咨送参议院决可也。

据《临时政府公报》第九号（南京一九一二年二月六日）

---

① 沈懋昭时任驻沪理财特派员。此件所标时间系《临时政府公报》第九号出版日期。
② 此件所标时间系《临时政府公报》第九号出版日期。

颁发陆军暂行给与令文

（一九一二年二月六日）

中华民国临时大总统令

　　陆军暂行给与令，着即准此颁行。此令。

孙　文（印）
中华民国元年二月六日

据中国第二历史档案馆藏《南京临时政府档案》抄件

令茅乃登将南洋印刷厂交归印铸局办理文①

（一九一二年二月八日）

　　查该厂向系官办，非民间营业可比。今本府印铸局已告成〈立〉，应将该厂事务归印铸局管理，以昭划一。仰该总理克日清理帐目，备具册簿，将全厂事务交与印铸局局长黄复生管理，勿得稽延。切切。此令。

据《临时政府公报》第十号（南京一九一二年二月八日）

令内务部筹画兴复汉口市场文

（一九一二年二月八日）②

　　据汉口绅商宋炜臣等呈请改良商场，寓赈于工，并请设立建筑公司各

---

① 茅乃登是南洋印刷厂总理。此件所标时间系《临时政府公报》第十号出版日期。
② 此件所标时间系《临时政府公报》第十号出版日期。

由,绘图具说前来。所陈各节不为无见。此次武汉首义,汉口受祸最酷,伪清政府迫于人道,尚拟事定赔偿,民国政府对于汉口市场兴复问题,提倡补助,自是应有之义,本大总统尤深同情。惟汉口为水陆要冲,铁路、航路俱以为集合点,该绅商等所拟规模,未免限于市廛一方面,于各路停车场与轮船系留所衔接方法,以及电车、市厅等项,尚缺完全计划。内务部于市政土木各事,有统筹全局之责,希即迅速筹画,与该绅商等妥为接洽,务使首义之区,变为模范之市,有厚望焉。原呈二件、图一幅并发。此令。

据《临时政府公报》第十号(南京一九一二年二月八日)

批内务部呈

（一九一二年二月八日）①

据呈已悉。所称《公报》五号登载闽都督府组织之大纲取消一节,持论甚正,已交秘书处转饬公报局即行取消。《公报》为临时政府发表政令之机关,以后凡关于发表法令之件,必须公布者,始能登录。并饬知该编辑员于登载各件,务当悉心斟酌,不得稍有疏忽矣。此批。

附录　内务部原呈

内务总长程德全呈：为顷阅《临时政府公报》五号载有闽都督府大纲一节,其组织名称显然于国内独立成一政府。今公报为中央政府发表政令之机关,而登载其事,是我中央政府已默为认可。有此闽都督府组织之大纲,已引起政治权不一之失策。若谓公报随便登载,则公报何为而设,而国人又将何所遵守？将来一切公布之法令,均不生效力,则内外观听,遂自此淆乱,而失其依据,其为害尚堪设想耶！本部以事关至巨,未便缄默,用特备文呈

---

① 此件所标时间系《临时政府公报》第十号出版日期。

请速令取消闽都督府组织大纲一事,并声明其登载失误之理由。以后公报凡关于法令之件,须公布者始能登录,以一国人之观听。区区苦衷,实有不得已于言者,尚希谅之,并赐核行。此呈。

据《临时政府公报》第十号(南京一九一二年二月八日)

令法制局拟定任官状纸及任官规制文

(一九一二年二月九日)①

案据临时政府中央行政各部及其权限第二条、第三条所载,任用职员分简任、荐任、委任三等。今各部成立,用人甚多,关于任用各项职员事宜,如状纸之程式,任委之手续,亟应明定规则,以期统一。为此令仰该局长,速将以上三等任官状纸程式及任官规制妥为拟定,呈请核定,以便颁布施行。此令。

据《临时政府公报》第十一号(南京一九一二年二月九日)

令内务部电各省将属部改称为司文

(一九一二年二月九日)②

查各省光复以来,地方官职,均系各自为制,所定名称,难免歧异。兹值中央政府成立,关于设官分职事项,允宜统筹全局,从新厘定,以昭划一。当经法制局将中央行政各部官制编纂草案具呈前来,先后咨交院议在案。所有中央行政各部,既称为部,则各省都督府所属之行政各部,应拟改称为司,庶使中央各部与地方各部示有区别。且各省亦有先行之者,即彼此更不宜

---

① 此件所标时间系《临时政府公报》第十一号出版日期。
② 此件所标时间系《临时政府公报》第十一号出版日期。

有互相歧异之处。合就令行贵部,仰即分电各省都督,将都督府所属之行政各部先改为司,一俟地方官制草案决议后,即作为确定可也。此令。

据《临时政府公报》第十一号(南京一九一二年二月九日)

令庄蕴宽将周阮冤案移交沪军都督办理文

(一九一二年二月九日)①

兹据左横等呈控姚荣泽擅杀周实丹、阮式一案,既然指证有人,即是非无难立白。复据近日各报揭载姚荣泽罪状,舆论所在,亦非无因。该案系在沪军都督处告发,且顾振黄等亦已到沪候质,应将全案改归沪军都督彻查讯办,以便迅速了结。合就将原呈发交贵都督查照,仰即将全案卷宗一并移交沪军都督办理可也。此令。

据《临时政府公报》第十一号(南京一九一二年二月九日)
《大总统令江苏都督庄蕴宽据左横等呈诉周阮冤案请改交沪军都督办理》

令陈其美秉公讯办周阮被杀案文

(一九一二年二月十日)②

沪军陈都督其美鉴:

山阳周实丹、阮式惨被杀害一案,前据姚荣泽来呈,以地属江苏管辖,当经批令江苏都督讯办。顷阅来电,此案既经周、阮二人家属及各团体迭向贵都督告发,自应径由贵都督讯明律办,免致枝节横生,沉冤莫白。已饬南通州张司令察,火速将姚荣泽及此案紧要证据卷宗,遴委妥员解交贵都督秉公

---

① 此件所标时间系《临时政府公报》第十一号出版日期。
② 此件所标时间系《临时政府公报》第十二号出版日期。

讯办,以彰国法而平公愤。

并令行江苏都督知照矣。

总统　孙　文

据《临时政府公报》第十二号(南京一九一二年二月十日)

令张察将姚荣泽及全案卷宗解送沪督讯办文

(一九一二年二月十日)①

南通州张总司令察鉴:

山阳周实丹、阮式被杀一案,迭经各处来电申诉,非彻底查究,不足以彰国法而平公愤。仰该司令迅将姚荣泽及此案证据卷宗,克日遴派妥员,解送沪军都督讯办,毋庸再行解交江苏都督。切切。

总统　孙　文

据《临时政府公报》第十二号(南京一九一二年二月十日)

命安徽都督查究贵池小学损失各物令

(一九一二年二月十日)②

临时大总统令

兹据贵池县小学堂呈报损失,请饬查办等因。查军兴以来,戎马云集,其间难免无少数不肖军人,蹂躏文府,祸及图籍。然其咎虽在士卒之不守纪律,其责则不能不归诸将领之疏于约束,若不彻查究办,将何以维持秩序而保护教育!合就将原呈发交贵都督,仰即按照各节切实查明究办,以肃军

---

① 此件所标时间系《临时政府公报》第十二号出版日期。
② 贵池小学堂原呈日期是2月3日。此件所标时间系《临时政府公报》第十二号出版日期。

纪。是为至要。此令。

计发贵池小学堂呈报损失请予查办原呈一件。

据《临时政府公报》第十二号（南京一九一二年二月十日）

令江苏都督转饬南洋印刷厂速办交代文

（一九一二年二月十一日）①

据该都督②呈称：南洋印刷厂确属江苏财产，含省有之性质。今政府既需借用，自无不可，请令行该都督存案转饬遵办。并据该厂总理茅乃登及厂员公禀，以该厂自茅乃登接管后，并未领有官款，请将茅乃登接办后筹垫及积欠职员工役薪资等分别给还前来。查该厂既系江苏产业，自应由政府借用。合行令仰该都督遵照，迅即转饬该厂职员克日清算款项，整理簿籍，将全厂事务妥交本府印铸局长黄复生管理。至该厂经理茅乃登所垫之款及积欠职员工役薪资，应俟交代时，由接收职员体察情形酌量办理，固不可累及私人，亦不能滥支公帑，并将此意转饬知之。此令。

据《临时政府公报》第十三号（南京一九一二年二月十一日）《饬江苏都督转饬南洋印刷厂职员迅办交代令》

批谭道渊等呈

（一九一二年二月十一日）③

着交财政部详细调查。如有可采，仰与实业部互商办理。总统批。

---

① 此件所标时间系《临时政府公报》第十三号出版日期。
② 该都督，指当时的江苏都督庄蕴宽。
③ 此件所标时间系收到谭道渊等呈文的日期。

附录　谭道渊等致孙中山原呈

大总统钧鉴：

前镇军内秘书长谭道渊谨上。窃以苏沪光复后，即经委员调查两淮盐政，旋复推举张季直总其成，两月于兹，讫无成效。而凡恃盐为业者，无不恐慌，人多疵议其后。倘其法果善耶，当知国民程度，可与图成，难与虑始，毅然行之可也。其法固未善耶，则当征集众见，以求速成，急筹巨款，以济军用。不当久不揭晓，徒令民心不安，致误大局也。

道渊以为两淮盐务，自汉及清变法屡矣，要不外夫官运商销，商运官督。若就场征税，虽经刘晏行之于唐，军用赖之，然其时势有不同也。何也？当唐大乱，盐运久废，民皆淡食，任商所之，无往不利。迨后销势无凭，众商麇集一隅，而商以困。其他缺盐之处，商又居奇，而民亦困。商民既困，官不流通，而官亦与俱困。是法固可利于一时，决不利于久远也。何也？盐之为体，极为笨重，盐之为用，极其板滞。故曾国藩有云：办盐务者，宜板不宜活。见道语也。今若仿刘晏之法，难免不蹈前辙。况今岸销省分债盐尚多，邻省之盐皆可以至。纵令任商所之，我恐商人必怀疑惧，裹足不前，不徒虚费时日哉。

愚以为曾国藩之法，有三大利亦有三大害。苟能因其利而去其害可也，奚必全行改革。何谓三大利？一曰利国。查近年所收厘课，较之嘉道之间增款不下千万，而票值弗论矣。今当改革之初，百废待举，需饷甚巨，不于此项筹饷，将焉筹？拟请加添新票一千张，每值六千两，招商承买，旧商愿买者听，合计可售六百万两，以济急需。而新旧商人，谅必悦服，及凡恃盐为生活者，亦必欢迎。筹饷之策，莫妙如此。一曰便民。夫票盐分岸督销，原患奸商居奇，民苦淡食。故脱销之患，责在商人，而居奇之弊，责在官长。盐到省界，先经掣验派档，一经派定，不论远近，售价为一。民无缺盐之患，亦无食贵之虞，可谓平治之道矣。一曰恤商。查票盐到岸，远有二千余里，成本一万余金，商人危险在在可虞。以故责令督销局代为交易，先交成本，后除课厘，间有行户倒闭亏空，代为追偿，或因江河遇险淹消，亦归地方官详请补运,免缴半厘。又以长江、内河情形不一,故于十二圩设栈,为场运两商交易之点,沿途各有舢板为之保护,以利运道,是以商民称便。此三利之说也。何谓三弊?一引界宜化除也。夫引界之弊,乃原盐税未能统一于国,以故产盐省分各争引地,分立界限,而设缉私,扰害民生,虚縻饷项,真不通之极弊也。今宜通饬各省化除引界,取消缉私,顺商之情,听民愿食,所有盐税,权其轻重,统归国家财政,即或协济地方,亦必由中央财政量予分留。如此则民怨消,縻费省,而国库增矣。诚一举而数善备焉。一桶价宜改银币也。查灶户收盐贮桶,场商以钱易之,价有一定,名曰桶价。从前钱价高,柴米低,则灶户利。近年钱价贱,柴米贵,而灶户困。而商人则较前获利尤丰。诚为偏苦不仁之政,以故两淮缺产借运东芦。而两淮灶户日食不谋,任受鞭挞,走避他乡,亦可哀也。今宜改定桶价,易钱币为银币,优视灶户,则产额可增。且桶价为盐户交易之枢纽,桶价改银币,则凡交易收支款项亦必一律更改,如此则币制一而积弊除,诚善政也。一衙役宜改员司也。天下衙蠹之害,夫人而知之。而盐务为尤甚,夫人而能言之矣。今拟改盐运司为监督署,十二圩盐栈为转运署,内所有倚盐为蠹,则尽去之。其候补人员,择其良者以员司录用,分别各局卡而去留之。总期有条不紊,兴利除弊而已。如此似较全行翻复易于就理,即于千百万仰盐为活之人民,亦必歌颂而欢然乐从矣。

以上变通办法,为因旧制之宜而去其弊,而于运商加票,可以急筹巨款。大凡主持政策,务必统筹全局,计其久远,因民之利而利之,庶乎可也。苟或惟利是图,不恤民困,盛宣怀之所以亡清也。况乎所图未必全夫为国,不过予智自雄,私心自用,又安可哉。吾民困于专制之虐,日思改革。兹幸大总统莅总百揆,无不引领而望新政,以安民心。是诚千钧一发之秋,不容稍忽。或有不慎,民心失望,恐如顺水之波,转思清泽,则中原之鹿,终不易逐也。此项盐务改革,关系极大,务祈大总统衡鉴,择善而从,以安天下为急务。是则道渊所为不避疑忌而抒血诚者也。是否有当,伏乞鉴察采择施行。并祈批示祗祷。

中华民国元年二月　日
据中国第二历史档案馆藏《南京临时政府档案》原件

饬陆军部饬所有北伐军改名讨虏军令

（一九一二年二月十一日）

现在北军既已赞同共和，从此南北一家，必无自相攻击之理。如有执迷不悟，反抗共和者，是为南北之公敌，中华之蟊贼，我共和民国神圣军人，自应同心戮力，大张挞伐，以歼丑类，而竟全功。兹据北军赞同共和，深堪嘉许，应由贵部饬所有北伐军悉改名为讨虏军，以符名实，而免误会为要。此令。

中华民国临时大总统　孙　文

据许师慎《国父当选临时大总统实录》下册（台北"国史"丛编社一九八七年版）

命财政部核办沈秉荃呈请代招银行股本令

（一九一二年二月十二日）

临时大总统令

据沈秉荃禀请自愿分赴海内外各商埠承募公债，并代招中国银行股本等情前来。查公债一项，前据该部来呈，当经批准派令汤寿潜前往南洋劝募在案，应无庸议。至所请代招银行股本一节，是否可行，合行令仰该部核办。原禀附发。此令。

财政部总长陈锦涛知照

计发沈秉荃原禀一件

孙　文
中华民国元年二月十二日

据中国第二历史档案馆藏《南京临时政府档案》原件

咨参议院辞临时大总统职文

(一九一二年二月十三日)

前后和议情形,并昨日伍代表得北京一电,本处又接北京一电,又接唐绍仪电,均经咨明贵院在案。本总统以为我国民之志,在建设共和,倾覆专制,义师大起,全国景从。清帝鉴于大势,知保全君位必然无效,遂有退位之议。今既宣布退位,赞成共和,承认中华民国,从此帝制永不留存于中国之内,民国目的亦已达到。当缔造民国之始,本总统被选为公仆,宣言、誓书,实以倾覆专制,巩固民国,图谋民生幸福为任。誓至专制政府既倒,国内无变乱,民国卓立于世界,为列邦公认,本总统即行解职。现在清帝退位,专制已除,南北一心,更无变乱,民国为各国承认,旦夕可期。本总统当践誓言,辞职引退。为此咨告贵院,应代表国民之公意,速举贤能,来南京接事,以便解职。

附办法条件如下:

一、临时政府地点设于南京,为各省代表所议定,不能更改;

一、辞职后,俟参议院举定新总统亲到南京受任之时,大总统及国务各员乃行辞职;

一、临时政府约法为参议院所制定,新总统必须遵守颁布之一切法制章程。此咨。

据《临时政府公报》第十七号(南京一九一二年二月二十日)《临时大总统咨参议院辞职文》

令徐绍桢妥订检查章程文[①]

（一九一二年二月十三日）

南京为临时中央政府所在之地,设有奸匪混迹其间,酿成危险之事,惹起军民惊恐,大局妨害,决非浅鲜。前日六合北伐队司令官张承櫺入城领枪械,去陆军部不远地,有人突以手枪击之,幸误中马车玻璃,人未受伤。又闻花牌楼之军士,以食汤元中毒,死者二十余人。似此情形,是已有奸匪源源挟炸枪毒物而来,其为祸有不可思议者。昨经参议院咨请前来,应由卫戍总督妥订检查章程,于入城或他紧要之处设检查所,严加检查,以防奸匪,而遏祸源。

再,兵士丛集,良莠不齐,前由贵总督严订条规,稽查约束,南京秩序较前略为恢复。惟城内外及下关一带旅馆,原所以安寓客商,间有无知军兵成群乱闯,使客商咸有戒心,殊非所以安民之道。亦希卫戍部多派宪兵或设他法,严禁种种不法行为,使兵民相安,秩序不乱。希即遵照办理。

据《临时政府公报》第十四号（南京一九一二年二月十三日）

咨参议院推荐袁世凯文

（一九一二年二月十三日）

今日本总统提出辞职,要求改选贤能。选举之事,原国民公权,本总统实无容喙之地。惟前使伍代表电北京,有约以清帝实行退位,袁世凯君宣布

[①] 此文摘自《卫戍总督呈报规定稽查所章程》。徐绍桢当时任南京卫戍总督。此件所标时间系《临时政府公报》第十四号出版日期。

政见,赞成共和,即当推让,提议于贵院,亦表同情。此次清帝逊位,南北统一,袁君之力实多,发表政见,更为绝对赞同,举为公仆,必能尽忠民国。且袁君富于经验,民国统一,赖有建设之才,故敢以私见贡荐于贵院。请为民国前途熟计,无失当选之人。大局幸甚。此咨。

据《临时政府公报》第十七号(南京一九一二年二月二十日)

定于十五日率同各部长以次人员恭谒孝陵令

（一九一二年二月十四日）

临时大总统令

　　清帝已明颁谕旨,宣告退位,以统治权公诸全国。革命之事业告成,民国之基础大定,联五族为一家,合南北为一体,实民国之盛事,世界之美谈,宜举庆典,同伸欢祝。兹定于十五日率同各部长以次人员恭谒孝陵。觑前烈之遗徽,山河不改;抚今日之时局,烽火全消。为此令仰该部遵照并转饬前往人员须于十一时半到孝陵地方会集随同行礼。此令。

　　外交部总长王宠惠知照

孙　文
中华民国元年二月十四日

据中国第二历史档案馆编《南京临时政府遗存珍档》(凤凰出版社二〇一一年版)影印原件

令准财政部从权办理盐政文

（一九一二年二月十四日）①

据该部呈称："淮南盐课甲于各省，去岁两淮歉收，借运芦盐存于沪栈及十二圩者计十五万引。自引岸梗阻，运商观望，悬欠水脚为数甚巨，以至盐为洋商扣抵，各岸缺盐，民困淡食，盐课久亏，饷源日绌。沪军派员沈翔云设立公司名目，皖军派员陈策亦欲本省自办，数月以来，相持未决。按此争议，起于筹饷，不止关乎盐政。是调停之法，只有归于中央办理，由本部暂为筹运，将该项盐款悉充军实，所缴课税总收分解，存储中国银行"等由前来。查现在盐政办法尚未得宜，而旷日持久又碍饷源，应准暂由财政部从权办理，以裕军资而免纷歧。此令。

据《临时政府公报》第十五号（南京一九一二年二月十四日）《大总统令财政部呈请盐政办法文》

令陆军内务两部会同教育部保护各处学堂及充公房屋文

（一九一二年二月十四日）②

据教育部呈："窃南京自光复以后，凡学堂局所及充公房屋等处，恒为兵队驻扎，所有房屋、器物、书籍、仪器等，多遭焚毁搬取，损失甚巨。公家财产措办匪易，亟应加以保护。敝部前经派员分路调查各学堂所存书籍、仪器，随加封条，以免再遭损失。惟到处仍有军队驻扎，恒与调查员龃龉。至

---

① 此件所标时间系《临时政府公报》第十五号出版日期。
② 此件所标时间系《临时政府公报》第十五号出版日期。

充公之房屋,内中所有精本书籍,亦复不少,调查员前往亦恒为看守人所拒。敝部权力实有不及,为此呈请大总统令下陆军部、内务部,各派人员会同敝部调查员前往办理,庶几公家保存一分财产,即社会多培一分元气。为此呈请大总统即日令行,无任盼切"等情前来。合就令行该部速派妥员,会同教育部调查员及内务、陆军部所派人员,前往各处学堂及前查封充公之家屋内,妥慎照料保护,毋任毁坏散失,以重文教而保公产。此令。

据《临时政府公报》第十五号(南京一九一二年二月十四日)《大总统令陆军内务两部派员会同教育部调查员保护各处学堂及前查封充公之家屋文》

批内务部请颁文官试验令文

(一九一二年二月十四日)

临时大总统批

内务部呈请速颁文官试验令由

查国家建官分职,惟任贤选能,乃懋厥职,古今中外,罔越斯旨。第考选之法,各有不同,尚公去私,庶无情弊。今当民国建立伊始,计非参酌中外,询事考言,不足以网罗天下英才,而裨治理。该部所请,诚为当今急务,应候令行法制局将文官试验编纂草案,咨交参议院议决后,即日颁布施行可也。此批。

孙　文

中华民国元年二月十四日

据中国第二历史档案馆藏《南京临时政府档案》原件

令准派汤寿潜充南洋劝募公债总理文

（一九一二年二月十五日）①

据财政部总长陈锦涛呈称："现据交通部汤总长来言，自愿前赴南洋经理募集公债。汤总长鸿才硕望，久为中外钦仰，诚堪胜此重任。兹拟恳钧府即令汤总长充南洋劝募公债总理之职，并刊发关防一颗，以资信守。汤总长拟赶旧历年内出发，关防务乞刊就，样式并宜稍小，俾便携带"等情前来。查该部所称各节，自属为劝募得人起见，相应准如所请。除饬印铸局从速赶铸关防一方，俾便带同前往启用视事外，合行令仰该部知照可也。此令。

关防文："南洋劝募公债总理之关防"。

据《临时政府公报》第十六号（南京一九一二年二月十五日）《大总统令财政部准派交通部汤总长充南洋劝募公债总理并刊发关防》

给蓝天蔚胡瑛的训令

（一九一二年二月十五日）

所有北军刻已赞同共和，政府曩者南北对峙，今已合成一体，无复有滥事残杀之理。若尚有执迷动兵者，则是南北公敌，中华民贼，吾人所认为反对共和而无忌惮者也。切盼我共和国军人，必须同心协力，决志讨伐，以歼丑类。是以贵官自今以后北伐军改称伐〔讨〕虏军，将专以讨灭反抗民军者为目的，至各军队均留现驻地点，振肃军纪，慎重操练，勿滥事杀伐。

据《盛京时报》一九一二年二月十六日《南京陆军军部转致孙大总统训令》

---

① 此件所标时间系《临时政府公报》第十六号出版日期。

命财政部办理前清沪道交托比国存款令

（一九一二年二月十七日）

临时大总统令

据民国协济总会呈称："查得前清沪道存放各商号公私款项，共银十六万两，交托比国领事代行收贮"等由。为此令行该部迅即查明办理。合就将原呈发交。此令。

财政部总长陈锦涛知照

计发公文一件。

民国协济总会呈请收回前清沪道存款由。

孙　文

中华民国元年二月十七日

据中国第二历史档案馆藏《南京临时政府档案》原件

咨参议院答复汉冶萍借款并无违法文

（一九一二年二月十八日）

二月十二日贵院质问违法借款两则。政府据院议通过之国债一万万元，因仓猝零星征集，颇难应急，遂向汉冶萍及招商局管产之人商请，将私产押借巨款，由彼筹得款后，以国民名义转借于政府，作为一万万元国债内之一部分。嗣又因政府批准以汉冶萍由私人与外人合股得钱，难保无意外枝节，旋令取消五百万元合股之议，仍用私人押借之法，借到二百万元，转借于政府。是政府原依院议而行，因火急借入二百万元以应军队之要需，手续未及分明，至贵院有违法之防。至现行于江宁之军用手票，系借自上海地方政府之中华银行。当时军用万急，兵士索饷，据称即空票亦愿领受。查得上海政府已通行有此手票,遂向借发,旋恐有碍商市,即将汉冶萍私人借来之国债,随时收放。贵院欲得该手票之报告,当由上海地方政府一并造报,以免纷歧。据此实无违法及另造报告之处,故未即答为歉。此咨。

据《临时政府公报》第二十六号(南京一九一二年三月一日)

令内务部凡谒陵时被残损田苗准照数赔给示文①

（一九一二年二月二十日）

凡为谒孝陵时,被车马及军队一路践损之田苗,准由地主到本部呈报,核明实情,照数赔给。

据《临时政府公报》第十七号(南京一九一二年二月二十日)

令内务部核办江宁自治公所等请另委南京府知事呈②

（一九一二年二月二十一日）

兹有江宁自治公所等呈请另行遴选南京府知事公文一件,应归该部核办。

据《临时政府公报》第十八号(南京一九一二年二月二十一日)

---

① 此令摘自《内务部奉大总统令凡谒陵时被践损伤田苗准照数赔给示文》,所标时间系《临时政府公报》出版日期。

② 此令摘自《内务部批江宁自治公所等请另委南京府知事呈》,所标时间系《临时政府公报》出版日期。

令财政部将江南造币厂归中央管理文

（一九一二年二月二十二日）①

据代理江苏都督庄蕴宽呈称："案查江南造币厂经前清两江总督奏准开办，鼓铸银铜各币，流通市面，接济饷项，以宁省库款为其基金，所获余利，亦向归宁省支配，抵补各项不敷之款。是宁省所恃为利源者，该厂实为大宗。虽经前清度支部筹拟统一办法，议归国家办理，旋以该厂关系宁省利源，遽予改隶中央，本省饷源立绌，无法另筹抵补，因仍准留归宁省办理，由部颁发钢模，照式鼓铸，仍以余利备支本省应支各款，俾于本省利源及度支部统一办法，两不相妨。可见宁省不得已之办法，在前清政府所以特准者，亦事势然也。光复以后，亟应赓续办理，为维持本省财政之计，节经都督委任王宰善充该厂总办，俾得照常鼓铸，保全固有之利，俾支各项要需。兹据该总办复称：'奉委以后，节经调查该厂现在情形，并晤商财政部长陈锦涛，查悉该厂现经改归中央政府接管'等情前来，不胜惊异。伏查该厂向归宁省管辖，前清度支部不遽予归并者，原以该厂余利所入，支给本省要政所需甚巨，因准留办。现值光复伊始，本省财源之滞，不可胜言，而善后之策，待支之款，正待筹划。加以军饷浩繁，迫不容缓，罗掘无所，筹补为难。设并此固有之利，向所资为挹注者，听其骤失，目前大局何以支持？况国家财政所恃乎计臣之酌剂者，原期益寡哀多，得其平准，而非以损彼益此为政策。是该厂应归宁省接办，而中央政府只立于监督地位，毫无疑义。抑都督更有进者：现正南北协议统一，关于财政事项，应如何通筹并顾，尚待踌躇，断非目前所能解决。国有省有，必先察其性质，考其事实，预筹抵补之方，俾无碍于行政要需，复得议会之公决，始能定议。而目前宁省待支之款，万分紧要，无米何以为炊，断不能束手坐待。言念至此，焦灼万状，再四思维，惟有恳请大

---

① 此件所标时间系《临时政府公报》第十九号出版日期。

总统鉴核,准将江南造币厂仍暂留宁省,照旧办理。并请指令财政部,迅将该厂点交王总办接办,俾资鼓铸而济饷源"等情前来。

查造币权理应操自中央,分隶各省是前清秕政,未可相仍。惟宁省行政之费,既赖造币厂为挹注,一旦失此利源,该省财力因而支绌,尚属实情。除批答外,合行令仰该部妥筹抵补之方,俾资行政之费。切切。此令。

据《临时政府公报》第十九号(南京一九一二年二月二十二日)《大总统令财政部为江苏都督呈请将江南造币厂仍暂归宁省办理由》

命庄蕴宽取缔渔业公会令

(一九一二年二月二十二日)①

案查江阴大通渔民杨烺等,前以组织渔业公会,恳请准予立案,并颁给关防等情具呈前来,当经发交贵都督核办在案。本总统并未批准,该渔民等何得凭空影射,希图垄断,殊属不合,着即申斥。至来呈所称土地与流域同为国家领土,即水课与地税并重。应拟令渔户按帮缴纳水课,以裕国家正课,并明定范围,严加取缔,俾免该渔民等得藉公会之名义,而遂其垄断之私图,自是正办。合就将原书发交贵都督查照,仰即咨商安徽都督,会咨实业部,妥为核办可也。此令。

据《临时政府公报》第十九号(南京一九一二年二月二十二日)《大总统令江苏都督庄蕴宽咨商安徽都督会咨实业部明定范围取缔渔业公会由》

---

① 此件所标时间系《临时政府公报》第十九号出版日期。

批法制局呈

（一九一二年二月二十二日）①

呈悉。教育部官职令修改全案，已咨交参议院并案议决。至来呈所称："教育部原案中，社会教育司编辑所掌新闻、杂志、演说会等事，据中央各部官制及其权限法案所定，应归内务部掌管。此等事项，既非宗教，又非礼俗，初六日阁议并未提及，究竟该项事务应归教育部管理与否，请示遵办"等语。查新闻、杂志、演说会等事，自应归内务部管理，即行查照订定可也。此批。

据《临时政府公报》第十九号（南京一九一二年二月二十二日）《大总统批法制局呈教育部官职令修改全案并新闻杂志演说会应归教育部管理与否请示遵由》

令交通部规定宁省铁路时刻表文

（一九一二年二月二十二日）②

查宁省铁路，衔接沪宁车站以达本城，往来行旅日甚频繁，关系交通，其事綦重。乃自光复以来，该路开车时刻尚无定准，不特使行旅有阻滞之虞，且于公事亦多贻误，亟应整顿，以利交通。合就令行贵部，仰即迅将该路开车时刻妥为规定，饬令遵行，是为至要。此令。

据《临时政府公报》第十九号（南京一九一二年二月二十二日）《大总统令交通部规定宁省铁路时刻表以利行旅由》

---

① 此件所标时间系《临时政府公报》第十九号出版日期。
② 此件所标时间系《临时政府公报》第十九号出版日期。

令法制局迅速编纂文官试验草案文

(一九一二年二月二十二日)①

　　查国家建官位事,惟任贤选能,乃懋厥职,古今中外,罔越斯旨。第考选之法,各有不同,尚公去私,庶无情弊。今当民国建立伊始,计非参酌中外,询事考言,不足以网罗天下英才而裨治理。合就令行该局,仰即迅将文官试验章程草案,妥为编纂,呈候咨交参议院议决颁布,从速施行。此令。

据《临时政府公报》第十九号(南京一九一二年二月二十二日)《大总统令法制局迅速编纂文官试验草案由》

命教育部核办女子蚕桑学校令

(一九一二年二月二十二日)②

　　〈兹据女子〉军代表林宗雪呈,拟募赀开办女子蚕桑学校,恳请拨借绿筠花圃为校地等情。查民国新造,凡有教育,应予提倡,乃足以启文明而速进化。该女代表既能募赀设校,热诚可嘉,自当照准。惟该校一切章程,应如何订定,所指绿筠花圃,是否公产,能否适用之处,应由该部会同内务部查照办理,合就开由发交。此令。

据《临时政府公报》第十九号(南京一九一二年二月二十二日)《大总统令教育部会商内务部核办林宗雪呈请募赀开办女子蚕桑学校并恳拨绿筠花圃为校地由》

---

① 此件所标时间系《临时政府公报》第十九号出版日期。
② 此件所标时间系《临时政府公报》第十九号出版日期。

咨黎元洪转达参议院仍举黎为临时副总统文

（一九一二年二月二十二日）

兹据参议院咨开："本院接黎副总统电称：'中央政府已准备重新组织，副总统及大元帅之职，应先辞退'云云。本院当开会公决，谨从黎君之意，于二十一日开临时副总统选举会，全体一致公举黎元洪君为临时副总统。应具正式公文，恭请受任。兹特具公文一份，敬请大总统转达"等因。准此，相应备文转咨，并特派本府参军黄大伟敬赍该项公文前赴尊处，即希贵副总统查照接受为荷。此咨。

> 据《临时政府公报》第二十二号（南京一九一二年二月二十五日）《大总统咨黎副总统转达参议院公举仍为临时副总统文》

命沪军都督核办朱佩珍辞职事令

（一九一二年二月二十二日）①

据上海财政长朱佩珍呈称"财政困难，措施无术，请遴员接任"等由前来。为此令行该都督，应如何办理之处，希酌核呈复为要。此令。

> 据《临时政府公报》第十九号（南京一九一二年二月二十二日）《大总统令沪都督核办上海财政长朱佩珍呈请辞职请遴员接任由》

---

① 此件所标时间系《临时政府公报》第十九号出版日期。

咨参议院建议设立稽勋局文

（一九一二年二月二十三日）①

　　盖闻劝扬之典，莫要于赏功，服务之官，必望其称职。是故官惟其才，赏惟其功，截然为两事，断未有以官为赏，论功授职者也。溯我民国，自造谋光复、称兵统一以来，殉义与积功者，既已不可殚数。夫在个人私愿，尽分子之劳，决非市赏，然准建国通法，造公家之利，必当酬庸。此赏恤之规制，未可不定。况赏恤之制未建，军兴之际，将佐官属，杂以有功与有才者兼任，国人之观听易淆，必有以为既树建国之勋，例应得官。故有立功而已官者，更望因功迁擢，其尽命而不及官者，亦议按事赠荫。如此则帝王以官赏功之流毒不塞，竟可以不止。现在统一之局大定，干戈待偃，国家之设官有限，而论功者众，借官为酬，与有功不录，皆伤国本，是以急咨贵院，务请速行建议，在临时政府时代，特设一开国稽勋局。俟所议通过，即委任专官，领受局事。对于开国一役，调查应赏应恤之人，分别应赏应恤之等，详订应赏应恤之条，再咨贵院议决施行。届时稽勋局即应取消，其给赏给恤之曹司，可议另隶于内部。经此郑重措置，庶于南北新旧纷繁错综之事实，能尽得头绪，而各有归束。于是议赏议恤，可以不漏不滥，任官与赏功之界限，亦得厘然分析。即目前本总统与行政各官属，当裁并军队、批答恤款之际，皆有所依循，是又足为临时维持秩序、稳固治安之补助也。此咨。

　　　　据《临时政府公报》第二十号（南京一九一二年二月二十三日）《大总统咨参议院设立稽勋局文》

---

① 此件所标时间系《临时政府公报》第二十号出版日期。

咨复参议院再次质询临时政府抵押借款等案文

（一九一二年二月二十三日）

〈中华民国临时大总统咨〉①

贵院二月十三日来咨，质问招商局抵押借款及以汉冶萍煤铁公司押借外债两事，又发行军用钞票实数，一并报告。二月十八日经已咨复。昨二十二日又准贵院来咨，以为未得要领，请派专员到院切实答复。兹将汉冶萍借款手续及军用钞票行使之情形答复如下：

一、汉冶萍之款，系该公司以私人资格与日本商订合办，其股份系各千五百万元，尚未通过合同于股东会，先由该公司借日本五百万元，转借与临时政府，而求批准其事，先交二百万至三百万，俟合办合同成立，交清五百万。该款已陆续收到二百万元。本总统以与外人合股，不无流弊，而其交款又极濡滞，不能践期，是以取消前令。惟已收支之二百万元，照原约须为担保之借款。

一、军用钞票，当时因中央所印者未能竣工，议借上海已印成者发行。旋因上海中华银行不肯代负交换之责任，又与订加印南京通用银元及三月通换字样。其时军需孔亟，刻不容缓，是以从权发行，现发有百十余万之数。

除上所答，仍派秘书长胡汉民到院，并将关于汉冶萍借款各种文件携交，以便讨论。此咨
〈参议院〉

〈中华民国元年二月二十三日〉

据上海《申报》一九一二年二月二十八日《汉冶萍拒款问题》

---

① 此处及以下二处，均据秦孝仪主编《国父全集》增补。

命教育部核办甘霖呈请官费留学令

（一九一二年二月二十四日）①

兹据甘霖呈请，由美赔款项下给予官费游学美国等因。查民国新建，奖励游学，而培养人才，实为当今急务。但资格如何选派，学费如何筹措，应由该部统筹全局，酌核办理。合就将原呈发交该部，仰即查照核办可也。此令。

> 据《临时政府公报》第二十一号（南京一九一二年二月二十四日）《大总统令教育部核办甘霖呈请由美赔款项下给予官费游学美国由》

命法制局审定官职试验章程草案令

（一九一二年二月二十四日）②

现在南北统一，兵事已息，整饬吏治，惟有举行官职试验，以合格人员分发各省，以资任用之一法。兹据内务部呈送官职试验章程草案前来，其所定试验资格及他项规定，有无尚须改订增加之处，合行令仰该局悉心审查，克日呈复，候咨交参议院议决。事关要政，切勿稽延。此令。

> 据《临时政府公报》第二十一号（南京一九一二年二月二十四日）《大总统令法制局审定官职试验章程草案由》

---

① 此件所标时间系《临时政府公报》第二十一号出版日期。
② 此件所标时间系《临时政府公报》第二十一号出版日期。

命陆军部选派卫兵驻参议院守卫令

（一九一二年二月二十四日）①

据参议院咨称："按本院办事规则第三十三条,应置守卫长一人、守卫兵四十二人。目下本院已完全成立,亟需添置守卫。查驻宁沪军,精神秩序皆有可观,请迅赐行知陆军部,就沪军中选派兵士四十二人,并遴选守卫长一人,常驻本院,以备守卫"等因。查守卫事宜,关系重要,仰即迅速查照办理为要。此令。

据《临时政府公报》第二十一号（南京一九一二年二月二十四日）

令陆军财政内务三部遵照参议院统一军民财政办法文

（一九一二年二月二十四日）②

案据陆军部呈开："统一军政、民政、财政办法,请咨参议院议定办法"等因。据此,当即咨移参议院照议。兹据咨复前来,合就令行该部,仰即会同陆军、财政、内务三部,遵照原议妥为办理可也。此令。

原议案录下：

查各省光复后,军政、民政、财政等权,往往归于同一机关。如军政分府,虽在一隅之地,而权限辄逸出军事范围以外,致民政、财政难于统一。今官制既未订定,急宜发布临时命令,将军政分府名目即日撤销。如地势上为

---

① 此件所标时间系《临时政府公报》第二十一号出版日期。
② 此件所标时间系《临时政府公报》第二十一号出版日期。

应驻兵之处，应由该省都督酌设司令部，专管该处军事。所需款项，开列预算，呈由都督核拨。其他民政、财政，悉由地方官主政，司令、部长绝对不得干涉。仍候官制颁行后，另遵通则办理。应祈饬由陆军部、内务部、财政部会电各省都督切实遵办，并令其将遵办情形，随时电告各部，以资查考。

据《临时政府公报》第二十一号（南京一九一二年二月二十四日）《大总统令陆军内务财政三部照参议院议案将各省军政分府酌改为司令长不得干涉民政财政由（附议案）》

令财政部准安徽都督呈请拨盐分销文

（一九一二年二月二十五日）①

据安徽都督孙毓筠呈请："皖省需盐甚多，请将财政部刻下所承办之芦盐一项，速拨二十万包，交皖省分销。所得之款，解财政部支配"等因前来。查该督呈称各节，系为维持盐食起见，应准如所请，即由该部照数拨给，其分销所得之款，将来仍由该部验收。为此令行该部遵照办理。此令。

据《临时政府公报》第二十二号（南京一九一二年二月二十五日）

令陆军部内务部查封及借用民房应咨南京府知事文

（一九一二年二月二十七日）②

据南京府知事呈称："窃维民胥望治，闾阎首贵保安；官有专司，政令必须统一。当京畿光复之初，各军队封存房屋作为办公、驻军之用者，不过一时权

---

① 此件所标时间系《临时政府公报》第二十二号出版日期。
② 此件所标时间系《临时政府公报》第二十三号出版日期。

宜之计,原非得已。今秩序日渐恢复,亟宜力图治安,凡假托名义擅自查封房屋、搜抄家产诸弊端,必须切实防杜。知事职司行政,视事伊始,凡对于江宁、上元两县人民之财产,自当首先完全保护,何敢瞻徇玩忽,至使地方于干戈之后再有扰害之虞。兹为公安起见,理合呈请大总统鉴核,俯赐通饬各部暨驻宁各军队,嗣后如遇有须查封之房屋及借民房办公者,可分别饬咨知事,就近派员查明发封,以安人心而维大局"等情前来。查财产之重,等于生命。光复之始,大敌当前,军情危迫,对于人民财产保护或不无疏虞,征取亦多无限制。现在南北统一,革命事业完全告成,劳来安集,诸待经营,一夫不获,公仆有责。该知事所请,甚为切要之图,应即照准,合行令仰该部遵照办理可也。

据《临时政府公报》第二十三号(南京一九一二年二月二十七日)《大总统令陆军内务两部通饬所属嗣后查封房屋及借民房办公分别饬咨南京府知事文》

咨参议院在稽勋局内设捐输调查科文

(一九一二年二月二十七日)①

民国建国,为十数年来志士之血所沃成,此国人所公认。前已咨请贵院建议设立稽勋局,详细调查,分别等次,量予赏恤,发扬国光,表彰潜德,为目下切要之图,贵院定表同意。惟义旗之举,必有所资,诛锄民贼,非可徒手。或助饷于光复之日,或输资于暗杀之辰,毁家纾难,实无以异于杀身成仁。至当日党人筹措军债,曾许偿还,虽出资者以义忘利,而民国坐享成功,莫为之报,何以昭大信而劝方来。本总统以为稽勋局内可附设一捐输调查科,专调查光复前后输资人民,其持有证券来局呈报,或由他项方法确实证明者,就其输助金额,给以公债票。为此咨请贵院,归并前案,早日议决咨复,以便施行。

据《临时政府公报》第二十三号(南京一九一二年二月二十七日)《大总统咨参议院在稽勋局内设捐输调查科文》

---

① 此件所标时间系《临时政府公报》第二十三号出版日期。

批康新民等呈

（一九一二年二月二十七日）①

自民国成立以来，宪法尚未规定，各省都督皆由自举。今甘省旅沪同乡会决议，举岑西林为甘省都督，于事理实属可行。惟必本省赞成之人，多数同意允担任筹备进行经费，及先商请岑西林允肯就任，本总统乃能发给委任状以委任之。此批。

> 据《临时政府公报》第二十三号（南京一九一二年二月二十七日）《大总统批旅沪甘肃同乡会康新民等公举岑春萱为甘肃都督由》

咨参议院议决文官考试令等草案文

（一九一二年二月二十八日）②

任官授职，必赖贤能；尚公去私，厥惟考试。兹当缔造之始，必定铨选之程。前经令行法制局，拟订文官考试章程。今据该局将所拟文官考试委员官职令、与文官考试令、暨外交官及领事官考试委员官职令、与外交官及领事官考试令各草案缮具前来，合行提出贵院议决。又昨据内务部函称："各处待用之士，荟萃金陵，而各省办事人才，反觉缺乏，则文官考试实难再缓"等语。按之现在情形，诚如该部所云。今拟请贵院将文官考试委员官职令、与文官考试令草案，提前议决，以便颁布施行。此咨。

> 据《临时政府公报》第二十四号（南京一九一二年二月二十八日）《大总统咨参议院议决文官考试与外交官及领事官考试令草案文》

---

① 此件所标时间系《临时政府公报》第二十三号出版日期。
② 此件所标时间系《临时政府公报》第二十四号出版日期。

批财政部呈

（一九一二年二月二十八日）①

据呈已悉。所拟造币厂章程十二条，尚称妥洽，应即照准。此批。

附录一　财政部原呈

为呈请事：窃维民国圜法，关系重要，币厂简章，应先厘订。前经派员至江南造币厂详加考察。兹据复称，该厂赓续旧章，积习难除。又查该厂册表，用人用款，均涉浮滥。本部职司财政，考核所关，兹特酌拟造币厂章程十二条，缮单呈请批准，俾有遵循。至所有从前办事人员，即行分别撤留，以示惩劝而资整顿。理合呈明，即希钧鉴。谨呈。

附录二　造币厂章程

第一条　造币厂归财政部管辖，掌铸造国币一切事宜。

第二条　造币厂暂设总厂于南京，设分厂于武昌、广州、成都、云南四处。如再添设分厂，须呈明大总统批准，其分厂统归总厂直辖。

第三条　总厂设正副长各一员，由财政部荐任，管理总分各厂一切事宜。总厂及各分厂各设厂长一员，帮长一员，均由正副长遴选妥员，呈部核准委任，秉承正副长分理各该厂一切事宜。

第四条　总分各厂应设工务长一员，总务长一员，由正副长遴选妥员，呈部核准令委。其余艺师、艺士及各员司，由各厂酌定员数，呈部核定。

第五条　财政部筹备铸币专款，发给总厂，分派各厂应用；所有各省旧

---

① 此件所标时间据中国第二历史档案馆藏《南京临时政府档案》原件。

设银铜圆厂机器厂房材料,准总厂选择提用。

第六条　总分各厂应铸辅币,数目由中国银行斟酌市面情形,随时拟定数目,呈由财政部核准饬厂照铸。

第七条　总分各厂铸成国币数目,每十日一次,呈报财政部查核。

第八条　总分各厂铸成新币,重量、成色、公差之类,必须遵照定章,并遴派精通化学人员,随时化验,如有不符,即回炉重铸,以免参差。

第九条　总分各厂所铸各币,由总厂呈送财政部化验,财政部亦得随时任抽各厂所铸各币化验查核。

第十条　造币厂出入款项,由总厂按季详造表册呈报,财政部按年总结,除表册外,并应呈报预算决算清册。各分厂应将该厂收支数目,与银铜等币出入情形,每月一次呈报总厂,仍每日将帐簿结算清楚,以备总厂随时查核。

第十一条　各厂有缉访私铸、防卫厂料等事,应请各省都督协助者,随时照行。

第十二条　总分各厂办事细则,由总厂拟订,呈由财政部核准施行。

据《临时政府公报》第二十七号(南京一九一二年三月二日)《大总统批财政部拟具造币厂章程呈》

令内务部通知革除前清官厅称呼文

(一九一二年二月二十九日前)①

官厅为治事之机关,职员乃人民之公仆,本非特殊之阶级,何取非分之名称。查前清官厅,视官等之高下,有大人、老爷等名称,受之者增惭,施之者失体,义无取焉。光复以后,闻中央地方各官厅,漫不加察,仍沿旧称,殊为共和政治之玷。嗣后各官厅人员相称,咸以官职,民间普通称呼则曰先

---

① 此令摘自1912年2月29日《内务部咨转孙中山颁布各官厅职员及普通称谓勿沿前清恶习的临时大总统令》,故发布日期应在2月29日前。

生、曰君,不得再沿前清官厅恶称。为此令行该部遵照,速即通知各官署,并转饬所属,咸喻此意。此令。

据中国第二历史档案馆编《南京临时政府遗存珍档》(凤凰出版社二〇一一年版)影印原件

命内务部准中华民国红十字会立案令

(一九一二年二月二十九日)①

兹准黎副总统电开:"鄂省自起义以来,血战数十日,尸骸枕藉无算。幸赖中国红十字会在武汉设立临时医院,救治被伤兵士,并施掩埋。兹查该会已由日本赤十字社长松元侯爵特派法学博士有贺长雄来沪,商榷修改会章。复承介绍,得邀万国红十字联合会公认该会为中华民国正式红十字会。此次民军起义,东西南北各省均设立分会,共五十余处,所费不赀,其功甚巨。如此热心慈善事业,似不可不特别表彰。伏恳准予立案,揭诸报章,以资提倡而重诚〔情〕感"等因前来。查该会热诚毅力,殊堪嘉尚,应予立案,以昭奖劝。合就令行该部,仰即查照可也。此令。

据《临时政府公报》第二十五号(南京一九一二年二月二十九日)

批江安渔业公会呈

(一九一二年二月二十九日)②

呈悉。前因临时政府成立伊始,各部尚未组织完全,该会来呈,当由秘书处函复,不过认为暂时有此事实,并非予以特权,与正式批准不同。嗣据

---

① 此件所标时间系《临时政府公报》第二十五号出版日期。
② 此件所标时间系《临时政府公报》第二十五号出版日期。

江苏都督呈请取缔,当令该都督咨商安徽都督会咨实业部妥为核办。仰即知照。此批。

> 据《临时政府公报》第二十五号(南京一九一二年二月二十九日)《大总统批江安渔业公会为前后批词不同请更正公布呈》

批王先孚呈

（一九一二年二月二十九日）①

据称:"旧岁三月间,谢仲山欠该人民工价一千九百元有奇,控由地方审判厅判令谢仲山照给,迄今仍未遵判偿还"等情前来。查执行判决,系检察厅之专责,应由该人民自向地方检察厅诉追可也。此批。

> 据《临时政府公报》第二十五号(南京一九一二年二月二十九日)

命财政部查照承认中华银行为商银行并予补助令

（一九一二年二月二十九日）

临时大总统令

据中华银行股东郭辉等呈称:"窃商等前以本行垫发沪军公款太多,力不能支,请照原定章程,颁给公股洋一百二十五万元,并公举代表江上青君叩谒钧座,面陈一切,荷函致陈财政长筹款照拨。惟陈财政长以此行未经中央组织,颇有难意。伏念沪军起义之时,中央政府尚未成立,当此金融沮〔阻〕塞,百事待举之际,必先筹设财政机关,以资挹注。于是沪军陈都督特

---

① 此件所标时间系《临时政府公报》第二十五号出版日期。

命沈财政长,从速筹办,七日告成,当订招股章程,公股商股各半。商等以此行为经济要素,民国首基,不惜鬻产举债,以附股份。当此之时,苏军甫经反正,张军尚踞金陵,大局甚危,人心未定,沪上兵民,一夕数惊。若非本行挂撑,肆应其间,事变之生,未可逆料。是沪督之创此行,非为沪民计,实为民国全局计;商等之乐附股本,非为沪军计,实为热心共和计。窃意政府成立之后,必将本行原订章程宣布承认。特别保护,以示奖励而劝国民。乃一再禀陈,虽蒙钧座俯鉴下忱,优谕慰允,一则饬拨巨款,设立南京分行,再则准照原章,拨发公股资本,无如当事者每以财政困难无力应付为言。在当局者,自有苦衷。然本行办事之人,既已呕心绞脑数月之久,中华之名称亦已中外皆知,商等力虽微薄,断不忍坐听其澌灭。现惟有赶紧招集商股,以巩基础,一面先在南京设立分行,以扩营业。至本行性质究居何等,从前沪军府原订章程,是否仍行承认,应请大总统俯赐察核批示遵行。又南京分行,刻拟即日先行设立,应恳令知财政部立案,确予保护"等情前来。

查该行系在沪上光复之时,由沪军陈都督饬令沪财政长等所组织。在当时中央政府尚未成立,金融沮〔阻〕塞,商旅束手。沪军当东南之要冲,征兵转饷,时机危迫,间不容发,赖该行之功,遂得应付裕如。是陈都督筹画之劳,该行维持之力,均不可掩。为此,令仰该部查照,认该行为商银行之性质,由国家补助股份一半。其办法如日本银行之对于正金银行。如目前无现金,可给以公债票一百二十五万作抵。庶政策既不因之违碍,商本亦赖以维持矣。此令。

财政部总长陈锦涛知照

孙　文

中华民国元年二月二十九日

据中国第二历史档案馆藏《南京临时政府档案》原件

令印铸局长黄复生编具概算书文

（一九一二年二月二十九日）

兹据财政部呈称："各国财政，皆有预算，以谋收支之适合。其预算案之编制，英由财部，美由议院。今我政尚共和，宜采美制。虽政府行将统一，综筹全局者当自有人，而目前费用孔繁，职掌度支者，何从措手？况交替在即，尤应预备，略示规模。否则，紊乱纠纷，窃恐贻讥来者。应请饬下各部，迅将三月份应支款项，编具概算书，限十日内送交本部。由本部添具收入概算书，汇送参议院，编成预算，以凭筹办"等由前来。

为此令行该局查照办理。切切。此令。

据《临时政府公报》第三十一号（南京一九一二年三月七日）《大总统令印铸局局长黄复生据财政部呈请饬各部编具概算书文》

对吴铁城的面谕

（一九一二年二月）

江西铁路已向沪某洋行押洋一百万，今电致麾下为充中央政府用，加借一百五十万，共二百五十万。请派与南浔铁路有关系公正人前来中央政府接洽。

据上海《申报》一九一二年二月十三日《赣议会反抗借路押款》

命陆军部转饬所属统一领取军需公债办法令

（一九一二年三月一日）①

据财政部总长陈锦涛呈称："准公债司呈：'为公债募集，不宜杂乱，以杜流弊而免厉民事。窃维公债之担负，在于国民；公债之利病，视乎办法。发行有方，则偿还可必，经理画一，则募集不紊。此次发行军需公债定章，只准各省都督分任募集，业经咨明各督在案。查此项公债，原以集巨款而助军需，惟不便听令各军队进〔径〕行来部请领债票以为军饷。盖如是则纷歧可免，办理有条，庶流弊不生，投资应募及纳税任还者，皆得减轻其担负，而于民国共和之治、总统民生之义不相违背。乃今各处军队，纷纷以出发购械为词，来部领票，殊乖定章，于公债前途实多窒碍。应请呈明大总统饬下陆军部及各省都督，毋许军队进〔径〕行来部请领公债票或预约券，须由该管各都督备咨转领发给，以昭划一。伏请裁断施行，等因。'准此，查原呈所称各节，系为慎重债务起见，除分咨各省都督外，理合据情转呈钧府鉴核，伏乞迅令陆军部查照，转饬所属一体遵办"等情。

为此合行令仰该部查照，并饬所属一体遵行，以重公债而昭划一。切切。此令。

> 据《临时政府公报》第二十六号（南京一九一二年三月一日）《大总统令陆军部遵照财政部公债票定章并饬所属一体遵行由》

---

① 此件所标时间系《临时政府公报》第二十六号出版日期。

令财政部与交通等部协商张人杰等输款事宜文

（一九一二年三月一日）①

据交通部转呈："商人张人杰、褚民谊等呈称：'目击时艰，情殷输助，愿输集款项十万两，报效政府'。当经财政部核议，据称尚属可行"等情前来。合行令仰该部按照该商原禀所列各条，详加研求，其中有无磋商之处，亦由该部协商交通部、内务部筹度情形，径与该商等妥拟办法，务期有裨国帑，无害政策。切切。此令。

据《临时政府公报》第二十六号（南京一九一二年三月一日）
《大总统令财政部核议商人张人杰褚民谊等输集款项并协商交通内务两部妥拟办法由》

咨参议院请核议借华俄道胜银行款项文二件

（一九一二年三月一日）②

一

民国统一，战事已息。目前以恢复秩序，分别安置军队为第一要义，必需巨款，方足敷布。而各处疮痍未复，未能遽取诸民，拟借用外债。昨日得

---

① 此件所标时间系《临时政府公报》第二十六号出版日期。
② 此件所标时间系《临时政府公报》第二十六号出版日期。其一原标题为《大总统准财政部电称拟借华俄道胜银行款项咨参议院提前决议文》，其二原标题为《大总统咨参议院提出华俄道胜银行借款草合同请提前议决文》。

财政部电称,现拟借华俄道胜银行之款,系五厘息,九七扣,一年期,用中央名义担保,毋庸抵押,由下次大宗借款内扣还,并须许以下次政府有大借款,如所索权利与他家相等,华俄银行有优先权。共借一百五十万磅,经涛①于筲(廿一)日签字,候孙、袁总统及京行电许,并参议院通过,即行作实,一星期内即交三百万两。请即交院议并电复。为此,要求贵院即开临时会,提前决议。此咨。

二

昨据财政部总长陈锦涛电称,拟借华俄道胜银行款,其条件各点已提出贵院,经得同意。兹将与该银行订定借款草合同,呈请转咨贵院开临时会,提前公决核准前来。相应咨请贵院察照办理,并派秘书长胡汉民、财政部委员黄体谦到院,陈述一切。此咨。

据《临时政府公报》第二十六号(南京一九一二年三月一日)

批陆军部呈报勋章章程文

(一九一二年三月一日)

临时大总统孙批

一件。陆军部呈报勋章式样及章程请核准施行由

据呈已悉。勋章所以酬庸劝士,亟应制定颁行,以励有功。该部所拟勋章章程及形式,尚属妥善,应准颁行。此批。

孙　文
中华民国元年三月初一日

据中国第二历史档案馆藏《南京临时政府档案》原件

---

① 涛,即财政部总长陈锦涛。

咨参议院请核议张人杰等输款事文

（一九一二年三月一日）①

兹据交通部转呈，商人张人杰、褚民谊等呈称，愿输集款项十万两以充军饷等因。当经财政部核议，据称尚属可行。合将该商人原呈咨请贵院议决，即行赐复，并望迅速办理为幸。

> 据《临时政府公报》第二十六号（南京一九一二年三月一日）《大总统咨参议院请议决商人张人杰褚民谊等愿输集款项十万两以充军饷文》

颁给梅乔林旌义状

（一九一二年三月一日）

旌义状

梅乔林于中华民国开国之始，为国宣劳，颇资得力，给予优等旌义状，奕代后民，永多厥义。此旌。

临时大总统　孙　文

中华民国元年三月初一日

> 据中国国民党中央文化传播委员会党史馆藏一般档案 051/200

---

① 此件所标时间系《临时政府公报》第二十六号出版日期。

颁给邓慕韩旌义状

（一九一二年三月一日）

旌义状

  邓慕韩君于中华民国开国之始，为国宣劳，颇资得力，特给予优等旌义状，奕代后民，永多厥义。此旌。

临时大总统 孙 文
中华民国元年三月初一日

据中国国民党中央文化传播委员会党史馆藏一般档案051/199

颁给骆连焕旌义状

（一九一二年三月一日）

旌义状

  骆连焕先生于中华民国开国之始，为国宣劳，不遗余力，特给予旌义状，奕代后民，永多厥义。此旌。

临时大总统 孙 文
中华民国元年三月初一日

据中国国民党中央文化传播委员会党史馆藏一般档案051/198

颁给林义顺旌义状

（一九一二年三月一日）

旌义状

　　林义顺先生于中华民国开国之始，踊跃输将，军储赖济，特给予旌义状，奕代后民，永多厥义。此旌。

临时大总统　孙　文
中华民国元年三月初一日

据中国国民党中央文化传播委员会党史馆藏一般档案051/194

颁给郑螺生旌义状

（一九一二年三月一日）

旌义状

　　郑螺生先生于中华民国开国之始，为国宣劳，颇资得力，特给予优等旌义状，奕代后民，永多厥义。此旌。

临时大总统　孙　文
中华民国元年三月初一日

据黄警顽编《南洋霹雳华侨革命史迹》（上海文华美术图书公司一九三三年版）影印原件

颁给李源水旌义状

（一九一二年三月一日）

旌义状

　　李源水先生于中华民国开国之始,为国宣劳,颇资得力,特给予优等旌义状,奕代后民,永多厥义。此旌。

临时大总统　孙　文
中华民国元年三月初一日

据黄警顽编《南洋霹雳华侨革命史迹》（上海文华美术图书公司一九三三年版）影印原件

颁给张永福旌义状

（一九一二年三月一日）

旌义状

　　张祝华①先生于中华民国开国之始,为国宣劳,不遗余力,特给予旌义状,奕代后民,永多厥义。此旌。

临时大总统　孙　文
中华民国元年三月初一日

据张永福编《南洋与创立民国》（上海中华书局一九三三年版）原件照片

---

① 张永福,字祝华。

颁给张蔼蕴旌义状

（一九一二年三月一日）

旌义状

　　张蔼蕴于中华民国开国之始，为国宣劳，颇资得力，特给予优等旌义状，奕代后民，永多厥义。此旌。

临时大总统　孙　文
中华民国元年三月初一日

据中国社会科学院近代史研究所藏原件照片

颁给周献瑞旌义状

（一九一二年三月一日）

旌义状

　　周献瑞先生于中华民国开国之始，踊跃输将，军储赖济，特给予旌义状，奕代后民，永多厥义。此旌。

临时大总统　孙　文
中华民国元年三月初一日

据中国国民党中央文化传播委员会党史馆藏一般档案
051/24

颁给李笃宾旌义状

（一九一二年三月一日）

旌义状

　　李笃宾于中华民国开国之始，踊跃输将，军储赖济，特给予旌义状，奕代后民，永多厥义。此旌。

　　　　　　　　　　　临时大总统　孙　文
　　　　　　　　　　　中华民国元年三月初一日

据中国国民党中央文化传播委员会党史馆藏一般档案051/201

颁给温庆武旌义状

（一九一二年三月一日）

旌义状

　　温庆武先生于中华民国开国之始，踊跃输将，军储赖济，特给予旌义状，奕代后民，永多厥义。此旌。

　　　　　　　　　　　临时大总统　孙　文
　　　　　　　　　　　中华民国元年三月初一日

据中国国民党中央文化传播委员会党史馆藏一般档案051/210

颁给陈新政旌义状

（一九一二年三月一日）

旌义状

  陈新政先生于中华民国开国之始，为国宣劳，不遗余力，特给予旌义状，奕代后民，永多厥义。此旌。

临时大总统　孙　文
中华民国元年三月初一日

据中国国民党中央文化传播委员会党史馆藏一般档案051/210

颁给《少年中国报》优等旌义状

（一九一二年三月一日）

旌义状

  少年中国报于中华民国开国之始，宣扬大义，不遗余力，特给予优等旌义状，奕代后民，永多厥义。此旌。

临时大总统　孙　文
中华民国元年三月初一日

据《少年中国晨报五十周年纪念专刊》（少年中国晨报一九六〇年十二月）

颁给埔吧哇觉群书报社旌义状

（一九一二年三月一日）

旌义状

埔吧哇觉群书报社于中华民国开国之始，踊跃输将，军储赖济，特给予旌义状，奕代后民，永多厥义。此旌。

临时大总统　孙　文
中华民国元年三月初一日

据中国国民党中央文化传播委员会党史馆藏一般档案 051/224

颁给林镜秋旌义状

（一九一二年三月一日）

旌义状

林镜秋先生于中华民国开国之始，办务多年，颇资得力，特给予旌义状，奕代后民，永多厥义。此旌。

临时大总统　孙　文
中华民国元年三月初一日

据中国国民党中央文化传播委员会党史馆藏一般档案 341/22

颁给沈联芳旌义状

（一九一二年三月一日）

旌义状

　　沈联芳先生于中华民国开国之始，为国宣劳，不遗余力，特给予旌义状，奕代后民，永多厥义。此旌。

临时大总统　孙　文
中华民国元年三月初一日

据中国国民党中央文化传播委员会党史馆藏一般档案341/22

颁给陈信藩旌义状

（一九一二年三月一日）

旌义状

　　陈信藩先生于中华民国开国之始，踊跃输将，军储赖济，特给予旌义状，奕代后民，永多厥义。此旌。

临时大总统　孙　文
中华民国元年三月初一日

据中国国民党中央文化传播委员会党史馆藏一般档案341/22

颁给许柏轩旌义状

（一九一二年三月一日）

旌义状

　　许柏轩先生于中华民国开国之始，办务有年，颇资得力，特给予旌义状，奕代后民，永多厥义。此状。

临时大总统　孙　文
中华民国元年三月初一日

据中国国民党中央文化传播委员会党史馆藏一般档案341/22

颁给徐赞周旌义状

（一九一二年三月一日）

旌义状

　　徐赞周先生于中华民国开国之始，踊跃输将，军储赖济，特给予旌义状，奕代后民，永多厥义。此旌。

临时大总统　孙　文
中华民国元年三月初一日

据徐市隐编《缅甸中国同盟会开国革命史》上编（思明日新书局一九二九年版）

颁给何荫三旌义状

（一九一二年三月一日）

旌义状

何荫三先生于中华民国开国之始，踊跃输将，军储赖济，特给予旌义状，奕代后民，永多厥义。此旌。

临时大总统　孙　文
中华民国元年三月初一日

据徐市隐编《缅甸中国同盟会开国革命史》上编（思明日新书局一九二九年版）

颁给潘叔谦旌义状

（一九一二年三月一日）

旌义状

潘叔谦先生于中华民国开国之始，热心筹饷，颇资得力，特给予旌义状，奕代后民，永多厥义。此旌。

临时大总统　孙　文
中华民国元年三月初一日

据中国国民党中央文化传播委员会党史馆藏一般档案363/14

颁给潘受之旌义状

（一九一二年三月一日）

旌义状

潘受之先生于中华民国开国之始，踊跃输将，军储赖济，特给予旌义状，奕代后民，永多厥义。此旌。

临时大总统　孙　文
中华民国元年三月初一日

据李穗梅主编《孙中山与帅府名人文物与未刊资料选编》（广东科技出版社二〇一一年版）影印原件

颁给槟城书报社优等旌义状

（一九一二年三月一日）

旌义状

槟城书报社于中华民国开国之始，宣扬大义，不遗余力，特给予优等旌义状，奕代后民，永多厥义。此旌。

临时大总统　孙　文
中华民国元年三月初一日

据中国国民党中央文化传播委员会党史馆藏一般档案 051/473

颁给广州《平民报》优等旌义状

(一九一二年三月一日)

旌义状

　　广州《平民报》于中华民国开国之始,宣扬大义,不遗余力,特给以优等旌义状,奕代后民,永多厥义。此旌。

临时大总统　孙　文
中华民国元年三月初一日

据黄大德《新发现的孙中山研究资料》,载《学术研究》一九九六年第十期

颁给印尼松柏港民群书报社旌义状

(一九一二年三月一日)

旌义状

　　松柏港民群书报社于中华民国开国之始,踊跃输将,军储赖济,特给予旌义状,奕代后民,永多厥义。此旌。

临时大总统　孙　文
中华民国元年三月初一日

据秦孝仪主编《国父全集》第八册(台北近代中国出版社一九八九年版)

颁给上海《天铎报》优等旌义状

（一九一二年三月一日）

《天铎报》于中华民国开国之始，宣扬大义，不遗余力，应发给优等旌义状，奕代后民，永多厥义。此旌。

> 据上海《天铎报》一九一二年四月八日《临时大总统颁给天铎报旌义状文》

严禁鸦片通令

（一九一二年三月二日）①

鸦片流毒中国，垂及百年，况溺通于贵贱，流衍遍于全国。失业废时，耗财殒身，浸淫不止，种姓沦亡，其祸盖非敌国外患所可同语。而嗜者不察，本总统实甚惑之。自满清末年，渐知有病，种植有禁，公膏有征，亦欲铲除旧污，自盖前蛊。在下各善社复为宣扬倡导，匦引不逮，故能成效渐彰，黑籍衰减。方今民国成立，炫耀宇内，发愤为雄，斯正其时。若于旧染锢〔痼〕疾，不克拔涤净尽，虽有良法美制，岂能恃以图存？为此申告天下，须知保国存家，匹夫有责；束修自好，百姓与能。其有饮鸩自安、沉湎忘返者，不可为共和之民。当咨行参议院，于立法时剥夺其选举、被选一切公权，示不与齐民齿。并由内务部转行各省都督，通饬所属官署，重申种吸各禁，勿任废弛。其有未尽事宜，仍随时筹画举办。尤望各团体讲演诸会，随分劝导，不惮勤劳，务使利害大明，趋就知向，屏绝恶习，共作新民，永雪亚东病夫之耻，长保中夏清明之风。本总统有后〔厚〕望焉。

> 据《临时政府公报》第二十七号（南京一九一二年三月二日）《大总统令禁烟文》

---

① 此件所标时间系《临时政府公报》第二十七号出版日期。

令内务部禁止买卖人口文

（一九一二年三月二日）①

自法兰西人权宣言书出后，自由博爱平等之义，昭若日星。各国法律，凡属人类，一律平等，无有阶级。其有他国逃奴入国者，待以平民，不问其属于何国。中国政治，代主开放，贵族、自由民之阶级铲除最早。此历史之已事，足以夸示万国者。前清入主，政治不纲，民生憔悴，逃死无所，妻女鬻为妾媵，子姓沦于皂隶，不肖奸人从而市利，流毒播孽，由来久矣。尤可痛者，失教同胞，艰于生计，乃有奸徒诱以甘言，转贩外人，牛马同视，终年劳动，不得一饱。如斯惨毒，言之痛心！今查民国开国之始，凡属国人咸属平等。背此大义，与众共弃。为此令仰该部遵照，迅即编定暂行条例，通饬所属，嗣后不得再有买卖人口情事，违者罚如令。其从前所结买卖契约，悉与解除，视为雇主雇人之关系，并不得再有主奴名分。此令。

据《临时政府公报》第二十七号（南京一九一二年三月二日）

令内务司法两部通饬所属禁止刑讯文

（一九一二年三月二日）②

近世文化日进，刑法之目的亦因而递嬗。昔之喝〔揭〕威吓报复为帜志者，今也则异。刑罚之目的在维持国权、保护公安。人民之触犯法纪，由个人之利益与社会之利益不得其平，互相抵触而起。国家之所以惩创罪人者，

---

① 此件所标时间系《临时政府公报》第二十七号出版日期。
② 此件所标时间系《临时政府公报》第二十七号出版日期。本文并据《临时政府公报》第二十八号《内务部咨司法部严令所属各官厅一律停止刑讯文》互校订正。

非快私人报复之私,亦非以示惩创,使后来相戒,盖非此不足以保持国家之生存,而成人道之均平也。故其罚之之程度,以足调剂个人之利益与社会之利益之平为准,苛暴残酷,义无取焉。

前清起自草昧之族,政以贿成,视吾民族生命,曾草菅之不若。教育不兴,实业衰息,生民失业,及其罹刑网也,则又从而锻炼周纳,以成其狱,三木之下,何求不得。彼虏不察,奖杀勖残,杀人愈多者,立膺上考,超迁以去,转相师法,日糜吾民之血肉以快其淫威。试一检满清史馆之所纪载,其所谓名臣能吏者,何莫非吾民之血迹泪痕所染成者也。

本总统提倡人道,注重民生,奔走国难二十余载。对于亡清虐政,曾声其罪状,布告中外人士。而于刑讯一端,尤深恶痛绝,中夜以思,情逾剥肤。今者光复大业幸告成功,五族一家,声威远暨。当肃清吏治,休养民生,荡涤烦苛,咸与更始。为此令仰该部转饬所属,不论行政、司法官署,及何种案件,一概不准刑讯。鞫狱当视证据之充实与否,不当偏重口供。其从前不法刑具,悉令焚毁。仍不时派员巡视,如有不肖官司,日久故智复萌,重煽亡清遗毒者,除褫夺官职外,付所司治以应得之罪。吁!人权神圣,岂容弁髦;刑期无刑,古有明训。布告所司,咸喻此意。

据《临时政府公报》第二十七号(南京一九一二年三月二日)《大总统令内务司法两部通饬所属禁止刑讯文》

批叶韶奎等呈

(一九一二年三月二日)①

呈悉。现在民国大局已定,亟当振兴实业,改良商货,方于国计民生有所裨益。披阅所陈历年筹办情形,良工心苦,洵非虚言。至拟更改公司组织,重招新股,力图扩充,树工界之先声,作商场之模范,将于该厂见之。既

---

① 此件所标时间系《临时政府公报》第二十七号出版日期。

据分呈各主管官厅,仰即听候各该主管官厅批准立案可也。原呈及说帖清折存。此批。

> 据《临时政府公报》第二十七号(南京一九一二年三月二日)《大总统批龙华制革厂股商叶韶奎等禀呈历办情形及现拟扩充办法请批准呈》

命沪军都督停止发行公债票令

(一九一二年三月三日)①

据财政部呈称:"此次发行中央公债票,原以统一财政,巩固信用。前因报载上海发行公债票广告一则,当由本部援鄂军政府成案,咨请沪军都督转饬财政司,迅将广告停刊等因在案。迄今多日,未得咨复。昨阅《大共和日报》仍载此项广告,其中仍有商明本部长,定以三百万元为限等语。查沪军政府发行债票,诚为救急之举,其在中央债票未发行以前所售之票,本部长准其发行;其在发行中央债票以后,所有沪军政府未售之票,即当截止。屡经王震、朱佩珍二君来部相商,俱以此对。本部长并未认可三百万元之数。乃今阅报载广告,所云事实全不相符,传闻难免误会。本部长职权所在,窃有不能已于言者:姑勿论购票之人财力有限,此盈彼绌,无裨实益,但以上海一隅,即有两种债票之流行,非特有伤国体,抑恐贻讥外人。况民国初立,万端待理,各省均有度支匮绝之虞。若皆纷纷援例,目前虚糜之害犹小,政出多门之消尤大。本部忝掌全国财政,长此纷歧错出,将何以收整齐划一之效?除咨沪军都督外,为此呈请大总统俯赐察核,迅电沪军政府转饬财政司,将上海公债票停止发行,无庸续售。并请查照前咨,将已售出之债票查明号码数目,详细列册,克日报部,以凭稽核。一面仍来部续领中央债票,继续办理,俾昭统一"等因前来。查该部所呈,为免纷歧而昭信用起见,

---

① 此件所标时间系《临时政府公报》第二十八号出版日期。

中央公债票既经发行,上海公债票应即停止,自是正办。为此令仰该都督,即行转饬上海财政司,将上海公债票即日停止发行。并查照财政部前咨,将已售之债票,查明号码数目,详细列册,克日报部。一面到财政部续领中央债票,继续办理,俾昭划一。切切。此令。

据《临时政府公报》第二十八号(南京一九一二年三月三日)《大总统令沪都督转饬财政司即日停止发行公债文》

批杨文彬呈

(一九一二年三月三日)①

呈悉。该生因嫌被沪军都督府拘置,应候沪军都督讯明发落。已将原呈发交沪军都督,秉公核办。所请提宁质讯之处,着毋庸议。此批。

据《临时政府公报》第二十八号(南京一九一二年三月三日)

令沪都督核办杨文彬为被嫌久拘请省释文

(一九一二年三月三日)②

据云南留日毕业生杨文彬呈称:被嫌久拘,请予省释等情前来。查该生系因嫌由该都督拘置,如讯有触犯民国法令确据,自应予以制裁;倘系无罪,即可早日复其自由。为此令仰该都督遵照前情,秉公核办。原呈并发。此令。

据《临时政府公报》第二十八号(南京一九一二年三月三日)

---

① 此件所标时间系《临时政府公报》第二十八号出版日期。
② 此件所标时间系《临时政府公报》第二十八号出版日期。

咨复参议院弹劾吕志伊违法文

(一九一二年三月三日)①

接二月二十八日来咨,自系为尊重立法权、保障言论自由起见,诚无可非难之理。惟查法律最重方式,苟方式一有不备,即不能发生效力。此次司法次长吕志伊所发之函,系私人书信,在法律上无施行之效力,不能认为正式公文。该私函所述,仅系发表个人之意思,并无行为。在法律上亦无徒据个人之意思,不问其有无行为遽认为有效之理。来咨以"欲施行"三字断之,未免重视意思而忽略行为矣。贵院议员刘成禺现仍在参议院照常发言,身体言论毫无阻碍,据此即不能断定吕志伊有不法干涉之行为。既无不法干涉之行为,则来咨所指蔑视议院、蹂躏民权之事实,皆不成立矣。来咨对于议员刘成禺出言不慎一事,谓"即令有之,亦不过偶尔失慎,不能指为违宪之确据"。今吕志伊用私人信函转托请示办法于副总统,亦有如来咨所谓出言偶尔失慎之嫌,本总统何能为之讳。抑共和民国之下,立法权固当倍加尊重,而行政权亦不宜轻蔑。司法次长系民国之望,遽尔因其私函之意思,弹劾不职,恐非民国之宜。美国百年以来,议院弹劾行政官不过数次,诚互相尊重维持之至意。当兹民国初定,常人亦不能无过激之意思,其未见于行为者,自不必深求,亦不能以其为司法次长而遽据"欲施行"三字加等深文也。此咨。

据《临时政府公报》第二十八号(南京一九一二年三月三日)《大总统咨复参议院弹劾司法部次长吕志伊违法文》

---

① 此件所标时间系《临时政府公报》第二十八号出版日期。

咨参议院核议借款救济皖灾案文

（一九一二年三月三日）

前据财政部总长陈锦涛呈称："华洋义赈会以安徽救急事宜，向四国银行借款，请示办法前来，当经饬令该部与该会会商办理在案。"兹再据该部长呈称："据该报告灾情万急，如十日内无大宗赈款，恐灾民坐毙日以千数。"又函称："四国银行允每星期可借十万两，分十六星期，共借一百六十万两，以民国财政部收据交银行存执，为暂时担保之证。与现时南北商妥暂借二百万之办法相同。窃以该省兵燹偏灾，纷乘沓至，物力凋敝，罗掘俱穷。今日复接孙都督电，请中央拨助，愿在钱粮项下分年提偿，其窘急情形亦可想见。然恐磋商此项分摊条件，缓不济急，可否俯念民生流离，倒悬待解，借款救济，实为瞬不容缓之举。迅将全案理由咨交参议院查照，克日议复，以苏民命"等因。据此，理合咨请贵院查照全案理由，克日议复，以便施行，事关民命，幸勿迟误。此咨。

据《临时政府公报》第三十号（南京一九一二年三月六日）

令准陆军部呈请奖恤吴禄贞等文

（一九一二年三月四日）

临时大总统令

据该部呈称："窃维荡涤中原，肇建民国，为先祖复累世之仇，为后人造无穷之福，实赴义先烈捐躯洒血，以有今日。起义以来，效命疆场，碎身沙漠，若将若士，更仆难数。而吴禄贞、张世膺、周维桢三氏者，为同胞惨死，尤最凄怆，恤悼宜先抚恤者也。爰采各国抚遗恤亡之例，定抚恤章程。凡此次起义诸将士、兵卒，或遇害于行伍，或遭凶于暗昧，均按其等级高下，申请赐予一时恤金及遗族恤金,以酬忠烈,而励将来。查吴禄贞应照大将军例,赐一时恤金一千五百元,遗族每年恤金八百元;张世膺照右将军例,赐一时恤金一千一百元,遗族每年恤金六百元;周维桢照大都尉例,赐一时恤金九百元,遗族每年恤金五百元。拟请从先酌准,赐予三氏恤金,以为我共和开国报功酬勋之先表,宣示天下,以不负忠烈之意。为此,申请察核,伏乞照准施行"等情前来。

　　查民国新成,宜有彰勋之典。吴、周、张三氏,当义师甫起之日,即阴图大举,绝彼南下之援,以张北伐之势。事机甫熟,遽毙凶刃,叠被重创,身首异处,死事至惨。而抚恤之典,尚尔缺如。该部所称,实属深明大体,应准如所请,风示天下。此令。

陆军部总长黄兴知照

孙　文

中华民国元年三月初四日

据中国第二历史档案馆藏《南京临时政府档案》原件

准补充造币厂正长等职批文

（一九一二年三月四日）

临时大总统批

　　一件　呈请补充造币厂正长及江南造币厂厂长、帮长由

　　呈悉。所请造币总厂正长以该部①次长王鸿猷兼任,江南造币厂厂长以王兼善补充,帮长以赵家蕃补充各节,应即照准。此批。

孙　文

中华民国元年三月初四日

据中国第二历史档案馆藏《南京临时政府档案》原件

---

① 该部,指财政部。

饬内务部撤去日商广告令

（一九一二年三月五日）

着将日商在钟鼓楼及城门所悬挂之广告，即日派警丁直行撤去，毋稍延误。此令。

据上海《民立报》一九一二年三月六日

命内务部晓示人民一律剪辫令

（一九一二年三月五日）①

满虏窃国，易于〔我〕冠裳，强行编发之制，悉从腥膻之俗。当其初，高士仁人或不屈被执，从容就义；或遁入缁流，以终余年。痛矣，先民惨罹荼毒，读史至此，辄用伤怀！嗣是而后，习焉安之，腾笑五洲，恬不为怪。矧兹缕缕，易萃霉菌，足滋疾病之媒，殊为伤生之具。今者满廷已覆，民国成功，凡我同胞允宜涤旧染之污，作新国之民。兹查通都大邑剪辫者已多，至偏乡僻壤留辫者尚复不少。仰内务部通行各省都督，转谕所属地方一体知悉。凡未去辫者，于令到之日，限二十日，一律剪除净尽，有不遵者，〈以〉违法论。该地方官毋稍容隐，致干国犯〔纪〕。又查各地人民有已去辫尚剃其四周者，殊属不合，仰该部一并谕禁，以除虏俗而壮观瞻。此令。

据《临时政府公报》第二十九号（南京一九一二年三月五日）

---

① 此件所标时间系《临时政府公报》第二十九号出版日期。

令法制局审定南京市制草案文

（一九一二年三月五日）①

兹据内务部缮具两〔南〕京市制草案呈请交该局审定前来。查此项草案，关系重要，仰该局悉心审定，斟酌尽善，仍呈候咨交参议院议决，勿延为要。此令。

据《临时政府公报》第二十九号（南京一九一二年三月五日）

咨参议院请核议商业注册章程文

（一九一二年三月五日）②

兹据实业部呈称："敝部成立以来，各埠公司呈请保护、注册、立案、给示等事，纷至沓来。若非妥订划一章程，头绪茫然，实无以资遵守之策。迩者民国统一，大功告成，所有全国各种公司及一切商店，皆持有前清政府发给部照，俨若尚在清之势力范围内者。山河依旧，主体已非，门悬汉室彩旗，家贮满房印照，既坠体制之尊严，复缺政令之完备，兴念及此，良用怃然！伏思东西文明国，商业登记，例归初级审判厅职掌，以便商人就近登记，家喻户晓，遇有诉讼质辩等案，易于发见，不滋欺诈。然注册给照之性质，微有差异。中央集权，责有攸归，允宜由敝部详加厘订章程，颁行全国。查日本商业注册诸税，所课亦甚严重，每千分抽收五分或四分不等。英美及欧洲大陆诸邦，大都有限公司及一种特别营业，未经商部注册，不允开设。诚以注重

---

① 此件所标时间系《临时政府公报》第二十九号出版日期。
② 此件所标时间系《临时政府公报》第二十九号出版日期。

公司财产,保卫债主权利,上以裕国课之支艰,下以顺商户之吁恳,法美意良,洵堪采纳。惟牙帖一项,亦非领有部颁执照,不准成立。但课税高低,古今中外略有不同。敲肤〔骨〕吸髓,有至一帖恒纳千金左右者,昔日满政府是也。年易月征,动辄严榷商民者,今日之俄罗斯是也。今以恤商起见,减其征额,亦归商业注册一律办理,以免纷淆。此外尚有独出资本之商号,每亦有至请注册之时,似宜一体允其自由呈注,不令偏枯,方与共和政体宗旨不悖。为此酌拟商业注册章程,庶得统一而臻妥善。相应备文呈请大总统俯赐察核,迅即咨送参议院议决公布施行"等情前来。合缮具该项章程,咨送贵院察照议决,以便颁行。此咨。

据《临时政府公报》第二十九号(南京一九一二年三月五日)《大总统咨参议院提议实业部呈送商业注册章程文》

批刀安仁呈二件

(一九一二年三月五日)①

一

筹边固圉,久为要图。况在共和时代,凡我民国含生负气之伦,皆归统治,政教所及,原无彼此之分。据该土司所陈各节,间有可行,仰候令行内务部酌核办理可也。此批。

二

呈悉②。已发交内务部咨商陆军部核办矣。此批。

据《临时政府公报》第二十九号(南京一九一二年三月五日)

---

① 此二件所标时间系《临时政府公报》第二十九号出版日期。
② 指刀安仁呈请颁发给陆军品级章服事。

令内务部核办云南干崖土司行政兴革及品级章服文

（一九一二年三月五日）①

兹据云南干崖土司刁〔刀〕安仁②呈，拟整顿腾、永、龙、顺各属土司行政各条，及禀请领给品级衣章、正式公文等件，先后具呈前来。查筹边固圉，前代久视为要图。况值共和建国，凡属版图内含生负气之伦，皆当同享共和幸福，政教所及，尤不能有畸轻畸重之分。此后对于各处土司行政如何改革，如何设施，皆中央政府所应有之事。合就将原呈发交该部，仰即查照酌核，转饬施行。至于该土司请给陆军品级衣章一节，并由该部咨商陆军部办理可也。此令。

据《临时政府公报》第二十九号（南京一九一二年三月五日）

批钱广益堂尤福记呈③

（一九一二年三月五日）

据呈已悉，仰候财政、交通两部核办遵行可也。此批。

据《临时政府公报》第二十九号（南京一九一二年三月五日）

---

① 此件所标时间系《临时政府公报》第二十九号出版日期。
② "刁安仁"应是"刀安仁"，现据《续云南通志长编》和曹之骐《腾越光复记》等书校改。下同。
③ 该呈请求援照大清银行办法维持交通银行损失事。此件所标日期系《临时政府公报》第二十九号出版日期。

批汪俊升呈①

（一九一二年三月五日）

民刑裁判自有专司，仰即进〔径〕赴该管辖之审判厅呈诉可也。此批。

据《临时政府公报》第二十九号（南京一九一二年三月五日）

令内务部通饬禁烟文

（一九一二年三月六日）②

鸦片流毒中国，垂及百年，推其为祸之烈，小足以破业殒身，大足以亡国灭种。前清末年，禁种征膏，成效渐著，吸者渐减。民国始建，军务倥偬，未暇顾及他务，诚恐狡商猾吏，因缘为奸，弁髦旧章，复萌故态。夫明德新民，首涤污俗，矧酖毒厚疾，可怀苟安。除申告天下，明示禁止外，为此令仰该部，迅查前清禁烟各令，其可施行者，即转咨各都督通饬所属，仍旧厉行，勿任弛废。其有应加改良及未尽事宜，并着该部悉心筹画，拟一暂行条例，颁饬遵行。务使百年病根，一旦拔除，强国保种，有厚望焉。切切。此令。

据《临时政府公报》第三十号（南京一九一二年三月六日）《大总统令内务部通饬禁烟文》

---

① 商人汪俊升控告旧东家强迫谕换招牌，请求申雪。此件所标时间系《临时政府公报》第二十九号出版日期。

② 此件所标时间系《临时政府公报》第三十号出版日期。

令陆军部准建杨郑二烈士专祠并附祀吴熊陈三烈士文①

（一九一二年三月六日）

据陆军部呈复："案查光复军总司令李燮和呈请，醴陵杨烈士卓林、长沙郑烈士子瑜，同忠国事，同为端方所害，同死江宁地方，请以太平门外玄武湖端方私建之房屋一所，作为二烈士祠。并请除该所房屋有无附属产业、容再查明另呈附入该祠以作岁修祭费外，酌给抚恤银两，以存忠裔一案。奉总统批：'陆军部核办'等因。奉此，祗领之下，遵即交本部军衡局核议去后，旋据该局长督同科员逐一调查，该二烈士一骈死于丁未二月，一瘐死于庚戌八月，见残于一人，就义于一地，被祸既烈，身后尤极萧条，先后报告前来。实与原呈一辙，经本部复查无异。以之拨作祠堂，并各酌给恤银一千两，揆与彰善瘅恶公理，尚无不合。理合具文申请总统，准予立案拨给，批示遵行，以恤孤寒而彰忠烈，实为公便。再吴樾、熊成基安徽人，杨笃生湖南人，前均谋炸端方，未得一逞。迨吴震以一击，熊举烽燧于大江之涘，杨痛黄花岗之大功不就，于英岛蹈海以殉，亡身报国，与杨、郑二烈士先后合符，事同一律。可否援例共祀一祠，并照给恤银以存忠裔之处，出自钧裁，感深存殁"等情前来。

按民国缔造之功，匪一手足之烈，睹兹灿烂之国徽，尽系淋漓之血迹。以上诸烈士，或谋未遂而身赴西市，或难未发而瘐死囹圄，或奋铁弹之一击，或举义旗于万夫，或声嘶去国之吟，或身继蹈海之烈，死事既属同揆，庙食允宜共飨。该部所请，事属可行。尚有陈烈士天华，前后屡图义举，均未获就，发愤著书凡数十万言，皆发扬民族之精义，至今家有其书。此次义师一呼，

---

① 据本文内容，"附祀"应作"吴、熊、杨、陈四烈士"。此件所标时间系《临时政府公报》第三十号出版日期。

万方响应,实由民族学说灌输人心,已匪朝夕,故铜山崩而洛钟应,光复大业,期月告成。考陈烈士与杨烈士生平最友善,其蹈海事迹亦复相同,允宜一体同祀,并照给恤银,合就令仰该部遵照办理可也。

据《临时政府公报》第三十号(南京一九一二年三月六日)
《大总统令陆军部准予建立杨郑二烈士专祠并附祀吴熊陈三烈士文》

批卢安泽等呈

(一九一二年三月六日)①

皖省灾情之重,为数十年所仅见,居民田园淹没,妻子仳离,老弱转于沟壑,丁壮莫保残喘,本总统悉为公仆,实用疚心。前据财政部呈称,华洋义赈会拟向四国银行借款救济,当经批令该部派员与借主商订一切条件矣。仰即知照。此批。

据《临时政府公报》第三十号(南京一九一二年三月六日)
《大总统批筹办全皖工振〔赈〕事务卢安泽等呈》

批陆军部呈

(一九一二年三月六日)②

据呈已悉。勋章所以酬庸劝士,亟应制定颁行,以励有功。该部所拟勋章章程及形式尚属妥善,应准颁行。唯勋章着绶之处,宜在背面,无为环于顶而悬之者,仰即改良尽善,再行发制可也。此批。

据《临时政府公报》第三十号(南京一九一二年三月六日)

---

① 此件所标时间系《临时政府公报》第三十号出版日期。
② 此件所标时间系《临时政府公报》第三十号出版日期。

批江宁自治公所等呈

（一九一二年三月六日）①

呈悉。南京府知事方潜，现由安徽都督孙毓筠电调赴皖襄助要政，并据方潜来呈力辞今职，已令行内务部荐员接任矣。仰即知照。此批。

据《临时政府公报》第三十号（南京一九一二年三月六日）

批方潜呈

（一九一二年三月六日）②

呈悉。该知事奔走国事，夙著贤劳。前由内务部荐任南京府知事，方冀从容布施，兹阅呈，力辞今职，情词肫挚，自应准予所请。已令行内务部荐员接任矣。此批。

据《临时政府公报》第三十号（南京一九一二年三月六日）

批冯滋深等呈

（一九一二年三月六日）③

据呈已悉。候令行江苏都督查明办理可也。

据《临时政府公报》第三十号（南京一九一二年三月六日）

---

① 此件所标时间系《临时政府公报》第三十号出版日期。
② 此件所标时间系《临时政府公报》第三十号出版日期。
③ 此件所标时间系《临时政府公报》第三十号出版日期。

批唐庆镁呈

（一九一二年三月六日）①

呈悉。上级司法机关自有提调人证职权，毋庸指令。仰即径赴该地方检察厅呈诉可也。此批。

据《临时政府公报》第三十号（南京一九一二年三月六日）
《大总统批唐庆镁为凭权恣虐诉求批行审判并案讯究呈》

批武立元等呈

（一九一二年三月六日）②

据呈已悉。应候令行实业部核办。仰即知照。此批。

据《临时政府公报》第三十号（南京一九一二年三月六日）
《大总统批江西新城县武立元等请破除引界定税运盐呈》

批毛伯龙呈

（一九一二年三月六日）③

该民人对于判决如有不服，可径赴该管检察厅上诉，果有枉屈，不难平反也。此批。

据《临时政府公报》第三十号（南京一九一二年三月六日）
《大总统批江浦县毛伯龙禀串据朋骗徇情偏断恳饬检察厅调案提质呈》

---

① 此件所标时间系《临时政府公报》第三十号出版日期。
② 此件所标时间系《临时政府公报》第三十号出版日期。
③ 此件所标时间系《临时政府公报》第三十号出版日期。

命陆军部准所拟编练第三军办法令

（一九一二年三月六日）

临时大总统令

现在各省所有军队，亟应编定建制，俾资统一，而策进行。兹据该部申请以第八、第十七两师编为第三军，所拟各项办法，尚属妥善，着即准此施行。其王芝祥以下各统将，并着随时认真督率训练，俾成劲旅，毋负委任为要。此令。

陆军部总长黄兴知照

孙　文

据中国第二历史档案馆藏《南京临时政府档案》原件

咨参议院请议决统一政府办法文①

（一九一二年三月六日）

昨日蔡专使等长电，报告北方现状及现在对付之法，其要求有四：

一、宣布新选大总统袁世凯不心〔必〕南行就职；

二、临时政府地点暂设北京；

三、袁在北京行就职式，与南京、武昌商定内阁总理，即电传所拟任内阁总理之人，请参议院承认后，由总理在南京组织政府，与南京现在之临时政府办交代后组织完备，乃偕参议院迁往北京；

---

① 此件重要咨文，《临时政府公报》未载。据《临时政府公报》第三十四号载《参议院咨复议决统一政府办法文》谓："本日（三月六日）准大总统咨开蔡专使电拟统一政府组织办法四条，又政府所开办法四条，当经本院开会详细讨论。"又3月7日孙中山复蔡元培等电谓"昨提出参议院，经院决议"。今据《申报》所载《南京政府之大决议》"孙大总统提出议案于参议院"收录。

四、参议院及内阁全部迁北京时用重兵护送,以巩固政府弹压地方。

按照来电及各处报告北方现在目〔自〕有为难之实情。今拟办法如后:

一、电请黎副总统来南京代表受事;

二、以同意委任总理得参议院之承认,在南京组织政府与现在政府交代;

三、如黎副总统不能来南京,则拟交代于武昌;

四、袁世凯君可否就北京行正式就职礼,与临时政府地点暂设北京一节,请由参议院决定。

据上海《申报》一九一二年三月九日《南京政府之大决议》

令江苏都督核办冯滋深等请留钟志沆仍办鹾务文

（一九一二年三月六日）①

兹据盐城上冈镇绅学界冯滋深等呈请:愿留钟志沆仍办新兴场鹾务,并列举该员治绩前来。为此令仰该都督查明该员应否留任,酌核办理。并将原呈发交。此令。

据《临时政府公报》第三十号(南京一九一二年三月六日)《大总统令江苏都督核办盐城上冈镇绅冯滋深等愿留钟志沆仍办鹾务乞顺舆情呈》

令内务部掩埋城垣内外各处暴露尸棺文

（一九一二年三月七日）②

查江南风俗,常有亲死不葬,殡厝旷野,历年既久,槥棺暴露。又此次大

---

① 此件所标时间系《临时政府公报》第三十号出版日期。
② 此件所标时间系《临时政府公报》第三十一号出版日期。

变之后,尸骸狼藉,未及归土者,往往而有。此不惟伤行路之心,损首都之美,抑恐天气转热,蒸成疫疬,关系全都人士卫生,实非浅鲜。为此令该部饬下所司,速派专员,切实调察。其有主之棺,责令自行收葬,无主者,由官妥为埋掩。务期实力奉行,勿徒以虚文塞责。切切。此令。

据《临时政府公报》第三十一号(南京一九一二年三月七日)《大总统令内务部掩埋城垣内外各处暴露尸棺文》

令王宠惠关于各部局互相咨商之件应直接办理文①

（一九一二年三月七日）

临时大总统令

查公务以敏迅为归,事权以分任为主。近来各部、局于应行直接自办之件,每每呈请转饬前来,既滋旷日之嫌,复乖负责之义,殊属不合。以后除呈请核办、存案备查及呈候咨交参议院决议等类,应行具呈本府外,其各该部、局等互相咨商之件,统应直接办理,以期简当,而明事权。此令。

外交部总长王宠惠知照②

孙　文
中华民国元年三月初七日
据中国第二历史档案馆藏《南京临时政府档案》原件

---

① 此文与《临时政府公报》第三十四号《大总统令九部三会凡互相咨商及可以直接办理之件毋庸呈请转饬文》同,经参照互校。

② 另有给陆军部总长黄兴原件,内容同此件。

令内务部安置江宁难民及提拨款项文

（一九一二年三月八日）①

据江宁调查员潘宗彝条陈安置旗民办法四端及提拨原有款项各等情前来。查江宁光复，难民遍地，生计艰难，不独旗民为然。应如何教养兼施、工赈并举之处，仰内务部统筹全局，随时与该主管官厅协商办理。原呈并发。此令。

据《临时政府公报》第三十二号（南京一九一二年三月八日）《大总统令内务部核办潘宗彝条陈安置旗民生计并提拨原有款项由》

批潘宗彝呈

（一九一二年三月八日）②

呈悉。已令行内务部统筹全局，随时与各该主管官厅协商办理，并将原呈发给阅看矣。此批。

据《临时政府公报》第三十二号（南京一九一二年三月八日）

令法制局迅复南京市制文

（一九一二年三月八日）③

查前由本总统发交该局审定之南京市制草案，迄今未见呈复。市制为

---

① 此件所标时间系《临时政府公报》第三十二号出版日期。
② 此件所标时间系《临时政府公报》第三十二号出版日期。
③ 此件所标时间系《临时政府公报》第三十二号出版日期。

整顿地方切要之图,何能久事延缓?仰该局迅即审定呈复,勿再迟延,致误要公。切切。此令。

据《临时政府公报》第三十二号(南京一九一二年三月八日)

令法制局审定临时中央裁判所草案文

(一九一二年三月八日)①

据司法部呈拟《临时中央裁判所官制令草案》一册,应由该局审定,呈候咨交参议院议决施行。仰即遵照审定,克日呈复可也。草案并发。此令。

据《临时政府公报》第三十二号(南京一九一二年三月八日)

咨参议院请速议决设稽勋局及捐输调查科两案文

(一九一二年三月八日)②

前由本总统提议设立稽勋局及附设捐输调查科,已经先后咨行贵院付议在案,迄今未接咨复。兹值大局渐定,酬庸之典,清理之事,亟宜举行。为此咨请贵院,将前两案提前决议,迅赐咨复,以便施行。此咨。

据《临时政府公报》第三十二号(南京一九一二年三月八日)《大总统咨参议院请提前议决设立稽勋局及捐输调查科两案文》

---

① 此件所标时间系《临时政府公报》第三十二号出版日期。
② 此件所标时间系《临时政府公报》第三十二号出版日期。

令内务部取消暂行报律文

（一九一二年三月九日）①

　　昨据上海报界俱进会及各报馆电称："接内务部电，详定暂行报律三章，报界全体万难承认，请转饬部知照"等语。案言论自由，各国宪法所重，善从恶改，古人以为常师，自非专制淫威，从无过事摧抑者。该部所布暂行报律，虽出补偏救弊之苦心，实昧先后缓急之要序，使议者疑满清钳制舆论之恶政，复见于今，甚无谓也。又，民国一切法律，皆当由参议院议决宣布，乃为有效。该部所布暂行报律，既未经参议院议决，自无法律之效力，不得以暂行二字，谓可从权办理。寻三章条文，或为出版法所必载，或为国宪所应稽，无取特立报律，反形裂缺。民国此后应否设置报律，及如何订立之处，当俟国民议会决议，勿遽亟亟可也。除电复上海各报外，合行令仰该部知照。此令。

据《临时政府公报》第三十三号（南京一九一二年三月九日）《大总统令内务部取消暂行报律文》

咨参议院请议决袁世凯拟派唐绍仪为国务总理文

（一九一二年三月九日）

　　顷接新举临时大总统袁电开："参议院拟决第四条办法，拟派国务总理姓名电知参议院，求其同意等因。现国务总长〔理〕拟派唐君绍仪。国基初定，万国具瞻，必须华洋信服、阅历中外者，始足膺斯艰巨，唐君此其选也。

---

① 此件所标时间系《临时政府公报》第三十三号出版日期。

公如同意,请将此电送交参议院,求其同意,并希示复。稍俟即将拟派国务员再行电商。袁世凯。初八日。印"云云。查组织统一政府,刻不容缓,相应照录全电,咨请贵院即开临时会,议决咨复,以凭转复。此咨。

据《临时政府公报》第三十七号(南京一九一二年三月十三日)《大总统咨参议院开临时议会议决新举袁大总统电派唐绍仪为国务总理文》

令财政部准刊纪念币等新模鼓铸文

(一九一二年三月九日)

临时大总统令

据该部呈称:"拟另刊新模,鼓铸纪念币,就中一千万元,上刊第一期大总统肖像,流通遐迩,垂为美谭。其余通用新币花纹式样,亦应一律更改,请将花纹酌定颁发,分令各省造币厂鼓铸,以资遵守"等情前来。

查币制改良,新民耳目,自属要图。所请以一千万元上刊第一期大总统肖像以为纪念一节,应准照行。其余通用新币,花纹中间应绘五谷模型,取丰岁足民之义,垂劝农务本之规。为此,训令该部即便遵照,速将新模印就,分令各省造币厂照式鼓铸可也。此令。

财政部总长陈锦涛知照

孙　文
中华民国元年三月初九日
据中国第二历史档案馆藏《南京临时政府档案》原件

命司法部将各省审检厅
暂行大纲留部参考令

（一九一二年三月十日）①

顷据法制局长宋教仁转呈江西南昌地方检察厅长郭翰所拟各省审检厅暂行大纲，请示遵行前来。查司法官制与中央地方官制相辅而行，现在中央地方官制尚未颁布，关于名称细节，不必遽拟更张。且所改审厅、检厅各名目，亦欠妥协。四级三审之制，较为完备，不能以前清曾经采用，遂尔鄙弃。该检察长拟于轻案采取二审制度，不知以案情之轻重，定察级之繁简，殊非慎重人民生命财产之道。且上诉权为人民权利之一种，关于权利存废问题，岂可率尔解决。除批示外，合将原拟审检厅暂行大纲一件，发交该部留备参考可也。此令。

计发江西南昌检察厅长郭翰所呈各省检厅暂行大纲清折一扣。

据《临时政府公报》第三十四号（南京一九一二年三月十日）《大总统据法制局局长宋教仁转呈江西南昌地方检察长郭翰所拟各省审检厅暂行大纲令交司法部藉备参考文》

令交通部整顿电话文

（一九一二年三月十日）②

查电话为交通要品，现当百政待举之际，传达消息，所关尤重。乃本城所用电话，每于呼应不灵、阻滞叠生之弊，贻误要公，莫此为甚。为此令仰该部，赶即设法改良，抑或加线传达，以资灵敏。切切。此令。

据《临时政府公报》第三十四号（南京一九一二年三月十日）

---

① 此件所标时间系《临时政府公报》第三十四号出版日期。
② 此件所标时间系《临时政府公报》第三十四号出版日期。

令交通部整顿宁省铁路开车时间文

（一九一二年三月十日）①

前因宁省铁路开车时刻参差不一，有碍交通，业经饬令设法整顿在案。乃令行未久，故态复萌，近来仍不按时开行，闻有较规定时刻迟至一小时之久者，疲玩至此，殊堪痛恨。为此再令该部转饬该路总管，务须加意整顿，遵章开驶，不得迟误。如再玩视，应即立予撤换，以重路政。切切。此令。

据《临时政府公报》第三十四号（南京一九一二年三月十日）

批李燮和呈②

（一九一二年三月十日）

呈悉。该司令规划东南，往来淞沪，朱家结士，翟义兴军，用张光复之旗，誓扫膻腥之秽。遂乃蛟腾沪渎，鹰攫金陵，收龙盘虎踞之雄，作电掣风驱之势。于是汉阳晴树，无碍云烧，岳墓南枝，顿教风定。厥功甚伟，其绩尤多。当夫开府吴淞，联军苏浙，横江锁铁，竟胶王濬之楼船；断水投鞭，直慑苻秦以草木，定倒悬之大局，推发踪之功人。今则天下一家，旗新五色，人无贰志，政美共和，国家当倚寄于长城，将军遽退藏于大树。从赤松而辟谷，固秦仇已报之心；徙朱地而计家，岂范策未行之故。然而一行已决，早知驹谷难留，百战余生，宜遂荷衣初服。用兹嘉许，放李靖为神仙；树之风声，使樊侯无容地也。惟买山之钱不备，歉仄滋多；而柱下之史待修，荣名靡替。此批。

据《临时政府公报》第三十四号（南京一九一二年三月十日）

---

① 此件所标时间系《临时政府公报》第三十四号出版日期。
② 李燮和时任光复军司令，提请辞职。此件所标时间系《临时政府公报》第三十四号出版日期。

批江阴布厂呈

（一九一二年三月十日）①

江阴华澄鼎陞元丰美利发东升中和经纶纶华等三十余厂代表沙顺延秉悉。已令陆军内务两部酌核办理。此批。

据上海《申报》一九一二年三月十日《江阴布厂禀请维持国货》

命内务部司法部通饬所属禁止体罚令

（一九一二年三月十一日）②

近世各国刑罚,对于罪人或夺其自由,或绝其生命,从未有滥加刑威,虐及身体,如体罚之甚者。盖民事案件,有赔偿损害、回复原状之条,刑事案件,有罚金、拘留、禁锢、大辟之律,称情以施,方得其平。乃有图宣告之轻便,执行之迅速,逾越法律,擅用职权,漫施笞杖之刑,致多枉纵之狱者,甚为有司不取也。夫体罚制度为万国所屏弃,中外所讥评。前清末叶,虽悬为禁令,而督率无方,奉行不力。顷闻上海南市裁判所审讯案件,犹用戒责,且施之妇女。以沪上开通最早、四方观听所系之地,而员司犹蹈故习,则其他各省官吏,〈难〉保无有乘民国初成、法令未具之际,复萌故态者。亟宜申明禁令,迅予革除。为此令仰该部速行通饬所属,不论司法、行政各官署,审理及判决民、刑案件,不准再用笞杖、枷号及他项不法刑具。其罪当笞杖、枷号者,悉改科罚金、拘留。详细规定,俟之他日法典。此令。

据《临时政府公报》第三十五号(南京一九一二年三月十一日)

---

① 此件所标时间为上海《申报》刊载日期。
② 此件所标时间系《临时政府公报》第三十五号出版日期。

令内务部遵照南京府官制办理文

（一九一二年三月十二日）①

兹据参议院咨到同意议决之南京府官制一案,合行令仰该部转饬遵照办理可也。官制并发。此令。

据《临时政府公报》第三十六号（南京一九一二年三月十二日）

咨参议院请将四国银行借款先行备案文

（一九一二年三月十二日）②

案据财政部总长陈锦涛呈称:"二月二十六、七日,迭接北京袁世凯、唐绍仪等来电:'因民国南方需用甚急,已与四国银行商妥,即交二百万两,以后再可陆续商量交付,暂以民国财政部收据作保,将来由大批外债扣还。至利息及各条件,现因紧急用款,一时未及妥订,俟妥订后,再交参议院通过,等语。因军需孔急,已于二十八日由四国银行领到现银二百万两,应请咨交参议院备案,俟有大批借款时,再行并案交院通过"等因前来。相应咨行贵院,即烦查照备案可也。此咨。

据《临时政府公报》第三十六号（南京一九一二年三月十二日）

---

① 此件所标时间系《临时政府公报》第三十六号出版日期。
② 此件所标时间系《临时政府公报》第三十六号出版日期。

批黄复生呈①

（一九一二年三月十二日）

呈悉。所请以各部、局,官厅官用印刷品均归该局办理,并该局刊刻印信、关防以及图书等类,一并酌量取资各节,事属可行,着即照准。仍仰该局咨明各部、局官厅照此办理可也。此批。

据《临时政府公报》第三十六号(南京一九一二年三月十二日)

转发祝晋条陈令交通部备采择文

（一九一二年三月十二日）②

顷据留日铁道毕业生祝晋条陈铁道四端,皆本其平日讲肄经验所得,与剿袭雷同者有间,合将原呈发交该部藉备采择可也。此令。

据《临时政府公报》第三十六号(南京一九一二年三月十二日)

批张惠人等呈③

（一九一二年三月十二日）

呈悉。江淮以北,遍野哀鸿,言之实深悯恻。仰候令行江北都督体察情

---

① 黄复生时任印铸局局长。此件所标时间系《临时政府公报》第三十六号出版日期。
② 此件所标时间系《临时政府公报》第三十六号出版日期。
③ 原呈请求赈济江淮北部灾民。此件所标时间系《临时政府公报》第三十六号出版日期。

形,酌量办理可也。此批。

据《临时政府公报》第三十六号(南京一九一二年三月十二日)

令江北都督蒋雁行核办张惠人请赈文

(一九一二年三月十二日)①

兹据张惠人等呈,以淮北被灾,恳饬赈济等情前来。查该地素称贫瘠,重以灾祲,饥馑洊臻,在所不免。但灾情之轻重如何,能否就地散赈,合行令仰该都督体察情形,酌量办理可也。原呈并发。此令。

据《临时政府公报》第三十六号(南京一九一二年三月十二日)

为暂缓设置造币总厂正长批文

(一九一二年三月十二日)

临时大总统批

据该部②次长兼江南造币总厂正长王鸿猷呈称:"现在全国造币分厂,多未成立,正长一职,虚名徒拥,请下令取消,以正名称而昭核实"等情。据此,查原定章程,造币总厂应设正长、次长各一缺,以负监督全国造币分厂之责。既据称现时分厂无多,事务尤简,自属实情。该正长一职,应准暂缓设置,以符因事建官之义,而慰该次长综核名实之心。此批。

孙　文
中华民国元年三月十二日

据中国第二历史档案馆藏《南京临时政府档案》原件

---

① 此件所标时间系《临时政府公报》第三十六号出版日期。
② 该部,指财政部。

命陆军部海军部统一长江水师编制委任妥员令

（一九一二年三月十二日）

临时大总统令

兹据长江水师二十二营前荆州营副将刘炳庭,提中营副将丁得贵,籓州〔洲〕营参将杨守约,芜湖营游击王诗访,金陵营参将张玉山,沅江营参将钱四和,江阴营副将邵茂春,华阳营游击万时雨暨全体兵士代表杨受百、蒋克明、范顺贻、朱宝滋等禀称："为选举将才,恳请擢用,以一事权,俾有遵循事:窃自武汉义师方兴,经李传芬密授方针,兵士等莫不欢欣鼓舞,同为遥遥响应。伏念我水师原设有二十二营,分置五省江面,向归统一,层层节制,息息相通。惟现今各在一方,兵气不接,不无畛域之分。兵士等往返函商,若不禀请设一统一机关,漫无所归。然选举非人,不孚众望。悉心计议,将才难得,惟有旧恩宪李成谋之公子李传芬克当此选。其人年富而负英才,文德而兼武备,向与水师兵将均有感情,人望素著,胆略兼长。前在云南为宦,政声远播,驭军有法,剿匪尤称得力。此人人所共知共闻也。兹值民国共和之秋,正是求贤若渴之日。兵士等是以不揣冒昧,公同选举李传芬为水师二十二营统制,实系全体承认,并非个人私见。所有兵士等公议选举缘由,理合具禀,仰恳大总统、陆、海军总长俯准,札饬李传芬到宁任事,并赏通知各省都督查照可也。全体幸甚！水师幸甚"等情前来。查长江水师亟须统一,其应如何编制,委任妥员接充之处,仰该部咨商海军部核办可也。此令。

陆军部总长黄兴知照

孙　文

中华民国元年三月十二日

据中国第二历史档案馆藏《南京临时政府档案》原件

令内务部通饬各省劝禁缠足文

（一九一二年三月十三日）①

缠足之俗，由来殆不可考。起于一二好尚之偏，终致滔滔莫易之烈，恶习流传，历千百岁，害家凶国，莫此为甚。夫将欲图国力之坚强，此先图国民体力之发达。至缠足一事，残毁肢体，阻阏血脉，害虽加于一人，病实施于子姓，生理所证，岂得云诬？至因缠足之故，动作竭蹶，深居简出，教育莫施，世事罔问，遑能独立谋生，共服世务？以上二者，特其大端，若他弊害，更仆难数。曩者仁人志士尝有天足会之设，开通者已见解除，固陋者犹执成见。当此除旧布新之际，此等恶俗，尤宜先事革除，以培国本。为此令仰该部速行通饬各省一体劝禁。其有故违禁令者，予其家属以相当之罚。切切。此令。

据《临时政府公报》第三十七号（南京一九一二年三月十三日）

令内务部通饬各省慎重农事文

（一九一二年三月十三日）②

军兴以来，四民失业，而尤以农民为最。田野荒芜，人畜流离，器具谷种之类，存者盖鲜。自近海内粗平，流亡渐集，农民夙无盖藏，将何所赖以为耕植之具？夫一夫不耕，或受之饥。若全国耕者释耒，则虽四时不害，而饥馑之数，已不可免。国本所关，非细故也。方今春阳载和，正届农时，若不亟为筹画，一或懈豫，众庶艰食，永怀忧虑，无忘厥心。为此令仰〈该〉部迅即咨

---

① 此件所标时间系《临时政府公报》第三十七号出版日期。
② 此件所标时间系《临时政府公报》第三十七号出版日期。

行各省都督,饬下所司,劳来农民,严加保护。其有耕种之具不给者,公田由地方公款、私田由各田主设法资助,俟秋成后计数取偿。各有司当知此事为国计民生所系,务当实力体行,不得以虚文塞责,勉尽厥职,称此意焉。切切。此令。

据《临时政府公报》第三十七号(南京一九一二年三月十三日)

转发蒯寿枢条陈令实业部藉备采择文

(一九一二年三月十三日)①

兹据安徽都督孙毓筠呈称:"近年以来,盐政不修,商民两困,于是有改革盐制之说。兹事体大,决非可囿于一隅之见,集思广益,庶几有裨。敝省所派全皖盐政总理蒯君寿枢,留心盐务有年,出所研求,著为论说,洞悉利弊,可见施行,与空谈者迥不相侔。当兹盐政改良,其言固亦刍荛之助。合将条呈具文呈送,仰祈采择施行"等由前来。查盐政之善否,于国家收入及人民日需,利害关系,至为切要。该部长现正总理盐政,力图改良,合将该条陈发交,以资参考。此令。

据《临时政府公报》第三十七号(南京一九一二年三月十三日)

批李文藻呈

(一九一二年三月十三日)②

呈折均悉。印花税在各国行之而有利,吾国亟应仿办,理财家已历历言

---

① 此件所标时间系《临时政府公报》第三十七号出版日期。
② 此件所标时间系《临时政府公报》第三十七号出版日期。

之。况丁此改革之初,岂不计划及此。仰候发交财政部存备采择可也。此批。

据《临时政府公报》第三十七号(南京一九一二年三月十三日)

批江宁自治公所呈

(一九一二年三月十三日)①

呈悉。据称临时政府地点已定北京,及裁撤卫戍总督等情,均系传闻之误。所请电饬代理庄都督②移驻江宁一节,碍难立予照准。惟保卫地方,约束军队,乃政府应尽之责,自应妥为部署,以靖闾阎。该商民等务须各安生业,切勿误信谣传,致滋纷扰。此批。

据《临时政府公报》第三十七号(南京一九一二年三月十三日)

命财政部核办造币总厂匠徒呈文令

(一九一二年三月十三日)

临时大总统令

据造币总厂全体匠徒呈请愿留余总理③仍充厂长等由前来,合将原呈发交该部,察核办理。此令。

财政部总长陈锦涛知照

计发原呈一件。

孙　文
中华民国元年三月十三日

据中国第二历史档案馆藏《南京临时政府档案》原件

---

① 此件所标时间系《临时政府公报》第三十七号出版日期。
② 庄都督,即庄蕴宽。
③ 余总理,即余成烈。

令外交部妥筹禁绝贩卖"猪仔"①及保护华侨办法文

（一九一二年三月十四日）

临时大总统令

兹据荷属侨民曹运郎等呈请禁止贩卖"猪仔"及保护华侨各节。查海疆各省，奸人拐贩"猪仔"，陷人涂炭，曩在清朝，熟视无睹，致使被难同胞穷而无告。今民国既成，亟应拯救，以尊重人权，保全国体。又侨民散居各岛，工商自给，亦实繁有徒，屡被外人凌虐，然含辛茹苦，挚爱宗邦。今民国人民同享自由幸福，何忍侨民向隅，不为援手。除令广东都督严行禁止"猪仔"出口外，合亟令行该部妥筹杜绝贩卖及保护侨民办法，务使博爱平等之义，实力推行。切切。此令。

外交部总长王宠惠知照

中华民国元年三月十四日

据中国第二历史档案馆编《南京临时政府遗存珍档》（凤凰出版社二〇一一年版）影印原件

批吉涌等呈②

（一九一二年三月十五日）

据呈已悉。经将原呈发交内务部核办，仰候该部批示可也。此批。

据《临时政府公报》第三十九号（南京一九一二年三月十五日）

---

① "猪仔"，为南方口语，指被拐贩到西欧和美国从事奴隶劳动的华工。
② 原呈事由参见同日《令内务部核办吉涌等请变卖八卦洲产业以作旗民生计文》。此件所标时间系《临时政府公报》第三十九号出版日期。

令内务部核办吉涌等请变卖八卦洲产业以作旗民生计文

（一九一二年三月十五日）①

兹有公文一件，应归该部办理。合就开由发交，仰查明核办可也。此令。

据《临时政府公报》第三十九号（南京一九一二年三月十五日）

令内务部核办李鼎等呈请抚恤文

（一九一二年三月十五日）②

兹据江宁贫老李鼎等呈请照旧发给膏伙银两等情前来。除批示外，合行令仰该部转饬南京府知事核明办理，以恤寒畯。此令。

原禀并发。

据《临时政府公报》第三十九号（南京一九一二年三月十五日）

---

① 此件所标时间系《临时政府公报》第三十九号出版日期。
② 此件所标时间系《临时政府公报》第三十九号出版日期。

令江苏都督遵照财政部议复江南造币厂办法文

（一九一二年三月十五日）①

前据该都督呈请处置江南造币厂办法前来，当经令饬财政部核办在案。兹据财政部呈称："查该都督所请各节，诸多窒碍"等语。合将财政部原呈另钞发交，仰即查照。此令。

附录　陈锦涛呈

财政部总长陈锦涛呈：

二月二十六日奉大总统发下江苏都督呈请，二月十七日奉大总统令开：据呈已悉。造币权理应操自中央，分隶各省是前清秕政，未可相仍。惟宁省行政之费，既赖造币厂为挹注，一旦失其利源，财力因而支绌，尚属实情，已饬财政部妥筹抵补之法，仰即知照，此令。等因。奉此，具见大总统综核名实、慎重度支之至意。查江南造币厂之设，原以本省公款为其基金，房屋机件及开办费用，为值甚巨，实省有财产之一部，虽在前清政府币制先未划一，致有政权散在之弊，而揆诸欧美共和国制度，总统无变更地方财产之处分，则宜归诸中央者，是事权而非财产也。且所谓秕政者，要视其所鼓铸者为何等货币，未可以机厂之坐落何地、事权之集于何人为断。民国缔构伊始，断不能仍前鼓铸旧式各币，重蹈制度不划一、价值不相当之币，则前清秕政一层，此后似可无虑。惟苏省宁属财政异常支绌，每岁不敷之款至数百万之巨，盈虚酌剂之权，攸赖主计者之擘画。奉令饬部妥筹抵补之法，即以抵补言，宁属自光复以后，财政收入机关尚待整理，而待支之款倍蓰于前，即使竭

---

①　此件所标时间系《临时政府公报》第三十九号出版日期。

立核减,挹彼注兹,统计岁出所需,至少不敷银四五百万两,昔之恃币厂为后援者,今忽无着,应由部月给补助费银三十万两,目前藉资弥补。惟该厂财款房屋机件既为省有财产,如未得人民之同意,实未便听中央之处分。应由大总统饬令该厂员,将该厂财物之价值数目,及接收前总办蔡康暨接济中央并现存之数,详晰开示,由都督核计,仍听候江苏省议会开临时会公同议决办法,以重公权。等因。奉此,窃查该都督呈请各节,诸多窒碍,本部有万难遵办者,敢为大总统缕晰陈之:查来呈谓江南造币厂之设,原以本省公款为基金,实省有财产之一部,欧美共和国制度,总统无变更地方财产之处分,则宜归诸中央者是事权而非财产也等语。查造币事业,全应归诸国有,讵独事权即地方分权,如美国且不闻以造币厂之财产为地方所有者。况各省造币厂,在前清时代早已隶属中央,本部成立以后,不过继承其事,讵得为变更地方之财产,此其不可行者一也;又谓统计岁出所需,至少不敷银四五百万两,昔之恃造币厂为后援者,今忽无着等语。查币制以统一为要,并非以营利为业,前清官吏不解此理,向藉滥铸之余利,弥补经费之不足,驯至辅币日多,物价日贵,遗害小民,实非浅鲜。民国初建,方拟整理,以期划一,需款甚巨,正待筹画,即以各厂造币之余,尽归厘订币制之用,不敷犹巨,目前虽有所赢,中央政府且不得动用此款,何况地方,此其不可行者二也;又谓宁属财政异常支绌,不敷之款至数百万之巨,应由部月给补助银三十万两等语。夫财政支绌,各省皆然,讵止宁属,若因造币厂所在地之故,借口请求中央政府补助巨款,则凡有造币厂之各省,皆得援例以求,中央政府更将何以应付;且地方之入不敷出,其财源当求之地方税中,统一新政府成立之后,地方税与国家税,自应分别规定,地方岁入不足,自有补救之法,此乃别一问题,讵得与造币事业并为一谈,此其不可行者三也。锦涛等断不能徇一省之意见受全国之指摘,谨据以上各理由,该都督所请实难遵行,照合备文呈复大总统,伏祈转饬该都督知照。此呈。

　　　　　　　　据《临时政府公报》第三十九号(南京一九一二年三月十五日)

批宁省铁路局总协理呈

（一九一二年三月十五日）①

所呈各节均悉。该路为人民交通利便而设，故时间不宜稍误。惟军政时代，军队开拔，运输辎重，勾留阻滞，亦是实情。兹据呈称，该局另备加车，每日往返四次，专为各项军队而设，办法甚为周妥。仰候将原呈发交交通部核饬遵办可也。此批。

据《临时政府公报》第三十九号（南京一九一二年三月十五日）

令交通部核办温世珍等呈报改良行车办法文

（一九一二年三月十五日）②

兹据宁省铁路局总协理温世珍等呈报改良办法，加车行驶等情，似属可行。除批示外，为此令仰该部核饬遵办。此令。

原禀并发。

据《临时政府公报》第三十九号（南京一九一二年三月十五日）

---

① 此件所标时间系《临时政府公报》第三十九号出版日期。
② 此件所标时间系《临时政府公报》第三十九号出版日期。

令财政部将侨商统一联合会王敬祥等募捐清册存案文

（一九一二年三月十五日）①

据侨商统一联合会王敬祥等呈报募捐总数，并列清册前来。应将该清册发交该部存案，仰即查照。此令。

据《临时政府公报》第三十九号（南京一九一二年三月十五日）

批陆军部呈②

（一九一二年三月十五日）

据呈已悉。所拟简章九条，系属权宜办法，应准照行。其草案等，关系永久法典，应候咨交参议院议决后，再行令发遵办可也。

据《临时政府公报》第三十九号（南京一九一二年三月十五日）

---

① 此件所标时间系《临时政府公报》第三十九号出版日期。
② 陆军部将所拟陆军人员补官任职令草案、官佐免官免职令草案及暂行补官简章，呈报孙中山批准。此件所标时间系《临时政府公报》第三十九号出版日期。

批陈婉衍呈①

（一九一二年三月十五日）

呈悉。既据曾经具呈教育部在案，仰候该部核办可也。

据《临时政府公报》第三十九号（南京一九一二年三月十五日）

令实业部审批王敬祥等拟办贸易会社事文

（一九一二年三月十六日）②

据侨商统一联合会王敬祥等呈请拟办兴业贸易株式会社，并列会员表、说明书及章程清册前来。合将原呈各件发交该部，仰即审定批示饬遵可也。切切。此令。

据《临时政府公报》第四十号（南京一九一二年三月十六日）

咨参议院请查照国务员名单文

（一九一二年三月十六日）③

得北京袁大总统来电云："按照初六经参议院议决第四条，受职后将拟派各国务员姓名电知参议院求其同意等因。国务总理，经参议院电复同意。

---

① 原呈拟开办复心女学校，请求饬教育部拨发经费。此件所标时间系《临时政府公报》第三十九号出版日期。
② 此件所标时间系《临时政府公报》第四十号出版日期。
③ 此件所标时间系《临时政府公报》第四十号出版日期。

兹将拟派国务员开列于下：外交部陆征祥，内务部赵秉钧，财政部熊希龄，教育部范源濂，陆军部段祺瑞，海军部蓝天蔚，司法部王宠惠，农林部宋教仁，工业部陈槐，商业部刘炳炎，交通部陈其美，邮电部梁士诒。以上各员，伏乞酌核。如不合者，即希更正，咨送参议院，求其同意"等因。准此，合行咨请贵院查照办理。此咨。

据《临时政府公报》第四十号（南京一九一二年三月十六日）

命财政部核办贾凤威请于无锡设分银行令

（一九一二年三月十六日）

临时大总统令

据贾威金〔凤威〕①呈请，拟设分银行于无锡，推行钞票等由前来。应将该呈发交该部核办。此令。

财政部总长陈锦涛知照

计发贾威金〔凤威〕呈一件。

孙　文
中华民国元年三月十六日
据中国第二历史档案馆藏《南京临时政府档案》原件

令各省都督遵行财政部所拟
发行债票办法文

（一九一二年三月十七日）②

据财政部呈称："窃维行政以统一为先，理财以核实为要。本部此次发

---

① 参照原呈名字校改，下同。
② 此件所标时间系《临时政府公报》第四十一号出版日期。

行债票,不独补助军需,亦以统一财政。惟自军兴以后,百务方新,各省度支,均忧匮乏,诚不得不以借贷之谋,为挹注之计。其在中央债票未发行以前,有以地方名义在各该省自行募集公债者,中央债票既发行以后,有以军需不继为词,一再来部请领债票,漫无限制者。殊不知公债发行,在吾国为未有之创举,既关民国信用,又系外人观听。一纸无异现银,偿还即在转瞬,固不宜自为风气,尤不可稍涉虚糜。本部前以鄂军政府、沪军政府发行债票,有碍统一,先后呈准饬令停止发行在案。惟查各省尚以地方名义募集公债,而其性质又非地方公债者,不独鄂、沪两地。现在中央债票发行,自应援照鄂、沪成案,将各省所发之债票,一律停止。况本部定章,各省所得债款,半留中央,半归本省,原属内外兼权。在各都督体念时艰,通筹全局,自必乐于赞成。但各省光复未久,军书旁午,待理万端,发行债票,事又烦琐,兼顾之难,自在意中。应由本部遴选妥员,分往各该省,随时禀承都督暨会同财政司办理债票一应事宜。所募之款,除将一半解部,其余一半留存该省,撙节动用。惟如何用途,须由各省分别报部,静候指拨。嗣后不得借口饷械短绌,径自来部请领债票,以示限制。除分咨各部长、各都督外,相应呈请察核办理,并乞通令一体遵照"等由前来。查现在大局底定,财政亟应整理,该部所陈债票办法,系为统一财政起见,应予通令一体遵行。为此令仰该都督查照办理可也。切切。此令。

据《临时政府公报》第四十一号(南京一九一二年三月十七日)《大总统通令统一财政限制各省办理公债文》

令交通部核办报界公会请减邮电费文

(一九一二年三月十七日)①

兹据上海日报公会呈称:军兴以后,种种困难情形,请减轻邮电费以维

---

① 此件所标时间系《临时政府公报》第四十一号出版日期。

报界等情前来。查报纸代表舆论,监督社会,厥功甚巨。此次民国开创,南北统一,尤赖报界同心协力,竭诚赞助。兹据呈称军兴以后困难情形,均属实况,若不设法维持,势将相继歇业。合将原呈发交该部,仰即酌核办理可也。此令。

据《临时政府公报》第四十一号(南京一九一二年三月十七日)

令内务部通令蛋户惰民等一律享有公权私权文

(一九一二年三月十七日)①

天赋人权,胥属平等。自专制者设为种种无理之法制,以凌跞斯民,而自张其毒焰,于是人民之阶级以生。前清沿数千年专制之秕政,变本加厉,抑又甚焉。若闽、粤之蛋户,浙之惰民,豫之丐户,及所谓发功臣暨披甲家为奴,即俗所称义民者,又若薙发者并优倡隶卒等,均有特别限制,使不得与平民齿。一人蒙垢,辱及子孙,蹂躏人权,莫此为甚。当兹共和告成,人道彰明之际,岂容此等苛令久存,为民国玷!为此特申令示,凡以上所述各种人民,对于国家社会之一切权利,公权若选举、参政等,私权若居住、言论、出版、集会、信教之自由等,均许一体享有,毋稍歧异,以重人权,而彰公理。该部接到此令之后,即行通饬所属一体遵照,并出示晓谕该省军民人等,咸喻此意。此令。

据《临时政府公报》第四十一号(南京一九一二年三月十七日)《大总统通令开放蛋户惰民等许其一体享有公权私权文》

---

① 此件所标时间系《临时政府公报》第四十一号出版日期。

令浙江都督查办刘学询呈称抵款各节文

（一九一二年三月十七日）①

据上海信大庄主刘学询略称：上海信大钱庄抵款镠辖，应由大清银行原经理席德辉，将苏州河边货仓及浦东地基议价抵补各等因前来。此案前后镠辖，颇为复杂。兹既据称业有沪产可作抵款，其杭庄应否籍没？又此案办法能否照来呈所请办理，以清纠纷之处，合行令仰该都督②切实查明，秉公核办。原呈并发。此令。

据《临时政府公报》第四十一号（南京一九一二年三月十七日）

咨参议院请核议商业银行暂行则例文

（一九一二年三月十七日）③

兹据财政部总长陈锦涛呈："据钱法司案呈，军兴以来，财政竭蹶，若不速图救济，恐民国虽建，而民力已疲。顾救济之策，抉本探源，尤在疏通金融，维持实业。此商业银行之组织所以万不容缓也。惟是银行之业，首贵稳固，一有不慎，即足以扰乱市面。故各国政府对于银行营业，较之他种商人，取缔特严。我国金融机关，本未完备，加以近年以来，恐慌迭起，向所称为殷实富商者，今皆相继破产，不克自存。虽曰我国商人之智识不足，亦由前清政府之监督不严。民国成立以来，各处呈请设立银行者日必数起。本部既有管辖之责，似应亟颁则例，俾企业者有所遵循，而监督者有所依据。用特

---

① 此件所标时间系《临时政府公报》第四十一号出版日期。
② 该都督，指浙江都督蒋尊簋。
③ 此件所标时间系《临时政府公报》第四十一号出版日期。

参照各国现行之法规,斟酌我国商业之现状,拟定商业银行则例十四条。于取缔营业之中,仍寓保护商人之意。理合缮具清单,备文呈请大总统俯赐察核,迅即咨送参议院议决公布施行"等因前来。为此,相应备文咨送贵院,请速议决咨复,以便颁布施行。此咨。

据《临时政府公报》第四十一号(南京一九一二年三月十七日)《大总统咨参议院议决财政部呈厘定商业银行暂行则例文》

批胡汉民等呈

（一九一二年三月十七日）①

呈悉。查中国历代编纂国史之机关,均系独立,不受他机关之干涉,所以示好恶之公,昭是非之正,使秉笔者据事直书,无拘牵顾忌之嫌,法至善也。民国开创,为神州空前之伟业,不有信史,何以焜耀宇内,昭示方来。该员等所请设立国史院之举,本总统深表赞同。应候提交参议院议决。至请先行派员筹办一节,俟遴选得人,即行委任可也。此批。

据《临时政府公报》第四十一号(南京一九一二年三月十七日)

咨参议院请核议设立国史院文

（一九一二年三月十七日）②

据胡汉民、黄兴、王宠惠、宋教仁、马君武、王鸿猷、于右任、钮永建、蒋作宾、居正、黄钟瑛、汤芗铭、吕志伊、徐绍桢、秦毓鎏、任鸿隽、萧友梅、冯自由、吴永珊、谭熙鸿、耿觐文、陈晋、张通典、郑宪武、但焘、刘元棁、程明超、金溥

---

① 此件所标时间系《临时政府公报》第四十一号出版日期。
② 此件所标时间系《临时政府公报》第四十一号出版日期。

崇、胡肇安、汪廷襄、伍崇珏、王夏、唐支厦、彭素民、易廷熹、廖炎、林启一、卢仲博、余森、李晓生、邵逸周、刘式庵、林朝汉、梅乔林、刘鞠可、胡秉柯、张炽章、贺子才、朱和中、覃师范、仇亮、杜纯、黄中恺、金华祝、汤化龙、张铭彝、巴泽惠、林大任、傅仰虞、梁能坚、侯毅、翁继芬、蔡人奇、田桐、林长民、张大义、萧翼鲲、孙润宇、于德坤、史青、高鲁、王庆华、程光鑫、马伯瑗、林文庆、方潜、熊传第、刘健、瞿方书、刘馥、仇鳌、杨勉之、姜廷荣、曹昌麟、刘伯昌、张周、周泽苞、黄复生、彭丕昕、饶如焚、史久光、王孝缜、何濬、唐豸、陈宽沅、喻毓西、黄大伟等呈："溯自有文字，遂有记载，古称史官，肇于沮苍，历代相沿，是职咸备，盖以纪一时之事，昭万禩之鉴，甚盛典也。顾概观中国前史，春秋史记而外，多一人一家之传记，无一足称社会史可以传当时而垂后世者。抑典午东渡而还，中原涂炭，自时厥后，国统骰杂，殊方入主，尤间代相闻，以云正史，不足十六。而所称正史者，亦复狃于君主政体，其典章制度人物文词见于纪传表志者，多未能发挥民族之精神，方诸麟经迁史，去之复远，若藉为民国之借鉴，犹南辕而北辙，凿枘不能相容，诚以立国之政体不良，而记载遂不衷于至当耳。今我中华聿新民国，前自甲午而后，明识远见之士，怵于国之不可以见辱，而政体之不可以不改变也，于是奔走号呼，潜移默运，垂二十年。兹者民国确立，以前之艰巨挫折，起蹶与踬，循环倚伏，不可纪极，若非详加调查，笔之于书，著为信史，何以彰前烈而诏方来，正史裁而坚国本？为此连同众意，合词呈请大总统速设国史院，遴员董理，刻日将我民国成立始末，调查详澈，撰辑中华民国建国史，颁示海内，以垂法戒而巩邦基。如蒙俯允，即请作为议案，提交参议院议决；并祈从速特委专员，筹办一切，民国幸甚。"查中国历代编纂国史之机关，均系独立，不受他机关之干涉，所以示好恶之公，昭是非之正，使秉笔者据事直书，无拘牵顾忌之嫌，法至善也。民国开创，为神州空前之伟业，典章制度以及志士缔造经营之成迹，不有信史，何以焜耀宇内，昭示方来。该员等所请设立国史院之举，本总统深表赞同。除批示外，合行作为议案，咨请贵院迅予开会议决见覆可也。此咨。

据《临时政府公报》第四十一、四十二号（南京一九一二年三月十七日、三月十九日）

批左酉山等呈①

（一九一二年三月十七日）

呈悉。已令行财政部会商实业部核办矣。此批。

据《临时政府公报》第四十一号（南京一九一二年三月十七日）

令财政部核办左酉山等请留扬州盐务办事地点文

（一九一二年三月十七日）②

据扬州保存盐务会代表左酉山等呈请仍留盐务办事地点于扬州，以维市面等由前来。为此，令行该部，仰即会商实业部酌核办理为要。此令。

据《临时政府公报》第四十一号（南京一九一二年三月十七日）

批李国梁等呈

（一九一二年三月十七日）③

呈及章程均悉。所请将前清旧票改换新钞并盐政改良各办法，已令行

---

① 原呈事由参见同日《令财政部核办左酉山等请留扬州盐务办事地点文》。此件所标时间系《临时政府公报》第四十一号出版日期。
② 此件所标时间系《临时政府公报》第四十一号出版日期。
③ 此件所标时间系《临时政府公报》第四十一号出版日期。

财政部核办矣。仰即知照。

据《临时政府公报》第四十一号（南京一九一二年三月十七日）

令财政部察核李国梁等呈请改良盐政文

（一九一二年三月十七日）①

据李国梁等呈请改良盐政并附简章及手折前来，除批示外，合行发交该部，仰即察核办理。此令。

据《临时政府公报》第四十一号（南京一九一二年三月十七日）

批仇志远呈二件②

（一九一二年三月十七日）

一

呈悉。鸦片流毒，垂百余年，祸国害民，深堪痛恨。民国建立伊始，凡我国民固当力为戒绝。该商等所熬戒烟药料，果能于卫生筹饷两有稗〔裨〕益，诚属美举。惟所配药料是否甚良，及所请专利五年，应否准行之处，仰候令由内务部核办可也。此批。

---

① 此件所标时间系《临时政府公报》第四十一号出版日期。
② 原呈第一件为请求专利五年专熬戒烟药料，以助饷糈；第二件为请废泾阳煤矿原案复行立案。各件所标时间系《临时政府公报》第四十一号出版日期。

二

呈悉。仰候令行实业部核办可也。此批。

据《临时政府公报》第四十一号（南京一九一二年三月十七日）

令实业部核办仇志远呈请泾县煤矿立案文

（一九一二年三月十七日）①

兹有公文一件，应归该部核办，合将原呈发交。此令。

据《临时政府公报》第四十一号（南京一九一二年三月十七日）

批杨显焘等呈②

（一九一二年三月十七日）

据呈已悉。事关诉讼，本有专司，仰即赴该管辖官署呈控可也。此批。

据《临时政府公报》第四十一号（南京一九一二年三月十七日）

---

① 此件所标时间系《临时政府公报》第四十一号出版日期。
② 原呈控告曹受诏混争水注，县令偏断，害税殃民事。此件所标时间系《临时政府公报》第四十一号出版日期。

批上海日报公会呈①

（一九一二年三月十七日）

呈悉。报纸代表舆论，监督社会，厥功甚巨。此次民国开创，南北统一，尤赖报界同心协力，竭诚赞助。兹据呈称军兴以后困难情形，均属实况，若不设法维持，势将相继歇业。仰候将原呈发交交通部核办可也。此批。

据《临时政府公报》第四十一号（南京一九一二年三月十七日）

批上海总商会呈②

（一九一二年三月十七日）

现在参议院为临时组织，故议员由各省都督送派。将来必合集民选议会，为正当立法机关，以代表国民。民国制度，一视齐等，不分界限。以我国商业日益发达，选举普及全国之日，商界当不止占三名选举之数，正不宜以此自限。本总统有厚望焉。

据《临时政府公报》第四十一号（南京一九一二年三月十七日）

---

① 原呈请求减轻邮电费用。此件所标时间系《临时政府公报》第四十一号出版日期。
② 原呈请求公选参议院议员。此件所标时间系《临时政府公报》第四十一号出版日期。

补发杨贺的同盟会员证书

（一九一二年三月十七日）

杨贺君,广东省广州府香山县人,曾经矢誓入会填写盟书,并遵章缴纳基本金,注册第一百四十四号,特此发给证书,以资信据,仰祈收执。

檀山中国同盟会发给干事部长杨广建签押
主任　孙　文
中华民国元年三月十七日

据香港中文大学、广州中山大学合编《孙中山在港澳与海外活动史迹》(中山大学孙中山研究所一九八六年版)影印原件

批财政部呈

（一九一二年三月十八日）

临时大总统批

一件。财政部呈海外汇业银行则例,乞咨参议院提议由

呈悉。海外汇业实国际贸易之枢纽,即国民经济之关键,东西各国先例昭然。当金融紧迫之秋,得此酌剂盈虚,诚足以扩张商务,补救时艰,所拟海外汇业银行则例三十二条①,仰候咨送参议院提议可也。此批。

孙　文
中华民国元年三月十八日

据中国第二历史档案馆藏《南京临时政府档案》原件

---

① 则例见本全集第三卷。

命内务部咨江苏都督清理阜宁苇荡积弊令

（一九一二年三月十八日）

临时大总统令

兹据谢承煮呈，请将海州阜宁苇荡裁泛升科，并缮抄旧呈前清江北提督原稿办法及苏谘议局议案各节，言之成理。在前清时议局既举其弊，而有司终延玩未行，坐失膏腴，殊为可惜。今据呈前来，合亟令仰该部咨行江苏都督切实查明，协筹办法，以清积弊，而收弃利。至要。此令。

内务部总长程德全知照

计发谢承煮请将阜宁苇荡裁泛升科原呈一件。

孙　文

中华民国元年三月十八日

据中国第二历史档案馆藏《南京临时政府档案》原件

批曹运郎等呈[①]

（一九一二年三月十九日）

呈悉。奸人贩卖"猪仔"，惨无人道，本总统痛心疾首，殷念不忘。前曾令内务部编定禁止贩卖人口暂行条例，以重人权。查侨民散居各岛，工商自给，实繁有徒。而屡被外人横加虐辱，含辛茹苦，不背宗邦，可悯可矜，亟应援手。今民国既成，断不忍使海外侨民不同享自由平等之福。所陈各节，已

[①] 原呈人是荷属殖民地华侨，请求禁止贩卖"猪仔"及保护侨民。此件所标时间系《临时政府公报》第四十二号出版日期。

分别令行外交部及广东都督酌核办理矣。此批。

据《临时政府公报》第四十二号(南京一九一二年三月十九日)

令广东都督严禁贩卖"猪仔"文

(一九一二年三月十九日)①

兹据荷属侨民曹运郎等呈请禁止贩卖"猪仔"各节,查奸徒拐贩同胞,陷人沟壑,曩在前清,草菅人命,漠不关心,致使被难人民穷而无告,岂惟有亏国体,亦本总统痛心疾首,殷念不忘,殊惨绝人道。② 前曾令内务部编定禁卖人口暂行条例,冀使自由博爱平等之义,实力推行。惟禁止"猪仔"出口,尤为刻不容缓之事。民国既成,岂忍视同胞失所,不为拯救?除令外交部妥筹办法外,合亟令行该都督严行禁止,务使奸人绝迹,以重人道而崇国体。此令。

据《临时政府公报》第四十二号(南京一九一二年三月十九日)

令教育部通告各省优初级师范开学文

(一九一二年三月十九日)③

自民国起义以来,教育机关一时停歇,黉舍变为兵营,学子编入卒伍,此诚迫于时势不得不然。然青年之士,问学无途、请业失据者,何可胜道?学者,国之本也,若不从速设法修旧起废,鼓舞而振兴之,何以育人才而培国

---

① 此件所标时间系《临时政府公报》第四十二号出版日期。
② 以上三句疑有误。似应为"亦殊惨绝人道,本总统痛心疾首,殷念不忘"。
③ 此件所标时间系《临时政府公报》第四十二号出版日期。

脉。查阅《临时政府公报》第三十二号,载有该部通告各省电,饬令高等专门学校从速开学,免致高等学生半途废学,中学毕业学生亦无升学之所云云,自是正当办法。惟教育主义,首贵普及,作人之道,尤重童蒙,中小学校之急应开办,当视高等专门为尤要。顾欲兴办中小学校,非养成多数教员不可;欲养成多数中小学教员,非多设初级优级师范学校不可。虽一时权宜与永久经制自殊,而统筹全局,亦不可顾此失彼。此时注重师范,既能消纳中学以上之学生,复可隐植将来教育之根本,是真当务之急者。为此令仰该部迅即妥筹办法,通告各省,将已设之优级初级学校一并开学,其中小学校仍不可听其停闭,速筹开办,是为至要。此令。

据《临时政府公报》第四十二号(南京一九一二年三月十九日)

批叶宝书等呈

(一九一二年三月十九日)①

呈悉。据称浙省改革盐政办法,有碍该处场灶生产,应候令行实业部核办。仰即知照。此批。

据《临时政府公报》第四十二号(南京一九一二年三月十九日)

令实业部核办叶宝书等呈请改良浙省盐政办法文

(一九一二年三月十九日)②

据浙西场灶全体代表叶宝书等具呈,略称浙省改革盐政办法,有碍该处

---

① 此件所标时间系《临时政府公报》第四十二号出版日期。
② 此件所标时间系《临时政府公报》第四十二号出版日期。

场灶生产,请予维持前来。除批示外,合将原呈发交该部,仰即察核办理。切切。此令。

据《临时政府公报》第四十二号(南京一九一二年三月十九日)

批陆军部呈

(一九一二年三月十九日)①

呈暨表均悉。现今东西各国测绘人员,均据文职,无据武职之例。该部所呈测绘人员可否比照陆军官佐阶级拟定之处,碍难照准。原呈及表发还。此批。

据《临时政府公报》第四十二号(南京一九一二年三月十九日)

批石仁山等呈②

(一九一二年三月十九日)

所呈各节均悉。该商等创立公司,采办矿业,既据呈称由该地主与各股东妥商合办,订立契据,呈明前清劝业道立案,何以当时不予认可给照。迨鄂军政府成立后,该内务、财政两司,亦屡经派委查验,如果无别种繆戾,又何以藉词再三拒绝。此中情节,非彻查不能明晰。现当共和建设伊始,人民营业权亟应保护,岂容攘夺。惟既称另禀副总统、鄂都督在案,仰候批示办理可也。此批。

据《临时政府公报》第四十二号(南京一九一二年三月十九日)

---

① 此件所标时间系《临时政府公报》第四十二号出版日期。
② 原呈人是湖北矿商,控诉湖北内务司和财政司强占私产。此件所标时间系《临时政府公报》第四十二号出版日期。

防止各省另举都督令

（一九一二年三月十九日）

临时大总统命令

从前各省自举都督，本为与中央隔绝关系。现在全国已经统一，各省更无所谓独立，所有地方官制按照约法应由中央制定公布施行。地方议会有无选举长官之权，自应于官制内规定由参议院议决，若各省于此项官制未公布以前各自为政，再纷纷另举都督，大局必更紊乱，显与统一之旨相背。目前办法总以维持现状保全公安为宗旨。万不可轻易纷扰致生枝节。此令。

据上海《申报》一九一二年三月二十一日《防止各省另举都督之纷扰》

命黄兴准予烈士王家驹优恤令

（一九一二年三月十九日）

临时大总统令

据陆军部总长黄兴呈称"山西行军参谋王家驹率兵攻克宁武、怀仁、大同一带，以功升总参谋兼四标统带。由虎谷渡河，略取河西蒙古地，贼闻惊溃，进占萨城、托斯和等处。不料孤军深入，弹尽援绝，为敌弹贯脑而死。查该总参谋忠勇性成，前后十余战，无不身先士卒，卒至捐躯报国。理合申请优恤，准将该总参谋王家驹照左将军例，优给阵亡一时〔次〕恤金一千二百元，遗族每年恤金七百元，并准附祀晋、鄂两省忠烈祠"等情。自属正当办法，应即照准，以示褒奖，藉慰忠魂。此令。

陆军部总长黄兴知照

孙　文
中华民国元年三月十九日

据中国第二历史档案馆藏《南京临时政府档案》原件

命安徽都督办理上海裘业商会呈令

（一九一二年三月二十日）①

兹有公文一件，应该都督②办理，合就开由发交，仰即彻实查明，究追惩处。至要。此令。

计发公文一件：

一、上海裘业商会呈：在皖境怀远县龙亢集地方，被该处练总邵德进率领土匪劫船掳货，恳饬查办由。

> 据《临时政府公报》第四十三号（南京一九一二年三月二十日）《大总统令安徽都督查明上海裘业商会报告被匪掳劫追究惩处文》

批郑裕庆呈③

（一九一二年三月二十日）

呈悉。民国义师所至，一面为除暴，即一面为安良。倘非果为反对共和，甘作民贼，及显有侵吞亏空官款确证，其为人民财产，应当一律保护，岂容有株连抄没之举。该案早经发江西都督查办在案，仰候令行该都督迅速查明秉公办理可也。此批。

> 据《临时政府公报》第四十三号（南京一九一二年三月二十日）

---

① 此件所标时间系《临时政府公报》第四十三号出版日期。
② 该都督，指安徽都督孙毓筠。
③ 原呈事由参见同日《令江西都督查办郑裕庆宝记银号被封案文》。此件所标时间系《临时政府公报》第四十三号出版日期。

令江西都督查办郑裕庆宝记银号被封案文

（一九一二年三月二十日）①

民国革命，所以去专制之淫威，谋人民之幸福，是故义师所至，一面除暴，即一面安良。对于人民财产，除果为反对民国，甘作虎伥，及显有侵吞亏欠官款确证外，应予一律保护，断不忍有株连抄没之举而祸我生民。纵使戎马仓皇之日，难免殃及池鱼，而承平以后，即应设法挽救。前经内务部颁发保护人民财产五条，各省都督自应按照饬查，分别办理，以尽保护之责。该省九江府商人郑裕庆所开设宝记银号被封一案，早经发交该都督②查办在案。兹复据该商人呈诉，冤抑莫伸，迫再吁恳饬令查明揭封等情前来。究竟该银号是否有亏欠官款之确证？该银号以及郑裕庆之财产，应否并为查抄？何以久悬未办？合亟令行该都督迅速彻查，秉公核办，以昭公道，是为至要。此令。

计发宝记商人郑裕庆呈诉被封冤抑迫再吁恳饬查揭封以昭公允原呈一件。

> 据《临时政府公报》第四十三号（南京一九一二年三月二十日）《大总统令江西都督速查九江商人郑裕庆所开宝记银号被封是否冤抑秉公核办文》

批张瀛呈③

（一九一二年三月二十日）

呈悉。米价涨落，民食攸关，如有奸商市侩敢为抬价居奇，例应禁止。

---

① 此件所标时间系《临时政府公报》第四十三号出版日期。
② 该都督，指江西都督李烈钧。
③ 原呈事由参见同日《令南京府知事调查饥民设局平粜文》。此件所标时间系《临时政府公报》第四十三号出版日期。

至请设局平粜一节，应看地方市面米谷果否缺乏，方图救济。仰候令行南京府查核办理可也。此批。

> 据《临时政府公报》第四十三号（南京一九一二年三月二十日）

令南京府知事调查饥民设局平粜文

（一九一二年三月二十日）①

兹据张瀛呈请调查金陵各属饥民情形，发帑设立粜局等情。查米价涨落，民食攸关，而米粒之屯积与夫运输，若果匮乏，尤为可虑。亟应令仰该府知事②，一面查明金陵市面有无奸商市侩抬价居奇情事，严行禁止；一面察看地方情形应否设局平粜，酌量救济，分别查明，妥为办理。是为至要。此令。

计发张瀛呈请发帑开设粜局原呈一件。

> 据《临时政府公报》第四十三号（南京一九一二年三月二十日）《大总统令南京府知事查明张瀛呈请调查饥民设局平粜情形妥办文》

咨参议院请核议各部院三月份概算书文

（一九一二年三月二十日）③

据财政部总长陈锦涛呈称："据会计司案呈：'《临时政府公报》二十八号内载：本部呈请饬令各部办理三月分应支款项，编具概算书，限期造送本部，由部汇送参议院，编成预算。复于本年三月十一日奉大总统公布参议院

---

① 此件所标时间系《临时政府公报》第四十三号出版日期。
② 该府知事，指南京府知事辛汉。
③ 此件所标时间系《临时政府公报》第四十三号出版日期。

临时约法内开:第十九条第二项,参议院议决临时政府之预算、决算等语。查各部院概算书,业已陆续造送前来。兹经本司详细审查,所有各部院于本月分应支经常、临时及预备等费册内所列数目,其务求撙节者固属不少,而从宽约计者亦居多数。事关中央行政要需,应即遵照临时约法,将各部支出概算书,呈请大总统咨由参议院议决后,再行交部支出。惟各部院成立伊始,用度实繁,纷纷来部请领者,几有日不暇给之势,应请咨会该院,迅予裁决,以便遵行'等情。

查各部院三月分概算书支领各款,为数颇巨,筹措维艰。第百端待举,既需款之孔殷,而应付稍迟,辄责言之交至,统筹出入,挹注无方。至本部收入的款,向以全国赋税为大宗。自光复以来,各州县经征款项,应划归中央政府者,虽早经本部通电催解,而各该省迄未照解前来,以致收入亦无从概算。本部专司综核,盈虚酌剂,责有攸归。但仰屋徬徨,术穷罗掘。募借外债,原非持久之谋,整顿税源,难济目前之急。外省之解拨不至,公产之收入无多。舍此而外,别求财源,纵有孔桑,何从着手?特际此新政方兴,讵可因噎而废食,度支虽绌,总期积极以进行。锦涛等辗转筹思,深滋恐惧。与其内外相睽,坐以待困,何如同心协力,共济时艰。千钧一发,系于斯时,惟有吁恳大总统,令行各省都督,念国计关系之重,谅本部筹画之艰,将应解部款,从速催缴。其有不足,应行设法弥补之处,并请咨照参议院议定救急方法,俾本部得所遵守,而财政藉以维持,实为至要。所有呈请交议各部院三月分支出概算书,暨财政困难情形,理合备文呈报,敬祈鉴核施行。再:陆军部月支概数咨文,一并录送。至该部三月分支出概算书,俟交到时再行续送"等由前来。

除照呈令行各省都督催缴应解各款外,相应将概算书咨送贵院,请烦查照速行议决咨复为要。此咨。

计咨送财政部呈交各部院三月分支出概算书一本,抄录陆军部支出概算咨文一件。

> 据《临时政府公报》第四十三号(南京一九一二年三月二十日)《大总统据财政部呈送各部院三月份概算书咨参议院请议决文》

批上海裘业商会呈

（一九一二年三月二十日）①

禀悉。如果所控非虚,该商民等受累非轻,邵德进不法已极。仰候令行安徽都督彻实查明,究追惩办可也。此批。

据《临时政府公报》第四十三号（南京一九一二年三月二十日）

批潘月樵等呈②

（一九一二年三月二十日）

潘月樵、夏月珊等,启导伶界,开通社会,一片婆心,实堪嘉尚。所请各节,既经沪军都督批准立案,自无不合之处,应准其开办。至于抢获制造局有功,自应受赏,应禀请沪军都督,咨报陆军部查核办理。此批。

据《临时政府公报》第四十三号（南京一九一二年三月二十日）

批 邓 城 呈③

（一九一二年三月二十日）

呈悉。江皖灾民愁苦之状,本总统无日忘之。前日经令财政部即行拨

---

① 此件所标时间系《临时政府公报》第四十三号出版日期。
② 原呈请求改良伶界教育。此件所标时间系《临时政府公报》第四十三号出版日期。
③ 邓城是财政部赋税司司员,所呈为代安徽灾民请命事。此件所标时间系《临时政府公报》第四十三号出版日期。

款救济,昨又电知北京袁总统设法维持矣。此批。

> 据《临时政府公报》第四十三号(南京一九一二年三月二十日)

批辛汉呈

(一九一二年三月二十日)①

呈悉。任官惟贤,本不限乎区域。昨经内务部荐任该员接充南京府知事一职,当经本总统发给委任状在案。兹阅来呈,以频年游学在外,于地方情形未能谙悉,力辞今职。该员学优而仕,正宜为父母之邦力谋幸福,即使见闻偶有未周,父老乡人断无有不竭诚相告者。兼听则明,古有明训,何所容其顾虑。即赴新除,展乃抱负。所请辞职之处,应毋庸议。此批。

> 据《临时政府公报》第四十三号(南京一九一二年三月二十日)

令外交部总长慎重用人文②

(一九一二年三月二十日)

临时大总统令

满清末年,仕途腐败,已达极点。亲贵以财贿招诱于上,士夫以利禄市易于下。奔竞弋谋,相师成风,脂韦突梯,恬不知耻。以致君子在野,自好不为。事无与治,民不聊生,踵循不悛,以抵灭亡。民国成立,万端更始,旧日城社,扫除略尽,肃整吏治,时不可失。然而法制未班〔颁〕,考试未行。干进者,有〔存〕乘时窃取之心;用人者,有高下随心之便。一或不慎,弊将有

---

① 此件所标时间系《临时政府公报》第四十三号出版日期。
② 此令与《临时政府公报》第四十七号《令各部局整饬官方慎重铨选文》同,经参照互校。

甚〈于〉满洲之季者。治乱之分,端在于此,言念前途,能无兢兢。

南京临时政府草创之际,各处奔走疏附来求一地位者,当不乏人。以此苟得之心,遂开诈伪之习,或本旧吏而冒称新材,或甫入校而遽号毕业,蒙混诬枉,得之为能。虽转瞬统一政府成立,此地各官署立即取消,然使不肖者得持此以为进身之具,其遗患方来,何可数计。为此,令仰该部总、次长等于用人之际,务当悉心考察,慎重铨选,勿使非才滥竽,贤能远引,是为至要。又查各部荐任各员,每有以一人而兼两职者,殊非慎重职务之道。荐者不知,是为失察;受者不白,是为冒利,胥无取焉。以后除有特别缘故外,不得兼职,以肃官方而饬吏治。切切。此令。

外交部总长王宠惠知照

孙　文

中华民国元年三月二十日

据中国第二历史档案馆藏《南京临时政府档案》原件

批刘绍基等呈①

（一九一二年三月二十一日）

呈悉。前据南京府知事辛汉呈请辞职前来,当经本总统批示慰留在案。至所称南京府归并江宁民政长一节,系外间揣度之辞,该秘书等身任职官,何得遽信风说,自生惊扰。着并知照。此批。

据《临时政府公报》第四十四号（南京一九一二年三月二十一日）

---

① 原呈请求饬辛汉接任南京府知事。此件所标时间系《临时政府公报》第四十四号出版日期。

批陆海军部呈[①]

（一九一二年三月二十一日）

临时大总统批

　　一件。该部呈请发给长江上下游水师总司令长委任状由

　　呈悉。长江上下游，联贯数千里，舳舻相接，商旅殷繁，宵小出没其间，宜有水师统一机关，不时巡逻来往，以资镇摄。兹据呈荐李燮和为长江上游水师总司令长，张通典为长江下游水师总司令长。查李燮和久膺戎寄，威望素孚，应即照准。惟张通典前已由交通部荐任为该部参事在案，民国鼎新，未便仍沿兼差恶习，致旷官职，而阻贤路。如非张通典不能胜任，应由该部先咨明交通部撤去该员张通典参事一职，再行委任，以期核实。至长江上下游既设有司令二员，不若改总司令长名称为司令长较为妥叶，委任状发还改定另呈可也。此批。

孙　文

中华民国元年三月二十一日

据中国第二历史档案馆藏《南京临时政府档案》原件

咨参议院送交袁世凯在北京受职誓书文

（一九一二年三月二十一日）[②]

　　兹由蔡专使元培等赍回袁大总统在北京受职誓书，特派秘书长胡汉民送交贵院保存。此咨。

据《临时政府公报》第四十四号（南京一九一二年三月二十一日）

[①] 原呈是陆、海军部于1912年3月16日会衔申请。

[②] 此件所标时间系《临时政府公报》第四十四号出版日期。

咨参议院请核议中国银行则例文

（一九一二年三月二十一日）①

兹据财政总长陈锦涛呈,将厘定中国银行则例缮具清单,请咨交贵院议决等由前来。相应咨送贵院,请烦议决咨复,以便转饬遵行。此咨。

计钞送财政部呈送厘定中国银行则例清单一件。

据《临时政府公报》第四十四号(南京一九一二年三月二十一日)

令上海通商交涉使查复梁祖禄承办垦牧被奸商捏控情形文

（一九一二年三月二十一日）②

据商人梁祖禄呈称:"承办江苏句容县属垦牧事业,迭被奸商捏控"等由前来。其中缪轕甚多,非彻查不能明晰。为此令仰该交涉使③迅即查明呈复,以凭核办。原呈及合同字据二折一并发交。此令。

计发交原呈一件、合同字据二件。

据《临时政府公报》第四十四号(南京一九一二年三月二十一日)

---

① 此件所标时间系《临时政府公报》第四十四号出版日期。
② 此件所标时间系《临时政府公报》第四十四号出版日期。
③ 该交涉使,指上海通商交涉使温宗尧。

令陆军部查办曹锡圭请设督垦营地局文

（一九一二年三月二十一日）①

据安宁垦牧公司经理人曹锡圭呈称：拟招集资本设立陆军部督垦营地局，并请派员帮理，发给关防，拟就开办简章，呈请核示等情前来。查所请系为垦植荒地、安插游民起见，用意至堪嘉美。惟营地牧场、校场等地，开垦种植，于军用有无阻碍，其简章所定行之有无流弊，所请派员帮理，发给关防，可否准行之处，仰该部会同内务部妥筹尽善，再行饬知该商遵照办理可也。原呈并发。此令。

据《临时政府公报》第四十四号（南京一九一二年三月二十一日）

命财政部核办上海源丰润号押产令

（一九一二年三月二十一日）

临时大总统令

据上海源丰润经理陈薰呈称：该号所抵押与沪关之号东自产及沪号押产，均属减值。惟此项押产，曾由沪关交存领事公会，恳候移还接收之日提回，除核抵沪关押款外，将抵余产业发还清理。等情前来。当经批谓："呈悉。该号经营三十余年，信用素著，一旦为市面牵累，以致辍业。而前清专制，非惟不予维持，抑且从而朘剥，情殊可悯。除令通商交涉使向领事公会提取沪关交存之该号押产，候令财政部核办可也"等语。除令通商交涉使从速向领袖领事查提解交该部外，合即令仰该部知照。陈薰原呈附发。

---

① 此件所标时间系《临时政府公报》第四十四号出版日期。

此令。

财政部总长陈锦涛知照

孙　文

中华民国元年三月二十一日

据中国第二历史档案馆藏《南京临时政府档案》原件

指拨源丰润等钱号抵押前清沪道部款为中国公学经费令

（一九一二年三月二十一日）

临时大总统令

　　据中国公学董事张謇等呈称："窃维中国公学创自前清光绪三十二年，实因日本取缔风潮，学生回国，各省绅民奔走联合，愤激而设此校。其宗旨纯属民办，即以董事会组织保管。数年以来，筹集开办费已及数十万金，而常年费则取给于各省公摊约二万余两，历有案卷可稽。上年新建校舍落成，适值民国起义之际，校内师徒多半从军，校舍亦为吴淞民军所借驻，各省公摊之款更皆无着。公学停办，职此之由。今者南北统一，民国成立，凡属学校均宜及时起学，以兴教育。惟是公学性质本由各省集成，当此军备未撤，财政困难，公摊一项，甚难希望。而教育所关，公学又系对外而设，若因款绌停办，恐不免贻日人之消，而为民国之羞。兹查有前清上海道蔡乃煌以部款存放源丰润等钱号，致被亏倒，仅有房产、股票、各抵押契据移交后任刘燕翼，其价约及百万。若蒙拨为公学经费，于义相合，而公学即赖以不坠。謇等谨合词公恳大总统，俯念公学系属民立，饬令前清上海道刘燕翼将源丰润等抵押之房屋、股票、字据发交公学，存充经费，以资持久而免旷废"等情前来。当经批以："呈悉。所请源丰润等抵押之房屋、股票、字据发交公学，存充经费，事属可行。惟闻此项票据已由刘燕翼交上海领袖领事存贮，候令通商交涉使清查提还，再行指拨可也"等语。除令通商交涉使速为查提解交该部拨收外,合即令仰该部知照。此令。

　　财政部总长陈锦涛知照

孙　文
中华民国元年三月二十一日
据中国第二历史档案馆藏《南京临时政府档案》原件

批财政部准予不补助中华银行文

(一九一二年三月二十一日)

临时大总统批

　　一件。财政部呈复中华银行不能由国家补助,乞改正前令由

　　呈悉。所陈中华银行补助一节,颇有窒碍难行之处,尚属实在情形,应予照准,仰即知照。此批。

孙　文
中华民国元年三月二十一日
据中国第二历史档案馆藏《南京临时政府档案》原件

批钮永建呈[①]

(一九一二年三月二十一日)

　　两呈均悉。该次长[②]参赞戎机,宣力民国,两月以来,克尽厥职。际兹共和统一,战事告终,大局虽已敉平,军备尚多筹画,允宜同心戮力,共济时艰,勉力前途,毋负委任。所请辞去参谋部次长及呈请严予处分之处,应毋

---

①　此件所标时间系《临时政府公报》第四十四号出版日期。

②　该次长,即参谋部次长钮永建。

庸议。此批。

据《临时政府公报》第四十四号(南京一九一二年三月二十一日)

令内务部转饬辛汉遵照批示赴任文

（一九一二年三月二十一日）①

顷据南京府知事辛汉呈请辞职前来，除批"呈悉。任官惟贤，本不限乎区域。昨经内务部荐任该员接充南京府知事一职，当经本总统发给委任状在案。兹阅来呈，以频年游学在外，于地方情形未能谙悉，力辞今职。该员学优而仕，正宜为父母之邦力谋幸福，即使见闻偶有未周，父老乡人断无有不竭诚相告者。兼听则明，古有明训，何所容其顾虑？即赴新除，展乃抱负。所请辞职之处，应毋庸议"外，合行令仰该部转饬该知事遵照批示，克日赴任受事可也。此令。

据《临时政府公报》第四十四号(南京一九一二年三月二十一日)

令法制局审核呈复律师法草案文

（一九一二年三月二十二日）②

据内务部警务局局长孙润宇呈送拟就律师法草案，请咨参议院议决前来。查律师制度与司法独立相辅为用，夙为文明各国所通行。现各处既纷纷设立律师公会，尤应亟定法律，俾资依据。合将原呈及草案发交该局，仰即审核呈复，以便咨送参议院议决。切切。此令。

---

① 此件所标时间系《临时政府公报》第四十四号出版日期。
② 此件所标时间系《临时政府公报》第四十五号出版日期。

计发交原呈及草案各一件。

据《临时政府公报》第四十五号(南京一九一二年三月二十二日)

命黄兴准予陈鲁恤金令

(一九一二年三月二十三日)

临时大总统令

据陆军部总长黄兴呈称"该部二等副官陈鲁,于本月二十一日在总长办公室内,忽被流弹击伤,当晚溘逝。查该员历年奔走革命,不辞艰险,乃以无妄之灾,竟至陨〔殒〕命,痛惜殊深。仰恳准将该员陈鲁,按照左都尉阵亡例,给予一次恤金八百元,遗族抚恤金每年四百五十元"等情。自属正当办法,应即照准,以示体恤,而慰忠魂。此令。

陆军部总长黄兴知照

孙　文

中华民国元年三月二十三日

据中国第二历史档案馆藏《南京临时政府档案》原件

批财政部呈送兴农等银行则例文

(一九一二年三月二十三日)

临时大总统批

一件。呈送兴农、农业、殖边银行则例请咨参议院核议由。

呈悉。中国地称膏腴,尤广幅帧,而东南之收获,不见其丰,西北之荒芜,一如其故,此无他,无特别金融机关以为之融通资本故耳。创设〈兴农〉①、农

---

① 依原呈增补。

业、殖边等银行,实属方今扼要之图。所拟各银行则例,仰候咨送参议院核议可也。此批。

孙 文
中华民国元年三月二十三日

附录 财政总长陈锦涛呈稿

财政部总长陈□□呈:

窃维立国之道,以民为本;养民之法,惟食为天。旷观古今,纵览宇宙,国势之强弱,商业之盛衰,恒视乎农业之兴废以为准。是以古圣教民,首言足食;列强富国,先重农林。特托诸空言,无补事实。故进行之法,当在创设金融之机关,为奖励农业之政策而已。

我国地大物博,冠绝全球,而民贫国弱,一至于此。则以生财之道不讲,补救之法不行,束缚于专制政府,遗误于腐败长官,诚堪痛恨! 今民国方兴,共和确定,兴利除弊,当在斯时。敝部职掌全国金融机关,中央普通各银行固宜次第规划,而农业、殖边等银行岂能独付缺如? 兹拟筹设农业银行,为贫民代谋生计;创办殖边银行,为疆隅安置流民。互相维系,积极进行。农业银行拟设于内地,盖东南各省户口繁庶,生计日蹙,良民多失业之忧,膏腴有石田之叹。处和丰之世,终岁勤劳,仅资糊口。近复天灾流行,兵戈荐至,黎庶之流离失所、转徙他方者,疮痍满目,惨何忍言。设非有招集之法,救抚之方,将见强者为盗,弱者转死,良民何辜,遭此浩劫! 开设银行以为周转,使无着者得谋耕种,有田者设法改良。担当确实,银行无所损失。利息轻减,农民易于偿还。

至筹备方法,先立总银行于都城,名曰兴农,以资提利。再置地方银行于各州县,名曰农业,以谋普及。兴农银行资本由政府募集,农业银行资本由地方公款酌量提拨,如有贫乏,州县或募集债券,或请求补助,总期同胞均沾实利,细民得庆安居。在昔德国自七年战争而后,民生敝疲,农业衰颓,斯时情状与我国今日实相伯仲。于是政府既为之轻徭减赋,而商人索林氏复创立土地抵当银行,力图补救,以年赋偿还之法,为质产周转之资。曾不数年而元气复,民生裕。东西各国继续仿行,咸至富强。此皆足为我国之考镜而宜筹设者也。

若夫殖边银行,则边疆之地有万不容缓者。良以殖民为强国之本,辟地为致富之源。英以蕞尔三岛雄视全球,惟赖拓地殖民之筹设有方。泰西列国近皆尽心擘划,力图扩充。而我国以固有之地,弃之不顾,诚为可惜。如西北各省,沃野荒芜,空虚可虑,强邻逼峙,蚕食堪虞。非用移民实边之策,不足以图补救之方;非建立银行为周转之资,又不足以实行移民实边之策。况兵燹余生,居民失业,干戈既息,军队宜减而安置。能使此种人民,赀以资财,寓兵于农,移置于边陲之地,不特可以遏乱萌、舒民力,抑且可以绝邻邦之窥伺,谋国势之富强,一举而数善备之焉也。

夫开设银行,以尽地力、苏民困、辟疆土、安流民,利遍于苍生,功收于久远。为政之道,莫亟于是。敝部责有攸归,自应力任其难,设法提倡。为此拟就兴农银行则例□□条,农业银行则例□□条,殖边银行则例□□条,呈请大总统俯赐察核,可否咨交参议院议决、公布、施行之处,伏候裁示。此呈。

谨拟兴农、农业、殖边等银行则例,缮具清单,恭呈钧览。

据中国第二历史档案馆藏《南京临时政府档案》原件

令参谋部裁撤大本营名目文

（一九一二年三月二十三日）①

民国统一,战事终息,大本营名目应即取消。所有关防、案卷等即交参谋部存储,以资查考。其作战局职员,向系参谋部第一局职员兼任,着即消去兼差,仍归本部办事。至兵站局尚有转运等事,未便即予撤除,应暂由参谋部兼管,仍酌裁冗员,以节糜费。此令。

据《临时政府公报》第四十九号（南京一九一二年三月二十七日）

---

① 此件所标时间据《申报》1912年3月29日第二版所载同令文。

令教育部准佛教会立案文

（一九一二年三月二十四日）①

兹据佛教会李翊灼等函称：设立佛教会，以求世界永久之和平及众生完全之幸福为宗旨，并呈会章，要求保护前来。查近世各国政教之分甚严，在教徒苦心修持，绝不干与政治，而在国家尽力保护，不稍吝惜。此种美风，最可效法。民国约法第五条载明：中华民国人民一律平等，无种族、阶级、宗教之区别。第二条第七项载明：人民有信教之自由。条文虽简而含义甚宏。是该会要求者，尽为约法所容许，有行政之责者，自当力体斯旨，一律奉行。合将该会大纲发交该部，仰即查照批准立案可也。

要求条件一纸并发。

据《临时政府公报》第四十七号（南京一九一二年三月二十四日）

令法制局核复驻沪通商交涉使分设厅科任职章程文

（一九一二年三月二十四日）②

据外交总长王宠惠呈送驻沪通商交涉使温宗尧咨交该公署分设厅科任职章程一扣，请咨参议院议决前来。合将该章程发交该局，仰即核定呈复，以凭咨文院议施行。此令。

计发通商交涉使驻沪办事分设厅科任职章程一件。

---

① 此件所标时间系《临时政府公报》第四十七号出版日期。
② 此件所标时间系《临时政府公报》第四十七号出版日期。

附录　原呈

外交部总长王宠惠为呈请事：准驻沪通商交涉使温宗尧咨称："上海为商务总汇，交通要区。所有通商交涉事宜，以及华洋诉讼会审，界务租地纠葛，职务繁要，内部组织不容不备。兹拟分设厅科任职草章，咨请核定，送交参议院决议，示复遵办"等因。并附草章一扣到本部。准此，理合呈请察核，并候咨交参议院决议施行。须至呈请者。

附：驻沪通商交涉使分设厅科任职草章一扣。

据《临时政府公报》第四十七号（南京一九一二年三月二十四日）

令财政部核办李炳耀等呈请给国债事务所委札文

（一九一二年三月二十四日）①

据泗水商务总会李炳耀等呈称：该地已设立中华民国国债事务所，所中董事，恳予札委。又鄂、闽、粤各处电饬募借公债，应如何办理。各等情前来。为此，合行令仰该部核办。原呈及履历书、董事表附发。此令。

计〈发交〉李炳耀原呈一扣、履历书三通、董事表一扣。

据《临时政府公报》第四十七号（南京一九一二年三月二十四日）

---

① 此件所标时间系《临时政府公报》第四十七号出版日期。

咨参议院请核议暂行法律文

（一九一二年三月二十四日）①

据司法部总长伍廷芳呈称："窃自光复以来，前清政府之法规既失效力，中华民国之法律尚未颁行，而各省暂行规约，尤不一致。当此新旧递嬗之际，必有补救方法，始足以昭划一而示标准。本部现拟就前清制定之民律草案、第一次刑律草案、刑事民事诉讼法、法院编制法、商律、破产律、违警律中，除第一次刑律草案关于帝室之罪全章，及关于内乱罪之死刑碍难适用外，余皆由民国政府声明继续有效，以为临时适用法律，俾司法者有所根据。谨将所拟呈请大总统咨由参议院承认，然后以命令公布，通饬全国一律遵行，俟中华民国法律颁布，即行废止。是否有当，尚乞钧裁施行"等情前来。查编纂法典，事体重大，非聚中外硕学，积多年之调查研究，不易告成。而现在民国统一，司法机关将次第成立，民刑各律及诉讼法，均关紧要。该部长所请，自是切要之图，合咨贵院，请烦查照前情议决见覆可也。此咨。

据《临时政府公报》第四十七号（南京一九一二年三月二十四日）

批孙道仁呈②

（一九一二年三月二十四日）

据呈已悉。查陆军部漾电所称：应归公专祠及昭忠祠，系指前清时效忠满洲觉罗一姓、残杀同胞者而言。该都督故父，于前清甲申中法之役，在台

---

① 此件所标时间系《临时政府公报》第四十七号出版日期。
② 孙道仁时任职福建都督。此件所标时间系《临时政府公报》第四十七号出版日期。

北战胜敌人,保全中国土地,因于闽省得建专祠。其建造费,系由该都督自行筹措。外附昭忠祠一所,系同军人合建,以祀将士之捍卫同胞者。此项祠宇,自与陆军部所指应行归公之祠,迥不相侔。兹竟首先遵照部令,取消两祠名目,将祠庐交政务院照部议办理,并将祠后住宅一所,一并报效入官。在该都督,恪遵部电,以表扬忠烈为怀,实堪风励天下。惟该都督故父,战胜强敌,捍卫封疆,既功德之在人,宜庙食之永享。且民国法令,凡属国民,皆有完全享有财产之权。所有该都督请取消故父专祠,及祠后住宅入官之处,着毋庸议。此批。

> 据《临时政府公报》第四十七号(南京一九一二年三月二十四日)《大总统批闽都督遵照部议取消昭忠祠并报效住屋呈》

令广东都督派员迎接赵声烈士灵柩文

（一九一二年三月二十六日）①

兹派赵光等赴港迎烈士赵声君之灵柩,归正首邱。仰该都督届时派员妥为照料,并照会港政府及港中绅商一体知照,以慰英魂。切切。此令。

> 据《临时政府公报》第四十八号(南京一九一二年三月二十六日)

咨参议院请核议金库则例文

（一九一二年三月二十六日）②

据财政部呈称:"窃维整顿财政,首在杜绝弊端,而机关之组织不完,则

---

① 此件所标时间系《临时政府公报》第四十八号出版日期。
② 此件所标时间系《临时政府公报》第四十八号出版日期。

弊端无由而杜绝。各国办理方法，务使事务机关与出纳机关分离对立，以明权限而杜侵渔。前清财政紊乱已达极点，究厥原因，实以机关混同为丛弊之所出。今民国方兴，亟宜兴利除害。本部职司财政，自以剔除积弊为先，此统一国库所以不容视为缓图者也。查近今，各国国库制度约分二派：曰存款制度，曰委托制度。存款制度者，系以国库收入悉数存入中央银行，作为普通存款。支出时，发银行支票，使中央银行代为应付，则库务节手续之烦，国帑无保藏之患，诚最良之制度也。英国行之。委托制度者，系以国库现金出纳，保管事务，委托中央银行办理。其国库资金与银行资金，划分为二。银行虽任出纳、保管之责，而非有部令，不得任意通融，市面虽有恐慌，而库藏不蒙其影响。欧美诸国以及日本多行之者。两者比较，互有短长。窃思我国变乱初平，市面尚难恢复，而中央银行根基始立，支店未克完成，存款制度既属难行，委托制度尚形窒碍。惟因统一国库迫不容缓，谨拟采用委托制定，订定金库则例十四条，呈请察核后，咨送参议院议决，颁布施行，为金库规则之基础。随由本部审察目下情形，再订金库出纳事务暂行章程，以部令施行，为一时变通之计，启将来渐进之基"等情前来。查该部所呈，自属整理财政切要之图。相应缮具该项则例，咨请贵院迅即议决，以便施行。此咨。

计送金库则例一扣。

据《临时政府公报》第四十八号（南京一九一二年三月二十六日）

咨参议院请核议法官考试委员官职令草案等文

（一九一二年三月二十六日）①

司法为独立机关。现在南北统一，所有司法人员，必须应法官考试合格

---

① 此件所标时间系《临时政府公报》第四十八号出版日期。

人员，方能任用。兹据法制局拟定法官考试委员官职令及法官考试令两种草案，呈送前来，合行咨请贵院议决咨复可也。此咨。

据《临时政府公报》第四十八号（南京一九一二年三月二十六日）

咨参议院请核议暂行传染病预防法草案文

（一九一二年三月二十六日）①

据内务部呈称："窃查痘疮、白喉症、猩红热等传染病，已有发生之兆，非亟定预防法，不足以重卫生而便执行。兹由本部拟就暂行传染病预防法草案三十五条，另册缮就，理合一并呈送钧案，交法制院审定后，咨由参议院议决公布施行，俾便遵循，实为公便"等情前来。查传染病发生甚易，传播至速，亟应制定预防法规，俾有司实力奉行，人民知所防范。该部所称，实为卫生行政最要之举。合将该部呈送之暂行传染病预防法草案三十五条咨送贵院，请烦查照议决见复，以便颁布施行。此咨。

据《临时政府公报》第四十八号（南京一九一二年三月二十六日）

命黄兴优恤刘道一令

（一九一二年三月二十七日）

临时大总统令

兹据汪兆铭等呈称"湖南烈士刘道一，游学日本，与其兄揆一密谋光复，结会党首领马福益，于丙辰冬起兵浏阳。事败乘间走日本，苦心计划，联

---

① 此件所标时间系《临时政府公报》第四十八号出版日期。

络会党,传播革命思想。岁丙午,复与党首萧克昌等起义于萍、浏、澧等处。事败被逮,狱吏用酷刑讯供不得,遂以烈士佩章所镌锄非二字定狱,从容就义,死事极惨。方今民国成立,共和永建。凡从前为国死义之士,均已先后表章〔彰〕各在案。烈士尽瘁革命,屡蹶愈奋,联络各党,鼓励民气,厥功甚伟,而惨遭亡清官吏之毒杀,遗骸至今未掩,行路悲哀,允堪悯恻。"自应准予列入大汉忠烈祠,同享祀典,并将事实宣付国史院立传。应得恤典,仰陆军部查照恤赏章程,从优核办,以顺舆情而慰忠魂为要。此令。

陆军部总长黄兴知照

孙　文
中华民国元年三月二十七日
据中国第二历史档案馆藏《南京临时政府档案》原件

令财政部拨款实业部赈济清淮灾民文

（一九一二年三月二十七日）①

据内务部呈称:"准实业部咨开:顷准江北蒋都督②电开:'前奉大总统来电,以江北灾情甚重,已筹款发交张总长③分别办理。现在清淮一带,饥民麕集,饿尸载道,秽气散于城郊,且恐郁为鼠疫。当此野无青草之时,定有朝不保夕之势。睹死亡之枕藉,诚疾首而痛心。现虽设有粥厂,略济燃眉,无如来者愈多,无从阻止,粥厂款项不继,势将停止。苟半月内无大宗赈款来浦接济,则饥民死者将过半矣。即有数百千万之巨款,亦不能重起饿莩于九原,令其受赈。为此情急,沥血电陈,可否仰求大总统、总长,俯念灾民垂毙,急救目前,于无论何处,迅拨款万金,由总长派员经理其事,俾饥民得稍缓须臾之死,以待夏秋之成。雁行不胜迫切待命之至'等因到部。查江北

---

① 此件所标时间系《临时政府公报》第四十九号出版日期。
② 江北蒋都督,指蒋雁行。
③ 张总长,指实业部总长张謇。

待赈孔殷,自应合力筹济。为此咨请贵部,希查核办理等因。准此,查来电量予赈济之处,似尚可行。拟请令行财政部,勉筹急赈一万元,即照前次江北赈灾办法,由实业总长遴员前往,切实散放,以苏民困"等因前来。查清淮一带,饥民麕集,流离死亡,相属于道,实堪悯恤。除令行江苏都督另筹抚恤方法、协力进行外,为此令仰该部长,迅即拨银一万元,交由实业部,派员前往切实散放,以济灾黎而谋善后。切切。此令。

据《临时政府公报》第四十九号(南京一九一二年三月二十七日)

咨参议院议决参谋部公债票预算书文

(一九一二年三月二十七日)①

据参谋部总长②呈称:"窃本部三月分支出概算书中俸给项下,系按陆军部暂行给与令章程,仅将现金数目列填,前经参议院及财政部审核给发在案。惟公债票数目未及声明,亦并未在预算数中扣除,似应仍咨财政部照数补发。前准财政部覆称:'查贵部三月份支出概算书,业由本部汇呈大总统转咨会参议院审核在案。贵部前送概算书中,既漏列公债票一项,希即径行备文呈请大总统,转咨参议院,代为补入。俟贵部预算经参议院核准后,本部当即照发。目下预算未定,未便先行核发'等因。似此公债票一项,既经财政部呈报在前,无从补入。仅将三月分公债票预算书列表备文,呈请大总统察核,转咨参议院代为补入,一并核准,以归划一"等因前来。合将参谋部三月分公债票预算书一份,咨送贵院,请烦查照议决咨覆可也。此咨。

计送交参谋部三月份公债票预算书一份。

据《临时政府公报》第四十九号(南京一九一二年三月二十七日)

---

① 此件所标时间系《临时政府公报》第四十九号出版日期。
② 参谋部总长,即黄兴。

批司法部呈①

（一九一二年三月二十七日）

呈悉。查临时约法第四十条，临时大总统得宣告大赦、特赦、减刑、复权，但大赦须经参议院之同意。又同法第五十六条，本约法自公布之日施行。袁总统前项命令，查系三月初十日所发布，在约法施行之前，须得参议院之追认，方能有效。已咨照参议院，候议决咨覆时，再行饬遵可也。此批。

据《临时政府公报》第四十九号（南京一九一二年三月二十七日）

咨参议院议决袁世凯大赦令文

（一九一二年三月二十七日）②

据司法部总长伍廷芳呈称："案据江宁地方审判厅、检察厅呈称：三月十七日，读《临时政府公报》电报栏内载有：大中华民国元年三月十一日，袁大总统命令：'今国体变更，首在荡涤烦苛，与民更始。我国民积受专制官吏之弊，失〈教〉罹罚，政多未平，陷于囹圄，或非其辜。当兹民国初基，正宜涤除旧染，咸与维新。凡自中华民国元年三月初十日以前，我民国〔国民〕不幸而罹于罪者，除真正人命及强盗外，无论轻罪重罪、已发觉未发觉、已结正未结正者，皆除免之。我国民其自纳于轨物，怀兹刑辟，毋蹈匪彝，以保我同胞之身命荣名于无极。此令'等因。查法律命令效力发生期间，前奉规定公布，无论远近，各衙门以奉到公报后五日为施行期间。所有袁大总统此

---

① 原呈请示如何执行袁世凯大赦令事。此件所标时间系《临时政府公报》第四十九号出版日期。

② 此件所标时间系《临时政府公报》第四十九号出版日期。

项命令,所定范围,是否包括南北一律施行？现在北京政府正在组织之中,南京政府又尚存在,是否认此命令为有效？本厅所受诉讼,三月初十日以前,除真正人命盗犯不在赦免之列,已结正未结正者共计五十八人,是否应遵袁大总统此项命令,并予除免？本厅长等未便擅主,相应备文呈请示遵。等情到部。据此,查南北虽已统一,而内阁正在组织,南京临时政府尚未交卸。袁大总统此项命令,曾否咨由大总统转发临时公报,饬令南北通体遵照,本部未奉明文,不敢臆断。相应据情呈请钧核,以便饬遵施行"等情前来。查临时约法第四十条,临时大总统得宣告大赦、特赦、减刑、复权,但大赦须经参议院之同意。又同法第五十六条,本约法自公布之日施行。袁总统前项命令,查系三月初十日所发布,在约法施行之前,须得贵院之追认,方能有效。合就咨请贵院迅赐议决咨覆可也。此咨。

据《临时政府公报》第四十九号(南京一九一二年三月二十七日)

批交通部呈①

(一九一二年三月二十七日)

呈悉。所拟酌减报界邮电费办法,尚属妥协,应即照准,仰即令行所属知照。至请电袁大总统转饬北京邮局帛黎遵办一节,已电告袁大总统矣,仰即知照。此批。

据《临时政府公报》第四十九号(南京一九一二年三月二十七日)

---

① 原呈提出拟酌减报界邮电费办法并请电告袁世凯事。此件所标时间系《临时政府公报》第四十九号出版日期。

令广东都督酌发昭字全军将士功牌执照文

（一九一二年三月二十七日）①

顷据粤省昭字全军统领郑昭杰呈称"自前年三月，号召同志，分布黄龙都、石龙、增城、清远等处，所需饷项，概由各人担任，并未动支公款。反正后，复以地方多故，仍理旧部，分扎各处，维持公安。今粤局粗定，志愿引退，各军士亦愿解甲归田，惟须商请酌给功牌执照，以酬劳瘁"等因。查该军将士，于粤省反正时，既能自筹饷项，立功于前，迨大局平定之后，复能不事矜伐，解甲引退，实属深明大义，殊堪嘉尚。所请给予功牌执照一节，应即照准，以彰酬庸之典。至应如何分别等差之处，仰该都督会商该军统领妥为办理可也。此令。

据《临时政府公报》第四十九号（南京一九一二年三月二十七日）

命各省都督酌放急赈令

（一九一二年三月二十八日）②

溯自川路事起，武汉倡义以来，兵燹蔓延，于兹数月，东南半壁，已无宁区，加以升痏③抗命，西北兴戎，燕都失防，祸延津保，神州以内共罹兵烽。矧当连年水旱之余，益切满目疮痍之感。夫民国新造，首重保民，顾以用兵之故，致贻失所之忧。本总统每一念及我同胞流离颠沛之惨象，未尝不为之疾首痛心寝食俱废也。兹者大局已定，抚慰宜先。为此电令贵都督等，从速

---

① 此件所标时间系《临时政府公报》第四十九号出版日期。
② 此件所标时间系《临时政府公报》第五十号出版日期。
③ 升痏，指升允。

设法劝办赈捐,仍一面酌筹的款,先放急赈,以济灾黎而谋善后,并将各处被难情形及筹办方法,先行电复,俾得通盘筹算,患防未然。是为至要。此令。

据《临时政府公报》第五十号(南京一九一二年三月二十八日)

饬各省都督保护人民生命财产令

(一九一二年三月二十八日)

各省都督鉴:

临时大总统孙令:此次改革,原为救民水火,乃闻各省光复以来,各地方行政长官及带兵将领,良莠不齐,每每凭藉权势,凌轹乡里,有非依法律辄入人民家宅搜索银钱衣物书籍据为己有者;有托名筹饷强迫捐输甚且虏人勒赎者;有因小忿微嫌而擅行逮捕人民,甚或枪毙籍没以快己意者;排挤倾陷,私欲横溢,官吏放手,民人无依,若不从严缔治,将怨郁之极,铤而走险,恐非地方之福。现在地方官制尚未颁行,各省都督具有治兵察吏之权,务须严饬所属,勿许越法肆行。一面出示晓谕人民,有受前项疾苦者,许其按照临时约法,来中央平政院陈诉,或就近向都督府控告,一经调察确实,立予尽法惩治,并将罪状宣示天下,以昭儆戒。本总统虽解职在即,然一念及民生涂炭,国本所关,不敢自暇,愿我各省都督百僚有司共勉之。此令。

二十八日

孙　文(印)

据《临时政府公报》第五十二号(南京一九一二年三月三十日)

咨参议院议决国务院官制文

（一九一二年三月二十九日）①

现在国务总理唐君②业已来宁，国务院官制尚未拟定，组织一切将何以为依据？昨经本总统令饬法制局迅拟国务院官职令草案，以便依用。兹据呈送前来，相应咨请贵院迅赐议决，至要。此咨。

据《临时政府公报》第五十一号（南京一九一二年三月二十九日）

咨参议院请议决三月份概算表册文

（一九一二年三月二十九日）③

据财政部长陈锦涛呈称："本部汇编三月支出概算表册，已于本月十五日呈请转咨参议院核议在案。惟查此项支出概算表册，既以月为纲，自应于月内核定，以便按款支付。现在临时政府交卸在即，各部院纷纷按照概算草案请领三月分经费。本部处此旋涡，苟欲照付，则法律之手续未完，不付则支给之事实已至，徬徨终日，应付无方。不得不呈请大总统咨会参议院，将各部院三月分概算表册迅赐议决，务在本月内公布，俾领款者知所遵循，发款者文〔有〕所根据"等因前来。查现在已届月杪，所有本月预算表册理应即日公布，俾有遵循。为此咨请贵院，将前次咨请决议之三月分概算表册，即予提前决议咨复，以便转饬遵照。是为至要。此咨。

据《临时政府公报》第五十一号（南京一九一二年三月二十九日）

---

① 此件所标时间系《临时政府公报》第五十一号出版日期。
② 唐君，指唐绍仪。
③ 此件所标时间系《临时政府公报》第五十一号出版日期。

批黄兴等呈①

（一九一二年三月二十九日）

呈悉。吾国民族生聚于东南而凋零于西北，致生聚之地，人口有过剩之虞，凋零之区，物产无丰阜之望，过与不及，两失其宜，甚非所以致富图强之道。拓殖协会之组织，自是谋国要围〔图〕，国家应予协助。所请维持经费三十万元，仰候令饬财政部编入每年预算案可也。此批。

据《临时政府公报》第五十一号（南京一九一二年三月二十九日）

批 黄 兴 呈

（一九一二年三月二十九日）

临时大总统批

一件。陆军部总长黄兴呈复刘烈士道一应请援照杨烈士卓林例恤由。呈悉。应准如所请，仰即查照给恤杨烈士卓林例，一体办理可也。此批。

孙 文

中华民国元年三月二十九日

据中国第二历史档案馆藏《南京临时政府档案》原件

---

① 原呈请求指拨大宗经费组织拓殖协会事。此件所标时间系《临时政府公报》第五十一号出版日期。

令陆军部抚恤邹谢喻彭四烈士文

(一九一二年三月二十九日)①

顷据川人黄复生等呈称"四川前后起义死难者甚众,以邹容、谢奉琦、喻培伦、彭家珍四烈士功绩最为卓著,请照陆军大将军阵亡例赐恤,并请崇祀忠烈〈祠〉"等因前来。案查邹容当国民醉生梦死之时,独能著书立说,激发人心;喻培伦则阐明利器,以充发难军实;彭家珍则歼除大憝,以收统一速效。所请赐恤崇祀各节,着即照准。惟谢奉琦丙午在蜀运动起义,组织各县机关等因,虽其功在民国不小,究与邹、喻、彭三烈士之功略有区别。着改照陆军左将军阵亡例赐恤,仍准崇祀忠烈祠,以慰忠魂而垂不朽。除批示外,合行令仰该部知照。原呈并发。此令。

据《临时政府公报》第五十一号(南京一九一二年三月二十九日)

批陆军部呈②

(一九一二年三月二十九日)

申〔呈〕悉。所请已于川人黄复生等呈内批示知矣,仰即知照。

据《临时政府公报》第五十一号(南京一九一二年三月二十九日)

---

① 此件所标时间系《临时政府公报》第五十一号出版日期。
② 原呈请求抚恤烈士彭家珍并崇祀忠烈祠。此件所标时间系《临时政府公报》第五十一号出版日期。

令财政部将拨助拓殖协会经费编入预算文

（一九一二年三月三十日）①

据黄兴等呈称："窃查世界列强，近皆注意于保护产业，各以扶植己国权利为唯一无上之政策。自西葡航海移殖以来，德于南美、阿很第那，于亚细亚、土尔其及巴尔干半岛，英于南亚非利加、尼勒河流域、扬子江流域与夫印度、波斯之间，俄于满州〔洲〕、蒙古、伊犁及波斯、土尔其，法于亚非利加及南亚细亚，皆扶植殖民之势力，而蓄谋甚阴。近益举世风靡，时会所趋，无待赘述。我国领有东西北满蒙回藏数万里，扼要之地，慢藏诲盗，以资外人。为国防计，何以固吾圉？为外交计，何以殖吾力？为经济计，何以阜吾财？为财政计，何以足吾用？藩篱既撤，堂奥岂能晏然！每一筹思，辄为心悸。

现在共和成立，百废具举，而拓殖一端，尤为当务之急。然兹事重大，断非一手一足之力所可成功。考各国拓殖历史，有因国家政治失宜，纪纲破裂，由脱走本国之人民建立者；有因国家之政策，强制人民移住，遂为后日繁荣之基础者。虽事实各有不同，而其必得国家之协助则一也。今民国建设伊始，上下一心，苟其事为国利民福所关，当不致再蹈亡清壅滞隔阂之弊。兴等不揣冒昧，发起拓殖协会，一面编纂书报鼓吹，以激国民移住之热心；一面组织公司实行，以养国民开拓之实力。惟需款甚巨，既非个人财力所能经营，而招集股份，又恐迂缓难收急效。用敢披沥陈词，吁恳大总统俯念时艰，拨助维持经费三十万元，交参议院列入每年预算案，以便筹办拓殖公司及一切附属事宜，藉杜外人觊觎，而植国家富强之基业。伏乞鉴核，允准立案，并指拨大宗经费，以资进行。民国幸甚"等情前来。

查吾国民族生聚于东南，而凋零于西北，致生聚之地人口有过剩之虞，凋零之区物产无丰阜之望，过与不及，两失其宜，甚非所以致富图强之道。

---

① 此件所标时间系《临时政府公报》第五十二号出版日期。

拓殖协会之组织,实为谋国要图,国家自应协助。除批示外,为此合行令仰该部将该协会所请维持经费三十万元,即行编入每年预算案,即交参议院核议。切切。此令。

据《临时政府公报》第五十二号(南京一九一二年三月三十日)《大总统令财政部将黄兴等呈请拨助拓殖协会经费三十万元编入预算文》

令陆军部抚恤廖传珆等文

(一九一二年三月三十日)①

据呈管带廖传珆运动革命多年,卒惨死于淮南蚌山之役,请照左都尉阵亡例赐恤。其队官朱广凤、李允觉,排长王怀盛、徐兆丰,亦同时殉义,请照右都尉暨大军校阵亡例赐恤。其军士十余人,请并准予附祀该忠义祠。又决胜团学生队王卓、詹蒙、周廷章、李儒清转战武汉,中弹毙命,情形极惨,经各处报告确实,请照大军校阵亡例恤赏。自系阐幽表忠之意。为此令行该部,仰即遵照办理,以恤生者而慰忠魂。此令。

据《临时政府公报》第五十二号(南京一九一二年三月三十日)

咨参议院议决海军部官职令草案文

(一九一二年三月三十日)②

查海军部官职令草案,前据该部呈送前来,经交由法制局审定在案。兹复据法制局将该项官职令草案缮具清折,呈请鉴核前来。相应备文咨请贵

---

① 此件所标时间系《临时政府公报》第五十二号出版日期。
② 此件所标时间系《临时政府公报》第五十二号出版日期。

院迅赐议决,以便颁行。此咨。

据《临时政府公报》第五十二号(南京一九一二年三月三十日)

咨参议院议决稽勋局官职令草案文

(一九一二年三月三十日)①

设立稽勋局一事,前经贵院议决可行在案。兹由法制局拟定临时稽勋局官职令草案,呈请鉴核前来。合即缮清原案,咨请贵院议决施行。此咨。

据《临时政府公报》第五十二号(南京一九一二年三月三十日)

咨参议院取消陆军部概算册中之卫戍费文

(一九一二年三月三十日)②

据财政部呈称:"本月二十一日,准陆军部咨开:'准南京卫戍总督徐咨称:"本总督府三月分概算书,当时以赶造表册,尚须时日,经先将卫戍军队大概数目,函送在案。惟查敝处预算,军队薪饷而外,尚有总督府人员月俸及厅费各项。日昨迭准财政部咨催,经卫戍总督府暨所属军队支用各款,造具表册,全数咨送财政部,并声明嗣后领款,按月由敝处直接向财政部全数领出,以归简便,仍将支用实数造报,送请查核。相应备文,连同表册,咨请查照办理"等情。查本部三月分概算书,业经咨送贵部察核。惟其中尚载有卫戍经费一项,兹准前因,自应全数取消,以免歧异'等因,到部。查卫戍总督府概算,另备专册,共十二万八千六百元三角九厘,其中卫戍费一项,共需现金公

---

① 此件所标时间系《临时政府公报》第五十二号出版日期。
② 此件所标时间系《临时政府公报》第五十二号出版日期。

债计共银元十万另六千五百十五元。前次陆军部所送概算清册,又复将此项列入,自系重复。应照陆军部来咨,即将该部概算册内之卫戍费一项取消,以符概数。理合备文呈请鉴核,俯赐转咨参议院查照施行"等情前来。为此相应咨请贵院,将陆军部概算册内之卫戍费一项取消,以符概数而免歧复。此咨。

据《临时政府公报》第五十二号(南京一九一二年三月三十日)

令各省都督将解部各款从速完缴文①

(一九一二年三月三十一日)

据财政部总长陈锦涛呈称:"据会计司案呈:《临时政府公报》二十八号内载:本部呈请饬令各部办理三月分应支款项,编具概算书,限期造送本部,由部汇送参议院,编成预算。复于本年三月十一日奉大总统公布参议院临时约法内开:第十九条第二次〔项〕,参议院议决临时政府之预算、决算等语。查各部院概算书,业已陆续造送前来。兹经本司详细审查,所有各部院于本月分应支经常、临时及预算等费册内所列数目,其务求撙节者固属不少,而从宽约计者亦居多数。事关中央行政要需,应即遵照临时约法,将各部支出概算书,呈请大总统咨由参议院议决后,再行交部支出。惟各部院成立伊始,用度实繁,纷纷来部请领者,几有日不暇给之势,应请咨会该院,迅予裁决,以便遵行等情。查各部院三月分概算书,支领各款,为数颇巨,筹措维艰。第百端待举,既需款之孔殷,而应付稍迟,辄责言之交至,统筹出入,挹注无方。至本部收入的款,向以全国赋税为大宗。自光复以来,各州县经征款项,应划归中央政府者,虽早经本部通电催解,而各该省迄未照解前来,以致收入亦无从概算。本部专司综核,盈虚酌剂,责有攸归。但仰屋徬徨,

---

① 此令与《临时政府公报》第四十三号《大总统据财政部呈送各部院三月份概算书咨参议院议决文》、第四十五号《大总统通令各省将应解部款从速完缴以资挹注文》同,经参照互校。此件所标时间系《临时政府公报》第五十三号出版日期。

术穷罗掘。募借外债,原非持久之谋,整顿税源,难济目前之急。外省之解拨不至,公产之收入无多。舍此而外,别求财源,纵有孔、桑,何从着手?特际此新政方兴,讵可因噎而废食,度支虽绌,总期积极以进行。锦涛等辗转筹思,深滋恐惧。与其内外相睽,坐以待困,何如同心协力,共济时艰。千钧一发,系于斯时。惟有吁恳大总统,令行各省都督,念国计关系之重,谅本部筹画之艰,将应解部款,从速催缴。其有不足,应行设法弥补之处,并请咨照参议院,议定救济方法,俾本部得所遵守,而财政藉以维持,实为至要。所有呈请交议各部院三月分支出概算书,暨财政困难情形,理合备文呈报,敬祈鉴核施行"等由前来。

查现当建设伊始,庶政待兴,支出则刻不容缓,收入则的款无多。该部所陈财政窘迫各节自系实情。目下各地秩序已渐回复,各种法制未经颁布以前,其一切应行经征各款项自当照旧征收,解交财政部,以充中央行政各费用。中央与各地互相维持,新造民国乃得立于不敝。我各省贤达有为之都督、司令及百有司,必能深明此义,无俟本总统之反复说明。除照所呈另咨参议院外,为此令仰该都督即将应解部款从速完缴,俾资挹注,切切毋违。此令。

财政总长　陈锦涛副署

据《临时政府公报》第五十三号(南京一九一二年三月三十一日)

令准陆军部抚恤烈士李君白等文

(一九一二年三月三十一日)①

兹据该部呈称"修造科科长李君白,因在沪赶制前敌炸弹,拌合药料用力过猛,以致轰燃毙命,血肉狼藉。第一师第二旅第四团第二营长江来甫,

---

① 此件所标时间系《临时政府公报》第五十三号出版日期。

转战颍〔颍〕州，身先士卒，在战斗第一线中弹身亡，遗骸惨被敌人酷虐。请均照左都尉例给恤。

烈士杨禹昌，历充陆军中学教员，鼓吹革命。去秋武汉起义，奔走津、沪，组织一切，厥功甚大，而卒就义于北京。请照右都尉阵亡例，优给一次恤金五百元。

江南将弁毕业生、江西新军队官彭克俭，在萍乡起义事败，为亡清赣抚冯汝骙用酷刑惨毙；安徽炮台管带薛哲，与徐锡麟同谋在皖起义事败，为亡清皖抚恩铭及江督端方惨杀。请均照右都尉阵亡例，给予一时〔次〕恤金七百元，遗族每年恤金四百元。

前湖北常备军督队官胡震江，在皖与熊成基密谋起义事败，潜至金陵，为端方所捕，瘐死狱中。请照大军校阵亡例，优给一次恤金五百元。

前湖北特别陆军学堂毕业生、巡防营排长胡炤恂，在老河口谋举义旗，被湖北光化县拿获遇害。请照左军校阵亡例，优给一次恤金四百元。

宜章志士彭遂良、彭昭，接应义军，与焦达峰光复湘省，被该县令吴道晋诈诱枪毙，情殊可惨。彭遂良请照大军校阵亡例予恤，彭昭请照左军校予恤，并咨行湘都督查明遗族，分别给予抚恤"等情前来。

查以上所开诸烈士，就义之先后虽殊，而其为国为民、以身殉国之忠诚则一，所请给恤之处，自应照准。为此令行该部，仰即遵照办理，以安存殁而励来兹。此令。

据《临时政府公报》第五十三号（南京一九一二年三月三十一日）

咨参议院请议决协助拓殖协会经费文

（一九一二年三月三十一日）①

前据黄兴等呈称组织拓殖协会，请由国家拨助维持经费三十万元，以资

---

① 此件所标时间系《临时政府公报》第五十三号出版日期。

进行等情前来,业经批准立案,并令饬财政部将该项经费三十万元编入每年预算案,交贵院议决拨给。

兹据财政部呈称:"查现在统一政府虽已成立,而编订全国预算案尚须时日。此项拓殖协会为国利民福所关,组织自刻不容缓,所有国家协助该会经费,如必俟全国预算案成立之日始行交参议院核议,恐迂缓难收速效。相应呈请大总统,将国家每年协助该会经费三十万元,先行咨交参议院核议定案,俾便由政府筹款补助,以资早日成立,庶外足以杜强邻觊觎之萌,内足以植国家富强之基也。"等由。

据此,合行咨请贵院速赐议决,俾得早日施行。此咨。

计抄拓殖协会原呈一份。

据《临时政府公报》第五十三号(南京一九一二年三月三十一日)《大总统咨参议院提前议决协助拓殖会经费文》

为民服务通令

（一九一二年三月）

方今民国初基,首在任用贤能。扫除弊蠹。近岁以来,是非倒置,黜陟不公,致钻营奔竞之风大开,谨厚者或贬节以求全,巧滑者益趋炎而忘耻,官方既紊,职守全堕,倾核〔覆〕之由,多在于此,此等恶习,自应痛加洗涤,务绝根株。为此通谕百僚,须知凡属官员,皆系为民服务,官规具在,莫不负应尽之责任,而无特别之利益,何得存非分之希冀,而作无谓之应求；况佐治需才,果有寸长,奚患沦弃；自今以往,该管长官,毋得以好恶为取舍,喜怒为进退,如有此等情形,属员准其申诉；倘属员对于长官再于钻营奔竞情事,必当严加惩戒,以肃官常,维我同官,各宜清白乃心,束身自爱,毋负本大总统殷殷诰诫之意。此令。

据黄季陆主编《总理全集》下册(成都近芬书屋一九四四年版)

严禁鸦片通令

（一九一二年三月）

鸦片烟为害，历岁久远，年来订限禁绝，幸觉悟者日多，稍免荼毒。乃军兴之后，禁令渐弛，复有滋蔓之虑，亟宜重申严禁，责成各长官，将从前禁种、禁运、禁吸各办法，继续进行，毋得稍有疏解！并当剀切晓谕，俾知禁烟为除害救民之要图，凡我国民尤宜视为鸩毒，互相劝惩，不得图一时之利，而贻无穷之害。此令。

据黄季陆主编《总理全集》下册（成都近芬书屋一九四四年版）

令交通部限制官电文

（一九一二年四月一日）①

一等官电之设，原为传递紧要公文，务求捷速起见。乃查近日来去电文，长者辄至数百千言，司电报者，收发一电，动经十数小时，始能完结。是不免以一人一事之交通，致碍各方之信报。推原其故，实缘官电往来，概未取费，发电之人，遂致不知剪裁，往往以单简之事由，发为繁重之言论，烦人废时，几忘设电本意。甚至匿名诋毁，亦借官电传达。此则官署如林，得印甚易，发送无费，恣意何难。若不设法限制，不特于交通有妨，抑恐别生枝节，致碍要政。为此令仰该部，迅即拟一暂行条例，规定每电至长不得过若干字，并于各处官电酌量取资若干，通饬遵行，以示限制而杜流弊。此令。

据《临时政府公报》第五十四号（南京一九一二年四月一日）

---

① 此件所标时间系《临时政府公报》第五十四号出版日期。

批马伯援等呈

（一九一二年四月一日）①

呈悉。民国开创，武汉实为首功，而诸烈士血战捐躯，其死义亦最烈。该发起人等，拟设遗孤教养所，既孚博爱之精神，亦协报功之典礼，殊堪嘉尚。所请拨给公债票二万元作为开办费之处，已令行财政部照拨矣。此批。

据《临时政府公报》第五十四号（南京一九一二年四月一日）

令财政部拨给武汉死义烈士遗孤教养所经费文

（一九一二年四月一日）②

据马伯援、居正、丁仁杰、查能一、李俊英、张权、张楚、倪汉信、胡若龙、杨莹、但焘呈称："窃维武汉一呼，天下响应，专制倒幕，百度维新。联五族为一家，合南北为一体，庶政概从公意，元元咸得自由，民国基础，至是确立。微我武汉诸先烈士，掷其头颅，弃其妻孥，以为代价，宁克底此。伯援等尝侧身赤十字会，目击战地暴尸数十里，地方为之赤。战事方剧，转载伤者之行列，有如鱼贯，疮痍满目，呻吟昼夕。昔人所谓肝脑涂中原，膏血润草野者，殆无以逾此。夫诸先烈既惨淡经营，缔共和之幸福，遗之后人，而己身不获享，或乃有茹痛忍苦、赍遗憾以没者。吾人饮水思源，而不谋所以报之，何以对诸先烈于地下？顾死者已矣，报之曷及。而其后裔，以失恃而家计艰难，无以为生，为数夥颐，遑论教育之事。若将其子若女，集于一处，幼者育之，长

---

① 此件所标时间系《临时政府公报》第五十四号出版日期。
② 此件所标时间系《临时政府公报》第五十四号出版日期。

者教之,俾后长成,擅一技之艺,足以自立,同享共和之幸福,是亦稍慰英魂之道。此伯援等发起遗孤教养所之微志也。理合联词呈请大总统察核,并恳令下财政部,拨给公债票二万元,作为开办经费,曷胜翘企之至"等情前来。

查民国开创,武汉实为首功,而诸烈士死事之惨亦独烈。该发起人等遗孤教养所之设,既昭博爱之忱,亦协报功之义。所请拨给公债票二万元之处,即由该部照拨可也。此令。

据《临时政府公报》第五十四号(南京一九一二年四月一日)

临时大总统解职令

(一九一二年四月一日)

临时大总统训令

前由参议院议决统一政府办法第六条,孙大总统于交代之日始行解职。今国务总理唐君南来,国务员已各任定,统一政府业已完全成立,于四月初一日在南京交代,本总统即于是日解职,是用宣布周知。此后国中一切政务,悉取决于统一政府。本处各部办事人员,仍各照旧供职,以待新国务员接理,勿得懈怠推诿,致多旷废。本总统受任以来,栗栗危惧,深恐弗克负荷,有负付托。赖国人之力,南北一家,共和确定,本总统借此卸责,得以退逸之身,享自由之福,私心自庆,无以逾此。所愿吾百僚执事,公忠体国,勿以私见害大局;吾海陆军士,谨守秩序,勿以共和昧服从;吾五大族人民,亲爱团结,日益巩固,奋发有为,宣扬国光,俾吾艰难缔造之民国,与天壤共立于不敝〔朽〕。本总统虽无似〔德〕,得以公民资格勉从国人之后,为幸多矣。此令。

外交部总长王宠惠知照

(唐绍仪代署名)
中华民国元年四月初一日(印)

据中国第二历史档案馆编《南京临时政府遗存珍档》(凤凰出版社二〇一一年版)影印原件

咨参议院报告解职日期文

（一九一二年四月三日）①

前由贵院议决统一政府办法第六条，孙大总统于交代之日始行解职。今国务总理唐君南来，国务员已各任定，统一政府业已完全成立，于四月二〔一〕②日在南京交代，本总统即于是日解职。此后国中一切政务，悉取决于统一政府。本总统受任以来，夙夜忧惧，深恐弗克负荷，有负国人付托之意。今幸南北一家，共和确定，本总统获免于戾，退居林泉，长为自由国民，为幸多矣。此咨。

据《临时政府公报》第五十六号（南京一九一二年四月三日）

命陆军部议恤令

（一九一二年四月三日）③

溯自武昌雷动，各省云兴，一鼓而专制之幕翻，崇朝而共和之旗树，竟至欢腾五族，祸弭萧墙，鼎定初基，安于磐石。此固全国人民精神之所孕育，抑亦数千百辈血肉之所代偿。方其义旅恢张，豪雄奋发，头颅孤注，功业千秋。或免胄而幸生还，或舆尸而伤革裹，或食少而戕诸葛，或援绝而困霁云。甚至郤克轮殿，中军鼓壮；岑彭盗杀，陇蜀功成。凡夫百战之余生，以及丧元之勇士，不加抚恤，何以酬庸？本总统眷念弗忘，怆怀无似。为此令仰该部，迅速调查民国开国之始，其立功尽瘁者及死事者，分别速行议恤，毋涉疏略，致

---

① 此件所标时间系《临时政府公报》第五十六号出版日期。
② 日期有误，据《临时大总统解职令》和《在南京参议院解职辞》校改。
③ 此件所标时间系《临时政府公报》第五十六号出版日期。

没勋庸,庶慰精诚,亦资借镜。此令。

据《临时政府公报》第五十六号(南京一九一二年四月三日)《大总统令陆军部调查开国立功尽瘁及死事者速行分别议恤令》

令准陆军部请抚恤赵康时等文

(一九一二年四月三日)①

据该部呈称:"前清四川第十七镇正参谋官赵康时,当四川光复之初,兵变遇害,身后凄惨,请照陆军左都尉阵亡例,优予一次恤金八百元,遗族年金四百五十元。徐淮巡防第五营哨长陶振基,单骑追击张勋,被勋溃兵击毙,现妻子流拓镇江,沿门乞食,情殊可悯,请照陆军右军校阵亡例,给予一次恤金三百元,遗族年金二百五十元。又沪军营队官王介夫,光复上海,攻制造局阵亡,现家室流寓沪上,情形极惨;宁巡防缉营管带朱继武,受密约反正,谋泄,为张勋惨杀,均请照大军校阵亡例恤赏。杨作商因赶装炸弹,历三昼夜未息,倦极失慎,弹裂毙命,肢体破碎,极为惨酷;又张钊奋攻南京阵亡;沈克刚光复吴淞,运动军警各界,颇著劳绩,后吴淞军政分府财政长以手枪误伤毙命,均请照右军校阵亡例恤赏"等情前来。查以上诸志士,或因光复之初,兵变遇害;或因只身御敌,为国捐躯;或因赶制炸弹,失慎毙命;或因密图光复,谋泄被戕,其死事虽殊,而其忠于民国则一,所请恤赏之处,理合照淮〔准〕。为此令行该部,仰即遵照办理,藉恤生者,而慰忠魂。此令。

据《临时政府公报》第五十六号(南京一九一二年四月三日)

---

① 此件所标时间系《临时政府公报》第五十六号出版日期。

批黄兴等呈①

（一九一二年四月三日）

呈悉。该会以人道主义提携五族共跻文明之域,使先贤大同世界之想象实现于廿世纪,用意实属可钦。所拟教育、编译、调查、实业各种办法,尚属切实可行,应即准予立案。至请政府拨款补助一节,俟该会各项事业开办时,再行呈请拨给可也。此批。

> 据《临时政府公报》第五十六号（南京一九一二年四月三日）

批袁世凯来电②

（一九一二年六月一日）

看过。当电陈③,着即交呈与总统。

文批

附录　袁世凯致孙中山电

（一九一二年六月一日）

广州孙中山先生鉴:卅一号电悉④。汇业银行呈尚未寄到,已先将专电

---

① 原呈提出拟设立中华民国民族大同会,请求准予立案。此件所标时间系《临时政府公报》第五十六号出版日期。
② 孙中山于1912年6月1日收到袁世凯来电,当日即用铅笔在电文上端批此文。
③ 陈,指陈锦涛。
④ 该电迄今尚未发现。

交财政部矣。袁世凯。东。印。（北京发）

据黄彦、李伯新编《孙中山藏档选编》（中华书局一九八六年版）

拟创办中华振兴商工银行说帖

（一九一二年六月十一日）

股本

一千万元分为十万股,每股一百元。

又一百万镑分为十万股,每股十镑。

地点

总银行设在上海。

又中国境内与亚、美、欧三洲及环球各处,皆可酌量设立分行。

宗旨

本银行为统〔纯〕粹之商工银行,其宗旨专求发展中国一切之营业,又对于中国之商业与工业在经营创始之际,当间接、直接与以助力,且助中国兴办矿务、铁道、航路以及一切经营之事业,能于中国之福利与贸易实有补益者。

性质

本银行之性质,纯系商办处理中国商界上之银市与财政,与政府毫无关涉。

管理

欧洲银商既愿协助本银行资本之半,又愿对于实行本银行之宗旨所有一切要款皆将得自欧洲。欧商之意,不但认招股本一百万镑而已,所有将来商业、工业、农业、矿务、铁道、水利以及安设电灯、行使电机等,凡需集款者其总额可代筹至一百兆镑,或可多于此数,故欧商不能不谋妥保其利权。

因欧商对于欧洲人之愿投巨资者,自以慎保其权利为必要,即无论于欧于华,对于社会上银行之信用,亦必郑重。所以,欧洲银商主张管理本银行必用西法,其权当操于素有经验及富于习练者之手,总经理必聘用西人。其余一切席位,华人能相宜者,皆可聘用华人,惟处办之权必授于外国总理,他人不能干预。

董事

设立一董事部,皆以中国股东为之,不能少于五人,亦不能多于九人。

孙逸仙先生为总董。

顾问

欲谋本银行之发达及得欧洲入股者之普通信用,宜在欧洲设一顾问团,遇有重大事件可献议而致助力于中国之董事部。

簿记

簿记必用西文,且用西国最新之簿记法。

(荷兰银行家士丕文拟)

附录　创办中华振兴商工银行草约

开列以下之大纲,已得中国资本家代表孙逸仙先生及欧洲资本家代表士丕文先生之同意,应视为本银行将来规程之底本。

资本

银币一千万元,分为十万股,每股一百元。

金币一百万镑,分为十万股,每股十镑。

银币股份由孙逸仙先生担任处办,速为集合,一经海电商妥,即交第一次股银,其额不超于二百五十万元,约在西历一千九百十二年八月间交付,以后各次交付股银之日期,先一月通告。

金币股份由欧洲资本家备集,以士丕文先生为代表,一切交付股银之额数及时期,皆依照交付银币股份之例。

办事所

总银行设在上海。

中国境内及亚、美、欧三洲设立分行,其余环球各处应设分行者,可由董事部及顾问团随时决定。

事业

本银行所处办者,如银市上及财政上各种事业及间接、直接有关于商业、工业、农业、矿务、铁道、航路、水陆工程、行使汽机、电机等,并押借及实购产业之类,一切皆包括之。

董事部

董事部以中国股东组织之,永远不得多于九人,亦不得少于五人。

董事部设立于上海,并在欧洲增设一欧人顾问团,协助中国董事部,又兼监督欧洲之分行及出张所。

董事部及顾问团之从新组织,须在每年第一次之股东大会。

资格

必在自己名下占有二百股份,始得被举为董事部及顾问团之人员。

总董

孙逸仙先生应推为本银行第一次总董。

管理

管理本银行应用西法。

中国董事部会同欧洲顾问团,任用外国总经理,本银行管理上之执行权,当授于该总经理,惟彼必受董事部及顾问团之监督及劝告。

本银行所需中国及外国之职员与役人,当由总经理承董事部、顾问团之允许,然后选用。

总经理

士丕文先生应为第一次总经理。

规程

孙逸仙先生担任将应有之规程,如准许外国人为本银行股东之类,陈请北京政府承认。

优先股

酬谢创设本银行出力之人，议设优先股二万股，此项优先股得享照例之公积及六厘股息外，对于本银行之溢利应分百分之三十。

无论何时欲赎回此项优先股者，由董事部及顾问团承股东大会之允许，然后决定每股必给以墨银一百五十元或金币十五镑。

此二万优先股之分配，由海电约定。

论争

凡有论争必依从仲裁人之判断，银行与股东相争者亦同。

簿记

簿记当用西文，并用最新之簿记法。

士丕文先生即回欧洲将本银行规程草定，用英文或法文或兼用英法文，因而照译为华文。

倘有不甚明了之处，俟士丕文先生一到欧洲，即竭其能力互通海电，了解清楚。

路里士先生两方面皆认彼为讨论时之居间人。

关于股本事务，欲知对于预定之总额临时或增或减，当互通海电确定之。

此次草约不能视为有效，必经孙逸仙先生与士丕文先生交换海电更相确定，其更相确定之期限，应不出于阳历七月。

西历一千九百十二年六月十一号订于广州
签字人：孙逸仙
士丕文
士丕文先生之签字见证人：路里士
孙逸仙先生之签字见证人：容　开

据中国国民党中央文化传播委员会党史馆藏一般档案054/5

批内务部总长呈

（一九一二年）

据内务部总长呈称："禁烟公所开办费五千元，土木疆理二局开办购用仪器费六千五百元，均属紧要需用，不及待预算编成，必须预为支领。乞准令财政部先行支给"等情前来。查禁烟公所及土木疆理二局开办购用仪器等项费用，均属紧要，合就令行该部核给可也。此令。

> 据沈式荀编《中华民国第一期临时政府财政部事类辑要》
> （台北学海出版社一九七〇年版）

批苏格兰某君函

（一九一四年三月）

答以日间或可发动，故留此候消息①。如二三月后犹不能动，然后再酌远行也。

> 据中国国民党中央文化传播委员会党史馆藏一般档案
> 052/112

批澳洲黄国民函

（一九一四年七月十日）

回信鼓励，并着即筹款寄来。并寄章程前去。

> 据中国国民党中央文化传播委员会党史馆藏一般档案
> 052/67

---

① 当系指准备在国内发动武装反袁事，时孙中山在日本东京。

批吴麟兆函

（一九一四年七月二十日）

复函鼓励。并前接到汇丰电款一千元，据称由纽约寄来，当时已复函纽约，并收条寄往胡心泉君查交。今接函，始知为贵埠所寄，即致函胡君，将收条寄至贵埠矣。并寄章程。

据中国国民党中央文化传播委员会党史馆藏一般档案 052/57

批伍曜南函①

（一九一四年七月二十三日）

复函鼓励。章程并述第一次革命度量太宽，所以反对党得从中入涉，破坏民国。第三次成功，非本党不得干涉政权，不得有选举权，故将来各埠选举代表，非本党人不可。请照章程通传各埠侨民可也。

据中国国民党中央文化传播委员会党史馆藏一般档案 052/928

批陈新政等函

（一九一四年七月二十九日）

前函已复，想已收到。改组革命党，随贵地情形变通办理可也。

---

① 伍曜南是美国华盛顿州舍路埠（Seattle，今译西雅图）国民党分部长，来函系报告筹集革命款项情况。此件所标日期据来函时间。

情〔请〕誓约一事,已派陆文辉兄前来办理。

李、丘二君,初系自行担任筹款,但近日已与弟通消息,弟着之所筹之款,当直接汇东京弟收,以归统〈一〉。

据中国国民党中央文化传播委员会党史馆藏一般档案052/20

批陈楚楠函

（一九一四年九月二日）

回信鼓励,并详述本党办法及统一之旨,并寄章程。许①在东京,现任本党军务部长,方②来□□□；林子超③往美洲,为本党筹款委员长。福建机局已成,□□□立举事,毋庸再事□□也。

据黄季陆主编《总理全集》下册(成都近芬书屋一九四四年版)

批郑文炳函④

（一九一四年十月六日）

代答:着款汇东京孙先生亲收,分别支应各地,乃能统一。香港自收自用一层,日前已函达邓泽如兄取消办法。

据中国国民党中央文化传播委员会党史馆藏一般档案052/925

---

① 许,指许崇智。
② 方,指方声涛。
③ 林子超,即林森。
④ 郑文炳是中华革命党麻坡支部长,来函系请示汇款办法。此件日期据来函。

批陈警天函[①]

（一九一四年十月二十二日）

海外局答复后，交总务部存案。该地支长已经党务部发函查问，俟有回音，即发给委任状。

据中国国民党中央文化传播委员会党史馆藏一般档案
052/486

批李容恢来函

（一九一四年十月二十二日）

海外局答后，另交总务部择要答复，并分别存案发给委任状。

据中国国民党中央文化传播委员会党史馆藏一般档案
052/477

批吴宗明函

（一九一四年十月三十一日）

港款当汇交邓颂仁收，叶君当照告乃合。今公等竟汇与叶君收，当由贵处函促叶向邓君将收款之数详报前来，弟当发给收条也。以后若欲早得收条，即请将款直汇至东京弟收。弟一到即发收条也。

据中国国民党中央文化传播委员会党史馆藏一般档案
052/57

---

① 原函陈述缅甸党务情况。此件所标时间据来函收到日期。

批芙蓉某君函

（一九一四年十一月十八日）

复函：由横滨汇款尽可，不必汇至东京。挡打银行，到处可以通汇。

据黄季陆主编《总理全集》下册（成都近芬书屋一九四四年版）

批民国维持会函①

（一九一四年十一月二十三日）

由党务〈部〉再致函鼓励，并寄章程、誓约，及由总务部第三局循例通告各近事。

据中国国民党中央文化传播委员会党史馆藏一般档案 052/962

批某君函②

（一九一四年十一月二十六日）

答以所言甚是。此间近正议奖励章程，与足下所见不约而同。以后有款当直寄此地，以归统一。令党务部长发一通告南洋各埠，凡非有本党总理委任，而自行借名某处设统筹部而来筹款者，谋概行谢绝。则所称同志到各

---

① 原函系加拿大云高华（温哥华）埠民国维持会邮寄。此件所标时间据收文日期。
② 原函报告该地近议奖励筹款章程，并拟发一通告南洋各埠非有孙中山委任而借名筹款概行谢绝事。此件所标时间据来函日期。

埠运动,虽属〈个〉人行为,亦必由各支部查明其人已立誓约服从新章否。如尚未立誓约者,支部当劝告即行立誓,如不听从,当则〔则当〕阻止,勿俾到处招摇,以伪乱真,为要。

据中国国民党中央文化传播委员会党史馆藏一般档案 052/964

批释加盖指模之意义①

(一九一四年十二月五日)

第三次革命之后,决不如第一次之糊涂,将全国人民名之曰国民;必其有心赞成共和,而宣誓注册者,乃得名之曰国民。然至成功之日,其宣誓注册之人,自然争先恐后,举国若狂,亦恐根底不固,易为巧诈,借名取利,容易把真心原始之革命党推翻,如袁氏近日之所为。故定事前首义党人有优先权利,选举执政当在首义党人,民国乃能巩固。然到时冒称为首义党人,欲得元勋公民权者,必纷纷也。如第一次之官僚劣绅,向来反对革命,杀戮党人;及一旦革命成功,此辈则争先自号为老革命党,把持一方权利。而向日真心革命志士,且多被此辈杀戮,真伪莫分,热诚志士,成败俱遭惨祸,实可痛也!故第三次成功之后,欲防假伪,当以指模为证据。盖指模人人不同,终身不改,无论如何巧诈,终不能作伪也,此本党用指模之意也。他日革命成功,全国人民亦当以指模为识别,以防假伪,此至良之法也。务望将此意向同志解释明白,不必以外国有用于犯人而生忌讳,至坏良法美义,以至将来自误也。盖他日必再有冒充老革命者出,而吾党之真同志,若无指模为证,则将何以识别?故认定以指模为判真伪,当为一定之办法。真正同志,无指模为凭,则自误也。况今日之法,乃欲他日行之于全国国民者也。吾党为首义尚不肯为,他日全国更何能望其一律遵行也。倘今日以义合则不欲

---

① 此件录自《本部致美洲支部书》,原件标明:这段文字系"奉总理批释"录入。

行之,他日以法使则行之,是失吾人资格也。故指模为一不可更之条件,无论如何委缓,须当解说明白,使同党一致乃可。总之,指模一道,迟早要盖,今日为党人不盖,他日为国民亦必要盖。倘以外国待犯人为言,则外国待犯人,往日单独以照相行之,岂吾人则永不照相乎?此乃少见多怪也。

据中国国民党中央文化传播委员会党史馆藏一般档案
052/314

批查昆臣报告书①

(一九一四年十二月二十三日)

总务、军事、江西支部三部审查答复。

据中国国民党中央文化传播委员会党史馆藏一般档案
052/702

批郑汉武函②

(一九一四年十二月二十四日)

三年十一月二十八日收到星洲由台湾银行电汇到一千元,即日已发回收条第十九号,寄星洲同志卢伟堂查交。如未交到,请向〈卢〉问取可也。总理批。

据中国国民党中央文化传播委员会党史馆藏一般档案
052/211

---

① 查昆臣时任倒袁革命团体"新华社"江西支部长。此件所标时间据报告书到达日期。
② 原函来自中华革命党麻坡支部。

饬中华革命党总务部不再经手何海鸣等给款手谕

（一九一四年十二月）①

何海鸣、陈家鼐、韩恢、凌钺，以上四人，自后所有接济，由总理直交，总务部不得再行经手给款。总理字。

据中国国民党中央文化传播委员会党史馆藏一般档案
051/267

批宿务革命党人函

（一九一四年至一九一五年间）②

复函并寄誓约，着各人再填。因所寄之约不合式，今暂存此地，俟订正之约寄到后，或消毁，或寄回，随同志酌夺。收到几份，当于答函列明。

据中国国民党中央文化传播委员会党史馆藏一般档案
052/1173

批查昆臣函③

（一九一五年一月三日）

总务、军事、江西支部三部审查答复。

据黄季陆主编《革命文献》第四十八辑（台北一九六九年版）

---

① 原件注有"三年十二月二十八日午后二时收到"字样。
② 秦孝仪主编《国父全集》原编者注："来函未见，批在空信封上，应在民国三、四年间。"
③ 原函请委余子厚为江西革命军总司令，并报告江西省军事计划。此件所标时间为来函收到日期。

批曾集棠函

（一九一五年一月四日）

觉生答之，嘉奖其志，并本党现已设立统一机关，凡愿效力于革命，须就各地支部或分〈部〉立誓加盟，由部长荐去候用。

> 据中国国民党中央文化传播委员会党史馆藏一般档案 052/56

命总务部等核委李容恢职务令

（一九一五年一月六日）

李容恢君自请效力往南洋联络，可否给予委任，着总务部长、副部长、党务部长与江西支部长会议，从详查核施行。此令。

准正月初九以前答复。

总理孙文令

> 据中国国民党中央文化传播委员会党史馆藏一般档案 051/355

批傅铁民函[①]

（一九一五年一月九日）

可准行。正副名誉部长总理委，其他由党务部长委任。

> 据黄季陆主编《总理全集》下册（成都近芬书屋一九四四年版）

---

① 傅铁民在中华革命党吉礁支部工作。原函呈请委任名誉正副部长及各科正副长事。

批刘平函①

（一九一五年一月九日）

总理阅过。交总务部、军事部会同审查。

据黄季陆主编《总理全集》下册（成都近芬书屋一九四四年版）

批怡保某君函②

（一九一五年一月十一日）

待答:并发给收条。

答以本党自开办以来,对于海外筹款,只发给总收条;其分收条,当由各支部、分部自发。伍平一君所主张之法,非本部之意,如海外各部若以此法为良善,亦可由本部另订新章办理。但各埠既自立支部、分部,本部只对于支部、分部各长交涉。支部、分部,对于党员较为妥善,他日赏勋酬劳,亦容易调查。因本部办事人员,一遇革命得手,则全数入内地,分往各省担任职务,如此,则恐难再行会商党事也。故对海外党员,当以支部及分部为交通点,倘各支部、分部恐当地党员不信用,当由党员公举理财员,汇款至本部,得回总收条,昭示大众,当无不信也。另由支部、分部造详细征信,以示大众及备考,则他日偿债筹划,亦由支部经理便可。

据黄季陆主编《总理全集》下册（成都近芬书屋一九四四年版）

---

① 原函报告江西军事布置情形,并建议迅速武装起义。刘平时任职于军事部。
② 原函询问关于发给海外筹款收条办法事。

批王孟琹函①

（一九一五年一月十五日）

交觉生、梓琴代答，劝他写誓约。

据黄季陆主编《总理全集》下册（成都近芬书屋一九四四年版）

批居正呈②

（一九一五年一月十九日）

此事已直达〔答〕巴城，并无其事，此乃刘擅行自立。

据中国国民党中央文化传播委员会党史馆藏一般档案052/494

对豫、鲁地区军事的指示

（一九一五年一月二十日）

豫之军队，出于意外，亟应特别留意，至宋、庞③若果能动，则不惜小费而使之急进可也。

铁道以毁为主，盖我得时，于兵事政治皆不能立时适用，莫如毁之，免资敌也。

据谢持《总理嘱件记录》，载罗家伦等主编《国父年谱》增订本上册（台北一九八五年版）

---

① 原函请函召失败之孟介回来，加以劝勉，以备他日之用。
② 原呈请示可否委任吉礁名誉部长，并据巴达维亚支部函询刘子芬在港设立机关是否奉孙中山命令事。居正时任中华革命党党务部长。
③ 宋、庞，即宋拼三、庞三杰。1月21日孙中山委任庞三杰为鲁、豫、淮游击司令官。

谕许崇智呈①

（一九一五年一月二十一日）

转嘱聂豫君及该救世军团体，立约者认为党员，入党后再与之接洽。

> 据《中华革命党军事部日记》，载罗家伦等主编《国父年谱》增订本上册（台北一九八五年版）

批许崇智等呈②

（一九一五年一月二十六日）

着照办理。

> 据黄季陆主编《总理全集》下册（成都近芬书屋一九四四年版）

批许崇智等函③

（一九一五年一月二十七日）

着照办理。

> 据黄季陆主编《总理全集》下册（成都近芬书屋一九四四年版）

---

① 原呈为代李文甫呈聂豫上孙中山书。
② 原呈请委蔡济民为湖北革命军司令长官事。许崇智时任中华革命党军事部长。
③ 原函呈请委任夏尔玛为中华革命军浙江司令长官事。

批杨熙续函①

（一九一五年一月二十七日）

调查应否补助。

据黄季陆主编《总理全集》下册（成都近芬书屋一九四四年版）

批陈其美许崇智呈②

（一九一五年一月三十一日）

所拟适当，着即日施行。惟以前已领委任状者，按时地宜否酌量办理就是。总理批。

正月三十一日

据中国国民党中央文化传播委员会党史馆藏一般档案052/20

批许崇智周应时呈③

（一九一五年二月一日）

准照办理。

据黄季陆主编《革命文献》第四十八辑（台北一九六九年版）

---

① 原函请求给予接济钱财事。
② 原呈为拟定军事服务状式请示核办事。陈其美时任中华革命党总务部长。
③ 原呈请委庞三杰鲁豫淮游击司令官并规定主要任务事。时周应时任中华革命党军事部副部长。此件所标时间系来呈收到日期。

谕军事部呈

（一九一五年二月一日）

以毁津浦铁路为主要任务，余照所请。

> 据《中华革命党军事部日记》，载罗家伦等主编《国父年谱》增订本上册（台北一九八五年版）

收到山田纯三郎来款收据

（一九一五年二月二日）

收到山田先生交来金二万元也。

孙　文

民国四年二月二日

据中国国民党中央文化传播委员会党史馆藏一般档案054/69

批许崇智周应时呈[①]

（一九一五年二月三日）

准照办理。

> 据黄季陆主编《革命文献》第四十八辑（台北一九六九年版）

---

① 原呈请委哈在田为徐州革命军司令官、臧在新为淮上革命军司令官、丁明清为海州革命军司令官、程壮为通州革命军司令官、詹炳炎为扬州革命军司令官，并请从速拨款事。此件所标时间系来呈收到日期。

批许崇智周应时呈二件①

（一九一五年二月四日）

一

除蒋介石外，悉着照议办理。总理批。

据中国国民党中央文化传播委员会党史馆藏一般档案052/270

二

着照办理。

据黄季陆主编《革命文献》第四十八辑（台北一九六九年版）

批卢耀堂函②

（一九一五年二月七日）

答以弟并未有嘱托买山园之事，此事弟实不知情由，请为详示。徐人〔君〕往南洋全为个人计，并未何种党务委托也。

据中国国民党中央文化传播委员会党史馆藏一般档案052/932

---

① 原呈一系据浙江革命军司令长官夏尔玛请委任郑炳垣为浙江革命军第一旅长，蒋介石为浙江革命军宁波司令官，邵元冲为浙江革命军绍兴司令官，金维系为浙江革命军严州司令官事。原呈二系转据湖北革命军司令长官蔡济民请委任吴醒汉为湖北革命军司令长官部参谋长、江炳灵为副官长事。此二件所标时间系来呈收到日期。

② 原函询问是否曾命徐朗西到南洋购买山园以为办事地方事。此件所标时间系来函日期。

批许崇智等呈①

（一九一五年二月十四日）

着总务部长酌量办理。总理批。

据中国国民党中央文化传播委员会党史馆藏一般档案
052/229

批居正呈②

（一九一五年二月二十五日）

俟派员往南洋切实调查后，再行办理。总理批。

据中国国民党中央文化传播委员会党史馆藏一般档案
052/305

批许崇智等呈③

（一九一五年二月二十七日）

总理批：江西司令长官尚未定当，俟司令长官定人后，由长官推荐，以成统系为妥。

据中国国民党中央文化传播委员会党史馆藏一般档案
052/267

---

① 原呈为请核江苏全省进行计划事。此件所标时间系原呈日期。
② 原呈请求加委弓长杰为荷属联络委员事。
③ 原呈为请委赖天球为江西革命军赣南司令官事。

批蔡济民呈①

（一九一五年四月十日）

着即发委任状。其款俟有着时乃给。此批。总理字。

据中国国民党中央文化传播委员会党史馆藏一般档案
052/265

批党务部呈②

（一九一五年四月十二日）

准照办理。着委为英国利物浦支部长、副支部长可也。总理批。

据中国国民党中央文化传播委员会党史馆藏一般档案
052/35

谕党务部长即寄誓约两本交香港朱卓文收用手令

（一九一五年四月十七日）③

党务部长照：请给誓约两本，交仲民寄香港朱卓文收用为荷。孙文字。

四月十七日

据中国国民党中央文化传播委员会党史馆藏一般档案
051/278

---

① 原呈请改调湖北第一、第二、第四、第五各区司令官，并接济费用事。蔡济民时任湖北革命军司令长官。
② 原呈请求委派陆孟飞、骆谭为中华革命党利物浦支部正副支部长事。
③ 原函无年代，系"中华革命党用笺"，当在1915年。

批叶独醒函①

（一九一五年四月二十三日）

交回总务部复。看后，关于飞机人员，此间无从酌夺，请该员自行裁夺，或贵埠同志与他酌夺可也。

再：复函，对于谭根不置可否乃妥。

据中国国民党中央文化传播委员会党史馆藏一般档案
052/827

批周应时函②

（一九一五年五月二日）

惠生③代答，以所言极是，当照来函意，作救国通告一章。

据中国国民党中央文化传播委员会党史馆藏一般档案
052/634

批陈慕徐函

（一九一五年五月八日）④

谢惠生代答云：此间无款，已函着上海同志代筹，如筹得多少，当由周君

---

① 原函为推荐谭根、欧阳尧事。此件所标时间系来函所署日期。
② 原函主张党务部第二通告宜补行宣示国人，以救国者决不卖国；并声明未与他国订约事。此件所标时间系来函所署日期。
③ 惠生，即慧生，谢持字。
④ 此件所标时间系来函所署日期。

接济也。

据中国国民党中央文化传播委员会党史馆藏一般档案 052/958

批葛庞函①

（一九一五年五月十六日）

惠生代答以不能再为力。

据黄季陆主编《总理全集》下册（成都近芬书屋一九四四年版）

批黄实函②

（一九一五年五月二十六日）

惠生代复：此事可以办到，惟必当一次了之乃可。

据黄季陆主编《总理全集》下册（成都近芬书屋一九四四年版）

批中华革命党金山支部函

（一九一五年六月二十三日）③

指模本定用左正指，金山支部大约为避洪门之底号，故改用右正指。但

---

① 原函恳请再借千元作为遣散同志费用事。
② 原函请接济郑经纶学费四十金，并告己身学费无着，请玉成事。
③ 此件所标时间系来函所署日期。

吾党以指纹为重，倘前已用了左指者，将来如有查对，则说明右指便可。以前宜一律用左指为妥。

据中国国民党中央文化传播委员会党史馆藏一般档案 052/1219

批 居 正 呈①

（一九一五年七月五日）

此处暂行缓办，待专派员许崇智回来报告再酌。除菲律宾一处暂行缓办外，余一概准行。总理批。

据黄季陆主编《革命文献》第四十八辑（台北一九六九年版）

批驻英利物浦埠国民党支部评议部函

（一九一五年七月十二日）

一、写信郑螺生、李源〈水〉并寄原函去。近来各地热心同志急欲进，故各派人回内地组织机关，以图进行，热诚实为可嘉。惟不统一之弊，则从此生矣，故香港有数十机关，各不统一，则多半由外洋热心同志所派回者，如公等派林师肇君同为一例，一旦机关完成，进行有望，则断难联合矣。

---

① 原呈转请分别委任林连称、郑太奇、许清源为巨港支部总务、党务、财务各科主任；吴公辅、陈柏鹏、钟莠珊、李逊三、钟公任为巴城支部总务、党务、调查、交际各科主任；麦炳初、邓培生、梁英、邓泽如为芙蓉支部总务、党务、财务各科主任及评议部长；谢汉兴、傅子政、陈伯豪、刘谦祥、杨仲平为宿雾支部总务、党务、财务、交际各科主任及评议部长；饶潜川、郑士铨、黄德源、蓝磊、曾省三为仰光支部总务、党务、财务、调查各科主任及评议部长；李思辕、张本汉、黄燮泰、冯伯罹、陈天扶、王忠诚为菲律宾第二支部正副部长，总务、党务、财务各科主任及评议部长；林偶然、蔡怀安、林有祥、陈英担、李引□、郑玉池为吉礁支部总务、党务、财务、调查、交际各科主任及评议部长事。

二、同办一事不能联合,久而久之,自然生出冲突,此时欲救无法矣。故对于第三次革命,弟力任其难,发起中华革命党,设本部于日本东京,为全国之枢纽。请公等及各埠同志如物识有可为之人物,宜直接介绍前来本部差遣,以归统一,庶于大局有补。

据中国国民党中央文化传播委员会党史馆藏一般档案
052/41

批居正呈①

（一九一五年七月十五日）

江西派人从缓,彭养光照委。总理批。

据中国国民党中央文化传播委员会党史馆藏一般档案
052/287

批班林书函②

（一九一五年九月七日）

所言若果诚心,可准其办理,惟费不得过应用之数。

据中国国民党中央文化传播委员会党史馆藏一般档案
052/714

---

① 原呈为转据江西支部长徐苏中催派徐鉴往江西各地视察党务,又请委彭养光为长崎联络委员事。
② 原函报告回国计划事。班林书时任中华革命党代理山东支部长。此件所标时间系来函日期。

收回公家还款凭单

（一九一五年九月十三日）

收回公家还款一万元正。

孙　文
民国四年九月十三日

据中国国民党中央文化传播委员会党史馆藏一般档案054/56

批马杰瑞等函[①]

（一九一五年九月二十二日）

着速将款寄金山筹饷局，以便早日汇寄前来应急。

据黄季陆主编《总理全集》下册（成都近芬书屋一九四四年版）

批周应时呈[②]

（一九一五年十月十五日）

着与英士酌量，由英士决夺办理。总理批。

十月十五日封

据中国国民党中央文化传播委员会党史馆藏一般档案052/20

---

① 原函报告办理报务及筹款情况事。马杰瑞时任中华革命党域利多交通部长。
② 原呈请求取消所担任的中华革命党军事部副部长及江苏司令长官职务，另派贤能来沪接管事。

批杨汉孙函①

（一九一五年十月二十三日）

（关于电码之事）答以现当欧战之际，凡经英国管治下之电局，检查甚严，所有不明白之电，皆不准发。则照来信所言，以商场通话编成密码，若简单则不敷于用，若详细则编制为难；且一电之语气，前后不接者，英电局亦必不发。是以以电报传时局之变，恐不能尽达其意，自后当着接洽海外同志局员，频频致书，将国内时局详报就是。

据中国国民党中央文化传播委员会党史馆藏一般档案 052/924

批萧汉卫函②

（一九一五年十月二十五日）

答以当将来信详情转告支部，由彼地设法办理乃合，不能另给委任状。

据《总理办公处收发登记簿》，载罗家伦等主编《国父年谱》增订本上册（台北一九八五年版）

---

① 原函报告捐款及汇款情形，并请编一密码电本事。杨汉孙时任中华革命党巴东支部长。此件所标时期系来函日期。

② 芝加哥萧汉卫报告，美洲保皇党近颇不直袁氏，故拟设一中华革命协会，屡函支部注意收纳，将来章程寄来时，请给委状。

批容星桥函①

（一九一五年十一月九日）

代答以陈君春生虽久主笔政，然对于革命仍是门外汉。其所收藏不免街谈巷语，挂一漏万，殊不足为革命之史料。本党不能代为印行，并将原件寄回。交总务部。

据中国国民党中央文化传播委员会党史馆藏一般档案052/170

批郭汉图函②

（一九一五年十一月九日）

心准③代复，以应酬语嘉勉之。

据黄季陆主编《总理全集》下册（成都近芬书屋一九四四年版）

批洪兆麟函④

（一九一五年十一月十一日）

答以函悉，兄过堂数十次，已证明无罪，而港督以行政干涉，以偏袒龙济

---

① 来函请将陈春生所集1895年以来革命事迹之史稿一书刊印事。
② 原函报告经商发达情况并请代为招股事。
③ 心准，即谢心准，时任孙中山秘书。
④ 洪兆麟1914年在惠州举事，负伤至香港，为龙济光购探拘捕，孙中山延律师为之辩护，已证明无罪，后港督竟应龙之请拟将洪引渡于龙。洪于1915年10月20日向孙中山求救，是日孙接书后批示。

光,实属失英人素来公正之态度。如果被诬提解往省,文当将事诉之英国议院并英民公论,以彰港督之无理枉法,想英人民必有公道也。

据《总理办公处收发登记簿》,载罗家伦等主编《国父年谱》增订本上册(台北一九八五年版)

批潘祯初函①

（一九一五年十一月十二日）

代答以函悉,热诚可嘉。并询其事何业？长于何技？着向利物浦或伦〈敦〉中华革命党分部注名入党,到时便可投效军前也。

据中国国民党中央文化传播委员会党史馆藏一般档案
052/165

颁给李庆标奖状

（一九一五年十一月十五日）

三等有功章奖状

李庆标君慷慨捐资,赞襄义举,赉兹永宝,用彰厥功。

中华民国四年十一月十五日
中华革命党总理　孙　文

据中国国民党中央文化传播委员会党史馆藏一般档案
051/208

---

① 原函提出愿担任马前差使事。

颁给何荫三奖状

（一九一五年十一月十五日）

三等有功章奖状

何荫三君慷慨捐资，赞襄义举，赍兹永宝，用彰厥功。

中华民国四年十一月十五日

中华革命党总理　孙　文

据中国国民党中央文化传播委员会党史馆藏一般档案051/208

批王敬祥函①

（一九一五年十一月十九日）

答以：前拟以南洋之款寄到乃还，但近因粤以起事需款极急，南款已着直汇香港，以应粤需。阁下所借之四〔银〕数，现尚无的款可以指定，未知阁下能否另行设法代还。如其不能，则此间当另行设法。万一不得手，则请设法转期三月，或先还多少，到时或可为力也。

据中国国民党中央文化传播委员会党史馆藏一般档案052/876

---

① 来函请筹还代借之款事。日期据底本。

颁给郑秀炳奖状

（一九一五年十一月二十日）

三等有功章奖状

郑秀炳君慷慨捐资，赞襄义举，赉兹永宝，用彰厥功。

中华民国四年十一月二十日

中华革命党总理　孙　文

据中国国民党中央文化传播委员会党史馆藏一般档案051/208

批吴铁城函[①]

（一九一五年十一月二十六日）

复信檀山支部并希炉分部致哀，并吊慰其家人。

据中国国民党中央文化传播委员会党史馆藏一般档案052/385

[①] 来函报告中华革命党檀香山支部希炉分部长兼筹饷局长黎协，于1915年11月19日被刺遇难。吴铁城时任中华革命党檀香山特派委员。此件所标时间系来函日期。

颁给吕双合奖状

（一九一五年十二月一日）

二等有功章奖状

吕双合君慷慨捐资,赞襄义举,赉兹永宝,用彰厥功。

中华民国四年十二月一日

中华革命党总理　孙　文

据中国国民党中央文化传播委员会党史馆藏一般档案051/213

颁给黄馥生奖状

（一九一五年十二月一日）

二等有功章奖状

黄馥生君慷慨从戎,赞襄义举,赉兹永宝,用彰厥功。

中华民国四年十二月一日

中华革命党总理　孙　文

据中国国民党中央文化传播委员会党史馆藏一般档案051/197

批日本神田代木君函

（一九一五年十二月八日）

心准代答：约以十二月十日午后二时来见。

据黄季陆主编《总理全集》下册（成都近芬书屋一九四四年版）

批梁愚函

（一九一五年十二月二十一日）①

答以沪款收到，良牧款并由此追认。请竭力再筹应急。

据中国国民党中央文化传播委员会党史馆藏一般档案
052/922

批傅天民函②

（一九一五年十二月二十四日）

可准行，正副名誉部长总理委，其他由党务部长委任。

据中国国民党中央文化传播委员会党史馆藏一般档案
052/479

批刘崛函③

（一九一五年十二月二十四日）

答以：现款难得，临时军费，因粮为必要；地方一切货物、钱财，悉发收据，定以时价，尽为收买，由我管藏之，则民间亦当向我取求，而钱银自归予我矣。我有货物，如盐、米、油、茶、烟、酒、布、帛等大宗养命必需之货，在掌

---

① 此件所标时间系来函日期。
② 傅天民时任职中华革命党吉樵支部。
③ 原函报告筹划工作进行顺利，请准备款项及选择军事、政治干部，俟电到即派回广西襄助工作事。刘崛时任广西革命军司令长官。

握之中,则币票可通行无碍矣。此物此间已印就,一得地点能交通,海外当能直送到也。

据中国国民党中央文化传播委员会党史馆藏一般档案052/860

批郑振春函①

（一九一五年十二月二十七日）

党务部代答云：分部本无限制，可并驾而驰，以图扩张党势。本部之于职员，当视效果之大小，以论功绩，望各勉力进行可也。

据黄季陆主编《总理全集》下册(成都近芬书屋一九四四年版)

批周之贞函②

（一九一五年十二月二十七日）

答以：各事可听执信计划而行。

据黄季陆主编《总理全集》下册(成都近芬书屋一九四四年版)

---

① 原函请求取消陈侠农委任状事。郑振春时任职于中华革命党广东琼州分部。
② 原函报告陈炯明在粤活动情形，提出不可不谋先发制人事。

批伍平一函[①]

（一九一五年）

答函要点：

一、此事之错，在文一接兄函即发委任状，破例即犯例也。弟所以如此者，信兄之深也。同时属以写约寄来，望兄接信之日，即写即寄，便可弥缝也。乃兄不会此意，而自写于国字部内，而又久不抽出寄来。今受人攻击，本部职员一查，兄确未有誓约，文不能不对本部认错，所以有着兄在岷立誓，预料兄一定难从，所以只有着兄来东之一法耳。

二、文不特对本部要认错，对于岷支部亦不能不认错，非关于筹款之多少也。文虽为总理，亦不能违例，此所以不同于专制也。

三、兄既接三号之信，而明知文以私人情谊破例行之，而犹不晓，即将誓约一张寄来以为补救，是于无意中扬揭文之违例也。此事一扬，文不认错便是违法专制矣，兄将何以教我？

四、事既错矣，而兄今日之信，犹欲文强承兄之约已寄到东京，以瞒岷支部，是教我行恶也。

据中国国民党中央文化传播委员会党史馆藏一般档案
052/491

批某侨埠中华革命党支部函[②]

（一九一五年至一九一六年间）

筹饷一事，虽支部亦可兼任，但当以分任为宜。支部专任推广党势，筹

[①] 原函报告遵命停止吸收会员事。
[②] 来函者及批文日期均未详，所标时间据秦孝仪主编《国父全集》。

款委员专司财政,协力进行,必收效果。贵埠侨胞人数财力,俱过于美埠金山大埠,而金山一埠能筹款十余万,而贵埠乃如此,公等之责不可不加勉也。

据中国国民党中央文化传播委员会党史馆藏一般档案
052/310

颁给何荫三奖状

(一九一五年至一九一六年间)

二等有功章奖状

何荫三君慷慨从戎,赞襄义举,赍兹永宝,用彰厥功。

中华民国　年　月　日

中华革命党总理　孙　文

据中国国民党中央文化传播委员会党史馆藏一般档案
051/208

颁给黄德源奖状

(一九一五年至一九一六年间)

二等有功章奖状

黄德源君慷慨从戎,赞襄义举,赍兹永宝,用彰厥功。

中华民国　年　月　日

中华革命党总理　孙　文

据中国国民党中央文化传播委员会党史馆藏一般档案
051/208

颁给邢炳光奖状

（一九一五年至一九一六年间）

三等有功章奖状

邢炳光君慷慨捐资，赞襄义举，赉兹永宝，用彰厥功。

中华民国　年　月　日

中华革命党总理　孙　文

据中国国民党中央文化传播委员会党史馆藏一般档案230/2446

批尹子柱等函①

（一九一六年一月三日）

答以函悉。江西司令长之事，文当有主张，现尚不便发表，必俟事发之后方可公布，到时无论何人，总望公等协力襄助，以成大事云云。总理批。

据中国国民党中央文化传播委员会党史馆藏一般档案052/360

批□□伟致谢持函

（一九一六年一月四日）

慧生代答以本已有策划，并嘉其热心。

据黄季陆主编《总理全集》下册（成都近芬书屋一九四四年版）

---

① 原函请对于推举欧阳豪或董福开继夏之麒司令办理赣省党务者俱作罢论，另委贤能接充。尹子柱是江西中华革命党人。

批胡汉民签转香港某君函

（一九一六年一月十日）

至紧！复函奖励，并着执信、海云①与接洽。

据黄季陆主编《总理全集》下册（成都近芬书屋一九四四年版）

批 梁 愚 函②

（一九一六年一月十一日）

答以：沪款收到，良款亦由此追认，请竭力再筹应急。

据黄季陆主编《总理全集》下册（成都近芬书屋一九四四年版）

批薛汉英函

（一九一六年一月十三日）

答以薛君借出飞船公司之款，因谭根君欲由公司填还，故未发收条。若飞船公司不能，当由本部认归公款开销，发还收条就是。

据中国国民党中央文化传播委员会党史馆藏一般档案 052/84

---

① 执信、海云，分别指朱执信、李海云。李时任中华革命党广东高雷两阳恩开新等处区司令。

② 原函报告款项除前寄香港良款外，余数已汇上海陈其美收。梁愚时担任中华革命党南洋日里正支部长。

批吴铁城函①

（一九一六年一月十四日）

复函嘉勉，并照开列各会馆，各致一函奖励，并任委郑成功为希炉筹饷局长。交仲恺办理。

据中国国民党中央文化传播委员会党史馆藏一般档案 052/480

批冯自由函②

（一九一六年一月十四日）

复函着致力筹款，待有号令招乃可回。岑③日内来日本，报上所传不实。仲恺办理。

据中国国民党中央文化传播委员会党史馆藏一般档案 052/84

批许直臣呈④

（一九一六年一月十四日）

仲恺办理，复函嘉勉。

据黄季陆主编《总理全集》下册（成都近芬书屋一九四四年版）

---

① 原函推荐郑成功为希炉筹饷局长，并报告劝募年饷情形及请奖励四大都会馆事。吴铁城时任中华革命党檀香山特派委员。
② 原函报告筹款情形，并谈粤事如发动必就道回国事。
③ 岑，即岑春煊。
④ 原呈报告该处支部选举正副部长及筹款情形。许直臣时任中华革命党檀香山副支部长。

颁给林元光奖状

（一九一六年一月二十一日）

三等有功章奖状

　　林元光君慷慨捐资，赞襄义举，赉兹永宝，用彰厥功。

中华民国五年一月二十一日

中华革命党总理　孙　文

据中国国民党中央文化传播委员会党史馆藏一般档案
051/213

批冯自由函

（一九一六年一月）①

　　并有电来问各省独立，需彼回否，已答须待上海得后乃可回，现当请竭力筹款，以应各省起事云云。

据中国国民党中央文化传播委员会党史馆藏一般档案
052/89

给夏次岩经费手谕

（一九一六年二月七日）

　　见票即交夏次岩君亲收日金一万七千元正。孙文。

据中国国民党中央文化传播委员会党史馆藏一般档案
051/447

---

① 原件无年代，冯自由来函仅书"十二月二十四日"，据中有"报载云贵陆军倡言独立，反对帝制"等内容，当系 1915 年 12 月 24 日发，按时间推断，当在 1916 年 1 月寄达。

电送香港朱超经费手谕

（一九一六年二月八日）

请电送香港朱超收日金一万元也。孙文。

据中国国民党中央文化传播委员会党史馆藏一般档案 051/446

令汇款东京手谕

（一九一六年二月八日）

票汇东京孙文收日金六万元也。孙文。

据中国国民党中央文化传播委员会党史馆藏一般档案 051/457

颁给陈秉心奖状

（一九一六年二月八日）

三等有功章奖状

陈秉心君慷慨捐资，赞襄义举，赉兹永宝，用彰厥功。

中华民国五年二月八日
中华革命党总理　孙　文
据中国国民党中央文化传播委员会党史馆藏一般档案 051/243

交吴藻华经费手谕

（一九一六年二月十五日）

即交吴藻华君亲收日金五千元也。孙文。

>据中国国民党中央文化传播委员会党史馆藏一般档案 051/456

交周淡游经费手谕①

（一九一六年二月十八日）

即交周淡游君亲收日金五百元也。孙文。

>据中国国民党中央文化传播委员会党史馆藏一般档案 051/455

交吴藻华经费手谕

（一九一六年二月十八日）

即交吴藻华君亲收日金四千元也。孙文。

>据中国国民党中央文化传播委员会党史馆藏一般档案 051/449

---

① 周淡游是陈其美助手，负责长江一带秘密联络事宜。

批邓居文函①

（一九一六年二月十九日）

交惠生调查后，约来见。

据黄季陆主编《革命文献》第四十八辑（台北一九六九年版）

交刘友敏经费手谕

（一九一六年二月二十日）

即交刘友敏君亲收日金三千五百元也。孙文。（由吴藻华君介绍前来）

据中国国民党中央文化传播委员会党史馆藏一般档案 051/448

给久原房之助借款收据及证明书

（一九一六年二月二十日）

谨借到久原先生日金七十万元。兹将借款目的及今后希望附记如下：一、署名人素以图东洋平和及中日亲善为目的，贷款人深谅此热诚，愿赞助署名人之政治改良事业，乃允本项借款。今后署名人得此援助，若获成功，必以全力贡献于东洋平和及中日亲善之事业。一、今后如贷款人有关于在中国之实业计划，商于署名人，署名人必以好意为之协力。一、本

---

① 邓居文为吉林留美学生，来函自述生平，请求"以私人名义，叩而问教"。此件所标时间系来函日期。

项借款在署名人事业成功后,或由民国政府,或由署名人负担偿还之责任。

孙 文
中华民国五年二月二十日

久原房之助先生惠存。

据中国国民党中央文化传播委员会党史馆藏一般档案054/73

批陈煊雷瑞廷等函[①]

（一九一六年三月五日）

着军事部代复,奖其热心,并着稍候沿海得有根据之后,当函召回来效力也。

据中国国民党中央文化传播委员会党史馆藏一般档案052/55

批小吕宋吴宗明函[②]

（一九一六年三月六日）

仲恺办理,并复。

据黄季陆主编《总理全集》下册(成都近芬书屋一九四四年版)

---

① 陈煊、雷瑞廷为旅美华侨,时正拟组织美洲讨袁军。
② 原函请电达筹饷局长薛汉英拨出军债票一千元,交吴宗明自己设法招售,以还《公理报》之旧欠。

批史明民函①

（一九一六年三月二十日）

惠生代复,着他来见。

据黄季陆主编《总理全集》下册(成都近芬书屋一九四四年版)

批朱霁青致谢持函②

（一九一六年三月二十二日）

可据实答之,并着再来见。

据黄季陆主编《总理全集》下册(成都近芬书屋一九四四年版)

颁给杨其焕奖状

（一九一六年三月三十一日）

三等有功章奖状

　　杨其焕君慷慨捐资,赞襄义举,赉兹永宝,用彰厥功。

中华民国五年三月三十一日
中华革命党总理　孙　文

据秦孝仪主编《国父全集》第八册(台北近代中国出版社一九八九年版)

---

① 原函为请求急图东三省事。
② 原函陈述对于党务、国事之感想,并问子弹事。

颁给黄挺生奖状

（一九一六年四月八日）

三等有功章奖状

  黄挺生君慷慨捐资，赞襄义举，赍兹永宝，用彰厥功。

中华民国五年四月八日

中华革命党总理 孙 文

据中国国民党中央文化传播委员会党史馆藏一般档案051/208

批 陈 某 函[①]

（一九一六年四月十日）

  惠生答：答以办当有统系，湘事既归林覃担任，当就彼商乃可，否则纷乱矣。

据秦孝仪主编《国父全集》第六册（台北近代中国出版社一九八九年版）

---

① 原函请示关于办理湖南事情。来函发自日本乡汤岛一丁目八番地鹈泽万。

颁给黄升奖状

（一九一六年四月十五日）

三等有功章奖状

　　黄升君慷慨捐资，赞襄义举，赍兹永宝，用彰厥功。

中华民国五年四月十五日
中华革命党总理　孙　文

据全国政协文史资料研究委员会、中国革命博物馆联合编辑《孙中山先生画册》（中国文史出版社一九八六年版）

批刘煜焕函[①]

（一九一六年四月十八日）

复函鼓励。

据黄季陆主编《总理全集》下册（成都近芬书屋一九四四年版）

批刘灯维函[②]

（一九一六年四月二十一日）

答书鼓励，并着改为中华革命党。因共和等为官僚借用，以混乱吾党故也。

据中国国民党中央文化传播委员会党史馆藏一般档案 052/20

[①] 原函报告党务及墨西哥政府苛待华侨事，并请设法早派外交官保护。
[②] 刘灯维为澳洲墨尔本华侨。原函报告该埠华侨反对帝制，拥护共和，已组织中华共和会，并正在筹款；他日款项汇到，请签名回复。此件所标日期系来函收到日期。

批陈中孚函[①]

（一九一六年春）

即发电云：此物甚急用，望查明何式，并马力如何，价钱如何，即复。

据中国国民党中央文化传播委员会党史馆藏一般档案
052/1108

颁给李霭春奖状

（一九一六年五月十日）

三等有功章奖状

李霭春君慷慨捐资，赞襄义举，赉兹永宝，用彰厥功。

中华民国五年五月十日
中华革命党总理　孙　文
据中国国民党中央文化传播委员会党史馆藏一般档案
051/208

[①] 原函报告关于购买日本飞机事。此件所标时间据秦孝仪主编《国父全集》。

颁给冯尔琛奖状

（一九一六年五月十日）

三等有功章奖状

    冯尔琛君慷慨捐资，赞襄义举，赉兹永宝，用彰厥功。

中华民国五年五月十日

中华革命党总理　孙　文

据中国国民党中央文化传播委员会党史馆藏一般档案051/208

颁给陈明春奖状

（一九一六年五月十日）

三等有功章奖状

    陈明春君慷慨捐资，赞襄义举，赉兹永宝，用彰厥功。

中华民国五年五月十日

中华革命党总理　孙　文

据中国国民党中央文化传播委员会党史馆藏一般档案051/208

谕交胡汉民五千元令

（一九一六年五月二十四日）①

支交汉民五千元正。

孙　文

五月二十四日

据中国国民党中央文化传播委员会党史馆藏一般档案
051/256

交曹亚伯经费手谕

（一九一六年五月二十五日）②

支交亚伯五千元正。孙文。

据中国国民党中央文化传播委员会党史馆藏一般档案
051/458

交孙洪伊银元手谕

（一九一六年五月二十五日）③

交孙伯兰银三千元正。孙文经手。

据中国国民党中央文化传播委员会党史馆藏一般档案
051/451

---

① 原件系"中华革命党本部用笺"，无年代，经考订应在1916年。
② 原件系"中华革命党本部用笺"，无年代，经考订应在1916年。
③ 原件系"中华革命党本部用笺"，无年代，经考订应在1916年。

交山田等用费手谕

（一九一六年六月四日）①

交山田等往奉天用费四千三百元正。孙文经手。

据中国国民党中央文化传播委员会党史馆藏一般档案 051/452

颁给叶独醒奖状

（一九一六年六月十日）

二等有功章奖状

叶独醒君慷慨捐资，赞襄义举，赍兹永宝，用彰厥功。

中华民国五年六月十日
中华革命党总理　孙　文
据中国国民党中央文化传播委员会党史馆藏一般档案 051/208

批姚锦城函②

（一九一六年六月二十三日）

着交《民权初步》二本，文。

据黄季陆主编《革命文献》第四十八辑（台北一九六九年版）

---

① 原件系"中华革命党本部用笺"，无年代，经考订应在1916年。
② 来函请求惠赠《民权初步》二册。此件所标时间系来函日期。

交曹亚伯经费手谕

（一九一六年六月二十四日）①

交曹亚伯四千五百元正。文经手。

据中国国民党中央文化传播委员会党史馆藏一般档案051/450

批青岛某君电②

（一九一六年七月十六日）

已着仲恺致意，请照行可也。

据黄季陆主编《总理全集》下册（成都近芬书屋一九四四年版）

批赵鸾恩函③

（一九一六年九月二十二日）

代答以待详细查明，乃能设法。并向江北同志一查其人，或由信内各节根究查之。

据中国国民党中央文化传播委员会党史馆藏一般档案052/423

---

① 原件系"中华革命党本部用笺"，无年代，经考订应在1916年。
② 原电报告敌方侵地未返，国务院茅日电张怀芝，有居正迭次反复，立予剿除等语；本日会议电话问将士，愤欲急进，请令定夺。
③ 原函为请致函苏督府转饬盐县释放周龙甲事。

批云南陆军驻蒙步兵二十二团第二营函①

（一九一六年九月二十三日）

代答以追悼当即照办，抚恤当稍待，转请政府为之。

据中国国民党中央文化传播委员会党史馆藏一般档案053/982

批古同志等函②

（一九一六年九月二十六日）

不复，存。

据黄季陆主编《总理全集》下册（成都近芬书屋一九四四年版）

批加属华侨函③

（一九一六年九月至十月间）

函答：此事当着人到京相机行之，然成否未敢决也。并将电由函到汉、仲。

据中国国民党中央文化传播委员会党史馆藏一般档案052/500

---

① 黄季陆主编《总理全集》题为《批第二营某君函》。此件所标时间系来函日期。
② 原函为陈报困苦，请催善后审查委员办理善后事。
③ 函内"汉、仲"，当指胡汉民及廖仲恺，此时胡、廖在北京交涉偿还华侨借款。此件无年月，按其内容，应在1916年9月至10月间。

批旧金山中国国民党美洲总支部函①

（一九一六年十月一日）

自答：香港机关实不可少，但款恐难筹集耳。

据黄季陆主编《总理全集》下册（成都近芬书屋一九四四年版）

批汪德渊函②

（一九一六年十月三日）

代答以：请同吴稚晖先生来商办法可也。

据中国国民党中央文化传播委员会党史馆藏一般档案 052/391

批乔义生函③

（一九一六年十月八日）

代答：办不到。

据黄季陆主编《总理全集》下册（成都近芬书屋一九四四年版）

---

① 原函所寄组织香港国民党交通部办法草案底本标题称"中国国民党"，似为"中华革命党"或"国民党"之误。今标题姑据底本。
② 原函报称已与吴稚晖寻获邹容墓，拟于国庆日前往展拜，请为表彰。
③ 原函请念昔日之谊，速给黎元洪一信，祈其关照。

批吴铁城函①

（一九一六年十月九日）

代答以：先生不荐人。

据黄季陆主编《总理全集》下册（成都近芬书屋一九四四年版）

批吕宗荣来函

（一九一六年十月十三日）

此内各信皆当一一答之，并寄前致各埠通函。许君当未来见。（缘何一问伯元便知。）

据中国国民党中央文化传播委员会党史馆藏一般档案052/493

批居正函②

（一九一六年十月二十四日）

批准，发回。

据黄季陆主编《总理全集》下册（成都近芬书屋一九四四年版）

---

① 原函请致函陈润生予以鼓吹，以利于举荐于黎元洪事。
② 原函报告就总务部主任职后清理旧卷，分别部署，并草定总务部组织纲要呈核。

批 马 骥 函[①]

(一九一六年十月)

代答：少年有志，望从事于学问，以造成有用之才，庶能……[②]

据中国国民党中央文化传播委员会党史馆藏一般档案 052/52

批旧同志组织大政党事函

(一九一六年秋冬间)[③]

文近不欲与闻党事，专致力于建设事业。然甚愿吾党旧同志速行组织大政党，少川、伯兰确已开始组织，此二公皆与吾等志同道合，诸君可赞助之也。以后如有疑点，可就近询问胡汉民、林子超两君便可。

据中国国民党中央文化传播委员会党史馆藏一般档案 052/1226

---

① 原函系致孙中山和黄兴两人者。此件所标时间系来函日期。
② 原件残缺。
③ 原件无年月，按其内容，应在1916年秋冬间。

批曹沛函

（一九一六年十一月九日）①

调查其人，若查不出，可不答。

> 据中国国民党中央文化传播委员会党史馆藏一般档案 052/395

批四川仁寿县征收局某君函②

（一九一六年十一月十日）

自答以甚赞其议，若滇省政府皆同意，此间可代向集资承办。然必先实测全河之高低，绘就详细图乃可。

> 据中国国民党中央文化传播委员会党史馆藏一般档案 052/995

批黄容生函③

（一九一六年十一月十二日）

留意：如有妥适之人到时派往，甚好。答函励之。

> 据黄季陆主编《总理全集》下册（成都近芬书屋一九四四年版）

---

① 原函要求接济200元，俾得运送父棺归葬事。

② 原函表示拟在滇省开浚航政。此件所标时间系来函日期。黄季陆主编《总理全集》署为11月18日。

③ 黄容生属温地辟埠分部。原函报告拟召开中华革命党加拿大各分部恳亲会，请派员前来事。

批广州严君函

（一九一六年十一月十四日）

不记忆为何人,可一查审美书馆人,乃酌代答。

> 据黄季陆主编《总理全集》下册（成都近芬书屋一九四四年版）

批马耀星等函①

（一九一六年十一月十六日）

此等复通函之件存之,待各件有要领再答。

> 据中国国民党中央文化传播委员会党史馆藏一般档案052/328

批智利某君函

（一九一六年十一月十六日）

答函谢之,并告近情。

> 据黄季陆主编《总理全集》下册（成都近芬书屋一九四四年版）

---

① 原函请求函示近来举办五事为急要之举。

批夏君函①

（一九一六年十一月十九日）

千元当可照办。

据黄季陆主编《总理全集》下册（成都近芬书屋一九四四年版）

批冯君函

（一九一六年十一月二十四日）

代答函悉。锡矿富于云南，两广间亦有之，必从该处求之，乃有得也。

据中国国民党中央文化传播委员会党史馆藏一般档案052/992

批徐化龙函

（一九一六年十一月二十四日）

自答以：已照致书粤督，俟有回音当再报。并写信陆督，言广东无烟药，德工师既造，不无防用此人一试，如有成效则留之，无成效则去之。

据中国国民党中央文化传播委员会党史馆藏一般档案052/1216

---

① 夏某时在山东滩县驿前大和旅馆。

批某君函①

（一九一六年十一月二十八日）

自答：通电绝止之后，本难再行承认，然贵埠同志，既已从全为大局行之，本部则照承认就是。

据黄季陆主编《总理全集》下册（成都近芬书屋一九四四年版）

批某某函二件②

（一九一六年十一月三十日）

一

自答数语，并言铁路书所见无多，所知有后面之二种：《中国铁路现势通论》二本，曾鲲化著；《中国铁路鉴》一本，刘复、易□乾同著。此请向书店觅之。

据中国国民党中央文化传播委员会党史馆藏一般档案052/1011

二

自答：以各事当照办，惟嘱地方官保护一事，尚待查明其人，乃能办之。恐成为反对民党之官，则曾口为保护，暗或有不利亦未可知也，故宜

---

① 原函申明该埠同志维护大局所拟之办法请准行事。
② 第一函中某收信人时居广州西堤二马路13号伯楼。此件所标时间系来函日期。

慎之。

据黄季陆主编《总理全集》下册(成都近芬书屋一九四四年版)

批冯自由函

（一九一六年十二月一日）①

　　选期定元月十八,速照由函令各埠用书报社名函电农商部,各举代表一人,不得同名。并电自由。文。

据秦孝仪主编《国父全集》第六册(台北近代中国出版社一九八九年版)

颁给郑螺生李源水奖状二件

（一九一五年十二月一日前后）②

一

二等有功章奖状
　　李源水君慷慨捐资,赞襄义举,赍兹永宝,用彰厥功。
　　　　　　　　　　　　　　中华民国　年　月　日
　　　　　　　　　　　　　　中华革命党总理　孙　文

---

① 原件无年代,按其内容为华侨选举议员事,应在1916年。
② 此二件及以下三件原件均未填年月,据奖状内容,并参照1915年12月1日颁给吕双合、黄馥生奖状判断,应为此时期前后。

二

二等有功章奖状

郑螺生君慷慨捐资,赞襄义举,赉兹永宝,用彰厥功。

中华民国　年　月　日

中华革命党总理　孙　文

据黄警顽编《南洋霹雳华侨革命史迹》(上海文华美术图书公司一九三三年版)影印原件

批三藩市中国国民党美洲总支部函[①]

(一九一六年十二月二日)

即代收款,交蒋介石转交,取条作回信。速寄。

据黄季陆主编《总理全集》下册(成都近芬书屋一九四四年版)

批黄伯耀函

(一九一六年十二月三日)

注意!派人接船,朱卓文为妥,否则刘纪文亦可。

据黄季陆主编《总理全集》下册(成都近芬书屋一九四四年版)

---

① 原函为汇款事。按此时未改组中国国民党。1914年国民党改组为中华革命党后,海外仍有沿称国民党者。此处疑为中华革命党或国民党之误。

批孙一鸣函①

（一九一六年十二月五日）

前信如何，酌量代答。

据黄季陆主编《革命文献》第四十八辑（台北一九六九年版）

批杨汉魂函②

（一九一六年十二月五日）

代答：……③接，无能为力，并着不必来见。

据黄季陆主编《革命文献》第四十八辑（台北一九六九年版）

批某君函④

（一九一六年十二月六日）

代答以：先生云：彼已年老，非青年之资格，是以不敢混入青年会；但望青年人鼓舞向前，日进不已耳！

又，黄德三住扯〔址〕，此间亦不知，先生亦欲一见其人。

据黄季陆主编《总理全集》下册（成都近芬书屋一九四四年版）

---

① 原函称："前函蒙告以长春军费可向居觉生君商妥，现居迄未答复，恳直接函告居正照数拨给。"此件所标时间系来函时间。
② 此件所标时间系来函日期。杨汉魂是旅美归侨，属广东护国第三军，时"解组而归，经济困乏"，来函请求代筹银300元。
③ 原件字迹不清。
④ 原函劝加入青年会，及询问黄德三住址事。

批周子骥函[①]

（一九一六年十二月六日）

抄所在地址，并注明为回国华侨。

据黄季陆主编《总理全集》下册（成都近芬书屋一九四四年版）

批香港黄君函

（一九一六年十二月六日）

代答：以事未定，不能委任。

据黄季陆主编《总理全集》下册（成都近芬书屋一九四四年版）

批某君函

（一九一六年十二月十一日）[②]

答以现在此间财尽援绝，而海外华侨又迫还债，正在困途，无由接济，乞为谅之。

据中国国民党中央文化传播委员会党史馆藏一般档案052/998

---

① 原函报告起程回粤，并抄录通信住址事。
② 此件所标时间系来函日期。

批华侨某同志函

（一九一六年十二月十八日）①

答以失去证书,请另开列姓名以便补发。对反对党当以德化之,不必用何种手段也。

据中国国民党中央文化传播委员会党史馆藏一般档案 052/1274

批陆费逵函②

（一九一六年十二月二十三日）

代答以:先生近因事忙,尚未完稿。

据中国国民党中央文化传播委员会党史馆藏一般档案 052/424

批程壮致朱执信函③

（一九一六年十二月二十三日）

总理批:可照写信或发电请释各人。

据黄季陆主编《革命文献》第四十八辑（台北一九六九年版）

---

① 此件所标时间系来函日期。
② 原函为请求赠给《会议通则》一书事。
③ 程壮于1914年夏于南通起兵失败,部属被捕,经孙中山电促冯国璋、齐燮元开释南通九人外,来函请再设法营救被拘其余各县的部属。此件所标时间系来函日期。

批旧金山美洲总支部函

（一九一六年十二月二十五日）①

答以在国内招股为极难之事，既得如此妙法，当可在上海试办。先用少本，至有成效，为众人所知之后，则招股不难。若照此去办，弟当尽力助成。

据中国国民党中央文化传播委员会党史馆藏一般档案
052/1237

批加拿大品夫分部函

（一九一六年十二月）

告以近事，并言各种章程办法，俟与政府交涉还债妥后，乃能从事，请稍待之。

据中国国民党中央文化传播委员会党史馆藏一般档案
052/1004

批偿还借款等事函

（一九一六年冬）②

各信自答。答直臣云：文集字已写妥寄，并奖其热心。答广达言：粤债务自当尽力，俟待汉民、仲恺由京回来，再商办法也。南非党证照发，并嘉其

---

① 此件所标时间系来函日期。
② 此件所标年代系据秦孝仪主编《国父全集》。

热心。甲元代居正答。

据中国国民党中央文化传播委员会党史馆藏一般档案 052/1244

批张汇滔意见书

（一九一六年）

自答：所见甚是，既已知之，自当力行，我数以来，则从事于此，先欲著一书以教国人集会结团之事。俟此书一成，当更域手实业，先从于垦荒，以安插党人后，乃域手其他，更望人人就其所知，切实力行也。

据中国国家博物馆藏原件

批孙静山函

（一九一六年）①

自答：嘉其用意，并云力所能到之处，自当尽之。为现正筹划伊始，欲引导海外侨商返国开发一切利源，是以第一事当以还债，以照〔昭〕信用而励侨情。但此事政府尚未确允，而反对之声已起，若此不能达目的，则侨商恐不敢投资于国内等由却之。

据中国国民党中央文化传播委员会党史馆藏一般档案 052/1240

---

① 原件无年月，据文中有请偿侨债、"反对之声已起"推断，此函批当在1916年。孙静山时任职于长沙溥利磺矿公司。

批请将用款列入向政府交涉还债案事函

（一九一六年）①

答以：此次向政府交涉还债，乃指明为第三次革命，文一人由外人及华侨借来，而分用于各省。中华革命军之款，公处自筹自用若干，文既不知，而来函又未开列其数，自无从加入此案之内也。然公倾家为国，文所素知，倘能为力之处，自当尽力也。

据中国国民党中央文化传播委员会党史馆藏一般档案 052/1241

批朱葭等函②

（一九一六年至一九一七年间）

凡有萧部，可以不理。盖本部并未命令萧办事，其自号为十三军军长等，实属谬妄之极。

据中国国民党中央文化传播委员会党史馆藏一般档案 052/390

批某某函③

（一九一六年至一九一七年间）

答以：中华革命党自袁氏一死之后，约法恢复，国会招集，即行取消矣。

---

① 此件原无年月，据批内有向政府交涉还债事，当为1916年所批。
② 原函为朱葭等请转政府抚恤萧成美事。此件所标时间据秦孝仪主编《国父全集》。
③ 原函来自南洋卑南埠。此件所标时间据秦孝仪主编《国父全集》。

今后国中无大变乱，弟则决意不问国事。盖今后想无有野心家矣，则维持现状，以使政理从渐而进，国内大有人也。

据中国国民党中央文化传播委员会党史馆藏一般档案 052/1267

批 某 某 函

（一九一六年至一九一七年间）①

所言极有见地。此间现所欲者，首为银行，次及他业，亦即此一劳永逸之意也。今已从事于调查，俟调查的确，乃能从事于计划，而其第一要着手在推广党势，固结党力。

据中国国民党中央文化传播委员会党史馆藏一般档案 052/1255

批 某 某 函

（一九一六年至一九一七年间）

函悉。君现处困境，甚以为念。官费一时难以设法，俟稍有机会，无论何方面若能为兄设法，当为尽〈力〉也。现下大局犹未定，而吾党亦无权，文欲从实业入手，现在正调查中。他日若有入手之法，当再报闻也。

据黄季陆主编《总理全集》下册（成都近芬书屋一九四四年版）

---

① 此件所标时间据秦孝仪主编《国父全集》。

批某某函[①]

（一九一六年至一九一七年间）

答以：现在尚非吾党执政，恐无从设法为谋生，不如招之回国从事实业为妙也。现弟正开始调查此事，想赵君必能于其间择一事也，俟得要领，当再报闻。

据黄季陆主编《总理全集》下册（成都近芬书屋一九四四年版）

批吴某函

（一九一六年至一九一七年间）[②]

答以：此间困乏异常，无从为力，当致函永福、楚楠、义信〔顺〕三友，请其援助。楚楠、永福、义顺之信，要时寄去。

据中国国民党中央文化传播委员会党史馆藏一般档案 052/1196

批借款筹还事函

（一九一六年至一九一七年间）[③]

答以：此款已入筹还预算之中，报告政府，政府尚无拒绝，然亦未有还

[①] 原函介绍赵君回国，请安排工作以维持生活事。
[②] 此件所标时间据秦孝仪主编《国父全集》。
[③] 此件原无时间，据批内有请政府偿还债款事，当为1916年至1917年间所批。

期。漳泉会馆之款,已面托黄竹友转致贵乡人云,政府一旦还款,即交黄君代清手续等语。

据中国国民党中央文化传播委员会党史馆藏一般档案
052/1264

批某某函

(一九一六年至一九一七年间)①

自答不必登报,侨款俟三次之款还妥,当再设法还首次之款,则兄自可不辩而明也。前函似未收到。

据中国国民党中央文化传播委员会党史馆藏一般档案
052/1179

批江南合群实业公司某某函

(一九一六年至一九一七年间)②

答以政府侨款尚无期,故无从移借,不能如约。

据中国国民党中央文化传播委员会党史馆藏一般档案
052/1180

批加拿大温哥华国民党支部陈某函

(一九一六年至一九一七年间)③

答以收悉,并述告近情,俟还债交涉妥后,乃能订各种章程以进行也。

---

① 来函未见,批在空信封上,当在1916年至1917年间。
② 来函未见,批在空信封上,当在1916年至1917年间。
③ 来函未见,仅批在空信封上,当在1916年至1917年间。

心准相加函寄去。

据中国国民党中央文化传播委员会党史馆藏一般档案 052/1005

批某某函

(一九一六年至一九一七年间)①

代答以此次吾党各□用兵,所借侨款、外款共二百七十万,尚未清还,□再无通融之地,所请接济报务,无从为力。

据中国国民党中央文化传播委员会党史馆藏一般档案 052/1002

批徐某函

(一九一六年至一九一七年间)②

代答以:先生现无暇顾及党事,各事皆听之在京党员酌量施行。地方上之〈事〉,可据实禀于内务总长便可,先生不便干预也。

据中国国民党中央文化传播委员会党史馆藏一般档案 052/1238

---

① 来函未见,仅批在空信封上,当在1916年至1917年间。
② 原件无年月,当在1916年至1917年间。

批阚钧函①

（一九一六年至一九一七年间）

代答以：日来因种种意外之事，罗掘已空，实无力相助，幸为谅之。

据中国国民党中央文化传播委员会党史馆藏一般档案 052/905

批某某函②

（一九一六年至一九一七年间）

答以中华革命党，并未成功，故无从长顾党长。且自袁〈死〉之后，本党已将余款解散党人，并取消本党名义，此后已无共同之约束，自不能再以党名而要求党魁之接济也。且先生为党务而负债二百七十〈万〉，尚无归还之地，不得而请于政府，尚受国人之攻击，此债不还，断无借筹之地，万难接济党人也。且党之义，当以党人而接济党魁，断无以党魁一人而接百千万之党人也。此万国党例之通义也。吾国谚语有云：十人养一人肥。今中〈华〉革命党人许身于国者不下数万人，倘人济十元，则非数百万元不办，君试设身处地，将若之何？然先生所济之人，日已不少矣，君之穷境，先生实有同情，其奈尧舜犹病何！

据中国国民党中央文化传播委员会党史馆藏一般档案 052/20

---

① 原函为请求资助事。此件所标时间据秦孝仪主编《国父全集》。
② 原函为请求党魁接济党员事。此件所标时间据秦孝仪主编《国父全集》。

批美国《民气周报》函

（一九一六年至一九一七年间）①

答以函悉。此间实无一纯为吾党机关报,故无从应命交换也。组织政党,现在实有不宜。吾党海外同志,当结合为一华侨实业,专从事于实业,则更能收好效果也。俟政府还债事如何,乃能从事进行也。

据中国国民党中央文化传播委员会党史馆藏一般档案 052/308

批□幼柏函

（一九一六年至一九一七年间）②

答以前函未接（查明）。袁氏死后,势力仍在彼党徒之手,民党无权,万事不可为,其尚有一线生机者,则在各省之同志能集合团体,坚固地盘,先成立支部,随便采用名目,俟有数省城〔成〕立,然后本部乃可随之成立,否则必无办法也。

据中国国民党中央文化传播委员会党史馆藏一般档案 052/309

---

① 此件所标时间据秦孝仪主编《国父全集》。
② 此件所标时间据秦孝仪主编《国父全集》。

批隆世储函①

（一九一七年一月一日）

答以当力任艰巨，以维民国，切勿萌退志也。

据中国国民党中央文化传播委员会党史馆藏一般档案
052/946

批崇德公报社函

（一九一七年一月九日）②

答以此间同志所办之《民意报》尚无力维持，对于贵报更爱莫能助矣。

据中国国民党中央文化传播委员会党史馆藏一般档案
052/1033

批郑占南函③

（一九一七年一月十日）

复函奖励，并着他主持公道，竭力维持。并抄前复驳评议部之函，与之一观。

据中国国民党中央文化传播委员会党史馆藏一般档案
052/919

---

① 原函为请求辞职事。此件所标时间系来函日期。
② 此件所标时间系来函日期。
③ 来函为报告美洲葛仑分部党务事。此件所标时间系来函日期。

批某某函[①]

（一九一七年一月十二日）

执信代答以各函悉。先生云：所言多有至理。后函所言周访团，更为事所当行。然在适欧洲大战乱，道途多有未通，而在战之十余国，生死俄倾，其朝野自无暇注意于我之周访也。而先〈生〉现正注意于实业，而不暇其他。在北京无可介见之机关及人物。

　　　　　　　　　　据中国国民党中央文化传播委员会党史馆藏一般档案
　　　　　　　　　　052/1249

批卢永祥函[②]

（一九一七年一月十二日）

循例复云：函悉等等。并抄录二份加以数言，寄往岑西林、李协和。

　　　　　　　　　　据中国国民党中央文化传播委员会党史馆藏一般档案
　　　　　　　　　　052/425

批广州岭南学校某君函

（一九一七年一月十二日）[③]

答以令郎尚未见着。所属之事，现尚无法应命，倘他有可设法，当必尽力也。

　　　　　　　　　　据中国国民党中央文化传播委员会党史馆藏一般档案
　　　　　　　　　　052/1263

---

① 此件所标时间系来函日期，年份据秦孝仪主编《国父全集》考订结果。
② 卢永祥时任松沪护军使。
③ 此件所标时间系来函日期。

批杨某函

（一九一七年一月二十五日）①

代答：存款寄回，定购飞机着查明原委复他。废约前，有一人来信，欲接受，可否与之，着寿彭酌夺。

据中国国民党中央文化传播委员会党史馆藏一般档案
052/1029

批某某函

（一九一七年一月二十六日）

代答，并告以现与政府交涉还债，故未暇筹改组之事，俟债务交涉妥当再进行。

据中国国民党中央文化传播委员会党史馆藏一般档案
052/307

批某某函

（一九一七年一月三十日）②

承办粤汉车路一事，如顺手得之，当甚乐为。如要多费手续，则不必也。

据中国国民党中央文化传播委员会党史馆藏一般档案
052/1031

---

① 此件所标时间系来函日期。
② 此件所标时间系来函日期。

批中华革命党列必珠分部函①

（一九一七年二月五日）

答写字祝词，可照办寄去。所谋营业，亦极赞成。

据中国国民党中央文化传播委员会党史馆藏一般档案
052/1043

批 某 某 函

（一九一七年二月十七日）②

代答：先生现拟不问外事，前所列名，请为删去可也。

据中国国民党中央文化传播委员会党史馆藏一般档案
052/1037

批 刘 季 谋 函③

（一九一七年二月十九日）

代答：先生向不荐人。此事则早知无效，已劝同志另作别图。

据中国国民党中央文化传播委员会党史馆藏一般档案
052/407

---

① 列必珠为加拿大城市。此件所标时间系来函日期。
② 此件所标时间系来函日期。
③ 刘季谋是日本横滨华侨，中华革命党人。刘曾呈书参谋本部，请求入南苑航空学校肄业，为此函请孙中山予以介绍。

批陈树人函①

（一九一七年二月二十日）

无政府主义之说，乃发生于最黑暗之专制国。在欧洲往日之俄国、以国、西班牙等，其人民多受政府之暴虐无道，故忿而为此过激之论。但今日各国陆续行宪政之制，而此等过激之论亦渐消灭矣。乃有少年之辈，矜奇立异，奉为神圣，不过一知半解，实无所谓也。对付之法，最好与他辩论，明白指明在今日世界，国家之界限既不可破，则政府为代国家执行律法，以限制恶人而保卫良善，为不可少，故无政府主义实不能行于今日。而使之化为平和，或可为吾党之助，较胜于用他种手段也。

据中国国民党中央文化传播委员会党史馆藏一般档案
052/1271

批某某函

（一九一七年二月二十七日）②

代答以：先生决不能荐人，若自己谋得，先生断无反对。

据中国国民党中央文化传播委员会党史馆藏一般档案
052/1040

---

① 陈树人是中华革命党加拿大总支部部长。此件所标时间系来函日期。
② 此件所标时间系来函日期。

批吉隆坡同志函

（一九一七年二月二十九日）

答以：此间已不遗余力以争,更海外各琼州会馆更发公电至北京总统、总理并国会力争。先当查明其案现情形如何,乃答。

据中国国民党中央文化传播委员会党史馆藏一般档案
052/1041

批洪兆麟等呈[①]

（一九一七年二月）

代答：此等事甚难追办,只得由吾党同志各人量力助之而已。文助二百元。

据中国国民党中央文化传播委员会党史馆藏一般档案
052/322

批黄甲元函[②]

（一九一七年三月一日）

答以：上海有圣约翰书院,培育人才甚多,□□令郎求学之地,但非一二年可以成功,至四五年方能卒业也。

据中国国民党中央文化传播委员会党史馆藏一般档案
052/1021

[①] 原呈列名者为广东陆军学会会员洪兆麟、黎萼、罗翼群等13人,为前广东陆军第五旅第九团团长邓承昉因反袁被江西都督李纯所害,存款大部为江西当局没收,因代邓遗属邓冯氏呈请设法发还。此件所标时间系呈文日期。

[②] 黄甲元曾任中华革命党南洋烈港支部长。此件所标时间系来函日期。

批林定一函①

（一九一七年三月五日）

不知其人。代答：既在上海，则已无事，何必设法。而此间亦无法可设。

据中国国民党中央文化传播委员会党史馆藏一般档案 052/332

批丁怀瑾函

（一九一七年三月五日）

荐事难以办到。江之深浅，甚欲详知。

据中国国民党中央文化传播委员会党史馆藏一般档案 052/461

批某某函

（一九一七年三月十五日）②

答以：长江流域南京附近之处，荒地甚多，若有二十万资本，则可得数万亩之地，且为平原沃壤，较之新宁山地必胜万倍也。如有资本，回来此间，可代设法。

据中国国民党中央文化传播委员会党史馆藏一般档案 052/1272

---

① 林定一于1917年2月11日来函，自称系旅缅同盟会员，因募捐事为英国当局控为"欲取缅甸"，行文通缉，故请孙中山设法营救，并转请政府向英国当局解释"无取缅情事"。

② 此件所标时间系来函日期。

批询北朱家桥发信人

（一九一七年三月十七日）①

代询北朱家桥发信处内信由何人代寄，复信由何处可以达到，请即回音，即问北朱家者为何人。

据中国国民党中央文化传播委员会党史馆藏一般档案
052/1049

批　朱　君　函②

（一九一七年三月二十七日）

答以：前函俄京电报已发去，但未见回音。想俄政局一时未能安静，来日狂澜正难料也。又：借款一节，尚难觅得相当之抵押品，未开之矿山可否作抵，请一询前途。再：三月十九之函亦收，所言之人未有来见，想有阻碍也。以后来函可不必明说也。

据中国国民党中央文化传播委员会党史馆藏一般档案
052/1229

---

① 此件所标时间系来函日期。
② 未见来函，疑为朱和中所发。朱为湖北建始人，旅欧老同盟会员，曾任南京临时政府参谋部第二局局长。此函发自北京。

批 包 君 函①

（一九一七年三月二十七日）

代答：来函收悉。政府既欲以国为□□之牺牲，此间亦无良法以挽救，徒唤奈何耳。京中有何消息，望时时见示为荷。

据中国国民党中央文化传播委员会党史馆藏一般档案 052/1056

批冯炎寄呈文件②

（一九一七年四月二日）

总理批：着照办。

据黄季陆主编《革命文献》第四十八辑（台北一九六九年版）

批李墨西函

（一九一七年四月十四日）

代答谢之，云是日适有他事。

据中国国民党中央文化传播委员会党史馆藏一般档案 052/427

---

① 包某时在北京。此件所标时间系来函日期。
② 冯炎为前驻澳门华侨交通处吉隆支部特派员，由吉隆坡寄呈公布的《驻澳门华侨交通处办事员名列》。此件所标时间系据邮件到达上海的邮戳日期。

批 某 君 函

（一九一七年春）①

代答以：本党既经一次解散发款，于所属之各领分发以后，尚有源源而来，以请餬恤，前后皆尽力应付，至今已力尽款缺。先生担负海外华侨借款二百〈万〉余尚未□，更难再行筹借，实在困难之中，无从为力。□既非贫士，家自有资，请由家中自行设法，此亦间接助党之一臂也。

据中国国民党中央文化传播委员会党史馆藏一般档案
052/1217

批 某 某 函

（一九一七年三月至五月间）②

答函鼓励，并时事日非，恐大乱将作，盖政府以加入协约国为回〔复〕辟之手段也。

据中国国民党中央文化传播委员会党史馆藏一般档案
052/1258

---

① 此件所标时间据秦孝仪主编《国父全集》考订。
② 此件未署年月。按北洋政府加入协约国问题，为1917年3月至5月间事，据此，该批件当作于1917年3月至5月间。

批陆望华函①

（一九一七年四月至五月间）

答以：已电省城同时追悼，政府若有抚恤到时，当力言之。至其妻母，俟不日回乡时，当另设法妥恤之。

据中国国民党中央文化传播委员会党史馆藏一般档案 052/388

批保定军校学生函

（一九一七年四月至五月间）②

代答以：来函先生阅悉，甚慰。并属代答以努力学问，结交志士，抱持救国拯民为天职，至死不变，是先生久所望也。先生近专从事于提倡实业，以为国民谋生计，而暇时则从事于国民教育。近著有《会议通则》，兹寄□十本，请分送同志研习可也。保定校中之学生如何，同学之志气如何，先生甚欲详知，有暇请常常见告。《中国存亡问题》印起可多寄些。

据中国国民党中央文化传播委员会党史馆藏一般档案 052/1181

---

① 来函请求抚恤陆皓东遗属事。此件未署年月，据秦孝仪主编《国父全集》注："按来函内云'共和再造……广东开黄花岗七十二先烈追悼大会'等语，似在民国六年四、五月间。"

② 此件未署年月。批文中有"近著有《会议通则》"及"《中国存亡问题》印起可多寄些"等语，据此，此件当作于1917年4月至5月间。

批李宗黄函[1]

（一九一七年五月）

酌答谢之云：大局未定，暂不能远游，俟之他日。并寄《会议通则》百本，托送要人并各界，及《存亡问题》若干本，着他在滇翻印。

据中国国民党中央文化传播委员会党史馆藏一般档案 052/1246

谕交孙洪伊洋一万元令[2]

（一九一七年六月五日）

交孙伯兰洋一万元正。六年六月五日。孙文经手。

据台湾各界纪念国父百年诞辰筹备委员会学术论著编纂委员会编《国父墨迹》（台北一九六五年版）

公布海陆军大元帅府组织条例令[3]

（一九一七年九月十一日）

大元帅令

兹制定海陆军大元帅府组织条例公布之。此令。

大元帅（印）

中华民国六年九月十一日

据《军政府公报》第一号（广州一九一七年九月十七日）

---

[1] 此件未署年月及批复对象。孙中山1917年5月23日致李宗黄函，与此件内容相同。据此，此件当为批李宗黄来函，时间应在5月23日之前。今酌定为5月。

[2] 原件写在"中华革命党本部用笺"。

[3] 条例见本全集第三卷。

公布大元帅府秘书处组织条例令

（一九一七年九月十七日）

大元帅令

兹制定大元帅府秘书处组织条例公布之。此令。

大元帅（印）

中华民国六年九月十七日

据《军政府公报》第二号（广州一九一七年九月二十日）

公布特别军事会议条例令

（一九一七年九月十七日）

大元帅令

兹制定特别军事会议条例公布之。此令。

大元帅（印）

中华民国六年九月十七日

据《军政府公报》第二号（广州一九一七年九月二十日）

咨国会非常会议谘询外交方针文

（一九一七年九月十八日）

为谘询外交方针事：自对德宣战问题发生以来，国民鲜表示赞同之意，而探诸事理，亦未见有无故宣战之由。然自国会被迫解散，张勋敢行复辟以后，民国已无合法政府，段祺瑞假窃名号，乘军政府之未建立，擅向德、奥宣战,今日民国与德、奥两国间,交战状态已经成立。以理言,此违法之宣战行为,军政府不能容认;以势言,则交战状态已经成立,非从头再宣布中立,无解决此问题之办法。凡一国外交,当首审已〔己〕国利害所存,以决政策。国会代表民意,必能审度理势,宏谋国利,确定方针,用特依《国会非常会议组织大纲》第九条,谘询以后对于德、奥两国,应恢复中立关系,抑应暂行容认现在之交战状态? 希贵会从速开会公决。此咨

国会非常会议

海陆军大元帅 孙 文

据上海《中华新报》一九一七年九月二十九日《咨询外交之方针》

公布大元帅府参军处组织条例令

（一九一七年九月十九日）

大元帅令

兹制定大元帅府参军处组织条例公布之。此令。

大元帅（印）

中华民国六年九月十九日

据《军政府公报》第三号（广州一九一七年九月二十一日）

咨国会非常会议请改外交案词句文[①]

（一九一七年九月二十日）

为申明外交方针事:前谘询对德、奥外交方针,应行恢复中立关系抑应

[①] 此件当经国会非常会议二十二日咨复:"经本会议于本日午后二时开会议决,计出席议员二十二省凡六十人,赞成将原咨询案'暂行容认'字改为'承认'现在交战之者四十九人,多数可决。"(见上海《中华新报》1917年9月29日)

暂行容认现在之交战状态,经由贵会开会公决:"应暂行容认现在交战状态"过府。既经贵会议决方针,自应遵据进行;惟查去咨原文中"暂行容认"四字,本即指承认此交战状态而言,并非另有意义,而措词尚属含糊,似仍须改用"承认"现在交战状态字样,始免疑义。相应咨请贵会再行开会议定见复。此咨
国会非常会议

海陆军大元帅　孙　文

据孙曜编《中华民国史料》(上海文明书局一九二九年版)

咨国会非常会议请核议军事内国公债奖励条例文

(一九一七年九月二十六日前)①

　　为咨行事:国会非常会议组织大纲第九条:国会非常会议于军政府有交议事件,得随时开会议决。兹因整备军旅,筹划出师,需款孔殷,特拟募集内国公债五千万元,以济军用。相应将军事内国公债[人员]奖励条例,咨请贵会开会公〈决〉。此咨
国会非常会议

据上海《中华新报》一九一七年十月一日《大元帅咨非常国会文》

---

①　《军事内国公债奖励条例》经国会非常会议议决后于9月26日已公布,此咨文发出时间应在国会非常会议开会议决之前。

公布军事内国公债条例令

（一九一七年九月二十六日）

大元帅令

国会非常会议议决军事内国公债条例,兹公布之。此令。

大元帅（印）

中华民国六年九月二十六日

据《军政府公报》第七号（广州一九一七年九月二十六日）

公布军政府公报条例令

（一九一七年九月二十六日）

大元帅令

兹制定军政府公报条例公布之。此令。

大元帅（印）

中华民国六年九月二十六日

据《军政府公报》第七号（广州一九一七年九月二十六日）

公布承购军事内国公债人员奖励条例令

（一九一七年九月二十六日）

大元帅令

国会非常会议议决承购军事内国公债人员奖励条例,兹公布之。此令。

大元帅（印）

中华民国六年九月二十六日

据《军政府公报》第七号（广州一九一七年九月二十六日）

缉拿乱国盗权首逆段祺瑞等令

（一九一七年十月三日）

大元帅令

　　北京伪政府乱国盗权之罪，业经本日通令宣布全国。查段祺瑞实为首逆，倪嗣冲为叛军之魁，梁启超、汤化龙为主谋，朱深假藉检察职权，公然附逆。着各路司令一体进剿，有能擒斩以献者，本大元帅当视厥等差，予以厚赏。此令。

大元帅（印）
中华民国六年十月三日

据《军政府公报》第十号（广州一九一七年十月一日）

批许崇智呈令

（一九一七年十月八日）

大元帅训令

　　令参军长许崇智

　　呈办事细则请批示由

　　呈悉。所拟该处办事细则，大致尚属妥善，间有未尽合宜之处，业经改正，仰即遵照办理可也。改正细则抄发。此令。

大元帅（印）
中华民国六年十月八日

据《军政府公报》第十二号（广州一九一七年十月九日）

委派黄大伟致祭先烈令

（一九一七年十月八日）

大元帅令

本届国庆日致祭历次殉国诸先烈士，派参军黄大伟代往行礼。此令。

大元帅（印）

中华民国六年十月八日

据《军政府公报》第十二号（广州一九一七年十月九日）

批 徐 璞 函[①]

（一九一七年十月十七日）

由秘厅答复徐璞本人，谓："刻下各机关尚未成立，无相当位置，将来定当借重。"

据中国国民党中央文化传播委员会党史馆藏一般档案052/1080

批居正呈令

（一九一七年十月）[②]

大元帅训令

令代理内政总长居正

呈为筹设通俗讲演所及附讲演规程、规则各一件由

---

① 原函请求委任职务事。
② 此件所标时间系《军政府公报》第十一号出版日期。

呈及所拟讲演规程、讲演规则均悉。共和国家,重在民治。民之自治,基于自觉,欲民之自觉,不可无启导诱掖之方。今据呈称:"筹设讲演所,遴选热心爱国之士,分任讲演使,宣示军政府成立之必要,发挥民治之真理"等语,洵足为导民自觉之一助,良堪嘉许。所拟办法,尚属周密,应即照准。着该部即行如拟切实办理。此令。

据《军政府公报》第十一号(广州一九一七年十月八日)

停招民军令

（一九一七年十一月二十三日）

大元帅通令

迩闻各属民军屡起,以讨逆名义,转相号召,其慷慨请缨,真爱国心者固有足多,而假借名义,扰害闾阎者,亦复不少。方今西南各路,凯报迭至,而陈督亦已去任,〈莫督接事,开诚相与〉①,本省地方长官,锐意维持地方治安,一致护法讨逆。所有各属民军,除潮、海〔梅〕外,应即一律停止,以待后命。此令。

中华民国六年十一月二十三日

据上海《民国日报》一九一七年十二月二日《军政府停招民军》

停止招抚事宜令

（一九一七年十二月四日）

大元帅训令

令邓耀停止招抚事宜由

照得广东何苦多盗?历任官吏,非不竭力谋臻肃清,卒鲜良效。军府初

---

① 据《军政府公报》第二十七号《大元帅令》增补。

建,设局招抚,本意招其桀骜归于轨范,使就工商之业,或从干城之选,意重弭盗,法取安辑。前以该局长素著勤慎,尤热心桑梓福利,特任命为广东招抚局长,俾利进行。正筹画安插之时,略有端绪,而地方官吏士绅,于招抚主旨尚多未喻,以致遇事扞格,奸人乘机假冒,以遂其私,乃丛谤于招抚,甚非设局本旨。军府深知治盗决非可以操切从事,而承流布政,尤赖吏士用命,人民了解既多未喻,招抚之良法美意,未便强行。招抚局事宜,着即行停止。所有已经派出人员,均即由该局长分令撤回。以后治盗事宜,即由地方长官完全负责。仍望各地方官熟察致盗之由,审喻招抚之计,因时利行。有厚望焉。此令。

大元帅(印)
中华民国六年十二月四日

据《军政府公报》第三十一号(广州一九一七年十二月五日)

委派黄大伟代祭先烈令

(一九一七年十二月二十四日)

大元帅令

　　本届十二月二十五日,为民国四年云南首义国庆日。致祭诸先烈,派代理参军长黄大伟前往代行致祭。此令。

大元帅(印)
中华民国六年十二月二十四日

据《军政府公报》第三十六号(广州一九一七年十二月二十四日)

批周之贞函①

（一九一七年十二月二十七日）

答以：各事可听执信计划而行。

据中国国民党中央文化传播委员会党史馆藏一般档案052/690

着秘书处作书五通交赵德恒带往云南手谕

（一九一七年十二月）②

着秘书处作书五通③，交赵德恒号诚伯带往云南，联络感情，并详告此间状况。

孙　文

据中国国民党中央文化传播委员会党史馆藏一般档案051/354

批某某函

（一九一七年）

答以：时局诚如来书所言，日人之眼光远之士，皆主联结民党，共维东亚

---

① 原函系报告经营西江之事。此件所标时间为周之贞函所书日期。
② 原件无日期，惟赵德恒于1917年12月24日派为云南靖国后备军慰问使，则当在此一时期。
③ 系分送刘祖武（继之，护督）、由云龙（夔举，代省长）、唐继禹（屏赓）、缪嘉寿（延之，第二师长、第二区警备司令）、孙永安（竹青，第三区警备司令）。

大局;其眼光短少之野心家,则另有肺腑也。现在民党当与[以]联日为态度。

据中国国民党中央文化传播委员会党史馆藏一般档案 052/1273

批徐永丰介绍与钮永建共办苏事名片

(一九一七年至一九一八年间)

作函介绍见纽[钮]惕生①,共同办苏事。

据中国国民党中央文化传播委员会党史馆藏一般档案 052/13

给陈翘等的命令

(一九一八年一月四日)

着陈翘协同排长邓孔芝将滇军三十八团一营三连全连迅即带往第四师司令部听候指挥。此令。

孙　文
中华民国七年一月四日

据中国国民党中央文化传播委员会党史馆藏一般档案 051/202

---

① 惕生,钮永建字。

咨国会非常会议请讨论增加国会经费文

（一九一八年二月四日）①

为咨行事：案据内政部呈报：现准广东省议会函开：本会于一月二十八日开会议决，由防务经费项下拨支国会正式会议经费五十万元。除咨请本省行政长官执行外，相应备函报告大部存查，并请转呈大元帅咨照国会，从速召集等因到部。理合呈请咨行国会查照等语。相应咨行贵会，即请查照办理可也。此咨

国会非常会议

海陆军大元帅　孙　文

据《军政府公报》第四十四号（广州一九一八年二月四日）

批李锡熙等呈文令

（一九一八年二月八日）

令海军学校学生李锡熙等

呈悉。所陈各节，现正派员查办，候查复后再行核办可也。此令。

大元帅　孙　文

据中国国民党中央文化传播委员会党史馆藏一般档案051/359

---

① 此件所标时间系《军政府公报》第四十四号出版日期。

批刘柱石朱大同等请设保卫局令

（一九一八年二月八日）①

大元帅批令

令刘柱石、朱大同等

呈悉。省河护卫商旅既属原有保商卫旅营，自未便再事纷更，致惑观听。所请创设保卫局一节，着不准行。此令。

据《军政府公报》第四十五号（广州一九一八年二月八日）

批胡汉卿等呈请给恤隆世储农有兴令②

（一九一八年二月十八日）

大元帅批令第二十号

令警卫军统领胡汉卿等请恤隆世储农有兴呈

呈悉。此次龙逆犯顺，势甚猖獗。高雷镇守使隆世储及统领农有兴奋勇当先，效死抵御，卒以众寡不敌，弹尽援绝，先后阵亡。隆故使治兵粤东二十余年，迭次革命，咸著勋勚。农故统领亦在军中有年，忠勇素著。此次力抗勍敌，同死国事，当戎马仓皇之时，失此良将，殊深惜悼。所请照例给恤各等情，已交陆军部存记。俟大局稍定，再行汇案理办可也。此令。

据《军政府公报》第四十八号（广州一九一八年二月十八日）

---

① 此件所标时间系《军政府公报》第四十五号出版日期。
② 胡汉卿时任军政府替卫军统领。此件所标时间系《军政府公报》第四十八号出版日期。

咨国会非常会议请设大理院文

（一九一八年二月十八日）

　　为咨行事：案据内政部呈称，窃维司法机关，原为保护人民而设。使设置未臻完善，即不足以实践保护之责任，而贯彻法之精神。查司法机关有三审四级之别，其最高终审机关设于中央。惟是中央政府今既非法罔民，失其威信，各省相继独立自主。当此中央与护法各省关系断绝之秋，人民遇民刑诉讼事件，无最高终审机关为之处理。在押犯人，有久困囹圄，法外受刑者；有含冤茹痛，末由申诉者。夫以护法之人，处护法之时，而转令人民失其法律之保护，为政不仁，莫此为甚。故欲期克尽保护人民之责任，为人民谋享受法律保护之幸福，舍从速设立最高终审机关之大理院，其道无由。考大理院之组织，文明各国，各有不同。我国今日宪法犹未成立，应根据何种方法，为组织大理院之标准，此诚非片言可能解决。惟准情察势，我国既称共和，自无妨采取共和先进国之成例。查美国大理院长由国会组织选举，我国现在既无成法可为依据，似宜鉴时势之要求，采邻邦之法制。请钧座咨请国会，即行提议，筹设大理院并选举大理院长。庶人民无不伸之公理，国家具法治之规模。所有拟请咨由国会提议设立大理院并选举院长缘由，是否有当，理合备文呈请等情。据此，相应咨行贵会查照议决施行。此咨
国会非常会议

海陆军大元帅　孙　文

据上海《民国日报》一九一八年三月四日《军政府筹设大理院》

批朱明芳等呈令①

（一九一八年二月二十三日）

大元帅批令

令女子卖物赈济中外慈善会发起人朱明芳等呈

呈悉。急公好义，甚为嘉慰。仰着意进行，俾惠灾黎，而宏善德。原呈已交内政部存案矣。此令。

据《军政府公报》第四十九号（广州一九一八年二月二十三日）

批内政部呈令

（一九一八年二月二十三日）

大元帅令

内政部呈请明令徹〔撤〕销地方行政长官监督司法，以维司法独立。查三权分立，约法具有明文。以行政长官监督司法，实为司法独立之障碍。军政府以护法为职志，自宜遵守约法上之规定。所请撤销地方行政长官监督司法，应即照准。至司法行政及筹备司法事务，应暂由内政部管理。此令。

中华民国七年二月二十三日

据《军政府公报》第五十号（广州一九一八年二月二十八日）

---

① 朱明芳是女子卖物赈济中外慈善会发起人。此件所标时间系《军政府公报》第四十九号出版日期。

咨国会非常会议请选举海军总长文

（一九一八年二月二十七日）

　　为咨行事：海军总长程璧光于本月二十六日被刺身故，所有军政府海军总长一职，按照中华民国军政府组织大纲，应由国会非常会议选举。兹据国会非常会议组织大纲第九条，咨行贵会议，请烦查照。迅速开会议决施行。此咨
国会非常会议

海陆军大元帅　孙　文
中华民国七年二月二十七日

据《军政府公报》第五十一号（广州一九一八年三月四日）
《大元帅为选举海军总长咨国会非常会议文》

命财政部拨款为程璧光治丧令

（一九一八年二月二十七日）

大元帅令

　　去岁叛督称兵，国会解散，大法凌夷，危及国本，凡我国民，义愤同深。时则海军上将、海军总长程璧光率同第一舰队首先创义上海，宣言护法，即统各舰来粤共同讨逆，厥功甚伟。国会非常会议成立，遂被选为军政府海军总长。经本大元帅特加任命，方期纡筹闳略，克靖叛乱。乃本月二十六日午后八时半，突被凶徒遮道狙击，中及要害，创剧遽殁。国难方棘，忽丧元良，曷胜悲悼。着财政部发给治丧费三千元，并派海军总司令林葆怿前往治丧，其应受国葬荣典，候咨国会非常会议议决举行，以慰英灵，而示将来。此令。

中华民国七年二月二十七日

据《军政府公报》第五十一号（广州一九一八年三月四日）

附录 同题异文

大元帅令

去岁叛督称兵，国会解散，大法凌夷，危及国本，凡我国民，义愤同深！时则海军上将、海军总长程璧光率同第一舰队首先创义上海，宣言护法，即统率各舰来粤共同讨逆，厥功甚伟！国会非常会议成立，遂被选为军政府海军总长，经本大元帅特加任命。方期筹纾阃略，克靖叛乱；乃本月二十六日午后八时半，突被凶徒遮道狙击，中及要害，创剧遽殁。国难方棘，忽丧元良，曷胜震悼！除咨国会非常会议优议荣典外，其治丧费由广东地方官应解国库项下从优拨给，以慰英灵，而示将来。此令。

据程璧光追悼会筹备处编《程玉堂先生荣哀录》（广州一九一八年版）《议恤》

委派林葆怿为程璧光治丧令

（一九一八年二月二十八日）

大元帅令

令海军总司令林葆怿

照得海军总长程璧光被刺身故，元勋凋谢，憨悼良深。兹特派该海军总司令前往治丧，仰即妥慎办理，以慰英烈。切切。此令。

大元帅（印）

中华民国七年二月二十八日

据《军政府公报》第五十一号（广州一九一八年三月四日）《令海军总长林葆怿》

命廖仲恺拨发程璧光治丧费令

（一九一八年二月二十八日）

大元帅令

　　令代理财政总长廖仲恺

　　此次海军总长程璧光被刺身故，元勋凋谢，愍悼良深。除特派专员前往治丧外，仰该代理财政总长即行拨给银三千元为治丧费，发交具领可也。此令。

中华民国七年二月二十八日

据《军政府公报》第五十一号（广州一九一八年三月四日）
《令代理财政总长廖仲恺》

命居正严缉杀害程璧光凶徒令

（一九一八年二月二十八日）

大元帅训令

　　代理内政总长居正呈称：海军总长程璧光实〔突〕于本月二十六日午后八时半，在海珠码头被凶徒狙击，洞中胸脏，创剧遽殁。该凶徒惨害元勋，实属罪大恶极，法无可贷。而该管地方军警，事前疏于防范，事后又未能立获正犯，殊难辞责。为此令行该代理内政总长，仰即令饬广州地方检察厅，通行地方军警，一体严缉，务获惩办，以肃法纪，而慰英灵。切切。此令。

大元帅（印）
中华民国七年二月二十八日

据《军政府公报》第五十一号（广州一九一八年三月四日）
《令代理内政总长居正》

批湖南陆军第一师来函

（一九一八年二月）①

作答以：蒙允出兵助粤，甚喜云云。至于解决江西、湖北不反攻湘之问题，此间可完全负责办到等语。又另作一信与赣陈，介绍首君相见，面取陈中立之表示。又一信介绍首见冯玉祥，言首为赵之代表，当彼此联络一致，以为救国之图，欲知赵之意志及军情，可询首代表，尊见亦请对之表示。

据中国国民党中央文化传播委员会党史馆藏一般档案 052/1225

咨国会非常会议请为程璧光优议荣典文

（一九一八年三月一日）②

为咨行事：海军总长程璧光于本月二十六日被刺身故。该总长首倡护法，统率海军来粤，功高望重，方冀协力同心，共扶危局。乃事功未竟，遽遭惨害，实为民国之不幸，亦我民国所应永志毋忘者也。兹按国会非常会议组织大纲第九条，咨行贵会议，查照民国法规，优议荣典，以昭崇德报功之意。请烦议决施行。此咨
国会非常会议

中华民国军政府陆海军大元帅　孙　文

据《军政府公报》第五十一号（广州一九一八年三月四日）《大元帅为程总长璧光优议荣典咨国会非常会议文》

---

① 原件未署时间，据秦孝仪主编《国父全集》考证，应为1918年2月批赵恒惕之来函。
② 原件未署月日。据《军政府公报》第五十一号《国会非常会议为程总长璧光国葬荣典咨复大元帅文》云："于三月一日开大会公议，同日准咨优议荣典一件"等语推断，此文应为3月1日发。

国葬程璧光令

（一九一八年三月二日）

大元帅命令

　　准国会非常会议咨复，议决海军总长程璧光，号召舰队，合力护法，实有殊勋于国家，准予依照国葬法，举行国葬典礼。兹公布之。此令。

　　　　　　　　　　　　　　　　　　　　　　大元帅（印）
　　　　　　　　　　　　　　　　　　　　中华民国七年三月二日

据《军政府公报》第五十二号（广州一九一八年三月五日）

命内政部为程璧光举行国葬令

（一九一八年三月四日）

大元帅令

　　令代理内政总长居正

　　案，准国会非常会议议决：已故海军总长程璧光，号召各舰合力护法，实有殊勋于国家。准予依照国葬法，举行国葬典〈礼〉，咨请公布施行等因。除公布外，仰该部按照国葬法第四条之规定派员办理，此令。

　　　　　　　　　　　　　　　　　　　　　　大元帅（印）
　　　　　　　　　　　　　　　　　　　　中华民国七年三月四日

据《军政府公报》第五十二号（广州一九一八年三月五日）
《令代理内政总长居正》

咨国会非常会议请议大理院组织大纲文

（一九一八年三月五日）①

为咨行事：查国会非常会议组织大纲第九条，国会非常会议于军政府交议事件时，得随时开会议决。兹据该条规定提交大理院组织大纲，交由贵会议决，除开会时派员出席说明提案理由外，相应咨请贵会查照，议决施行。此咨
国会非常会议

海陆军大元帅 孙　文

据《军政府公报》第五十二号（广州一九一八年三月五日）
《大元帅为设大理院咨国会非常会议文》

批 居 正 呈 令②

（一九一八年三月十一日）

大元帅令
　　令代理内政总长居正
　　呈悉。广东高等审判厅请领大小印信二颗，准饬印铸局照刊颁发。此令。

大元帅（印）
中华民国七年三月十一日

据《军政府公报》第五十五号（广州一九一八年三月十三日）

---

① 此件所标时间系《军政府公报》第五十二号出版日期。
② 原呈报告广东高等审判厅之原有印信，于前厅长交待时遗失，呈请颁发新印信事。

给中国银行广东分行的命令

（一九一八年三月十四日）

广州的中国银行把本地盐税收入总额的三分之一像往常一样转给盐务分署即戴布洛克先生的办事处，但是迄今一直汇给法属印度支那银行转给北京的那三分之二收益将留下，这笔钱如何处理得听候临时政府①的命令。

据广东省档案馆《粤海关关于孙中山任护法军政府大元帅期间广东财政状况情报选》，载《民国档案》一九八七年第一期

批廖仲恺呈令

（一九一八年三月十八日）

大元帅令

令代理财政总长廖仲恺

呈请将盐税收入由两广盐运使专管，按照预算分配各项用途，分别听候令拨及径拨，并请令知该盐运使及中国银行由

呈悉。应如所拟，仰候令知各该机关，分别遵照办理。此令。

大元帅（印）
中华民国七年三月十八日

据《军政府公报》第六十号（广州一九一八年三月二十日）

---

① 临时政府，即护法军政府。

命廖仲恺等将盐税收入按预算分配提取令

（一九一八年三月十八日）

大元帅令

　　令代理财政总长廖仲恺、两广盐运使李茂之、中国银行广东分行行长

　　据代理财政总长呈：请将盐税收入交由专司盐政机关收管，按照预算分配各项用途，提取税款，分别听候令拨及径拨，并请令知两广盐运使、中国银行遵照办理等情。自应照准。嗣后盐税收入，即着该盐运使收管，此项收入三分之二据查平均每月约四十万有奇，应即指定最急用途五项，以资分配。着以十万元为国会经费，五万元为本府经费，十三万元为海军经费，九万元为广东财政厅例拨还款，其余悉数拨给前敌军饷，由该盐运使向中国银行提款。其前三项听候财政部令拨，后二项由该盐运使径拨。如逢收入缺少之时，由该盐运使按照前列数额比例多寡，按成匀配，仍俟旺收时期于所赢税款内如数补支。仰该代理财政总长、该盐运使、该分行长，分别遵照办理。此令。

大元帅（印）
中华民国七年三月十八日

据《军政府公报》第六十号（广州一九一八年三月二十日）

批 居 正 令

（一九一八年三月十九日）

大元帅令

　　令代理内政总长居正

　　呈请颁发广东高等检察厅检察长小印一颗由

呈悉。应照准。此令。

　　　　　　　　　　　　　　　　大元帅（印）
　　　　　　　　　　　　　　中华民国七年三月十九日
据《军政府公报》第六十号（广州一九一八年三月二十日）

批马君武呈令

（一九一八年三月二十日）

大元帅令

　　令代理交通总长马君武

　　据呈，派员接收广三铁路。已悉。惟该管理局局长一职，必须有专门学识并富于经验之人，始能胜任愉快。该部呈派接收之员，应准暂行管理。仰该总长迅即遴员呈荐，以资任用。其该路收入如有余款，应逐渐将该路切实推广，不得挪移动用。所有该管理局在事员司，除有庸劣失职情事〈外〉，应准留局，以资熟手，仰即遵照办理。此令。

　　　　　　　　　　　　　　　　大元帅（印）
　　　　　　　　　　　　　　中华民国七年三月二十日
据《军政府公报》第六十一号（广州一九一八年三月二十三日）

批龙璋函[①]

（一九一八年三月二十三日）

着秘书拟函奖慰，并属时时将湘中情形详报。

据中国国民党中央文化传播委员会党史馆藏一般档案052/767

---

① 原函系呈报湘西各方情况。

批徐朗西来电[①]

（一九一八年四月四日）

答以石青阳已率兵援陕，饷械无法。

据黄季陆主编《革命文献》第五十辑（台北一九七〇年版）

命居正体察应否设终审机关令

（一九一八年四月十三日）

大元帅令

　　令署理内政总长居正

　　前将大理院组织大纲案咨交国会非常会议，兹准咨复，于本月十四日开会。据审查报告内称："此案经众讨论，决议俟国会正式开会后再议。至目前对于应设终审机关，可由军政府按照法院编制法办理，即经大会可决"等因。仰该总长体察情形，如有设立终审机关之必要，即拟具办法，呈候令遵可也。此令。

　　　　　　　　　　　　　　　　　　　　　　　大元帅（印）

　　　　　　　　　　　　　　　　　　　　中华民国七年四月十三日

据《军政府公报》第七十二号（广州一九一八年四月十七日）《令署理内务总长居正》

[①] 徐朗西向孙中山电告："王烈抵沪，据云陕局虽未解决，然势力已成。惟饷械缺乏，请速设法，并望通电川军赴援。"

批邓焱函①

（一九一八年四月十八日）

代复，令与陈总司令②接洽。

据广东省集邮协会等编《孙中山邮票图集》（人民邮电出版社一九九一年版）影印原件

命内政部确查阮复殉难事实令

（一九一八年四月十八日）

大元帅令

　　令代理内政总长居正

　　呈悉。该部秘书阮复于本年一月不避艰险赴鄂密谋举义，正进行间，不幸所志未竟，遂被逆贼逮捕，惨遭枪害，为国捐躯，闻耗不胜痛惜。既据声称该员原有家产已于民国二年悉被抄毁，兼以老母寡妻弱女幼子，茕独无告，尤堪悯恻。除令财政部拨给恤款千元外，着该部将该故员殉难事实，确查存记，一俟大局平靖，即由该部汇案呈请表彰，以慰忠魂。此令。

大元帅（印）
中华民国七年四月十八日

据《军政府公报》第七十四号（广州一九一八年四月二十二日）

---

① 邓焱由汕头上书孙中山，言福建军事情况。
② 陈总司令，指陈炯明。

命财政部拨给阮复家属恤款令

（一九一八年四月十八日）

大元帅令

  令署理财政部总长廖仲恺

  案据内政部呈称"秘书阮复于本年一月不避艰险，赴鄂密谋举义，正进行间，不幸所志未竟，遂遭逮捕惨害。该故员原有家产，已于民国二年悉被抄毁，老母寡妻子女多人茕独无告，请予抚恤"等因。查该故员奔走国事，历有年所，此次为国捐躯，闻耗不胜痛惜，除令内政部确查该故员殉难事实以待表彰外，着该部拨给恤款千元，确交该故员家属具领。此令。

大元帅（印）

中华民国七年四月十八日

据《军政府公报》第七十四号（广州一九一八年四月二十二日）

批张鲁藩来函

（一九一八年四月十九日）

  秘书拟答：以当先以个人能力、感情与该地主将结合编成军队，军政〈府〉始可承认加委。

据中国国民党中央文化传播委员会党史馆藏一般档案 052/652

准崔文藻请假令

（一九一八年四月二十五日）

大元帅令

据呈交通次长一职碍难兼顾，请假两个月等情。应照准。此令。

大元帅（印）
中华民国七年四月二十五日

据《军政府公报》第七十六号（广州一九一八年四月二十七日）

咨国会非常会议派居正代表出席会议文

（一九一八年五月四日）

为咨行事：本日贵会议议决军政府组织大纲修正案，兹特派署理内政总长居正代表出席。请烦查照。此咨
国会非常会议

大元帅 孙 文
中华民国七年五月四日

据《军政府公报》第七十八号（广州一九一八年五月十日）《大元帅咨国会非常会议派居正代表出席》

咨国会非常会议辞大元帅职文

（一九一八年五月四日）

为咨明〔行〕事：查军政府组织大纲修正案，经于本日贵非常会议议决通过。文于大元帅任职期内，虽自愧德薄能鲜，幸尚无负贵会议之付托。兹

特向贵会议声明辞职,所有交代军政府事宜,及解散现在服务各职员、兵士等办法,自应另行提案,咨请贵会议议决。此咨
国会非常会议

海陆军大元帅　孙　文
中华民国七年五月四日

据《军政府公报》第七十八号(广州一九一八年五月十日)
《大元帅咨国会非常会议辞大元帅职》

咨国会非常会议请追认发行公债文

(一九一八年五月十七日)①

为咨明〔行〕事:兹据署理财政总长廖仲恺呈称:"现在军政府亟待结束,所有职部自去年九月二十六日成立起至大元帅辞职以后本月十五日为止之各决算表册,业已造竣。查军政府成立以来,内部职员向无俸给,所有一切开支,皆系必需之支出。兹当结束之期,理合连合前项表册共□份,汇呈钧坐〔座〕转咨国会非常会议查照备案"等因。准此,相应咨达贵非常会议查照。至文于去年督军团称兵复辟发生以后,在沪与海军将士创义南下,其间派员分赴苏、浙、皖、奉、鲁、山、陕、两湖、四川等省运动起义及海军饷需、招待国会议员各项费用,多由海外侨商陆续筹借,共计百十二万有奇,皆系在军政府财政部成立以前支出。其财政部成立以后各省进行,因现款缺乏,多系领去军事内国公债券济用,此项公债券现存及已发出之数,当俟核定另行咨请备案。兹前准〔准前〕因,理合并行咨请贵非常会议追加承认可也。此咨
国会非常会议

五月十七日

据中国国民党中央文化传播委员会党史馆藏环龙路档案02986

---

① 另据上海《民国日报》1918年5月28日所载同一咨文,日期为5月19日。今从原稿。

咨国会非常会议派居正为代表办理交代事宜文

（一九一八年五月十八日）

为咨明事：窃文于本年五月四日，向贵非常会议辞去大元帅职务在案。现在军政府各机关，当将次第结束，文任务已竣，亦愿早事息肩。兹特着署理内政总长居正为文代表，办理军政府交代事宜，与贵非常会议直接接洽。相应咨请查照可也。此咨
国会非常会议

五月十八日

据上海《民国日报》一九一八年五月二十八日

咨国会非常会议为结清账目事宜文①

（一九一八年五月二十日）

离开广州之前，孙文正式通知非常国会，他的班子于本月二十二日停止工作。他在职时的财政部从一九一七年九月二十八日至一九一八年五月十五日的账目已由孙文转给非常国会。该账目表明，上述时间内总收入为494212.35元，而总支出为494135.92元，结余76.43元。

据广东省档案馆《粤海关关于孙中山任护法军政府大元帅期间广东财政状况情报选》，载《民国档案》一九八七年第一期

---

① 此件原为英文，未见中文原件。

对文中须加"去乡国之理由"的批语

（一九一八年五月中旬）①

去乡国之理由：到粤以来，事事皆困苦艰难，遂致神疲力瘁，今稍得息肩之机，不能不藉此一漫游海外，略为休养，复我元气。文中须加此意。

据中国国民党中央文化传播委员会党史馆藏一般档案
052/22

颁给赵国璋奖状

（一九一八年六月一日）

三等有功章奖状：赵国璋君慷慨捐资，赞襄义举，赍兹永宝，用彰厥功。

中华革命党总理　孙　文
据中国国民党中央文化传播委员会党史馆藏一般档案
051/429

批丁怀瑾来函

（一九一八年八月二十八日）

代答以：先生现养病，暂不问各事。

据中国国民党中央文化传播委员会党史馆藏一般档案
052/414

---

① 原件未署日期。从所批内容推断，末句所谓"文中"系指1918年5月21日发布的《留别粤中父老昆弟书》一文。据此推断，此批语当写于5月中旬。

批廖湘芸函[①]

（一九一八年九月十八日）

元冲作稿，答以：仍照前授以盛华林之计划施行可也。

据中国国民党中央委员会党史委员会编《国父全集》第四册（台北一九七三年版）

谕电汕头陈炯明调袁带征闽令

（一九一八年九月）

发电汕头陈总司令：着电省，调袁带往征闽，以在香山恐通龙生变，调往则可防止，并可加多援闽军数营武器，一举两得，宜速为之。

孙　文

民国七年九月

据中国国民党中央文化传播委员会党史馆藏一般档案 051/357

批凌钺来函

（一九一八年十月二十五日）

答以：对于时局尚想不出办法，故绝无主张，总由同志多数意见是瞻耳。

据中国国民党中央文化传播委员会党史馆藏一般档案 052/459

---

① 原函陈报廖湘芸派潘康时来谒事。

批凌钺萧辉锦函

（一九一八年十一月十一日）①

答以：文暂时仍不欲问事，如何进行，总由多数同志取决施行便是。

据中国国民党中央文化传播委员会党史馆藏一般档案
052/515

批澳洲雪梨民国报来函

（一九一八年十一月十五日）②

国会吾党得大多数。内阁吾党虽有一二人，但恐被化于官僚也。督军有二三人，尚可与吾党亲近。前电款是否该埠，并答。

据中国国民党中央文化传播委员会党史馆藏一般档案
052/1012

批答关于欧洲和平会议代表问题

（一九一八年十二月十四日）③

答以：南方政府未被承认，无从取得国际资格，代表无效也。倘将来有机，尚与个人发言，效当更大耳。

据中国国民党中央文化传播委员会党史馆藏一般档案
052/1275

---

① 原件未署年份，内容与10月25日批示相同，应在1918年。
② 此件所标时间系来函日期。
③ 此件所标时间系来函日期。

批焦易堂函①

（一九一八年十二月十四日）

作答致慰，并言欧洲议使，南方尚未得各国承认，当然无效。惟文早本有意于近日再游欧美，以尽个人之力耳。

据中国国民党中央文化传播委员会党史馆藏一般档案052/399

批唐继尧函②

（一九一八年十二月二十一日）

嘉其正论。

据罗家伦等主编《国父年谱》增订本下册（台北一九八五年版）

批林修梅函③

（一九一八年十二月二十三日）

答函鼓励，并告外间近情。

据中国国民党中央文化传播委员会党史馆藏一般档案052/630

---

① 焦易堂为国会议员，他自粤函孙中山云："赴欧议和大使，职关重要，各方均拟推及先生，以先生平日爱国心切，当以乐为。"此件即对该函的批答。
② 唐继尧于1918年12月4日自滇来函，报告年来出师护法经过及对南北和议态度。
③ 林修梅致函孙中山反对南北议和。

批林伯渠函

（一九一八年十二月二十三日）

作答：函悉，彼辈果借和议以分脏，吾党当竭诛之。就是颂云果有悔改之心，予亦何所不容？总望奋斗为国立功可也。

据中山大学孙中山纪念馆藏原件照片

批丁惟汾等函①

（一九一八年十二月二十六日）

已极力设法阻止引渡。

据中国国民党中央文化传播委员会党史馆藏一般档案 052/409

批秦广礼函②

（一九一八年底）

代答：此事碍难办到，因决不欲干预和议代部〔表〕之事也。

据中国国民党中央文化传播委员会党史馆藏一般档案 052/833

---

① 来函为请求营救薄子明、赵挥尘事。
② 来函请求孙中山推荐和议代表事。据内容判断应在1918年底。

批关于三民主义及五权宪法参考书目

（一九一八年至一九一九年间）

代答以：三民主义之书籍甚多，即凡属 Nationalism, Democracy and Socialism 者皆是也，现无其书，不能举其名目。至五权宪法，则外国尚无此书，有之，只 Hyslop's *Democracy*①，然此书谨言四权而已。

据中国国民党中央文化传播委员会党史馆藏一般档案 052/1321

批答某君立心做革命勿存依赖人之心

（一九一八年至一九一九年间）②

答以先生云：即知彼为鼻祖，汝为后裔，则当以后裔供祖宗，未有祖宗养后裔也。俗云：十人养一人肥；若一人养千百人，则虽尧舜犹病也。汝等须各执事业以自给，不可立心做革命一日，则要人养汝一世，则鼻祖乃易为也。若人要依赖，则先生亦愿为汝之后裔，奉汝各人为鼻，请汝给钱也。

据中国国民党中央文化传播委员会党史馆藏一般档案 052/1235

---

① Hyslop's *Democracy*：系指美国心理学家和教育家希斯勒普（Hyslop James Hervey）所著 *Democracy: A Study of Government*（《民主——政府的研究》）一书。
② 原件无年月，据《国父墨迹》，当在1918年至1919年间。

批答通电中外反对岑陆徐靳之苟和

（一九一八年至一九一九年间）①

代答：函悉，宣言已前日发表，可谓不约而同。此批请通电中外，反对岑、陆、徐、靳之苟和。

据中国国民党中央文化传播委员会党史馆藏一般档案 052/17

批马逢伯函②

（一九一九年一月四日）

代答见后：段、陆③断无携手，局部和议，乃徐、陆④之阴谋。吾辈当竭力打消之，否则民国已矣。

据中国国民党中央文化传播委员会党史馆藏一般档案 052/585

批刘英函⑤

（一九一九年一月六日）

作答：函悉。当酌量办法对付就是。粤事望随时详报。

据中国国民党中央文化传播委员会党史馆藏一般档案 052/762

---

① 原件无年月，约在1918年至1919年间。
② 马逢伯原函称"局部议和将成，段祺瑞、陆荣廷携手，国事益不可为"云云。
③ 段、陆，指段祺瑞、陆荣廷。
④ 徐、陆，指徐世昌、陆荣廷。
⑤ 刘英，湖北人，当时系广州国会议员。原函建议与在闽海军接近，以免粤军独立。

批萧辉锦等函

（一九一九年一月十二日）

答:派季龙事,初此间皆无成〈见〉,乃为多数同志所要求而出之;今要取消,亦当为多数之取决。

据中国国民党中央文化传播委员会党史馆藏一般档案 052/523

批蔡元培张相文函

（一九一九年一月十四日）

答以方君①云云,乃彼想当然耳,文实未之知也。然此事亦文所乐为者,但以近方从事于著述,其中一段为革命原起,至民国建元之日止,已略述此共和革命之概略,可为贵史之骨格也。至其详细,当从海外各地再行收集材料,乃可呈采。此事现尚可办,文当发征文于海外各机关也。各秘密会党,于共和革命实无大关系,不可混入民国史中,当另编秘密会党史。

据中国国民党中央文化传播委员会党史馆藏一般档案 052/178

批于右任函

（一九一九年一月二十一日）

答以:护法政府,在吾党中人已竭力争之。陕、闽不解决,则不讲和,当

---

① 方君,指方襄如。

始终坚持此旨。惟他派之人，则另有用意。其初，陕、闽所以有另成问题，皆由岑、陆与北京私通，特置此两省于外也。

据中国国民党中央文化传播委员会党史馆藏一般档案 052/778

批冯熙周函

（一九一九年一月二十八日）

代答以：黄明堂有一次通电骂我，你不知乎？写信一节，恐无效力，碍难照办。

据中国国民党中央文化传播委员会党史馆藏一般档案 052/435

批卢师谛杨虎函

（一九一九年二月五日）

段君[①]请随时来见，相片往亚西亚照相馆再印，照数寄去。

据中国国民党中央文化传播委员会党史馆藏一般档案 052/415

批于右任函[②]

（一九一九年二月十日）

交汉民、精卫、伯兰看，并代拟复。

据中国国民党中央文化传播委员会党史馆藏一般档案 052/411

---

① 段君，指段廷佐。
② 于右任原函未见，批件函意不明，待考。

批杨虎函①

（一九一九年二月二十一日）

代答以：吾辈此次护法，并未成功，所以吾党之士，当仍卧薪尝胆，坚苦奋斗，万不可立此虚名之想。且此事亦为先生万难办到，则使勉强办之，必为北京所忌，于兄有损无益也。

> 据中国国民党中央文化传播委员会党史馆藏一般档案
> 052/436

批黄白元函②

（一九一九年二月二十三日）

答以：收悉。吾不便直接干涉地方事，总望各人维持正义，努力奋斗也。

> 据中国国民党中央文化传播委员会党史馆藏一般档案
> 052/569

批叶夏声函③

（一九一九年二月二十四日）

不便加名赞成，因国中同志所发之会太多，若赞其一，不赞其他，反为

---

① 杨虎当时在川军任职，驻万县。来函表示"为扩张党势起见，欲得一官以昭信用"，请求孙中山晋授他为中将。原函未署年份，据内容判断，当为1919年。
② 黄白元原函请举荐胡汉民为广东督军。
③ 叶夏声组织华侨实业协进会，请求孙中山做赞成人。

不好。

据中国国民党中央文化传播委员会党史馆藏一般档案052/437

批林森函①

（一九一九年二月二十五日）

元冲②拟答：以予不能受徐世昌委任，当以〔然〕不能向和议发言，盖国际上只认北京政府为民国之代表也。又上海和议，国会应赞助唐少川，不可为政学利用，图推翻之也。

据中国国民党中央文化传播委员会党史馆藏一般档案052/466

批陶礼燊等函③

（一九一九年三月三日）

答以：按各国团体结社，当由会员供给支会之费，支合〔会〕供给总会之费，乃吾国党员，每每冠履倒置。文往稍有余力，常勉为应付。惟今后文之生活费亦将仰给于党员，故不独不能以一人而供各地之求，惟望各地党人有以接济我，否则不日当谋食于海外矣。

据中国国民党中央文化传播委员会党史馆藏一般档案052/164

---

① 当时巴黎和会召开，广州非常国会参议院议长林森函告国会议员四百数十人签名，推孙中山为国民代表赴欧参加会议。
② 元冲，即邵元冲，时任孙中山秘书。
③ 陶礼燊等原函要求接济民生社。

批曹羡李焕章等函①

（一九一九年三月十五日）

查曹羡能任教员或主笔否。

据中国国民党中央文化传播委员会党史馆藏一般档案052/454

批宝庆赵泰纪上总理呈

（一九一九年三月十七日）

呈述追随革命经过，现欲为国服务，请向当道介绍位置。
批：代答：现无事可为。

八年三月十七日

据中国第二历史档案馆《新发现的中国国民党总理批文（一）》，载《民国档案》二〇〇一年第一期

批赵泰纪函②

（一九一九年四月一日）

答函奖其有心，并告以今日欲维持民国，须于地方上开通民智，振起民气，使知民国乃以人民为主人，使各地之人皆知尽主人之义务，则国事乃有可为也。

---

① 曹羡、李焕章等原函请求职务。
② 赵泰纪原函表示愿追随孙中山"扫除段逆，恢复国会"，"坚持护法初旨"，请求拔用。

予现时一切时事皆不问,只从事于著书,以开民智;不日当寄书来,请就翻刻,以广流传可也,不必来此矣。

据中国国民党中央文化传播委员会党史馆藏一般档案
052/418

批 程 潜 函①

（一九一九年四月九日）

元冲答:前电总望向全国公布取消,方免国人观听之迷惑也。

据中国国民党中央文化传播委员会党史馆藏一般档案
052/629

批 唐 继 尧 函

（一九一九年四月十四日）

元冲拟答,以来函赞同实业甚善。如果大局早定,当以贵省列入计划之中也。

据中国国民党中央文化传播委员会党史馆藏一般档案
052/163

批 杨 熙 绩 函

（一九一九年四月十九日）

代答:件悉。程②虽有一次电来,表示前次公电反对之不是,然是否诚

---

① 程潜原函陈述关于上海南北和谈意见。
② 程,即程潜。

意,不得而知也。

据中国国民党中央文化传播委员会党史馆藏一般档案052/576

批孙宗昉函

（一九一九年四月二十日）

代答：以先生对于国会,已不过问。君欲上书,另为设法可也。

据中国国民党中央文化传播委员会党史馆藏一般档案052/179

批国会议员函[①]

（一九一九年四月二十七日）

答以国会行使职权,是文唯一之主张,始终不变。乃军政府之代表章行严,屡次对北方声言,国会不成问题,切勿以国会问题而阻和议之进行云云。想改组军政〈府〉者,乃国会之主张。文当时以去就争而无效,离粤之后,本一切不问,后以国会同人坚持要文派代表,不忍固却,遂再听多数人之请而派之,已再三声明,悉由大众指挥代表,文仍不问时局。当五国劝告之时,外论亦多不助国会。文有所不忍,遂发电请美总统主张公道,蒙彼赞成,乃电粤主张不可议和,只可请美总统为仲裁。深知南方武人,必奉送国会以换权利也,今恐不出所料也。现南方代表只汉民一人尚坚持国会耳,其他皆惟权利是务矣。倘他日争之不得,则只着汉民辞职而已,余则无能为力矣。近且闻旧国会议员已有纷纷与非法新国会议〈员〉调和矣。国会议员诸君不奋

[①] 此系孙中山对孔昭成等142名在沪国会议员联名来函的批文。

斗,不自爱,文其奈之何哉!

据罗家伦主编《国父年谱》增订本下册(台北一九六九年版)

给邵力子的指示①

（一九一九年五月六日）

《民国日报》要大力宣传报道北京学生开展的反帝爱国运动,立即组织发动上海学生起来响应,首先是复旦大学。

据北京《团结报》一九九二年五月六日蔡开松《五四运动中的孙中山》

批刘仁航函②

（一九一九年五月六日）

存查,并抄住址,俟书出版寄一份与他传播。

据中国国民党中央文化传播委员会党史馆藏一般档案 052/463

批陈汉明函③

（一九一九年五月八日）

代答奖励云:此间有一分之力当尽一分之力也。

据中国国民党中央文化传播委员会党史馆藏一般档案 052/505

---

① 邵力子,时任上海《民国日报》总编辑。
② 刘仁航原函请寄《孙文学说》。
③ 陈汉明来函略谓:南京华侨学生代表大会决议电请各方争回青岛,维持国权,请予赞助。

批许崇智函①

（一九一九年五月十二日）

元冲拟答：以此后吾人之生存成功，皆靠冒险，能之则生，不能则死。

据中国国民党中央文化传播委员会党史馆藏一般档案 052/759

批杨鹤龄函②

（一九一九年五月二十四日）

代答：函悉。此间现尚无事可办，先生故闭户著书。倘他日时局转机，有用人之地，必不忘故人也。

据中国国民党中央文化传播委员会党史馆藏一般档案 052/180

批朱和中函③

（一九一九年五月三十一日）

此间已着该地同志讨唐克明、方化南，以报蔡济民之仇，望协力成之。

据罗家伦主编《国父年谱》增订本下册（台北一九六九年版）

---

① 援闽粤军第二军司令许崇智来函，报告军情及对护法战争的态度，表示无论如何"必须设法维持"这支真正护法之师。

② 杨鹤龄，5月16日致函孙中山，称："今者国家多事之秋，如弟之宗旨不变，诚实可靠，若用作奔走，用作心膂，赵充国所谓无如老臣者，弟亦云然矣。公其故旧不遗，器使我乎？不胜待召之至。"

③ 朱和中原函谓鄂西被唐克明、方化南、林鹏飞等蹂躏，他应人民之请求及军民两署之托，不日将前往该地与黎天才、柏文蔚当面接洽疏通，妥筹善后，并告若南军对他此行有何不解，请勿误会。

批马逢伯函①

（一九一九年六月五日）

代答：以先生近日闭户著书，不问外事，如国民果欲闻先生之言，则书出版时，望为传布可也。

> 据中国国民党中央文化传播委员会党史馆藏一般档案052/403

批罗端侯函②

（一九一九年六月十日）

代答：以先生闭户著书，不问外事，所说之件，未遑及也。

> 据中国国民党中央文化传播委员会党史馆藏一般档案052/334

批陈炯明函③

（一九一九年六月十五日）

元冲拟答：焕廷照写信美洲支部采买电机。

> 据中国国民党中央文化传播委员会党史馆藏一般档案052/438

---

① 马逢伯原函请求孙中山对巴黎和会后的局势发表意见。该函仅标明月日，无年份，据批文"近日闭户著书，不问外事"，当在1919年。批文日期据来函。

② 6月6日上海罗端侯上书孙中山，揭露南北搆衅后，北京政府的卖国行为，陈述自己愿意为国效劳。罗函仅标明月日，无年份。据批文"闭户著书，不问外事"，当是1919年。批文日期据底本应为6月10日。

③ 陈炯明原函请孙中山设法购买无线电机。

批刘焕藜函

（一九一九年六月十六日）

代答：先生仍闭户著书，不理外事，只望同志推广学说，劝进国民。

据中国国民党中央文化传播委员会党史馆藏一般档案052/402

批王道函①

（一九一九年六月十七日）

元冲代答：以对于各人可相机诱导。如有确能〈赞同〉先生方针者，可再函告，然后再定办法也。

八年六月十七日

据中国第二历史档案馆《新发现的中国国民党总理批文（一）》，载《民国档案》二〇〇一年第一期

批曾杰函

（一九一九年六月二十四日）

元冲代答：以望将学说广为传布，以变易国人之思想，则国事乃有可为也。

据中国国民党中央文化传播委员会党史馆藏一般档案052/410

---

① 王道即王啸吟，后任滇军司令。王道原函曰："报告决定月底返湘，知先生对桂必有措置。拟还乡复绕道赴郴州一行，原与湘中武人如程颂云、林修梅、赵恒惕、林支宇诸人有交谊，先生或有何见教，祈于日内函示方针，以便遵照进行。"

批史志元函

（一九一九年六月二十五日）

元冲代答，照后面：

《抵抗养生论》，高野太吉著。

印刷者，佐久间衡治，东京京桥区永田町二丁目六十五番地。

印刷所，秀英舍，东京京桥区西绀屋町二十七番。

发行所，东京市麴町区永田町仙掌堂。

> 据中国国民党中央文化传播委员会党史馆藏一般档案052/441

批广东各社团公民代表联合团电[①]

（一九一九年六月二十七日）

答以：文本不问时事，然对本省之事，自当惟多数是从。望诸公极力进行，文力所能到之处，当为诸公后援就是。

> 据中国国民党中央文化传播委员会党史馆藏一般档案052/509

[①] 广东九善堂、七十二行商等38个社团公民代表联合团6月27日自广州致电孙中山等，请求支持各社团公举伍廷芳继任粤省省长职。此系对来电的批文。批文底本未标日期，今据各社团广州快邮代电发邮日期。

批旅沪慈善教会各公团函

（一九一九年六月三十日）

作函奖勉，并着积极鼓吹舆论，一致主张，以破反对和平者之阴谋也。

据中国国民党中央文化传播委员会党史馆藏一般档案 052/606

批王鼎函①

（一九一九年七月三日）

代答以：暗杀一举，先生向不赞成，则在清朝时代，亦阻同志行此，以天下恶人杀不胜杀也。道在我，有正大之主张，积极之进行，则恶人自然消灭，不待于暗杀也。

据中国国民党中央文化传播委员会党史馆藏一般档案 052/908

批王鼎函②

（一九一九年七月四日）

代答：以各行其志，无不可也，惟此〈间〉亦甚艰困，实无力相助也。

据中国国民党中央文化传播委员会党史馆藏一般档案 052/284

---

① 王鼎原函告已组织暗杀团拟分赴北京，炸毁非法国会，请求孙中山在经济上助其进行。王函仅署旧历6月4日。按其内容当是1919年。所标日期据批件上海发邮时的邮戳。

② 王鼎得孙中山不同意暗杀复函后，再致函孙中山云暗杀一事，实不忍废于垂成，请求资助其实行暗杀。此系孙中山对王鼎再次来函的批复。

批罗剑仇函①

（一九一九年七月五日）

代答以：先生此月已到在陈之境②，现尚想不出出陈之法，万难照办。

据中国国民党中央文化传播委员会党史馆藏一般档案
052/890

批许协揆函③

（一九一九年七月六日）

送相一节，即照办理。托为转仲恺往与仲〈恺〉酌复，由元冲拟稿。

据中国国民党中央文化传播委员会党史馆藏一般档案
052/375

批刘焕藜函④

（一九一九年七月八日）

代答：此事甚好，当另函林德轩。

据中国国民党中央文化传播委员会党史馆藏一般档案
052/575

---

① 罗剑仇原函请求给予贷款资助。罗函7月5日发自上海，孙中山批文据底本应为7月7日。
② 孙中山借孔子在陈绝粮说明当时经济极为拮据。
③ 许协揆原函请赠川中将领照片及请廖仲恺入川。
④ 刘焕藜原函建议以白话报宣传主义。

批廖湘芸函

（一九一九年七月十四日）

已复信,并着潘康时往张学济(号镕川)处接洽,派李武君往周伟(号次功)处。

据中国国民党中央文化传播委员会党史馆藏一般档案052/72

批尹天杰函①

（一九一九年七月二十四日）

代答以:往年有《会议通则》,今年有《孙文学说》出版,余皆不存。

据中国国民党中央文化传播委员会党史馆藏一般档案052/429

批李希莲函

（一九一九年七月二十五日）

答以:过沪交臂相失,良用为怅。文现仍闭户著书,不理外事,故对奉告之事,毫无成见。

据中国国民党中央文化传播委员会党史馆藏一般档案052/565

---

① 尹天杰原函请求奉送著作,代编总理文稿。

批刘湘函

（一九一九年八月六日）

元冲作复,励以救国大义,并言余事托来人面陈。

据中国国民党中央文化传播委员会党史馆藏一般档案
052/549

批杨庶堪函

（一九一九年八月六日）

来人已见,甚洽意,余事托面复,并约佐丞同回川。

据中国国民党中央文化传播委员会党史馆藏一般档案
052/830

批彭程万函

（一九一九年八月十四日）

元冲代答以:先生闭户著书,不问外事,嘱代寄语好自为之云云。

据中国国民党中央文化传播委员会党史馆藏一般档案
052/659

批广州众议院函

（一九一九年八月十七日）

元冲拟答以：国会行使职权，是文一人终始之主张。然为改组之军政〈府〉之代表，其人者①，始终对北方输款，言国会不成问题，请北方代表不必以国〈会〉为意。想改组军政府是国〈会〉议员之意，文当时极力反对无效，今军政府之代表，已置国会于脑后，想必得国会之授意也。文至辞职以后，一切不问，后有派代表者，亦国〈会〉之意，非文意也。

据中国国民党中央文化传播委员会党史馆藏一般档案
052/1234

批赖君函②

（一九一九年八月二十三日）

代答以：自本党本部成立以来，只对于海外招徕新党员；对于内地尚未举行，以不在吾人范围也。今许汝为军长既举行组织于吾人势力范围之内，自可以此为始也。以后凡在吾人势力所到之地，皆当仿行就是。

据中国国民党中央文化传播委员会党史馆藏一般档案
052/1231

---

① 其人者，指岑春煊的代表章士钊。
② 中华革命党自1914年以来，始终未在国内公开活动。许崇智任援闽粤军第二军军长，开始在驻防区内发展组织，赖某致函请示可否在闽建立党部。此系孙中山的批函。

批罗正文函

（一九一九年八月二十七日）

代答以：先生无暇看日记，如有何事欲见，请将其事说明，当代转达先生约期相见也。

据中国国民党中央文化传播委员会党史馆藏一般档案
052/811

批湖南国民大会函

（一九一九年八月二十八日）

以感情语答之，并云：文虽辞职，对于国家安危，仍尽个人责任。现正筹根本解决，为一劳永逸之谋。

据中国国民党中央文化传播委员会党史馆藏一般档案
052/398

批于右任函

（一九一九年八月三十一日）

作答并寄《学说》数本，着翻印，以广流传。

据中国国民党中央文化传播委员会党史馆藏一般档案
052/583

批林森吴景濂函①

（一九一九年八月）

答以函已收，何、童两君已见，吾意已决，幸为谅之。

闻宫保与山贼②久已相机牺牲国会矣，今时机将至，恐难幸免，深愧无力挽救。然犹望诸君能将国会死得轰轰烈烈，先将军政府取消，免为山贼所居奇，则诸君犹不失个人之人格、国会之体面，且为国家留一点元气，是予之厚望也。言尽于斯。

据中国国民党中央文化传播委员会党史馆藏一般档案052/401

批广州香山公会函

（一九一九年八月）

代答，此事现在无法，俟东亚解决，当推行地方自治，则地方人自能办地方事也。

据中国国家博物馆藏原件

---

① 孙中山发表阳电辞总裁职后，广州国会参、众两院联合开会，议决电请留职，"俾护法前途，有回旋余地"；并派童萱甫等赴沪转述此意。此系孙中山批广州非常国会参、众两院议长林森、吴景濂函。原函未署年月，据秦孝仪主编《国父全集》原编者订定，来函为1919年8月，复函日期为8月29日。

② 宫保，指岑春煊，岑于清末授太子少保。山贼，指陆荣廷，陆出身广西绿林。

批林修梅函①

（一九一九年九月四日）

自沪和议开后，徐、段俱有派人来此接洽。予对徐不独要以法律，且风以道德；倘能于道德无碍，予当乐〈为〉之助。而来者为徐之弟，去后则无后音。段所派为安福部人，予要以能完全赞同学说之主张，乃有相商之余地。《学说》出版后，王揖堂〔唐〕、徐树铮、曾毓隽②（现交通次长）俱看过，极端赞〈成〉然后批注交段看，段亦大体赞成，然后再派人来相商。予乃示以根本办法，并维持现状办法二种，后之法，乃国会完全行使职权。彼人已据此回去矣，后文如何，尚未知。如段能完全服从我之主张，我当引为同志也。

再既忧明年之饷，何不督率军士屯田开垦，以自谋食？

据中国国民党中央文化传播委员会党史馆藏一般档案
052/186

批张翼振函③

（一九一九年九月七日）

元冲代答，前信未收。此函所述颇有所见，暇时当照此详加研究，而后代为发布，并付《学说》一册去。

据中国国民党中央文化传播委员会党史馆藏一般档案
052/501

---

① 林修梅原函论及上海和会情况，以及处置徐世昌、段祺瑞的策略，并希望军政府能接济湘军粮饷。批文日期据来函。此函内容与8月17日复林修梅函相同，为何先复后批，待考。
② 原文为"曾□□"，据《国父墨迹》之注增补。
③ 张翼振原函分析第一次世界大战后国内外形势，主张联美、英、法等国以抑日本野心。来函仅署9月7日，未标年代。据原函内容及批文"付《学说》一册去"，应是1919年。批文日期据来函时间。

批谌伊勋函①

（一九一九年九月八日）

代答：嘉奖之，学生思想当然如此，深望结合同学、同志，为最后之奋斗，以达最后破坏之目的。

据中国国民党中央文化传播委员会党史馆藏一般档案 052/472

批臧善达等函②

（一九一九年九月十三日）

代答：和议事，先生不问。

据中国国民党中央文化传播委员会党史馆藏一般档案 052/589

批廖湘芸派潘康时来谒函

（一九一九年九月十八日）③

元冲作稿，答以仍照前授以盛华林之计划施行可也。

据中国国民党中央文化传播委员会党史馆藏一般档案 052/537

---

① 此系孙中山对北洋大学学生谌伊勋来函的批文。
② 上海临时和平维持会代表臧善达等致函孙中山，询问对和议的意见。
③ 来函仅书9月4日。批注9月18日复，按内容为1919年。

批广东省学生联合会函

（一九一九年九月二十二日）

代答,并由天仇①处抄出《八年今日》文一篇寄去。

据中国国民党中央文化传播委员会党史馆藏一般档案
052/440

批复关于驱除陆荣廷事函②

（一九一九年九月二十四日）

函悉。欲弭外患,先除内贼,广西游勇即内贼也。望我父老协同一致以除之,则其他之事皆可解决。

据中国国民党中央文化传播委员会党史馆藏一般档案
052/498

批刘仁航函③

（一九一九年九月二十五日）

代答:此等事,必俟大局定后乃能想办法也。

据中国国民党中央文化传播委员会党史馆藏一般档案
052/426

---

① 天仇,即戴季陶。
② 来函者不明。
③ 刘仁航原函建议培训自治人才。

批陆福廷函①

（一九一九年九月二十八日）

代答以：前各函俱收悉。辞职者所以表示西南之不法，而示国人以自决，不可靠南北之政府也。我各同志当各竭力奋斗，不可灰心也。信交刘仁航转可也。

据中国国民党中央文化传播委员会党史馆藏一般档案 052/455

批徐宗鉴函②

（一九一九年九月二十九日）

查介石如何乃代答，慰之以待时。

据罗家伦主编《国父批牍墨迹》（台北"中央文物供应社"一九五五年版）

批游运炽函③

（一九一九年十月十五日）

答以：俟大局定后，乃能着手此事。

据中国国民党中央文化传播委员会党史馆藏一般档案 052/580

---

① 陆福廷原函对孙中山决意辞职感到惶恐，且秘禀福建不难一举而定等军情，表明自己决心尽军人护法职责。批文日期据来函时间。

② 徐宗鉴原函陈述自己"革命以来，为国奔走"，悉受英士（陈其美）指挥的经历，表明值此"和局无望，战事必兴"之际，愿追随孙中山左右，"抱一腔热血，当有以报命"。批文日期据来函时间。

③ 游运炽，原任川汉铁路总公司清算处主任。

复廖奉恩函

（一九一九年十月二十日）

答函嘉奖，但以非时，爱莫能助，惟望奋勉而已。

据中国国民党中央文化传播委员会党史馆藏一般档案 052/161

批梁柏明函[①]

（一九一九年十月二十日）

代答：现尚无事可作，亦无力相助，惟期同志自谋生活，坚贞自持，以待时机可也。

据中国国民党中央文化传播委员会党史馆藏一般档案 052/841

批廖德山函[②]

（一九一九年十月二十日）

答函悼惜杨君，并谢其尽力党事。学校现无从为力。

据中国国民党中央文化传播委员会党史馆藏一般档案 052/943

---

① 梁柏明原函请求资助。
② 廖德山原函以杨襄甫去世，请协助抚育遗孤。

批彭堃函

（一九一九年十月二十三日）

代复,卅一日。答以:文对于国会议员,只望各人本良心上之主张为国奋斗耳,余则悉听其自然也,请转布此意。李君为我道谢。

据中国国民党中央文化传播委员会党史馆藏一般档案 052/50

批黄孝愚函①

（一九一九年十月二十三日）

代答以:先生现非设帐,无收门生之事。《学说》即寄一册,如能实力奉行,则胜形式多矣。

据中国国民党中央文化传播委员会党史馆藏一般档案 052/462

批彭养光函②

（一九一九年十月二十四日）

代答以:国会议员,应有凭良心以奋斗之责,惟自我视之,则随其自然而

---

① 黄孝愚原函表示,以南北议和决裂,"正组织大会","如北否悛改,南苟迁就",将"分电各地,抗粮纳税,实行组织政府",并表示"蓄志多年,愿列高足。"
② 广州国会议员彭养光原函称:军政府改组案已于22日正式通过,起草员亦已推定,惟改组方法尚未议定,奋斗此其时矣,望孙中山断然决策。并提出三种改组方法:务祈先生与胡汉民、廖仲恺、朱执信、居正在沪商议,迅速派人来粤共筹进行,急起直追,力争选举,上策也;次则务令先生一系之人,平分军政权,中策也,二者不得,则吾人将局面拆倒,此下策也。根据护法精神,孙中山作此批复。

已。所说三策，下策乃为最上，其余不敢赞一辞也。

据中国国民党中央文化传播委员会党史馆藏一般档案 052/64

批粟无忌函[①]

（一九一九年十月二十四日）

代答以：时机尚未至，南方各部亦无事可办，未便介绍，当以守现局以俟时为佳。

据中国国民党中央文化传播委员会党史馆藏一般档案 052/162

批吴忠信函[②]

（一九一九年十月二十六日）

答以：汝为尚要在沪，稍候各方面之重要消息。一有着落，当即赶回军中，各事望兄暂为主持可也。

孙　文

十月二十六日

据中国国民党中央文化传播委员会党史馆藏一般档案 052/369

---

① 粟无忌原函请求孙中山推荐任职。
② 吴忠信时任援闽粤军第二军军长许崇智（汝为）部支队司令，驻扎福建永安。原函报告军中情形并询许崇智回闽事。

批黎天才函[①]

（一九一九年十月二十七日）

答函奖勉，并告以近日情形，并查明有相赠过否，如无并寄一张。

据中国国民党中央文化传播委员会党史馆藏一般档案 052/541

批焦易堂函[②]

（一九一九年十月三十日）

代答以来信收悉，先生着代答云：国会行使职〈权〉，北京颇有赞成之意。如果有确实消息，先生当发通电主张，此时国会议员可齐到北京行使职权，则护法目的可算完全达到矣。否则必当重新革命而已。

据中国国民党中央文化传播委员会党史馆藏一般档案 052/557

批伍毓瑞函[③]

（一九一九年十一月十日）

作答云：桂贼不灭，民国不能生存。故救国必先灭贼而统一南方，然后

---

① 黎天才原函系陈述时局。

② 焦易堂来函报告广州军政府参众两院议决改组军政府，弹劾岑春煊等情，并请孙中山再出任总裁，"勉膺艰巨"。焦自广东发函是10月22日，到达上海为10月29日，批件标明"已复。三十日"。

③ 援赣粤军第四军军长伍毓瑞11月1日上书孙中山，谓械单饷绌，无所为计，惟誓以精诚贯彻"护法"二字，以勉尽责。批件未署日期，现据复办者签署的时间。

乃能出师北上，力争中原。务望力作士气，以赴时机。

据中国国民党中央文化传播委员会党史馆藏一般档案052/638

批加拿大黄容生请维持党务函

（一九一九年十一月十二日）①

留意，如有妥适之人，到时派往甚好，答函励之。

十一月十二日

据中国国民党中央文化传播委员会党史馆藏一般档案052/53

批吕超函②

（一九一九年十一月十七日）

作函奖勉，期望甚殷，为国尽力。并告以时局情形，及反对分赃和议，拟先扫除南方顽锢〔固〕腐败武力，以统一民治基础等等。

据中国国民党中央文化传播委员会党史馆藏一般档案052/548

---

① 原件无年代，1920年1月派陈树人为加拿大总支部总干事，故当为1919年。
② 11月17日四川靖国军第五师师长吕超，派张蔚彬为代表，携函赴沪面呈孙中山，征询对西南局势意见。吕函未署时间。据批件内容有"反对分赃和议"，应在1919年。所标月日，据来函日期。

批魏勋函

（一九一九年十一月十八日）

代答：民国国是多未解决，固无暇计此。当俟他日根本大计解决，然后议此未迟也。

> 据中国国民党中央文化传播委员会党史馆藏一般档案
> 052/173

批谢心准函[①]

（一九一九年十一月二十二日）

如尚有有力之同志，可帮一臂，以扑灭桂贼。此时宜预备一切，进行方法可与周之贞接洽。

> 据中国国民党中央文化传播委员会党史馆藏一般档案
> 052/586

批李绮庵函[②]

（一九一九年十二月二日）

答：冯自由已往美，着他与李海云接洽，并致意李海云。

> 据中国国民党中央文化传播委员会党史馆藏一般档案
> 052/873

[①] 谢心准原函陈述广东局势，询问孙中山治粤政策。谢函未署时间，据信封邮戳中"一九"，当是公历1919年，此函于11月22日寄达上海。今据谢函到沪日期。

[②] 李绮庵原函致冯自由请代向孙中山求款。

批陈炯明函[①]

（一九一九年十二月五日）

作答谢之,并云关于种种建设事件,俟实业计划告竣,再从事其他。

据中国国民党中央文化传播委员会党史馆藏一般档案
052/571

批唐宝锷函[②]

（一九一九年十二月八日）

代答以：无论何人,果有悔过自〈新〉,文无所不容也。对于徐,甚以此望之。

据中国国民党中央文化传播委员会党史馆藏一般档案
052/610

批洪兆麟函

（一九一九年十二月八日）

代答：前函已收,并慰问近好。

据中国国民党中央文化传播委员会党史馆藏一般档案
052/639

[①] 陈炯明12月5日函报其与福建李厚基交涉无结果等情,并谓在闽南"拟施行劳动教育",改变人民思想,"然后再图社会主义之实现"。日期据来函。

[②] 唐宝锷原函谈及徐树铮事。

批 吴 醒 汉 函

（一九一九年十二月十二日）

作答：函悉。前派熊炳〔秉〕坤来述一切，望设法办理可也。军府、唐督①处通电皆未便为，请谅之。

据中国国民党中央文化传播委员会党史馆藏一般档案
052/654

批 林 森 函

（一九一九年十二月十七日）

作答：函悉。彼辈果借和议以分赃，吾党当竭诛之。就是颂云②果有悔改之心，予亦何所不容？总望奋勉为国立功可也。

据中国国民党中央文化传播委员会党史馆藏一般档案
052/467

批 凌 钺 函③

（一九一九年十二月二十三日）

作答云：徐收回蒙古，功实过于傅介子、陈汤，公论自不可没。近闻徐颇

---

① 唐督,指唐继尧。
② 颂云,程潜字。
③ 凌钺12月9日来函,称徐树铮率部进驻库伦,迫使外蒙古取消自治系"犯卖国大罪",并责孙与徐电文往还,称孙此举"失当"。批文日期据《国父批牍墨迹》编者订定。

有觉悟,如真能悔过自新,文当无所不容也。

    据罗家伦主编《国父批牍墨迹》(台北"中央文物供应社"
    一九五五年版)

批 葛 庞 函

(一九一九年十二月二十七日)

  代答:此函悉,前函未收。今日救国急务,宜先平桂贼,统一西南,乃有可为。请将此意传布湘中同志、将士知之。

    据中国国民党中央文化传播委员会党史馆藏一般档案
    052/47

批 林 修 梅 函

(一九一九年十二月二十七日)

  作复,并切实告以当赶紧预备,与湘西一致动作,先扫除广西游勇,然后乃可另议其他。昔孔明未出中原,先擒孟获,今非先除游勇,必无从建告〔造〕民国也。

    据中国国民党中央文化传播委员会党史馆藏一般档案
    052/1214

批 吴 文 龙 函

(一九一九年十二月二十九日)

  代答:现下无事,尽可自由行动。

    据中国国民党中央文化传播委员会党史馆藏一般档案
    052/374

批杨熙绩函

（一九一九年十二月三十日）

代答：来函收悉。近日湘芸败，田、张①等何以不助力？

据中国国民党中央文化传播委员会党史馆藏一般档案052/574

批柳大训等函②

（一九一九年）

代答函鼓励，各尽所能，为国效力。到〔至〕接济款项一节，先生现在无力办到。

据中国国民党中央文化传播委员会党史馆藏一般档案052/887

批助林修梅统一湘西③

（一九一九年）

作答：此间现在无此力量，若能助林修梅统一湘西，而进兵桂柳，据有土地人民，当可设法。

据秦孝仪主编《国父全集》第六册（台北近代中国出版社一九八九年版）

---

① 田、张，即田应诏、张学济。
② 柳大训等原函请求拨给经费。
③ 来函未见，原注："此系寄孙伍唐三总裁函之批牍"。原件无年月，应在1919年。

批郝培云函①

（一九一九年）

代答云：中山先生属答，对于此事②，此时只宜合集有志之同学，潜心考究，以待有好政府成立之后，乃能见之施行。此时印书，国内亦无人留意，徒费无益，不如其已。

据中国国民党中央文化传播委员会党史馆藏一般档案052/176

批□□函③

（一九一九年）

代答以：劳动党当发起自劳动家乃是，今自命为学生，而越俎代谋，实属不合；有类借事招摇，切宜痛戒！

据中国国民党中央文化传播委员会党史馆藏一般档案052/1215

---

① 郝培云原函主张飞潜主义。批件年代未明，据秦孝仪主编《国父全集》编者考订，可能在1919年。
② 此事，指发展飞潜主义。
③ 据秦孝仪主编《国父全集》编者注：来函未见，仅批在空信封上。时间似在1919年。

批陈春生函①

（一九一九年）

答以：筑路为文历所提倡，今得公发起之，喜极慰极！望加入文名为赞成发起人之一可也。

近年交通进步，长远之路而专运重货如煤、铁等物，则铁路为利；若短路为人民往来者，则自动车路较铁路尤为有利而快捷。盖自动车随时可以开行，而火车则非人多货足，不能开车一度，是以每日不过开车一两度；若多开，客货不足则贴本。而自动车则无此弊，故前歧之路及他日前邑之支路，当定实只筑自动车路，不可立心再要铁路也。文见近年欧美等国，已有废去短线之铁路，而改为平路以行自动车，可知长铁路则有，短铁路则无利也。

并入股千元。

据罗家伦主编《国父批牍墨迹》（台北"中央文物供应社"一九五五年版）

批徐东垣函②

（一九二〇年一月一日）

代答：先生现在无暇从事于此，惟欲以此转布海外同志耳。

一月一日

据中国第二历史档案馆《新发现的中国国民党总理批文（二）》，载《民国档案》二〇〇一年第二期

---

① 陈春生系民初国民党员，为筑路事致函孙中山征询意见。据《国父批牍墨迹》编者称：陈函原件已失，仅存信封，年月不明，似应在1919年至1920年间。现酌定为1919年。

② 原函呈述采伐吉林省森林，可获厚利。

批罗仁普函①

（一九二〇年一月十四日）

代答：欲知此种新理，须从物理、化学用功，不得从古说附会。尚未有期。②

据中国国民党中央文化传播委员会党史馆藏一般档案 052/417

批林正煊等函③

（一九二〇年一月二十八日）

代答：以此等实用之书，当以内容之切实为贵，不当以品题文藻为贵。甚欲一见其书，如果适用，当力为介绍于军界。至于品题，不敢附和。

据中国国民党中央文化传播委员会党史馆藏一般档案 052/174

批杨玉山函④

（一九二〇年一月三十一日）

代答以：公资何来？汝既称为党人，曾出过多少党资？所请实难办到。

据中国国民党中央文化传播委员会党史馆藏一般档案 052/839

---

① 原函询问有关原子、电子原理等问题。此件所标时间系来函日期。
② 指《三民主义》、《五权宪法》何时出版，尚未确定。
③ 林正煊等来函，推荐何慨之新辑《全国兵工总厂改革》一书，请求品题。
④ 杨玉山原函请求给以经济资助。

批陶乐勤函①

（一九二〇年二月十四日）

代答见后：大函先生已接读，甚为钦佩！务望人各尽一分之能力，则无事不可为。足下为商界中先觉，当于其中联络同志，协力向前可也。

据中国国民党中央文化传播委员会党史馆藏一般档案
052/1319

批李维汉函

（一九二〇年二月十九日）②

当票送回，并代善为开导，以博施济众，尧舜犹病。若以众党而养党魁，则易举；以党魁而济万千之党人，则万难矣。

据中国国民党中央文化传播委员会党史馆藏一般档案
052/884

批刘焕藜函③

（一九二〇年二月二十八日）

代答：请礼一午后三时来。

据中国国民党中央文化传播委员会党史馆藏一般档案
052/598

---

① 陶乐勤来函请求实行大亚细亚民治主义。此件所标时间系来函日期。
② 此件所标时间系来函日期。
③ 刘焕藜原函求见孙中山。此件所标时间系来函日期。

批殷占闿等函①

（一九二〇年三月二日）

代答以：请读《孙文学说》，便知先生对此之主张。

据中国国民党中央文化传播委员会党史馆藏一般档案
052/552

批刘焕藜函②

（一九二〇年三月二日）

代答以：张果有以实力助吾党解决广西问题，则万事皆可从此解决，不必支支节节与争湘省之权力也，务期转致湘中同志放阔胸衿可也。

据中国国民党中央文化传播委员会党史馆藏一般档案
052/573

批徐元诰函

（一九二〇年三月三日）③

觉代答以：函悉，并将以后消息时时报闻。

据中国国民党中央文化传播委员会党史馆藏一般档案
052/746

---

① 殷占闿原函询问有关国民自治主张。此件所标时间系来函日期。
② 刘焕藜原函报告与张敬尧协议，有在与桂系军阀斗争时，张服从孙中山命令，至湘省省长、财政厅长等职，交归革命党之湘人，请孙指派等语。此件所标时间系来函日期。
③ 此件所标时间系来函日期。

批殷占闾等函①

（一九二〇年三月五日）

代答以：有路可干者，总望积极进行，造成事实，乃来讲话可也。

据中国国民党中央文化传播委员会党史馆藏一般档案052/763

批林修梅函②

（一九二〇年三月七日）

誓约、党证，可送去晚报馆交易君收入，取回收条。

据中国国民党中央文化传播委员会党史馆藏一般档案052/396

批陈卓平函③

（一九二〇年三月十七日）

内件代答以：已照来示办了。

据中国国民党中央文化传播委员会党史馆藏一般档案052/446

---

① 殷占闾等原函表示愿联络长江一带军警。此件所标时间系来函日期。
② 林修梅原函请发给誓约党证以介绍军官入党。
③ 陈卓平原函请求孙中山为其妹赴美留学作保。

批胡文灿等函[1]

（一九二〇年三月二十一日）

焕廷[2]代答以：先生甚望火速进行，与他军协同讨贼。至现于实立有奇功，先生当必始终维持也。

据中国国民党中央文化传播委员会党史馆藏一般档案052/745

批黎萼等函[3]

（一九二〇年三月二十九日）

作答以：如确有如此实力，如此组织，则当以起事为征。如能分头并起，以击桂贼，则文必竭力助成，务使各人成军也。如不能发起，则人械虽多，何济于事？故对于不能发起与一发而即散者，皆不欲与闻也。望公等竭力将各地人众造成事实，然后来商可也。

据中国国民党中央文化传播委员会党史馆藏一般档案052/744

---

[1] 胡文灿、唐提雄、卢则三从香港上书孙中山称，为驱除陆、莫出广东，拟集合同志，组织靖国讨逆军，并已着手购置军械云云。

[2] 焕廷，即林焕廷。

[3] 黎萼等原函报告粤中军事布置情形与联络各军起事规复广州之计划。来函日期为3月23日，29日收到。批件时间据收到日期。

批林修梅函

（一九二〇年四月五日）①

内名片有住址，代函请王君②明日午后三时来见，并作复林，请他来沪。

据中国国民党中央文化传播委员会党史馆藏一般档案
052/533

批邓家彦函③

（一九二〇年四月十日）

作答：来意甚感。但此时向华侨筹款，已有缓不济急，且有不欲再向华侨筹款之意。

据中国国民党中央文化传播委员会党史馆藏一般档案
052/916

批卢殷民函④

（一九二〇年四月十六日）

代答以：《建设》杂志，先生处有者，可以奉送；其无者，请就市上买之。二期三号已出版，亦可买之市上。

据中国国民党中央文化传播委员会党史馆藏一般档案
052/412

---

① 来函仅书4月5日，应在1920年。
② 王君，即王恒。
③ 邓家彦原函请求赴美筹款。日期据来函。
④ 卢殷民原函请求赠送《建设》杂志。

批胡万州函

（一九二〇年四月二十二日）①

答以：望切实进行，当以立功后，再由此间直接处理。

据中国国民党中央文化传播委员会党史馆藏一般档案 052/686

批谢英伯函②

（一九二〇年四月二十八日）

代答：国会在沪无期，此间亦无所事，不来为妙。

据中国国民党中央文化传播委员会党史馆藏一般档案 052/867

批朱和中函

（一九二〇年五月十八日）③

元冲代答以：各信收悉，子荫④已回沪。

据中国国民党中央文化传播委员会党史馆藏一般档案 052/605

---

① 此件所标时间系来函日期。
② 谢英伯原函请求援助四川，并征求赴沪意见。
③ 此件所标时间系来函日期。
④ 子荫，即黄大伟。

批姚畏青函①

（一九二〇年五月二十二日）

代答以：函悉。先生无分南北，只以主义同者则为同志耳。芝泉②近日大有觉悟，先生自乐与共图国事，使真正之共和能早日实现于中国也。

据中国国民党中央文化传播委员会党史馆藏一般档案
052/607

批罗鉴龙函③

（一九二〇年五月二十三日）

代答以：先生虽曾习医，然荒日久，故对此种专门之研究，非有心得，莫敢赞一辞。求序当谢不敏。（并检对前函有无复答，措词与此相符否。）

据中国国民党中央文化传播委员会党史馆藏一般档案
052/408

---

① 当时直皖战争即将爆发，段祺瑞为牵制直系军阀，有与孙中山联络之举，孙中山为使其讨桂计划畅行无阻，亦有联段计划。姚畏青原函对孙中山联合段祺瑞的政策表示赞同。此件所标时间系来函日期。

② 芝泉，即段祺瑞。

③ 罗鉴龙原函要求为其所著《子女唯心法稿》作序。批件所标时间据来函日期。

批孙祥夫[①]

（一九二〇年五月二十五日）

代答以奖勉辞，并言陈师有心来助甚好。待计划有定，再行通知。

据中国国民党中央文化传播委员会党史馆藏一般档案 052/758

批李仲夔函[②]

（一九二〇年六月九日）

代答以：办法不合，不能照行。

据中国国民党中央文化传播委员会党史馆藏一般档案 052/448

批沈声夏函

（一九二〇年六月十二日）[③]

代答：现正用武之时，君为军人，何不即回国效力。

据中国国民党中央文化传播委员会党史馆藏一般档案 052/669

---

① 此件所标时间系来函日期。
② 李仲夔原函请求孙中山为其子证婚。
③ 此件所标时间系来函日期。

批谭平函

（一九二〇年六月二十四日）

代答：函悉，甚谢！以后凡有要闻，请时时函报为荷。

据中国国民党中央文化传播委员会党史馆藏一般档案
052/458

批蒋尊簋函

（一九二〇年六月二十八日）①

作答慰劳，并云此间现在毫无办法，如他日能得有办法以解决一切时，自必借重长才也。

据中国国民党中央文化传播委员会党史馆藏一般档案
052/531

批徐东垣函

（一九二〇年六月三十日）②

代答以：现宜潜养实力，不宜动作，俟各地养足实力，到有机可动之时，然后约定为一共同动作乃可也。

据中国国民党中央文化传播委员会党史馆藏一般档案
052/63

---

① 来函仅书 6 月 28 日，用"参谋部公用笺"，应在 1920 年。
② 原函未署年代，仅标 6 月 30 日。据《国父批牍墨迹》编者定为 1920 年。

批张铁梅等函

（一九二〇年七月一日）①

作答奖勉，期会羊城。

据中国国民党中央文化传播委员会党史馆藏一般档案
052/637

批朱和中函

（一九二〇年七月三十日）②

代答以：两害取其轻，两恶宽其小，吴佩孚与桂贼联结，假民意皮毛，无彻底之办法，为他人作嫁衣，挫去一段祺瑞，而招一张作霖（日本狗）。其无特识、无远见为如何也。请兄向之劝导，顺风转舵，投诚革命党，则其功业必有可望也。

据中国国民党中央文化传播委员会党史馆藏一般档案
052/1269

批胡海山等函③

（一九二〇年七月）

代答以：黎元洪现在拥资数百万，公等应在报上用明信向之求恤，想必

---

① 此件所标时间系来函日期。
② 此件所标时间系来函日期。
③ 伤兵代表胡海山等原函请求孙中山发给伤兵川资。此件所标时间系来函日期。

能达目的也。先生亦当致代请,以得双管齐下,并调查确实伤者几人。

> 据中国国民党中央文化传播委员会党史馆藏一般档案
> 052/848

批朱和中函

（一九二〇年七月至八月间）①

代答以:言和当以第二次宣言为条件,此时想无希望;无已,对于吴佩孚,可由公代表往说他同来革命,为根本之解决,以达利国福〈民〉之目的。此当胜于苟且言和也。如何？示复。

> 据中国国民党中央文化传播委员会党史馆藏一般档案
> 052/1227

批朱和中函②

（一九二〇年八月十九日）

此间此后对北方武人,尚无一定办法,故来沪亦无所商。对于吴处③当先探悉其心,果有爱国之心,不是为出风头、争地位,乃可与之接洽。

> 据中国国民党中央文化传播委员会党史馆藏一般档案
> 052/17

---

① 原件无年月,以与7月30日、8月19日二批相近,置于7月至8月间。
② 秦孝仪主编《国父全集》编者注:"原信封有民国九年八月十九日发邮及'北京礼士胡同朱缄'字样。当系朱和中来函。"此件所标时间系来函日期。
③ 吴处,即吴佩孚处。

批祁映寰函

（一九二〇年九月一日）①

介绍往竞存处，并作详函与竞存。

据中国国民党中央文化传播委员会党史馆藏一般档案 052/664

批张醉侯函②

（一九二〇年九月七日）

代答以：请与夏君八日午后四时来谈可也。

据中国国民党中央文化传播委员会党史馆藏一般档案 052/688

批章昃函③

（一九二〇年九月八日）

查明何人交来，并寄信者为何人，然后酌答奖励。

据中国国民党中央文化传播委员会党史馆藏一般档案 052/670

---

① 此件所标时间系来函日期。
② 张醉侯原函介绍夏某联络海军图粤。来函仅书 7 日，按其内容，当在 1920 年 9 月。
③ 章昃原函提出欲经营西北以联俄。此件所标时间系来函日期。

批余鹰扬函①

（一九二〇年九月十五日）

汉民拟稿答之，交卓文②处寄。

据中国国民党中央文化传播委员会党史馆藏一般档案
052/650

批林德轩论平粤函

（一九二〇年九月二十一日）③

答以：昔孔明未出中原，先擒孟获。吾党今日欲有发展，非先平桂贼不可。往岁长岳之役，则受桂贼之害也。如湘西将士，欲为国造福巩固共和者，必当先联络一气，秣马励兵，与闽中同时并进。湘则南入柳桂，闽则西略潮惠，而桂粤内部亦同时起，则桂贼可一朝扑灭也。粤、桂、湘三省完全为吾党所有，然后再图武汉，则事有可为也，湘西、湘南各同志以为如何？

据中国国民党中央文化传播委员会党史馆藏一般档案
052/705

---

① 余鹰扬时任粤军第二十九路统领。此件所标时间系来函日期。
② 卓文，即朱卓文。
③ 年代据《国父批牍墨迹》。

批陈自先来函

（一九二〇年九月二十二日）①

作答许彼称为第八军，着速攻南宁。

据中国国民党中央文化传播委员会党史馆藏一般档案 052/655

批谢申岳函

（一九二〇年九月二十七日）②

代答：函悉。先生望公努力进行。

据中国国民党中央文化传播委员会党史馆藏一般档案 052/708

批马育航函

（一九二〇年九月二十七日）③

函悉。此部浙军不足靠，收之亦恐为患，不足惜也。

据中国国民党中央文化传播委员会党史馆藏一般档案 052/741

---

① 此件所标时间系来函日期。
② 此件所标时间系来函日期。
③ 此件所标时间系来函日期。

批沪江大学函①

（一九二〇年十月六日）

代答以：不能如命。精卫亦不在沪。

据中国国民党中央文化传播委员会党史馆藏一般档案 052/430

批蔡荣华函

（一九二〇年十月六日）②

代答以：所说甚是，当另函着香港同志调解。即着内渡钦、廉，进攻南宁。

据中国国民党中央文化传播委员会党史馆藏一般档案 052/685

批黄秉衡函

（一九二〇年十月十二日）

代答奖励，须稍为忍耐，俟粤局大定，当可从事于飞行学校。刻下各事，当听朱卓文调度可也。

据中国国民党中央文化传播委员会党史馆藏一般档案 052/362

---

① 沪江大学原函请孙中山在双十节时赴该校演讲，或请汪精卫代讲。
② 此件所标时间系来函日期。

批欧阳豪函①

（一九二〇年十月十三日）

代答以：桂林事若确把握，当可进行。赣事且缓，以待时机可也。苏中办理。

据中国国民党中央文化传播委员会党史馆藏一般档案
052/700

批黄大伟函②

（一九二〇年十月十五日）

亲军名目，切勿浪用，酌用他种名目便可。

据中国国民党中央文化传播委员会党史馆藏一般档案
052/755

批蔡涛函

（一九二〇年十月十七日）③

代答以：可先函商各军队，如得复函确有办法，乃有相商之地。

据中国国民党中央文化传播委员会党史馆藏一般档案
052/683

---

① 原函陈述经营赣事情形，请孙"倾师援粤之时，设法蹂乱其后"，用杨青山及桂林失势之军官等出任其事，且称拟聚集赣省军事人才，以实行赣人治赣。来函未署年份，应是1920年。此件所标时间系来函日期。

② 此系致黄大伟转达居正等人之批件。此件所标时间系来函日期。

③ 此件所标时间系来函日期。

批唐宝锷函

（一九二〇年十月十八日）①

代答：函悉。以后有消息，请常报闻。

据中国国民党中央文化传播委员会党史馆藏一般档案
052/597

批赵仲李伟函

（一九二〇年十月二十五日）②

作答以：吴山往滇，此间并未知悉，其言行如此，实属招摇。然由此乃得二公之详报铁工并煤铁二厂状况，则不啻无意中之获异宝。有此丰富之煤铁，将来必能为中国发展实业之一大助，俟大局稍定，必注力于是也。而刻下则无从为力，惟望将煤铁之积量详查报闻。

据中国国民党中央文化传播委员会党史馆藏一般档案
052/855

批孙科电③

（一九二〇年十月二十六日）

倘莫到港，即当搜罗证据，控彼私吞公款，以归形〔刑〕事犯，闻彼寄存

---

① 此件所标时间系来函日期。
② 原函与批件均无日期，今据《中央党务月刊》第十三期与秦孝仪主编《国父全集》第六册，定批件为1920年10月25日。
③ 孙科原电报告广州莫荣新等将逃等情，告以陈炯明到惠州，并汇报自己筹饷购械等事。今所标10月26日系该电到上海日期。

台湾银〈行〉数百万云。

据中国国民党中央文化传播委员会党史馆藏一般档案 052/92

批冯自由函①

(一九二〇年十月二十六日)

所言极得我心,然办法一时尚未能定。

据中国国民党中央文化传播委员会党史馆藏一般档案 052/490

批田应诏函

(一九二〇年十月二十六日)②

作答:此间现在无力量,若能助林修梅统一湘西,而进兵桂、柳,据有土地人民,当可设法。

据中国国民党中央委员会党史委员会编《国父全集》第四册(台北一九七三年版)

---

① 冯自由原函陈述对于党务之意见,提出"扫除积弊"、"再造本党之办法"五条,且表示愿意承担此任。批件所标时间系冯自由来函日期。

② 中国国民党中央委员会党史委员会编《国父全集》编者注:原件无年月,编于1919年,亦未标明来函者姓名。今据孙中山1920年10月26日复田应诏函,内容与此相同。故此批件时间当与复函同。

批梁泮函①

（一九二〇年十月二十八日）

请焕廷②兄查明，酌量设法。

> 据中国国民党中央文化传播委员会党史馆藏一般档案
> 052/452

批陈继虞函

（一九二〇年十月三十一日）③

着合力进攻南宁。

> 据中国国民党中央文化传播委员会党史馆藏一般档案
> 052/17

批三藩市《少年中国晨报》函

（一九二〇年十月）④

作答：辩明报载朱执信之死难实情，并奖励筹饷。往卢君讨回亚臾收条，着律师告他破约、并骗飞机公司钱，以追回傲纸⑤。此事当交由律师办理，详情面授焕廷知之。

> 据中国国民党中央文化传播委员会党史馆藏一般档案
> 052/1228

---

① 梁泮原函请求接济返美旅费。来函仅书10月28日，约在1920年。
② 焕廷，即林焕廷。
③ 时间据《中央党务月刊》所载《复陈继虞函》标明的时间酌定。
④ 原件无年月，按其内容，当在1920年10月间。
⑤ 傲纸，即支票。

批张海涛函

（一九二〇年十月）①

代答：务要由湘出兵助粤，以驱除游勇助桂，以改造广西，免游勇盘踞作恶为要。

据中国国民党中央文化传播委员会党史馆藏一般档案052/17

批福建泉州培元中学来函②

（一九二〇年十月）

写共进大同四字寄去。

据罗家伦主编《国父批牍墨迹》（台北"中央文物供应社"一九五五年版）

裁撤广东督军令③

（一九二〇年十一月一日）

广东督军缺着即裁撤。此令。

据上海《民国日报》一九二〇年十一月八日《军府任免海陆军职》

---

① 原件无日期，应在1920年10月间。

② 1920年11月5、6日两天为培元中学举行毕业典礼及青年十周纪念会校友大会，故函请孙中山题词。

③ 本件系上海军政府秘书厅转奉军府东日电令，孙中山为军政府驻沪总裁之一。

批齐燮元函

（一九二〇年十一月六日）①

作答：北方有力者遣人来言，秀公之自杀，并非实情，中有黑幕，言辞之间多注意。在公今得来函并秀公遗笔，始恍然冰释。然北使纷驰沪上，非陷公于罪名不止，公将何以处之？愿闻明教。

据中国国民党中央文化传播委员会党史馆藏一般档案
052/1243

颁给赵国璋爱国奖状

（一九二〇年十一月六日）

爱国奖状

赵国璋君储助巨资，赞襄义举，赍兹永宝，以彰爱国。

中华民国九年十一月六日
中国国民党总理　孙　文

据中国国民党中央文化传播委员会党史馆藏一般档案
051/214

---

① 原件无年月，据齐氏来函时间，在 1920 年 11 月 6 日。

批上海基督教妇女节制协会函

（一九二〇年十一月二十三日）①

代答：礼士夫人，捐款为基督妇女青年会，前函错答，星期二午后可见。

据中国国民党中央文化传播委员会党史馆藏一般档案
052/806

给檀香山大埠四大都会馆捐款收据

（一九二〇年十二月二十四日）

收到檀香山大埠四大都会馆捐款一千元正。此据。

孙　文

九年十二月二十四日

据中国国民党中央文化传播委员会党史馆藏一般档案
054/18

本部来款收据

（一九二〇年十二月二十八日）

收本部来款一千一百元正。

孙　文

九年十二月二十八日

据中国国民党中央文化传播委员会党史馆藏一般档案
054/56

---

① 此件所标时间系来函日期。

批马希元函

（一九二〇年十二月二十九日）

代答：函悉。书尚未出版，有便请将甘省人心时事，常常详报为荷。

据中国国民党中央文化传播委员会党史馆藏一般档案
052/413

批答宋鹤庚请主持组织联省政府函

（一九二〇年底）①

作答：既知约法失效，当要反本寻源，再图彻底之革命，切勿歧而又歧，遂致永乱不已。此间已任谭组安回湘革命，望惟彼之命是听可也。

据中国国民党中央文化传播委员会党史馆藏一般档案
052/181

批答林支宇请主持国是建设联治政府函

（一九二〇年底）②

沧白拟答：已派谭组安回湘，望与一致进行，则纠纷立解矣，民国从此可定云云。

据中国国民党中央文化传播委员会党史馆藏一般档案
052/182

---

① 原件无年月，按"此间已任谭组安回湘革命"，应在1920年年底。
② 原件无年月，按其内容，应为1920年年底。

咨陈政务会议就职日期文

（一九二一年一月十一日）

为陈报事：九年十二月七日奉军政府令：特任孙文为内政部长，此令，等因。奉此，遵于是日就职，理合咨陈贵会议，查照备案。谨咨陈政务会议。

内政部长　孙　文
中华民国十年一月十一日

据《军政府公报》公文（一九二一年一月十五日）光字第十一号

批杨鹤龄函

（一九二一年一月十六日）①

真革命党，志在国家，[非]必不屑于升官发财。彼能升官发财者，悉属伪革命党，此又何足为怪？现无事可办，无所用于长才。

据《中央党务月刊》第五十五期（一九三三年二月）《总理批牍摄影之一》

在政务会议提案

（一九二一年三月十二日）

一、西南发展计划；二、提取关余；三、选举总统；四、改组西南省统一政

---

① 据陈希亮考证，该函批语应撰于1921年1月16日（参阅陈希亮《孙中山〈批杨鹤龄函〉时间考》，《民国档案》2005年第1期）。

府;五、编练国军。

  据上海《民国日报》一九二一年三月十三日《孙总裁提出五要案》

颁给阮日华爱国奖状

（一九二一年三月二十二日）

爱国奖状

  阮日华君储助巨资,赞襄义举,赍兹永宝,以彰爱国。

中国国民党总理 孙 文

中华民国十年三月二十二日

  据中国国民党中央文化传播委员会党史馆藏一般档案051/5

颁给高连泗爱国奖状

（一九二一年三月二十二日）

爱国奖状

  高连泗君储助巨资,赞襄义举,赍兹永宝,以彰爱国。

中国国民党总理 孙 文

中华民国十年三月二十二日

  据中国国民党中央文化传播委员会党史馆藏一般档案051/3

颁给高敦焯爱国奖状

（一九二一年三月二十二日）

爱国奖状

高敦焯君储助巨资，赞襄义举，贲兹永宝，以彰爱国。

中国国民党总理　孙　文

中华民国十年三月二十二日

据中国国民党中央文化传播委员会党史馆藏一般档案051/6

命司法行政暂归大理院长兼管令

（一九二一年五月十一日）

大总统命令

司法行政事务着暂归大理院长兼管。此令。

五月十一日

据《广东群报》一九二一年五月十二日

命陈炯明奖励议恤各军将士令

（一九二一年五月十三日）

曩者桂贼乘龙济光之后，盘踞粤土，假名护法，实行割据，吾民之憔悴于虐政久矣。当北方武人坏法乱国之时，粤省将士苦战汀、漳，连年暴露；桂贼尤盗憎主人，通款伪廷，冀图掩袭我军。我诸将乃整旅回粤，伐暴救民，血战连月，所向克捷。是时留粤各军，同声响应，遂致岭海克复，岑、莫宵遁。本大总统念各军将士久经战役，勋劳卓著，非有报功之典，无以彰崇善之公。着陆军部将此次战事出力之人员汇齐呈报，按照官阶分别升授。其死难各官佐士兵，暴骨郊外，尤堪怜悯，着该部一体查明从优予议恤。此令。

中华民国十年五月十三日
据《广东群报》一九二一年五月十六日

给马蓁汇款收据

（一九二一年五月二十一日）

收到马蓁先生民国九年十一月五日汇到上海银一千八百元正。此据。孙文。十年五月二十一日补发。

据中国国民党中央文化传播委员会党史馆藏一般档案 054/16

委派陈安仁执行任务令

（一九二一年五月）

兹特派陈安仁往澳洲宣传主义，除澳洲本党机关发给薪水外，本部每月津贴英金八磅，在澳洲支给，由澳洲应纳于本党党费内扣除。

据罗家伦主编、黄季陆增订《国父年谱》增订本下册（台北一九六九年版）

特派孙科督办广东治河事宜令

（一九二一年六月四日）

大总统令

特派孙科督办广东治河事宜。此令。

六月四日

据上海《民国日报》一九二一年六月十八日《孙文大总统命令》

颁布总统府各处司官制通则令

（一九二一年六月二十日）

大总统令

兹修正总统府直属机关官制为《总统府各处司官制通则》公布之。此令。

六月二十日

据上海《民国日报》一九二一年六月二十六日《孙大总统命令》

命裁撤内务部土地农务商务三局令

（一九二一年六月二十三日）

大总统令

内务部所辖之土地、农务、商务三局事务较简，均着即行裁撤。此令。

据上海《民国日报》一九二一年六月二十九日《孙大总统命令》

着交通行政事务归内务部兼管令

（一九二一年六月二十三日）

大总统令

　　交通行政事务,着归内务部兼管。此令。

据上海《民国日报》一九二一年六月二十九日《孙大总统命令》

给徐维扬的命令

（一九二一年六月二十六日）

大总统令

　　派徐维扬出差北江。此令。

据中山大学孙中山纪念馆藏原件照片

命陈炯明讨伐陆荣廷陈炳焜等令

（一九二一年六月二十七日）

大总统令

　　前据粤军总司令陈炯明呈称,桂匪魁首陆荣廷、陈炳焜等,率领匪徒,连日犯我连山、廉江、灵山诸县。兹又据报告我军出师抵御,已于二十六日攻克梧州。广西人民苦盗害久矣。本大总统希望桂人自决,对于诸匪魁久事容忍;讵陆荣廷、陈炳焜等盗性不改,复欲向粤省施其劫掠故技。粤省出师自卫,势非得已。今梧州既克,仰粤军总司令陈炯明督率将士,本吊民伐罪之意,为犁庭扫穴之计,荡平群盗,扶植广西人民,使得完全自治。义军所至,宣布斯意,咸使闻知。今方盛夏炎热,诸将士为捍卫疆土、讨伐盗贼之故,奋勇战斗,备极劳苦,本大总统实深系念,仰该总司令一体斯意嘉锡。此令。

据上海《民国日报》一九二一年七月六日《大总统下令荡平群盗》

颁布陆军部官制令

（一九二一年七月八日）

大总统令

兹制定陆军部官制公布之。此令。

据上海《民国日报》一九二一年七月十四日《大总统命令》

饬马君武转谷正伦胡若愚奖励各该部并告以军事近况谕

（一九二一年七月九日）[①]

贵军率令出师,扶植桂人自治,深堪嘉慰,望即猛进柳桂,肃清邕浔,助成改造之荣等因。特达。我军于微日占领荣县,同时克复高州、阳山、连县等处,今复克复连山,先后毙敌军甚众,俘虏数千,生擒贼将数人,伪司令降者一员,夺获机关步枪辎重马匹无算。北江方面,敌军全灭,并闻。

据上海《民国日报》一九二一年七月十七日《总统励奖谷胡》

---

① 本谕日期据马君武致谷、胡"青"日电,定为7月9日。

命民律延期施行令

（一九二一年七月十四日）

大总统令

　　据大理院长徐谦呈称，民律已届施行期，惟审察社会现制及各地风俗习惯，尚有应行修正之处，拟请暂缓施行等语。民律着延期施行，仍交该院长审拟办法，呈候核夺。此令。

据上海《民国日报》一九二一年七月二十一日《大总统命令》

颁布内务部矿务局官制令

（一九二一年七月十五日）

大总统令

　　兹制定内务部矿务局官制公布之。此令。

七月十五日

据上海《民国日报》一九二一年七月二十九日《大总统命令》

命财政部拨款救灾令

（一九二一年七月二十六日）

大总统令

　　前据全黔义赈会会长、贵州总司令卢焘等电称：黔省上年蝗旱之后，继以水灾，禾稼无收，生民荡析；入春以来，冰雹间作，全省八十一县，被灾者已达半数，灾区广至三千余里，饥民多至三百余万等语。兹复据黔籍国会议员张光炜等,暨旅粤云贵同乡会联陈前情,本大总统披阅之余,殊深悯恻,着财政部迅即拨款二万元交该总司令妥为散放,毋任流离失所;并由该省长官广为劝募赈款,以拯灾黎。此令。

据上海《民国日报》一九二一年八月一日《大总统命令》

命陈炯明全权办理桂省军事善后事宜令

（一九二一年七月二十八日）

总统命令

桂省军事善后事宜,由陆军总长陈炯明全权办理。

据上海《民国日报》一九二一年七月三十日《本社专电》

咨复国会非常会议为派代表赴各国办理外交文

（一九二一年七月二十九日）

为咨复事。七月二十九日准贵会议咨开"本月廿七日本会开会,议员丁骞临时动议,请政府派代表分赴英、美、法、日各国办理外交事宜,经众讨论提付表决,大多数可决照案通过。相应备文咨达,即希查照办理"等因前来。查派遣代表分赴各国办理外交一事,政府本早在筹备之中,准咨前因,除饬外交部审度情形,相机进行外,相应咨复贵会议查照。此咨
国会非常会议

孙　文

据上海《民国日报》一九二一年八月十七日《新政府外交之进行》

命陈炯明马君武办理广西军政事宜令

（一九二一年八月十六日）

大总统令

比以陆军总长陈炯明统率大军，申讨桂盗，平暴靖乱，厥功甚伟！经于七月二十八日颁布命令，畀该总长以办理广西全省军事善后事宜全权，该总长职掌军政，务宜不避劳怨，悉心规划。现在各路义军云集，关于肃清余孽，绥靖地方等一应事宜，应由各该统兵长官随时商承该总长办理，以一事权。其民政事宜，应由省长负责，整理地方，驻在军队不得干预，以涤旧染之污，而布更新之始。庶不负义师吊民伐罪、扶植桂人自治之旨。〈本〉大总统有厚望焉。此令。

据上海《民国日报》一九二一年八月二十四日《大总统命令》

命裁撤南宁等道尹令

（一九二一年八月十九日）

大总统令

广西省南宁、苍梧、桂林、柳江、田南、镇南六道道尹员缺，着一并裁撤。此令。

据上海《民国日报》一九二一年八月二十六日《大总统命令》

颁给蔡赞爱国奖状

（一九二一年八月二十日）

爱国奖状

蔡赞君储助巨资，赞襄义举，赍兹永宝，以彰爱国。

中华民国十年八月二十日

中国国民党总理 孙 文

据李穗梅主编《孙中山与帅府名人文物与未刊资料选编》（广东科技出版社二〇一一年版）影印原件

批 张 藩 函[①]

（一九二一年八月二十八日）

作答：着与各省同志军队联合，先解决湖南以为根据，然以〔后〕他图。

据中国国民党中央文化传播委员会党史馆藏一般档案052/771

复国会非常会议文

（一九二一年八月底）[②]

为咨复事：七月二十九日，准贵会议咨开，议员高振霄提出咨请政府速

---

① 张藩原函系呈报西北军情。原件无年月，应在1921年。
② 此件未署时间。按非常国会致大总统咨文为7月29日发出，非常大总统则于9月5日就出席华盛顿太平洋会议代表资格发表宣言，其间关于代表权问题，美国政府与北京当局曾经有所活动。故此复文酌定为8月底。

派太平洋会议代表议决案,文曰:"美总统召集太平洋会议一事,关系远东及太平洋问题,至深且巨。我国日受强邻之压迫,北京拍卖主权,国几不国,今此一线生机,正我正式政府独一不二之机会,所有取消不平等之条约,及裁减军备实行民治诸事,尤为我国生死之关系,应请即日开会讨论议决,请政府速派得力代表迅赴列席,实为至要"等语。经于本月二十七日开会议讨论,依法提付表决。大多数表决,照案通过。相应备文咨达,即希查照办理等因前来。查此事政府早已虑及,现正在筹备进行中。准咨前因,除仍饬外交部妥为筹备外,相应咨复贵会议查照。此咨
国会非常会议

孙　文

据上海《民国日报》一九二一年十月十日《新政府咨复国会非常会议文》

饬陆军部转告鄂军西路潘总司令奖勉该部将士谕

（一九二一年九月十四日）①

大总统谕

马电悉,该总司令仗义兴师,略地得械,深堪嘉慰。该部将士为国勤劳,着一体传谕奖勉。

据上海《民国日报》一九二一年九月十四日《孙总统嘉慰潘总司令》

---

① 日期据上海《民国日报》发布时间。

准将林罗氏等分别减刑令

（一九二一年九月十五日）

大总统令

据大理院长兼管司法行政事务徐谦，呈请将林罗氏、周汉声、罗锡康分别减刑等情。本大总统依照约法第四十条，准予林罗氏减处四等有期徒刑一年；周汉声减处四等有期徒刑一年；罗锡康减处五等有期徒刑六个月。余准如所拟办理。此令。

十五日

据上海《民国日报》一九二一年九月二十四日《大总统命令》

严禁鸦片令

（一九二一年九月二十日）

鸦片一物，贻害人群，甚于洪水猛兽。查禁种、禁吸、禁运，载在条约，列之刑章，久已雷厉风行。各省烟苗，亦经早报肃清。诚恐无知之徒，日久玩生，于穷乡僻壤之间，有妄行偷种之事。本大总统为杜渐防微起见，兹特重申诰诫，着地方文武高级长官，督饬所属严密查禁，务使尽绝根株，毋得始勤终懈。人民亦当懔遵禁令，毋贪小利，自陷法网。用副本大总统廓清毒卉、保育人民之至意。此令。

中华民国十年九月二十日

据《广东群报》一九二一年九月二十一日《大总统命令》

命财政部拨款赈灾令

（一九二一年九月二十日）

　　本年迭据贵州总司令卢焘及旅粤云贵同乡张光炜等先后电呈称：黔省上年蝗旱，继以水灾，禾稼无收，生民荡析，灾区广至三千余里，饥民多至三百余万，请再拨巨款，以惠灾黎。四川国会议员王安富等及旅沪四川酉秀黔彭四县急赈会先后呈电称：川省酉秀黔彭四县向称贫瘠，频年地方扰攘，十室九空，去岁雨泽愆期，秋收歉薄，斗米值钱二十余缗，草根树皮，掘宊殆尽。陕西总司令于右任电称：陕西三原一带饥馑洊臻，哀鸿遍野，待赈孔殷。湖南醴陵兵灾善后所刘泽湘等及旅粤湘人周震鳞等呈称：湖南醴陵兵灾之后，继以荒年，饿莩载途，农工商辍业。广西省长马君武电称：桂省经陆、谭诸逆盘踞多年，诛求无艺，民力久已凋敝，此次收复之初，劳来安集，待款甚亟，各等语。自顷迭经丧乱，兵役频兴，水涝旱蝗，不时告警，死亡枕藉，邑里邱墟；哀此孑遗，其何能淑！言念及此，实所痛伤。着由财政部再行拨给贵州灾区一万元；并拨给四川酉阳、秀山、黔江、彭水四县灾区二百〔万〕元；陕西三原一带灾区七千元；湖南醴陵灾区五千五百元；广西兵灾区域一万元，交由各该省长官遴派公正官绅，妥为散放，毋任流离失所，以副本大总统救灾恤难之至意。此令。

中华民国十年九月二十日

据《广东群报》一九二一年九月二十一日《大总统之两令》

宽免与释放罪犯令

（一九二一年十月五日）

大总统令

民国成立,于兹十稔,内乱频仍,迄未有定,国贼之诛,固不容逭。惟本政府之吊民伐罪,所诛者乃全国之公敌耳。兹逢国庆,允宜与众更始,以昭宽大。除背叛民国罪在不赦外,其余附和北方伪政府之人,凡愿自拔来归、有悔过之诚者,悉予宽免。其有一长足录,苟操守可信,均可量予录用。弃恶从善,作新国民,本大总统有厚望焉。此令。

据上海《民国日报》一九二一年十月十四日《大总统命令》

着军民司法行政长官速办庶狱清理并具报令

（一九二一年十月五日）

大总统令

本届国庆,应即清理监狱,以普惠泽。查军事犯多有羁押未决者,如无充分之证据,应即释放。其已决者,除所犯重大外,得原情减刑。又受行政处分,在县知事公署羁押,或前因现已废止之治安警察法被惩治者,均着一律释放。此外在司法审判中羁押者,自应按照法律及新公布之条例或命令办理。惟查看守所羁押人犯太滥,凡民事被告人,除民事诉讼,关系不变外,应一律释放。其刑事被告人,凡证据不充分,或系应处五等有期徒刑以下之刑者,除刑事诉讼仍依法进行外,应一律释出候审。其在监狱中执行刑罚之罪犯,择其情有可原者,量予减刑,或依法假释。其余现在判决确定之罪犯,应依法励行缓刑。以上清理庶狱办法,着军事民政及司法行政各长官,分别迅速办理并具报。此令。

十月五日

据上海《民国日报》一九二一年十月十四日《大总统命令》

给童法的命令

（一九二一年十月十四日）

大元帅令

兹委该员等前往西北江一带募兵名，着妥慎办理，毋负委任。此令。

上令大本营募兵委员童法

孙　文
胡汉民代行
十年十月十四日于大本营
据中山大学孙中山纪念馆藏原件照片

命财政部拨发林修梅治丧费并从优议恤令①

（一九二一年十月十五日）

大总统令

总统府代理参军长、参议、陆军中将林修梅，于民国六起义零陵，功在国家。本大总统就任以后，擢任参议，旋令代理参军长职务，悉心擘划，深协机宜。比以染疾给假调治，方期早日就痊，长资倚畀，遽闻溘逝，轸悼殊深。着派陆军次长代理部务程潜前往致祭，由财政部拨给治丧费二千元，并由陆军

---

① 林修梅，字浴凡，林伯渠之兄。1921年广州总统府成立，代理参军长，原定随孙中山出巡广西，忽患病于10月15日逝世。孙中山闻耗，当天即下令命陆军部从优议恤。

部派员经理丧务,应得恤典。着陆军部从优拟议,呈候核夺,以示本大总统笃念勋贤之至意。此令。

中华民国十年十月十五日

据上海《民国日报》一九二一年十月二十三日《大总统命令》

命李福林率部赴韶关令①

（一九二一年十一月一日）

本大总统克日出巡,仰该司令统率所部,开赴韶州集中,听候命令。除分令陆军部、粤军总司令查照外,为此令仰即便遵照。此令。

据《国华报》一九二一年十一月三日《孙总统已下动员令》

追赠林修梅为陆军上将令

（一九二一年十一月二日）

大总统令

已故代理总统府参军长林修梅,应得恤典,前经令陆军部从优议拟在案。现据该部呈复前来,林修梅着追赠陆军上将,并着在首义区域铸立铜像,建造专祠,以彰忠荩,而慰英魂。此令。

中华民国十年十一月二日

据阮观荣等《林修梅将军》（湖南人民出版社一九八八年版）影印件

---

① 原报导称"孙总统此次师师讨贼,无论何方,有无异议,事在必行,业经下令动员分促各军拔向湘边进发。现因明令下来,系暂以出巡为名,昨在梧州补发李福林命令"。按孙中山于1921年10月29日由南宁返抵梧州,旋即命令李福林率部开赴韶州。原报发稿为2日,2日之"昨"日,即11月1日,故据以定此日为发布日期。

给廖仲恺的训令

（一九二一年十一月五日）①

大总统训令

现商借外债二百万元，以粤、桂烟酒专卖权为抵押品。

据上海《申报》一九二一年十一月五日《星报纪南方政局》

命廖仲恺筹款令

（一九二一年十一月十二日）②

速筹出师费六百万，限旬日先汇二十万。

据长沙《大公报》一九二一年十一月十二日（二）《上海快信摘要》

咨非常国会文

（一九二一年十一月十八日）

为咨行事：

代理总统府参军长、参议、陆军中将林修梅，于本年十月十五日在职病故。六年护法之初，该故代参军长与刘镇守使建藩，首举义旗于衡阳，西南诸省，相继响应，国家命脉，赖以不绝。本大总统就任后，令其代理参军长，方冀长资倚畀，共济幽艰，不图遽以疾殒。其首义殊勋，理宜崇报。查刘故镇守使建藩，业经国会议决，举行国葬典礼在案。该故代参军长，系与刘故

---

① 此件所标时间系上海《申报》刊出日期。
② 此件所标时间系长沙《大公报》刊出日期。

镇守使同有殊勋于国家,自应依国葬法举行国葬典礼,以昭崇德报功之意。为此咨请贵会议同意,请烦议决施行。此咨
国会非常会议

孙　文
伍廷芳代行
中华民国十年十一月十八日

据上海《民国日报》一九二一年十二月一日《总统咨请国葬林修梅》

由梧州抵平乐时的命令①

（一九二一年十一月二十七日）

各军在桂林集中。

据上海《民国日报》一九二一年十一月二十九日《本社专电》

饬剿抚土匪令②

（一九二一年十一月二十七日）

与各界会商剿抚事宜,务须迅速进行,早纾民困。

据上海《民国日报》一九二一年十二月二十一日《总统由平乐抵阳朔记》

---

① 孙中山于27日偕许崇智由梧州抵平乐时下此令。
② 孙中山由广西梧州抵平乐时,县长及平乐、修仁、荔浦各界代表晋谒,报告各属土匪情况,请暂时缓征,调防兵维持地方治安。孙即召杨团长来,并下此令。

公布林修梅鲁子材国葬令

（一九二一年十二月一日）

大总统令（十二月一日）

　　故代理总统府参军长、总统府参议、陆军中将林修梅,于六年护法之役首建义旗,有功民国。经咨由国会非常会议议决,准予依照国葬法举行国葬典礼。兹公布之。此令。

又令

　　准国会非常会议咨:故滇军旅长鲁子材,为国殉难,经开会议决,准予依照国葬法举行国葬典礼。兹公布之。此令。

据上海《民国日报》一九二一年十二月十二日《大总统命令》

公布军事会议条例令

（一九二一年十二月一日）

大总统令

兹制定军事会议条例,公布之。

十二月一日

据上海《民国日报》一九二一年十二月十二日《大总统命令》

给伍廷芳的指令

（一九二一年十二月八日）

陆海军大元帅指令第一号

  令兼署财政总长伍廷芳

  呈为解上银币一百万枚，值广毫五万元，请核收，即发批回由
呈悉。准予核收、批回附发。此令。

中华民国十年十二月八日

据大本营秘书处编《陆海军大元帅大本营公报》第一号
（广州一九二二年一月三十日）

给外交总长的训令

（一九二一年十二月九日）

大总统训令

外交总长：

  自我国拒签德约，山东问题遂成为国际悬案。我全国上下所祷祀以求者，惟有拒绝直接交涉，请求世界公判之一途。乃警电传来，徐世昌竟欲违反民意，与日本直接交涉。除布告反对外，合将原文录发，仰该总长迅将全文通电，唤起舆论之注意。切切。此令。

据上海《民国日报》一九二一年十二月二十四日《大总统训令》

给王乃昌的训令

（一九二一年十二月十四日）

陆海军大元帅训令第四号

令大本营桂林安抚处督办王乃昌

为训令事：查援桂奏功，盗阀逃遁，所有逆部散兵，现多流为盗匪，若不从速设法安辑，势必日见滋蔓，为害闾阎。本大总统此次督师出征，暂驻桂林，叠据人民控诉散兵滋扰情形，殊深轸念。兹派该参议为大本营桂林安抚处督办，着即切实调查，妥为安抚，务期化莠为良，早消隐患，勿任怙恶，以苦吾民。除另行颁发关防外，合行令仰即遵照办理，仍将遵办情形随时呈报。切切。此令。

中华民国十年十二月十四日

据大本营秘书处编《陆海军大元帅大本营公报》第一号
（广州一九二二年一月三十日）

准将李亚伙等减刑令

（一九二一年十二月十六日）

大总统令

选据大理院长兼管司法行政事务徐谦呈据广东高等检察厅检察长呈缴核拟减刑人犯一览表，请鉴核施行等情。本大总统依照约法第四十条，准予李亚伙减处三等有期徒刑三年零八个月，刘聋万减处四等有期徒刑二年零六个月，钟阮减处四等有期徒刑二年零三个月，梁世芳减处四等有期徒刑一年零十一个月，并科罚金二百元，陈尾庆减处四等有期徒刑一年零十一个月，并科罚金二百元，关锡辅减处四等有期徒刑一年零六个月，司徒永春减处四等有期徒刑一年，邱莺氏减处五等有期徒刑六个月，张保减处五等有期徒刑六个月,刘癞仔减处五等有期徒刑四个月,梁李氏减处五等有期徒刑四个月,谭炳减处五等有期徒刑四个月,谭余氏减处五等有期徒刑四个月,张兆义减处五等有期徒刑三个月零二十天,吴乾哲减处五等有期徒刑三个月,陈世德减处五等有期徒刑三个月,邹陈氏减处五等有期徒刑三个月,邹温氏减处五等有期徒刑三个月,符国光减处五等有期徒刑二个月零八日,王廷庚减处五等有期徒刑二个月,林狱奇减处五等有期徒刑一个月零十五日,王事祥减处五等有期徒刑一个月零八日,冯嘉宾减处五等有期徒刑一个月,梁开凤减处五等有期徒刑一个月,吴田玖减处五等有期徒刑一个月,王毓堂减处五等有期徒刑一个月,黄亚九减处五等有期徒刑一个月,吴德孚减处拘役二十五日,冯锦庆减处拘役二十日。此令。

中华民国十年十二月十六日

据上海《民国日报》一九二一年十二月三十一日《大总统命令》

命陈炯明伍廷芳停止赈捐令

（一九二一年十二月二十一日）

大总统训令

内务总长陈炯明、兼署财政总长伍廷芳,查各海关及所兼管之五十里内常关各货附带赈捐一案。经前军政府政务会议议决,自民国十年一月十六日起开征,以一年为期,咨行财政部通咨各省遵照办理在案。现在瞬届期满,此项赈捐自应停止征收,以恤商艰。除分令财政、内务部外,合亟令该总长迅即行咨各省长官,分别咨令各省长官海关监督遵照,自民国十一年一月十六日起所有海关常关邮电等等,附带赈捐一律停征,务即切实奉行,并布告所属人民商会,一律知悉。此令。

据上海《民国日报》一九二一年十二月三十日《孙总统停止赈捐令》

给林义顺等授勋令

（一九二一年十二月二十七日）

大总统令

　　林义顺给予一等嘉禾章；瘳〔廖〕正兴给予二等嘉禾章；林文庆给予三等嘉禾章；蓝伟烈给予四等嘉禾章；郭巨川准给予五等嘉禾章；郭绍智准给予六等嘉禾章；陈敬堂、刘坤意、杨世典、吴扬芳、刘敬亭、刘正兴、叶玉桑，均准给予七等嘉禾章；刘碧波、余来吉、蔡日升、林贵洲、王少兰、杨添发，均准给予八等嘉禾章。此令。

中华民国十年十二月二十七日
据上海《民国日报》一九二二年一月四日《大总统命令》

命彻查滋事扰民军队令

（一九二一年十二月二十九日）

陆海军大元帅训令第三号
　　令参谋总长李烈钧
　　迭据钟山县议事会议长董镇白等、桂灵阳义龙五属联合会、兴全灌三属联合会、全县阖县代表唐鉴等、全县五帮代表唐春林等、全县公民唐锦兰等、灌阳县公民王元懋等、灵川县公民秦觐周等、永福县灾民秦守经等、桂林县公民黎谦、桂林北中南三区客商彭福林等、恭城县阖县代表李暄培等、恭城县难民黄洪兴等，先后呈诉知事之贪酷、兵士之骚扰、土匪之劫掠各情形，本大总统恝然如伤，不忍卒阅。查广西各县地方疾苦，以匪祸为最巨，而肃清土匪，责在军队。今劫案叠出，军队将何以自解？知事搜括财贿，诈取刑求，罪不可道；间有出身军人，以军队为护符，作奸犯法，与兵士恃其武力蹂躏间阎者,其事尤堪痛恨。夫政府此次北伐,盖不得已而用兵,期能本革命之精神,救吾民于水深火热之中,故师行所至,首在保民,务宜耕市不惊,秋毫无犯,然后天下晓然于政府伐罪吊民之意,而与我同仇。倘使人民因军队所经,重罹痛苦,直以暴易暴而已,甚非本大总统民权、民生之本旨也。兹将各县人民请愿书另抄一份发交该总长查阅,凡有罪关于控案者,即应查明各该县所驻扎之军队系属何军,由该总长令饬各该军长官,会同大本营桂林安抚处督办王乃昌,按照所控事实,分别彻究惩办。至全县人民迭控钟冠华等一案,及其抄呈谕帖收条等件,如果属实,宜依法拘案严办,以平冤愤而警贪横,仰将各案办理情形详细呈复。除令大本营桂林安抚处督办王乃昌外,合亟令行该总长遵照办理。切切。此令。

中华民国十年十二月二十九日

据大本营秘书处编《陆海军大元帅大本营公报》第一号
（广州一九二二年一月三十日）

批张兆基函①

（一九二二年一月四日）

代答：请他通信彼方,联络一致,以待时机。

西北事,当汇为一部,以便查考。

据罗家伦主编《国父年谱》增订本下册（台北一九六九年版）

---

① 张兆基原函报告其旧属管区部队改编为陕北新编步兵团,地区大展,请示可否与之联络。

命财政部按月清付经费令

（一九二二年一月十日）

大总统令

　　财政部按月清付经费。

十日

据上海《民国日报》一九二二年一月十一日《本社专电》

命桂林县赶筑马路令

（一九二二年一月十三日）

大总统令

　　桂林县赶筑由桂林至全州马路。

据上海《民国日报》一九二二年一月十四日《本社专电》

命追赠赵士槐中将令

（一九二二年一月十六日）

大总统令

　　赵士槐追赠陆军中将。此令。

一月十六日

据上海《民国日报》一九二二年二月一日《大总统命令》

准将黄尽等减刑令

（一九二二年一月十六日）

大理院长兼司法事务徐谦呈称犯人黄尽、梁文灿处刑过重，请分别宣告减刑等语。本大总统依约法第四十条准予黄尽减处三等有期徒刑三年，梁文灿减处四等有期徒刑一年。此令。

一月十六日

据《羊城报》一九二二年一月十七日

命谷正伦部改编令

（一九二二年一月十九日）

陆海军大元帅令

援桂联军第四路司令谷正伦所部，着改编为中央直辖黔军。此令。

（中华民国陆海军大元帅之印）

中华民国十一年一月十九日

据大本营秘书处编《陆海军大元帅大本营公报》第一号
（广州一九二二年一月三十日）

命废除暂行刑律补充条例令

（一九二二年二月十七日）

大总统命令

暂行刑律补充条例应即废除。此令。

据上海《民国日报》一九二二年二月二十六日《公布废除刑律补充条例》

公布《暂行工会条例》令

（一九二二年二月二十四日）

大总统令

兹制定《暂行工会条例》公布之。此令。

据上海《民国日报》一九二二年三月五日《大总统命令》

严行禁止蓄婢令

（一九二二年二月二十四日）

大总统令

蓄婢之风，前清末造业已成为厉禁，凡买卖人口者科重刑。民国成立，人民一律平等载在约法，所有专制时代之阶级制度，早经完全废除。乃查私家蓄婢，至今未已，甚至买卖典质，视同物品，贱视虐待，不如牛马，既乖人道，尤犯刑章，兹特明令严行禁止。嗣后如再有买卖典质人为婢、蓄婢者，一经发觉，立即依法治罪。着内务部、大理院分别咨令各省行政、司法长官，令饬所属一体举行。并着内务部通行各省妥筹贫女教养办法,以资救济。此令。

据上海《民国日报》一九二二年三月五日《大总统命令》

咨复国会文

（一九二二年二月二十五日）

为咨复事：准贵会议咨开，据本会议员彭邦栋为湖南总司令赵恒惕宣布省宪，违背约法，将以何术维持补救等由，提出质问书一件，连署者在二十人以上，核与议院法第四十条之规定相符，相应抄录原书，备文咨请贵政府查照、依据答复等由。准此，附质问书一件，当将质问书钞发内务部咨行湖南省长查复，一俟呈复到日，再行答复，相应咨请贵会议查照。此咨
国会非常会议

孙　文
伍廷芳代行
中华民国十一年二月二十五日

据上海《民国日报》一九二二年三月七日《总统咨复质问湘宪案》

准将刘张氏减刑令

（一九二二年二月二十五日）

大总统令

大理院长兼管司法行政事务徐谦呈据广西高等检察厅呈送同级审判厅判交罪犯龙老元无期徒刑一案，刘张氏处刑期十一年，情轻罚重，请宣告减刑等语，本大总统依约法第四十条，准予该犯刘张氏减处二等有期徒刑五

年。此令。

据上海《民国日报》一九二二年三月五日《大总统命令》

给卢焘金汉鼎授衔令

（一九二二年二月二十六日）①

总统授卢焘、金汉鼎陆军中将。

据上海《民国日报》一九二二年二月二十六日《本社专电》

着陈炯明遵照动员北伐
训示并转饬所属办理令②

（一九二二年三月二十日）

照得民国肇造十有一年，内治不修，外患日亟，政变纷乘，民生凋蔽。徐逆窃权借号，国人尤所痛心。近且引用帝孽，互相狼狈，卖国鬻路，甘丧主权，置人民于水深火热之中，国家于累卵覆巢之地。全国志士，引为深忧。本大元帅上体国势，下察舆请，非扫除元凶，不足以清障碍；非发扬民治，不足以应潮流。经成立大本营，是以数月于兹，筹定方略，搜讨军实，本百折不回之志，作一劳永逸之图。本营分处办事，各专责成，其兵站一处，所管征发夫役输送事项，尤赖地方官绅相助为理，动员在即，筹备宜先。……本大元帅负国民付托之重，尽拨乱反正之责……望尔百官人民，共体此意……本大元帅有厚望焉。除公令外，合即仰该省长即便遵照，转所属办理。切切。此令。

据上海《民国日报》一九二二年三月二十日《陈总司令料理饷械》

---

① 此件所标时间为上海《民国日报》刊出日期。
② 引大元帅十八号训令，时间为上海《民国日报》刊出日期。

追赠邓铿为陆军上将并从优议恤令

（一九二二年三月二十四日）

大总统令

　　据广东总司令陈炯明呈称陆军中将、粤军第一师师长兼广东总司令部参谋长邓铿，本月二十一日夜被刺，医治罔效，业于二十三日晨五时因伤殒命等语。该中将邓铿奔走革命以来，出死入生，患难与共。自辛亥光复以至兴师讨袁，运筹决战，靡役不与。近年援闽、援粤、援桂诸役，翊赞广东总司令陈炯明，决疑定计，战功尤伟。更复治兵严明，地方利赖。方冀为国宣劳，长资依畀，讵被奸人狙击，因伤殒命，缅怀将帅，痛惜殊深。邓铿应追赠陆军上将，派总统府参军长徐绍桢前往致奠，由财政部拨给治丧费五千元，着陆军部会同广东总司令部派员经理丧务；应得恤典，并着陆军部从优拟议呈候核夺，用示本大总统笃念勋荩之至意。此令。

据上海《民国日报》一九二二年三月二十八日《大总统悼恤邓师长》

准建联军忠烈祠令

（一九二二年四月十四日）

大元帅指令

　　呈悉。援桂之役，滇、黔、赣援桂联军阵亡诸将士，授命疆场，至堪矜念，建祠崇报，自可准行。惟所拟就秦步衢私宅略事修葺改造一节，应径由该总长咨行广西省长商办可也。此令。

据上海《民国日报》一九二二年四月二十一日《李总长请建联军忠烈祠》

命裁撤广东总司令职务令

（一九二二年四月二十一日）

大总统命令

广东总司令一职，应即裁撤，所属陆、海各军直辖于大元帅。此令。

民国十一年四月二十一日

据上海《民国日报》一九二二年四月二十三日

给陈炯明林永谟的训令

（一九二二年四月二十一日）

广东总司令一职，业经裁撤，所有广东总司令所属陆、海各军直辖于大元帅。除明令公布，并分令海军、陆军部分仰即转饬各该军一体遵照。此令。

中华民国十一年四月二十一日

据上海《民国日报》一九二二年四月二十八日《大总统二十三日抵广州》

给梁鸿楷的训令

（一九二二年四月二十一日）

大总统训令

代理第一师师长梁鸿楷，兼广州卫戍司令魏邦平未返省以前，所有治安，着该师长竭力维持，毋负重托。切切。此令。

〈民国十一年四月二十一日〉①

据上海《民国日报》一九二二年四月二十八日《大总统二十三日抵广州》

---

① 此处据秦孝仪主编《国父全集》增补。

命广三路调车至河口装运各军令

（一九二二年四月二十一日）

大总统令

广三路将各机头及车尽调至河口，以便装运各军。

据上海《民国日报》一九二二年四月二十八日《大总统二十三日抵广州》

饬各军齐集韶关令

（一九二二年四月二十六日）

大总统令

各军迅速齐集韶关。

据上海《民国日报》一九二二年四月二十七日《本社专电》

给马超俊的指示[①]

（一九二二年四月下旬）

此项发起宗旨尚属正当，虽非本党主持，亦宜予以赞赏，以免示人襟怀之不广。

据北京《团结报》一九九二年五月十三日陆象贤《孙中山与第一次全国劳动大会》

---

① 1922年5月1日至6日，在广州举行第一次全国劳动大会。会前，中国劳动组合书记部派邓中夏到广东机器工会商借会场问题。该会通过马超俊请示孙中山，得到孙中山的赞助。

特赦陈炳生令

（一九二二年五月二日）

大总统令

特赦陈炳生。

据上海《民国日报》一九二二年五月四日《本社专电》

声讨徐世昌令

（一九二二年五月四日）

祸国元凶徐世昌，窃位以来，怙恶日甚，内政之危害国本，外交之违反民意，其罪犹已为天下所共见恶，复躬为鬼蜮之内，而嗾其鹰犬纵横于外，遂致残民以逞之事，层见叠出。去岁弄兵湘鄂，无辜之民，不死于战，即死于水，疮痍未复，呼吁彻天。近且野心不戢，构成大战，使河北州郡，悉罹锋镝；充患得患失之所至，不惜以国家为孤注，以生民为牺牲，倒行逆施，至此而极。

本大元帅受国民付托之重，深念连年国难未定，人民痛苦益深益烈，命诸将，分道出师，亲履行间，以除民贼。出师宗旨，在树立真正之共和，扫除积年政治上之黑暗与罪恶，俾国家统一，民治发达。所认为民贼者，惟徐世昌及共恶诸人。师行所过，如有去逆效顺者，必视同一体，其母〔毋〕自贰。我国民当知，国事如此，非以彻底之主张，为根本之解决，罔克有济，同心戮力，以成大功，有厚望焉。此令。

据上海《民国日报》一九二二年五月六日《本社专电》

着广东各区善后处归省长直辖令

（一九二二年五月六日）

大总统令

粤各区善后处归省长直辖。

据上海《民国日报》一九二二年五月八日

命维持粤省银行纸币令[①]

（一九二二年五月七日）

大总统令

兹当北伐进行军事期内，金融最为紧要。省立广东银行纸币，市面久已通用。访闻近有奸商从中操纵，故意低折，应严行取缔查究。

据上海《民国日报》一九二二年五月八日《程天斗维持粤纸币》

给李烈钧及各军长官的训令

（一九二二年五月九日）

为训令事：本大元帅督师北伐，原为不得已而用兵，故亲履行间，为民除贼。诸将士宜行本大元帅民权、民生之主义，勿以救民者至反致扰民。凡大军所过之区，必期耕市不惊，秋毫无犯，能慰来苏之望，斯为仁者之

---

① 此命令系由广东财政厅长程天斗所颁维持粤纸币布告中引出。所标日期据上海《民国日报》的报导，酌定为5月7日。

师。其所用军需,如一切物品之类,务各〔须〕各自行筹备,不宜骚扰闾阎。市场交易之时,在人民固应出之以公平,在军队不得施其强暴。至若需用夫役,应遵本年二月十八日所公布之夫役征发令办理,由地方官督率地方团体负责催募,绝不可任军队执路人而胁迫之,致〔故〕人人视康庄为畏途。

以上数端,皆所以恤人民之艰难,树军队之模范,用特严申诰诫,即本〈大〉元帅前日演讲军人精神教育之用心,仰各军长官宜严饬所队一体凛遵。如有违犯,当以军法从事;并于沿途所经过之地方录令布告,俾我国人咸喻本大元帅伐罪吊民之至意。切切。此令。

据上海《民国日报》一九二二年五月十八日《大元帅诰诫各军长官》

命国民党广东支部速组运输队令①

（一九二二年五月九日）

大元帅令

中国国民党广东支部,速行召集同志,组织运输队俾得随同大军出发,以赴戎机。

据上海《民国日报》一九二二年五月十六日《北伐之面面观》

---

① 此令系由广州茶居工会征发夫役通告中录出。上海《民国日报》1922年5月9日《本社专电》中,有"大总统因韶关夫役缺乏,急电国民党,令募夫役五千人赴韶"的报导,据此酌定此令发布时间为5月9日。

给伍廷芳的训令

（一九二二年五月十二日）①

为令遵事：照得广东省立银行自发行纸币以来，信用昭著，经该省长官令饬各属全省通行，十足使用在案。近闻各属征收机关，竟有不肖员司从中舞弊，或拒不收纳，或任意低折，殊属不法已极。为此令仰该省长即便遵照重申前令，凡各属征收员司，不得舞弊，致干重究，并着令饬广东全省商会联合会迅速分函各属商会，准其就近查察各机关有无上项情弊。如果阳奉阴违，应即据实具报该会联合会转呈省长，从严惩办，以维币政。仍将办理情形，随时具报。切切。此令。

据上海《民国日报》一九二二年五月十二日《粤省币之维持令》

严禁私自招兵的训令

（一九二二年五月十六日）

为训令事：照得大军北伐，军事方殷，凡正式募兵补充军队者，皆经本大元帅令准，同时令知广东省长饬该募兵区域地方长官知照，方得从事招募。若未奉命令，私自招兵，则违犯军纪，不容宽贷。

查各县近有擅设司令径以募集绿林者，使地方官真伪莫分，人民更演成恐慌之象。若不严行禁止，将何以一军制而安民生？着各军长官及各县县长，嗣后如有未奉本大元帅明令而私自招兵者，准由各所在地驻军长官及各县县长立予拿获，解至大本营军法处依法严惩。

本大元帅悯民疾苦，对于此种不法之事，决不姑宽。并着各军长官及各

---

① 此件所标时间系上海《民国日报》刊载日期。

县县长录令布告。为此令仰该总长、总司令、军长、师长、司令、县长,即便遵照办理。切切。此令。

据上海《民国日报》一九二二年五月三十一日《大元帅严禁私自招兵》

给李炳荣的训令①

（一九二二年五月十七日）

为训令事：照得此次改道出师,各军已陆续出发,凡属留守部队,应负后方治安职责。除广州治安责成魏邦平,粤桂边防责成叶举办理外,关于惠潮方面对赣边防事宜,应由该处长协同高州善后处长钟景棠、第二师旅长尹骥等,共负责任,妥为办理。仰即遵照毋违。切切。此令。

据《羊城报》一九二二年五年二十四日

严禁军队拉夫令②

（一九二二年五月十七日）

大元帅令

大军进发,首在保护商场,维持秩序。各军需用夫役,业已通饬各县雇募,随时解送分拨听遣。嗣后无论何项军队,不准纷向商店、居民任意拉夫,免致惊动商场,有妨贸易。

据上海《民国日报》一九二二年五月二十八日《大本营严禁军队拉夫》

---

① 李炳荣系惠州善后处长。孙中山同时训令钟景棠、尹骥,协同办理对赣边防事宜,文字相类,未录。

② 此训令系由大本营参军处所颁《严禁军队拉夫》布告中录出。据上海《民国日报》所刊大本营参军处所颁该布告日期,为1922年5月17日。

颁授李源水奖凭

（一九二二年五月二十日）

大元帅为发给奖凭事：自逆贼叛国，挞伐用张，师行裹粮，需财孔亟，常赖海外侨胞，踊跃输将，藉济财政之困，促成革命之功。凡兹义举，奖典应颁。兹据中央筹饷会汇报，查有李源水捐助军饷，合于奖章条例第八条规定，呈请给予三等银质奖章一枚。除准予发给三等银质奖章用示奖励外，合填给奖凭以资证明。

上给李源水

中华民国十一年五月二十日

据中国国民党中央文化传播委员会党史馆藏一般档案 051/196

命犒赏凯旋将士令

（一九二二年五月二十二日）

大总统训令参军长徐绍桢

援桂凯旋诸将士，劳苦功多，其到省者，兵士赐酒肉，官长赐宴。着参军长代表主席〔持〕。其留肇庆者，派员一起犒劳。当大军讨贼之际，凡我将士，务当继续宣力，以竟前功，是所厚望。此令。

据《羊城报》一九二二年五月二十二日

裁撤兵站处令

（一九二二年五月二十二日）

陆海军大元帅令

大本营兵站处着即裁撤。此令。

据上海《民国日报》一九二二年六月一日《陆海军大元帅令》

颁布大本营游击队别动队组织条例令

（一九二二年五月二十七日）

陆海军大元帅令

兹制定大本营游击队别动队组织条例公布之。此令。

中华民国十一年五月二十七日

据上海《民国日报》一九二二年六月六日

命陈炯明办理两广军务令

（一九二二年五月二十七日）

陆海军大元帅令

着陆军总长陈炯明办理两广军务，肃清匪患。所有两广地方，均听节制调遣。

据上海《民国日报》一九二二年六月三日《陆海军大元帅令》

饬严管毛仲芳等令①

（一九二二年五月二十九日）

大总统〈令〉

将通敌之海军毛仲芳等严行看管。

据上海《民国日报》一九二二年五月三十日《本社专电》

大 元 帅 令

（一九二二年五月下旬）②

所有广州军队，不得过三华店。

据长沙《大公报》一九二二年六月四日（二）《上海快信摘要》

禁止军队向地方官要求供给令

（一九二二年六月八日）

大总统庚日通令各军长官，禁〈止〉向地方官要求供给。

据上海《民国日报》一九二二年六月十三日《本社专电》

---

① 在孙中山密令下，1922年4月27日武力改组驻粤护法舰队时，舰队参谋长毛仲芳，楚豫舰舰长郑祖怡等被捕关押。

② 据长沙《大公报》刊载日期酌定。

给黄实宾镇远的训令

（一九二二年六月十二日）①

为令遵事：我军此次攻赣，不旬日而占领名城要隘多处，各军将士备极劳苦，立功甚多。本大元帅深用嘉念。兹派该参军、副官遄往前方犒劳，使诸将士咸喻本大元帅之意。除电令各军长官知照外，合行令仰该参军、副官遵照。切切。此令。

据上海《民国日报》一九二二年六月十二日《大元帅犒奖前敌将士》

命关国雄军开往前线令②

（一九二二年六月十五日）

令关国雄军开往赣州，加入前线，以厚兵力。

据上海《民国日报》一九二二年六月十七日《本社专电》

---

① 此件所标时间系上海《民国日报》刊出日期。
② 关国雄当时任粤军第地珲第四师师长。

批海军司令部请款呈[①]

(一九二二年六月十八日)

照准。

文

据陈旭麓、郝盛潮主编,王耿雄等编《孙中山集外集》(上海人民出版社一九九〇年版)

批李章达请款呈[②]

(一九二二年六月十八日)

文。

据陈旭麓、郝盛潮主编,王耿雄等编《孙中山集外集》(上海人民出版社一九九〇年版)

批马伯麟请款呈[③]

(一九二二年六月十八日)

照准。

文

据陈旭麓、郝盛潮主编,王耿雄等编《孙中山集外集》(上海人民出版社一九九〇年版)

[①] 海军司令部请发海圻、海琛、肇和三舰伙食并杂用30000元。原件未署时间,据海军司令部收款人签注为6月18日。

[②] 参军李章达因陈炯明叛变,各官长散失,请领1500元,推派蒋营长赴港、省各地召集和分发各官长之用。

[③] 广东长洲要塞司令呈请支6月份伙食饷项10000元。

批袁良骅借款条①

（一九二二年六月十九日）

文。

据陈旭麓、郝盛潮主编，王耿雄等编《孙中山集外集》（上海人民出版社一九九〇年版）

给李烈钧等的手令②

（一九二二年六月十九日）

令各军迅速回粤平乱，有坚守待援，以图海陆夹攻，歼此叛逆，以彰法典。

据蒋中正《孙大总统广州蒙难记》（上海民智书局一九二六年版）

饬发陈泽南公费令

（一九二二年六月二十日）

着发给陈泽南公费三千元。此令。

孙　文

民国十一年六月二十日

据陈旭麓、郝盛潮主编，王耿雄等编《孙中山集外集》（上海人民出版社一九九〇年版）

---

① 舞凤舰舰长袁良骅借大本营伙食费500元。
② 孙中山以手令致入赣北伐军总参谋长李烈钧，军长许崇智、总司令朱培德、彭程万，司令黄大伟、李福林，师长梁鸿楷等。

饬发杨华馨公费令

（一九二二年六月二十五日）

着发给杨华馨公费五百元。此令。

孙　文
民国十一年六月廿五日

据陈旭麓、郝盛潮主编，王耿雄等编《孙中山集外集》（上海人民出版社一九九〇年版）

批□玉龙请款函①

（一九二二年六月二十五日）

照给一千元。

文

据陈旭麓、郝盛潮主编，王耿雄等编《孙中山集外集》（上海人民出版社一九九〇年版）

给蒋尊簋招待费的手令

（一九二二年六月二十五日）

着发给蒋次长招待费五千元。此令。

孙　文

据中国国民党广州市特别执行委员会编《孙大总统广州蒙难十一周年纪念专刊》（广州培英印务公司一九三三年版）

---

① 　□玉龙来函谓："刻需款孔殷，前来敢祈假以千元，掷交原人（伏彪）携回。"

饬发何福昌公费令

（一九二二年六月二十六日）

着发给何福昌公费一千元。此令。

孙　文

中华民国十一年六月廿六日

据陈旭麓、郝盛潮主编，王耿雄等编《孙中山集外集》（上海人民出版社一九九〇年版）

饬发徐苏中等旅费条[①]

（一九二二年六月二十六日）

请发徐苏中、肖炳章旅费各五百元。

孙　文

中华民国十一年六月廿六日

据陈旭麓、郝盛潮主编，王耿雄等编《孙中山集外集》（上海人民出版社一九九〇年版）

饬发谢良牧公费令

（一九二二年六月二十七日）

着发给谢良牧公费二万元。此令。

孙　文

中华民国十一年六月廿七日

据陈旭麓、郝盛潮主编，王耿雄等编《孙中山集外集》（上海人民出版社一九九〇年版）

---

① 原件加签处有"陈群代收"字样。

批李天德请款呈[①]

（一九二二年六月二十七日）

照准。

文

据陈旭麓、郝盛潮主编，王耿雄等编《孙中山集外集》（上海人民出版社一九九〇年版）

批发给韩恢公费呈[②]

（一九二二年六月二十八日）

□[③]多能发二角票五万元。

六月二十八日

据中国国民党广州市特别执行委员会编《孙大总统广州蒙难十一周年纪念专刊》（广州培英印务公司一九三三年版）

---

① 水陆电雷队长李天德呈请发6月份饷银1500元。
② 林直勉请即核示发给韩恢公费若干。
③ 原文字迹不清，似系"最"字。

批永翔舰总带水李燕仪请发医药费呈①

（一九二二年六月二十八日）

给恤费二百元。

文
五月二十八日②

据中国国民党广州市特别执行委员会编《孙大总统广州蒙难十一周年纪念专刊》（广州培英印务公司一九三三年版）

批孙祥夫请款呈③

（一九二二年六月三十日）

准。

文

据陈旭麓、郝盛潮主编，王耿雄等编《孙中山集外集》（上海人民出版社一九九〇年版）

---

① 1922年6月22日下午，永翔舰总带水李燕仪被弹击中头部，因此，请求给医药费，俾得治疗。
② 此处"五月"应系笔误，应为6月28日。
③ 海军陆战队司令孙祥夫请领纸币5000元。

批李天德请款条[①]

（一九二二年六月三十日）

照准。

文

据陈旭麓、郝盛潮主编,王耿雄等编《孙中山集外集》(上海人民出版社一九九〇年版)

饬交款手谕

（一九二二年七月一日）

着交港币一千元来此。

孙 文

中华民国十一年七月一日

据陈旭麓、郝盛潮主编,王耿雄等编《孙中山集外集》(上海人民出版社一九九〇年版)

饬发居正经费令[②]

（一九二二年七月一日）

着发给港纸二千元,为肇和取回机件之用,此令。

孙 文

中华民国十二年七月一日

据陈旭麓、郝盛潮主编,王耿雄等编《孙中山集外集》(上海人民出版社一九九〇年版)

---

① 队长李天德请领侦缉队费用银1000元。
② 加签处有"收到,居正"字样。

命发黄骚款项令

（一九二二年七月一日）

着交港纸五千四百元①。此令。

孙　文

据中国国民党广州市特别执行委员会编《孙大总统广州蒙难十一周年纪念专刊》（广州培英印务公司一九三三年版）

命赏福安舰员令

（一九二二年七月三日）

着赏给福安舰船员二百元。此令。

孙　文

中华民国十一年七月三日

据中国国民党广州市特别执行委员会编《孙大总统广州蒙难十一周年纪念专刊》（广州培英印务公司一九三三年版）

饬发吴志馨等经费令

（一九二二年七月三日）

着发给吴志馨、欧阳格粤币各五千元。此令。

孙文　七月三日

据陈旭麓、郝盛潮主编，王耿雄等编《孙中山集外集》（上海人民出版社一九九〇年版）

---

① 黄骚实际上多支100元。

批程潜请款呈[①]

(一九二二年七月三日)

照准。

文

据陈旭麓、郝盛潮主编,王耿雄等编《孙中山集外集》(上海人民出版社一九九〇年版)

批陈策请款条[②]

(一九二二年七月五日)

照准。

文

据陈旭麓、郝盛潮主编,王耿雄等编《孙中山集外集》(上海人民出版社一九九〇年版)

批孙祥夫请款呈[③]

(一九二二年七月五日)

准。

文

据陈旭麓、郝盛潮主编,王耿雄等编《孙中山集外集》(上海人民出版社一九九〇年版)

---

① 陆军次长程潜请领大纸券3000元,现毫500元。
② 海防司令陈策请领毫银500元。
③ 海军陆战队司令孙祥夫请领伙食及临时费2500元银毫。加签处有"□找大省币二千一百元,先付二百元银毫,再付纸毫二百元"字样。

饬发庶务副官经费令

（一九二二年七月五日）

着发给庶务副官银毫一百元。此令。

孙文　七月五日

据陈旭麓、郝盛潮主编，王耿雄等编《孙中山集外集》（上海人民出版社一九九〇年版）

批冯肇宪请款呈①

（一九二二年七月五日）

照准。

文

据陈旭麓、郝盛潮主编，王耿雄等编《孙中山集外集》（上海人民出版社一九九〇年版）

命发韩恢经费令

（一九二二年七月五日）

着发给韩恢粤币大纸二千元。此令。

孙文　七月五日

据陈旭麓、郝盛潮主编，王耿雄等编《孙中山集外集》（上海人民出版社一九九〇年版）

---

① 永丰舰舰长冯肇宪请领胡轩医药费毫银300元，孙中山批给港银200元。

批陈炯明调和代表来函①

（一九二二年七月五日）

能恢复政府，陈亲出谢罪，叛军悉退出广州，可赦。

据上海《民国日报》一九二二年七月八日《本社专电》

批马伯麟请款呈②

（一九二二年七月五日）

照准给大纸。

文

据陈旭麓、郝盛潮主编，王耿雄等编《孙中山集外集》（上海人民出版社一九九〇年版）

命发警备司令徐树荣经费令

（一九二二年七月五日）

着发给徐树荣银毫三百元。此令。

孙　文
中华民国十一年七月五日

据中国国民党广州市特别执行委员会编《孙大总统广州蒙难十一周年纪念专刊》（广州培英印务公司一九三三年版）

---

① 7月5日，陈炯明调和代表持函到永丰舰，名为"求和"，实在讽孙下野。此件系对"求和"函件的批示。

② 7月5日长洲要塞司令马伯麟呈请领7月份经费银5000元。批件日期据呈文。

命发海防司令陈策经费令

（一九二二年七月五日）

着发给海防司令港币三千元。此令。

孙　文

中华民国十一年七月五日

据中国国民党广州市特别执行委员会编《孙大总统广州蒙难十一周年纪念专刊》（广州培英印务公司一九三三年版）

批陈策请款呈①

（一九二二年七月六日）

照准。

文

据陈旭麓、郝盛潮主编，王耿雄等编《孙中山集外集》（上海人民出版社一九九〇年版）

给邓愚公收据②

（一九二二年七月七日）

收到邓愚公来港纸一万元正。此据。

孙文　七月七日

据中国国民党中央文化传播委员会党史馆藏一般档案 054/17

---

① 广东海防司令陈策呈请领省立银行大纸10000元。
② 底本未标年代。据1922年7月7日孙中山收"进邓泽如来港纸一万元"，则此件应是1922年7月7日同一天所写的收据。邓愚公即邓泽如。

收支款项条

（一九二二年七月七日）

进：邓泽如来港纸一万元。
支：总统活支一万元。

七月七日

据陈旭麓、郝盛潮主编，王耿雄等编《孙中山集外集》（上海人民出版社一九九〇年版）

批赵守范函

（一九二二年七月七日）

代答：以先生五年前并未到津，则同舟之事，恐是错误。如能筹巨款以助公益，可到上海△△地址与张静〈江〉接洽可也。

据中国国民党中央文化传播委员会党史馆藏一般档案 052/449

命发香港《晨报》津贴令

（一九二二年七月七日）

着发给香港《晨报》津贴港纸五百元。此令。

孙　文

中华民国十一年七月七日

据中国国民党广州市特别执行委员会编《孙大总统广州蒙难十一周年纪念专刊》（广州培英印务公司一九三三年版）

命发李廷铿梁醉生旅费令

（一九二二年七月八日）

着发给李廷铿赴柳、梁醉生赴衡旅费共二百元。此令。

孙　文

据中国国民党广州市特别执行委员会编《孙大总统广州蒙难十一周年纪念专刊》（广州培英印务公司一九三三年版）

对各舰长的指示①

（一九二二年七月九日）

各舰由此出动西江，须经过牛山、鱼珠之叛军各炮台；又有三大舰已在沙路港口，监视我各舰行动。叛军炮台，或可鼓勇冲过，而沙路港口之三大舰，监视严密，其必妨碍我行动，阻止我通过无疑。故我舰队，此时惟有袭取车歪炮台，驶入省河之一策，其余皆非计也。

据蒋中正《孙大总统广州蒙难记》（上海民智书局一九二六年版）

---

① 1922年7月9日，长洲炮台失守，海军陆战队司令孙祥夫叛变。孙中山乃召集各舰长和陆上部队指挥官开会，决定率舰进驻白鹅潭，作了指示。

批陈策请款呈[①]

（一九二二年七月九日）

照准。

文

据陈旭麓、郝盛潮主编，王耿雄等编《孙中山集外集》（上海人民出版社一九九〇年版）

批林若时借款呈[②]

（一九二二年七月九日）

照准。

文

据陈旭麓、郝盛潮主编，王耿雄等编《孙中山集外集》（上海人民出版社一九九〇年版）

批袁良骅请款条[③]

（一九二二年七月九日）

照准。

文

据陈旭麓、郝盛潮主编，王耿雄等编《孙中山集外集》（上海人民出版社一九九〇年版）

---

① 广东海防司令陈策呈请领毫银900元，俾资购买各项军用品物及发各巡轮伙食之用。
② 福安舰舰长林若时呈请借支港币2500元。
③ 舞凤舰舰长袁良骅请领纸币1500元。

饬发陈群经费令

（一九二二年七月十日）

着发给港纸五百元、粤币一千元，交陈群管理，以支零用。此令。

孙文　七月十日

据陈旭麓、郝盛潮主编，王耿雄等编《孙中山集外集》（上海人民出版社一九九〇年版）

命发黄骚购汽船费令①

（一九二二年七月十一日）

着发给港纸三千元，为买汽船之用。此令。

孙文　七月十一日

据陈旭麓、郝盛潮主编，王耿雄等编《孙中山集外集》（上海人民出版社一九九〇年版）

收　款　条

（一九二二年七月十一日）

收到永翔、同安两舰纸币八百元，又收毫银五百元。

孙文　七月十一日

据陈旭麓、郝盛潮主编，王耿雄等编《孙中山集外集》（上海人民出版社一九九〇年版）

---

① 原件注有"黄骚收"字样。

收 款 条

（一九二二年七月十一日）

收到港纸一千元。

　　　　　　　　　　　　　　　　　　　文　七月十一日

据陈旭麓、郝盛潮主编，王耿雄等编《孙中山集外集》（上海人民出版社一九九〇年版）

批冯肇宪借款呈①

（一九二二年七月十一日）

照准。

　　　　　　　　　　　　　　　　　　　　　　　文

据陈旭麓、郝盛潮主编，王耿雄等编《孙中山集外集》（上海人民出版社一九九〇年版）

批陈策请款呈②

（一九二二年七月十一日）

照准。

　　　　　　　　　　　　　　　　　　　　　孙　文

据陈旭麓、郝盛潮主编，王耿雄等编《孙中山集外集》（上海人民出版社一九九〇年版）

---

① 永丰舰舰长呈请借毫银300元。
② 海防司令陈策呈请领省行大纸10000元。

批冯肇宪请款呈①

（一九二二年七月十一日）

照准。

文

据陈旭麓、郝盛潮主编，王耿雄等编《孙中山集外集》（上海人民出版社一九九〇年版）

批罗翰焯函②

（一九二二年七月十一日）

代答：着与马素竭力筹款。

据中国国民党中央文化传播委员会党史馆藏一般档案052/915

饬发永丰舰煤炭费令

（一九二二年七月十二日）

着发给五百元银毫，交永丰舰长支煤炭零账。此令。

孙文　七月十二日

据陈旭麓、郝盛潮主编，王耿雄等编《孙中山集外集》（上海人民出版社一九九〇年版）

---

① 冯肇宪请领林若时医药费港票300元。
② 罗翰焯系美国波士顿华侨。此件所标时间系来函日期。

收　款　条

（一九二二年七月十二日）

收到港币二千元，省币三千元。

孙文　七月十二日

据陈旭麓、郝盛潮主编，王耿雄等编《孙中山集外集》（上海人民出版社一九九〇年版）

批丁培龙请款呈[①]

（一九二二年七月十二日）

照准。

文

据陈旭麓、郝盛潮主编，王耿雄等编《孙中山集外集》（上海人民出版社一九九〇年版）

批陈策请款呈[②]

（一九二二年七月十二日）

照准。

文

据陈旭麓、郝盛潮主编，王耿雄等编《孙中山集外集》（上海人民出版社一九九〇年版）

---

① 永翔舰舰长丁培龙呈请领港票3000元，孙中山批改港票为"粤币银毫各半"。
② 海防司令陈策呈请领西纸500元。

饬发给陈策伙食费令

（一九二二年七月十二日）

着发给陈策大纸二万元，为西江水陆各军伙食费。此令。

孙文　七月十二日

据陈旭麓、郝盛潮主编，王耿雄等编《孙中山集外集》（上海人民出版社一九九〇年版）

批招钰琪医药费呈[①]

（一九二二年七月十二日）

照准。

文

据陈旭麓、郝盛潮主编，王耿雄等编《孙中山集外集》（上海人民出版社一九九〇年版）

饬发三山水陆各军伙食费令[②]

（一九二二年七月十二日）

着发给三山水陆各军伙食费粤五千元。此令。

孙文　七月十二日

据陈旭麓、郝盛潮主编，王耿雄等编《孙中山集外集》（上海人民出版社一九九〇年版）

---

① 永丰舰舰长冯肇宪因招钰琪伤口溃烂，须往香港调治，为其请领医药费港纸300元。

② 原件有签注"银毫五百，粤币四千五百，冯侠民收"字样。原件未署年代，据《孙中山集外集》，标注为1922年。

南洋兄弟烟草公司捐款收据

（一九二二年七月十三日）

兹收到南洋兄弟烟草公司捐助国民党经费毫银五千元正。此据。

孙　文

十一年七月十三日

据秦孝仪主编《国父全集》第六册（台北近代中国出版社一九八九年版）

附录　收南洋兄弟烟草公司捐款收条

径启者：日前贵公司捐助国民党经费毫银五千元。兹因军需浩繁，为此缮备收条专函到领，即希亮察，照交为荷。此致。南洋兄弟烟草公司曾公乐君。

孙　文

十一年七月十三日

据《孙中山在永丰舰上手令佚文补辑》，载王耿雄编《伟人相册的盲点——孙中山留影辨证》（上海书店出版社二〇〇一年版）

命省河各舰不得自由行驶令

（一九二二年七月十四日）

省河各舰，非有海军命令，不得自由行驶。现自莲花山至白鹅潭，皆为海军势力，内河各小舰亦悉听指挥。

据上海《民国日报》一九二二年七月十四日《本社专电》

命发马伯麟经费令

（一九二二年七月十四日）

着发给马伯麟港纸一百元。此令。

孙文　七月十四日

据陈旭麓、郝盛潮主编，王耿雄等编《孙中山集外集》（上海人民出版社一九九〇年版）

收　款　条

（一九二二年七月十五日）

收到交来零用二千元。此据。

孙文　七月十五日

据陈旭麓、郝盛潮主编，王耿雄等编《孙中山集外集》（上海人民出版社一九九〇年版）

批招桂章请款呈[①]

（一九二二年七月十七日）

照准。

孙　文

据广东省档案馆藏原件影印

---

① 7月17日，楚豫舰舰长招桂章请借港币600元。

命发黄骚经费令

（一九二二年七月十七日）

着发给黄骚办卫生药料费一千元。此令。

孙　文

七月十七日

据广东省档案馆藏原件影印

命发黄骚经费令

（一九二二年七月十八日）

着发给黄骚买卫生药料费二千元。此令。

孙　文

中华民国十一年七月十八日

据广东省档案馆藏原件影印

准发伤员赏恤费①

（一九二二年七月十九日）

着照赏恤〈发〉。

孙文　七月十九日

据中国国民党广州市特别执行委员会编《孙大总统广州蒙难十一周年纪念专刊》（广州培英印务公司一九三三年版）

---

① 6月16日，永翔舰伤兵有：郭荣兴（重伤）、石恩发（轻伤）、黄金贵（轻伤）、李老大（轻伤）呈请恤金。此恤金经该舰舰长丁培龙手收。

批陈际熙函①

（一九二二年七月二十日）

代答：函悉。望专与何振图复虎门，不必分心他事。

据中国国民党中央文化传播委员会党史馆藏一般档案 052/682

批给伤员抚慰费呈②

（一九二二年七月二十日）

着酌量照给。

文

据陈旭麓、郝盛潮主编，王耿雄等编《孙中山集外集》（上海人民出版社一九九〇年版）

批马湘收款条③

（一九二二年七月二十日）

文。

据陈旭麓、郝盛潮主编，王耿雄等编《孙中山集外集》（上海人民出版社一九九〇年版）

---

① 陈际熙受派从上海赴香港筹商讨伐陈炯明事宜，以备配合北伐军返粤。陈抵港后探悉陈军内部斗争情况，向孙中山报告，建议利用此一时机令各部迅速行动。所标日期据来函时间。

② 伤员永丰舰八名、永翔舰一名、豫章舰四名呈请补助费，俾能在医院自备营养菜，由永丰舰舰长冯肇宪代收纸币260元。

③ 马湘收到孙中山批给津贴100元。

批黄惠龙收款条①

（一九二二年七月二十日）

文。

据陈旭麓、郝盛潮主编，王耿雄等编《孙中山集外集》（上海人民出版社一九九〇年版）

批陈侠夫收款条②

（一九二二年七月二十日）

文。

据陈旭麓、郝盛潮主编，王耿雄等编《孙中山集外集》（上海人民出版社一九九〇年版）

命发严月生经费令

（一九二二年七月二十二日）

着发给严月生公费五百元（银毫）③。此令。

中华民国十一年七月二十二日

孙　文

据广东省档案馆藏原件影印

---

① 黄惠龙收到孙中山批给津贴100元。
② 陈侠夫收到孙中山批给津贴100元。
③ 实支港纸416元。

命发杨虎经费令

（一九二二年七月二十二日）

着发给杨虎伤兵医药费二百元（银毫）。此令。

中华民国十一年七月二十二日

孙　文

据广东省档案馆藏原件影印

收　款　条

（一九二二年七月二十二日）

收到港纸二千元整。

孙　文

七月二十二日

据广东省档案馆藏原件影印

命发连声海经费令

（一九二二年七月二十三日）

发给连声海伙食〈费〉银毫五百元①。此令。

孙　文

中华民国十一年七月二十三日

据广东省档案馆藏原件影印

---

① 附批：实支港币四百整。收款报告，收到港币200元。

批嘉利洋行煤炭费收据①

（一九二二年七月二十三日）

照给。

孙　文

据陈旭麓、郝盛潮主编，王耿雄等编《孙中山集外集》（上海人民出版社一九九〇年版）

批招桂章请款呈②

（一九二二年七月二十四日）

文。

据陈旭麓、郝盛潮主编，王耿雄等编《孙中山集外集》（上海人民出版社一九九〇年版）

关于支款的手令

（一九二二年七月二十四日）

无论何人，非经大元帅签字，不准支款。

孙　文

中华民国十一年七月二十四日

据广东省档案馆藏原件影印

---

① 煤炭3吨，每吨18元，计54.92元。
② 楚豫舰舰长招桂章请领杂项费毫银300元（实支港纸250元）。

收 款 条

（一九二二年七月二十四日）

收到港纸二千元整。

文　二十四日

补给港票五百元。

文　七月二十四日
据广东省档案馆藏原件影印

批欧阳格请款呈①

（一九二二年七月二十五日）

先发一千五百元。

孙　文
据广东省档案馆藏原件影印

批欧阳琳请款呈②

（一九二二年七月二十七日）

先发一千元。

文
据广东省档案馆藏原件影印

---

① 7月25日，豫章舰舰长欧阳格请发杂用及公费港洋3000元整。
② 7月27日，同安舰舰长欧阳琳请大总统给领临时杂支及应用费广纸（指当时广东省银行发行的纸币）3000元整。

批冯肇宪请款呈[1]

（一九二二年七月二十七日）

文。

据陈旭麓、郝盛潮主编，王耿雄等编《孙中山集外集》（上海人民出版社一九九〇年版）

批张文焕等领款条[2]

（一九二二年七月二十七日）

文。

据陈旭麓、郝盛潮主编，王耿雄等编《孙中山集外集》（上海人民出版社一九九〇年版）

批招桂章请款呈[3]

（一九二二年七月二十八日）

文。

据陈旭麓、郝盛潮主编，王耿雄等编《孙中山集外集》（上海人民出版社一九九〇年版）

---

[1] 永丰舰舰长冯肇宪请发给卢适祥、胡轩、招钰琪津贴港票共750元。
[2] 张文焕、李文滨、游良方同领小洋100元，为调查侦探费用。
[3] 楚豫舰舰长招桂章请领郑星槎、陈浩二员津贴费共港纸500元。

批陈策请款呈①

（一九二二年七月二十八日）

先发一千元。

文

据广东省档案馆藏原件影印

批黄骚请款呈②

（一九二二年七月二十九日）

照给。

文

据广东省档案馆藏原件影印

---

① 7月28日，海防司令陈策，呈请领港币2000元整。
② 7月29日，黄骚用英文开列请款清单：

Expenses to Shuikwan for three Men	200.00
Bought Provisions	50.00
Reward for 3 men	500.00
	750.00
Fund for Red Cross work	2250.00

原文译文为：

三人赴韶关旅费	200.00
购买食品	50.00
三人酬金	500.00
	750.00
红十字工作专款	2250.00

命发江顺舰饷令

（一九二二年七月二十九日）

赏江顺饷一个月六百元①。此令。

　　　　　　　　　　　　　　　　　　　　　文
　　　　　　　　　中华民国十一年七月二十九日
　　　　　　　　　　　　　　据广东省档案馆藏原件影印

命发程潜经费令

（一九二二年七月二十九日）

着发给程潜二角票二万元，五角票三万元。此令。

　　　　　　　　　　　　　　　　　　　　孙　文
　　　　　　　　　中华民国十一年七月二十九日
　　　　　　　　　　　　　　据广东省档案馆藏原件影印

批欧阳格领状②

（一九二二年七月二十九日）

一万元。

　　　　　　　　　　　　　　　　　　　　　文
　　　　　　　　　　　　　　据广东省档案馆藏原件影印

---

① 据胡文耀收据，实支广纸1200元，折合银毫600元。
② 海军临时总指挥欧阳格，呈请发给海军临时伙食、煤斤杂费港洋10000元整。

给各舰将士的命令①

（一九二二年七月三十日）

敢死队纯出于自愿牺牲，岂非招募而得？且何处去招募如许敢死队，与领江之人？陈炯明谋害之心虽切，此种伎俩，终无如我何也。传令各舰将士，严密防守，勿自惊扰。

据蒋中正《孙大总统广州蒙难记》（上海民智书局一九二六年版）

命杨虎直接指挥海军陆战队令

（一九二二年七月）

所有海军陆战队、卫侍队及要塞掩护队，均归参军杨虎直接指挥。此令。杨参军虎

孙　文

据李睡仙等编《陈炯明叛国史》（福州《新福建报》经理部一九二二年版）附录《杨参军之军中日记》

批钱慰卿请款呈②

（一九二二年七月）

发给一百元。

文

据广东省档案馆藏原件影印

---

① 探报陈炯明派陈永善在江门装修钢板小轮船32艘，招募敢死队300名，预备袭击海军之用。对此，孙中山传令各舰将士。

② 钱慰卿呈请拨发川资数十元，以解决赴目的地旅费困难。

准给伤员抚慰费①

（一九二二年七月）

照准。

文

据陈旭麓、郝盛潮主编，王耿雄等编《孙中山集外集》（上海人民出版社一九九〇年版）

批兴业公司煤行收据②

（一九二二年七月）

照给。

文

据陈旭麓、郝盛潮主编，王耿雄等编《孙中山集外集》（上海人民出版社一九九〇年版）

批冯肇宪请款呈③

（一九二二年八月一日）

文。

据陈旭麓、郝盛潮主编，王耿雄等编《孙中山集外集》（上海人民出版社一九九〇年版）

---

① 豫章舰伤员李孝芝、杨文斌、李秀山、文仁甫、胡开泰、汪精华六名三等伤，各给抚慰费100元。
② 由铃木洋行代买红巢大炭50张，单价18.5元，合共银西币925元。
③ 福安、永翔、舞凤、广海、广金五舰舰长各借薪水港纸250元，共计港纸1250元。

批兴业公司煤行收据①

（一九二二年八月一日）

准。

文

据广东省档案馆藏原件影印

命发黄骚经费令

（一九二二年八月二日）

着发给港币二千元，为电船按匪费，交黄骚去办。

孙 文

中华民国十一年八月二日

据广东省档案馆藏原件影印

饬发廖湘芸旅费条

（一九二二年八月二日）

发给廖湘芸旅费大票四百元整。

孙文 八月二日

据广东省档案馆藏原件影印

---

① 兴业公司支行总指挥处决定用港币买英国白烟笠炭200吨，计1万元整。又买日本洪巢大炭150吨，计2775元。合共12775元。呈请核示。

命发黄骚经费令

（一九二二年八月三日）

着发给港币二千元为按匪费交黄骚去□。此令。

孙文　八月三日

据陈旭麓、郝盛潮主编，王耿雄等编《孙中山集外集》（上海人民出版社一九九〇年版）

批胡文灿请款函[①]

（一九二二年八月三日）

准。

文

据广东省档案馆藏原件影印

批陈策请款呈[②]

（一九二二年八月三日）

准。

文

据广东省档案馆藏原件影印

[①] 8月3日，讨逆军司令胡文灿呈称，现需款万急，恳请准将日前其弟胡文燿截获逆军陈德春军费4000元项下，拨给1000元，俾应急需。

[②] 8月3日，海防司令陈策，谨呈请领港币银5000元，以为给支煤炭之用。

批韩恢请款条①

（一九二二年八月五日）

文。

据陈旭麓、郝盛潮主编，王耿雄等编《孙中山集外集》（上海人民出版社一九九〇年版）

批 BERBLINGER 公司账单②

（一九二二年八月初）

着代支此单。

文

据陈旭麓、郝盛潮主编，王耿雄等编《孙中山集外集》（上海人民出版社一九九〇年版）

---

① 韩恢请领毫银 2000 元，小纸币 3000 元（5 角面额之广东省银行纸币）。
② 账单为英文，上角仅有中文"凡收银另有收条为据"字样。

16.5.22	12 Bottles Lysols of 250	$.50 per bot	6.00
10.6.22	6 Table Telephone	$36.00 ench	216.00
	11 Field Glassee	$64.00 ench	704.00
	14 Bottles Sherry	$1.00 ench	14.00
	2 Bottlos Port	$1.25 ench	2.50
	14 Bottles Claret	$1.00 ench	14.00
3.7.22	1 Field Glassee	$64.00 ench	64.00
			$1020.50

中译文为：

1922 年 5 月 16 日	250 消毒药水	12 瓶	每瓶 5 角	6 元
1922 年 6 月 10 日	桌上电话机	6 台	每台 36 元	216 元
	望远镜	11 件	每件 64 元	704 元
	白葡萄酒	14 瓶	每瓶 1 元	14 元
	葡萄酒	2 瓶	每瓶 1 元 2 角 5 分	2 元 5 角
	红葡萄酒	14 瓶	每瓶 1 元	14 元
1922 年 7 月 3 日	望远镜	1 件	每件 64 元	64 元
			共计	1020 元 5 角

原件并注有中文"电话机等件"，"黄骚"签字。

对各舰将士的指示

（一九二二年八月六日）

各方报告，纷纷不一，至难判断。孙中山谓：须得其确实报告，方可深信，此皆不足为凭。惟有照前定计划，慎防敌袭，巩固舰队，静待前方确实报告而已。

据蒋中正《孙大总统广州蒙难记》（上海民智书局一九二六年版）

批黄百借款呈[①]

（一九二二年八月七日）

准。港纸二百元。

孙 文

据广东省档案馆藏原件影印

命发陈际熙经费令

（一九二二年八月七日）

着发给陈际熙杂费三百元银毫。此令。

孙 文

中华民国十一年八月七日

据广东省档案馆藏原件影印

[①] 8月6日，副官黄百因家属旅粤，财用匮乏，请借款若干元，以便资遣回籍。

批陈策请款呈①

（一九二二年八月八日）

准。

文

据广东省档案馆藏原件影印

命各舰归队令②

（一九二二年八月九日）

子培司令：

照以前，浅水各舰一切行动，皆受本总统之命令，现因本总统要到沪上主持统一国是，今日离永丰舰，兹令各舰归队。此令。

孙　文
民国十一年八月九日

据中国国民党中央文化传播委员会党史馆藏一般档案
051/277

批林若时请款呈③

（一九二二年八月九日）

着林直勉办理。

孙　文
据广东省档案馆藏原件影印

---

① 8月8日，海防司令陈策谨呈请领伙食银港币2000元。
② 此系孙中山致海军司令温树德的命令。
③ 8月9日，福安舰舰长林若时请领5、6、7三个月薪水，共港纸780元整。

批岑静波函[①]

（一九二二年八月十六日）

代答奖励。并拨款三千元，着到某处领。

据中国国民党中央文化传播委员会党史馆藏一般档案 052/646

批周颂西函

（一九二二年八月二十五日）

代答嘉奖，并交各部议行所陈各节，并约带张博士[②]来见。

据中国国民党中央文化传播委员会党史馆藏一般档案 052/350

收 款 条

（一九二二年八月）

收到港纸二千四百元。

孙　文
据广东省档案馆藏原件影印

---

① 岑静波时任讨贼军别动队中路司令部参谋长。日期据来函。
② 张博士，指张乃燕，系周颂西引荐之人。

批石青阳函①

（一九二二年九月五日）

作答勉励，并预备向外发展。

据中国国民党中央文化传播委员会党史馆藏一般档案 052/546

批徐际恒函

（一九二二年九月八日）

代答：函悉，来件当从详研究。

据中国国民党中央文化传播委员会党史馆藏一般档案 052/633

批宋大章函②

（一九二二年九月十日）

代答：两函呈阅悉。属代答：望兄等实事求是，从人民方面以开发民智，以辅当局之设施，期达最后之效果。此时尚无向当局游扬之必要，幸为谅之。

据中国国民党中央文化传播委员会党史馆藏一般档案 052/593

---

① 石青阳时任四川讨贼军第一路总司令。此件所标时间系来函日期。
② 宋大章当时在奉天活动，来函报告所获各方消息。

批 张 武①

（一九二二年九月十五日）

代答嘉奖，并如有机来沪，约来一见。

据中国国民党中央文化传播委员会党史馆藏一般档案
052/450

批 刘 尧 夫 函

（一九二二年九月十五日）②

寄东京中国公使馆廖仲恺，就近再细调查，并酌量代复。

据中国国民党中央文化传播委员会党史馆藏一般档案
052/1106

批 杨 森 函③

（一九二二年九月十五日）

作答：函悉，并闻有投依北敌以图卷土复来之举，此期〈期〉不可。此后当注意全国之安危，而万勿恋恋于四川之权利，并望来沪，详商一切。

据中国国民党中央文化传播委员会党史馆藏一般档案
052/545

---

① 张武上书孙中山，述其有近著《民生问题》。来函无年代，当在1922年。
② 此件所标时间系来函日期。
③ 杨森当时任川军第二军军长，因兵败退驻川鄂边境，与吴佩孚相勾结。

批赵从宾函①

（一九二二年九月中旬）

代答：此后对北方已取和缓态度，故一切急烈之举，皆当停止。

据中国国民党中央文化传播委员会党史馆藏一般档案 052/909

批居正函②

（一九二二年九月二十六日）

当先谘询奉天各同志，从详审慎，然后施行可也。

文

据中国国民党中央文化传播委员会党史馆藏一般档案 052/254

批张骏函

（一九二二年九月二十七日）

代答：俟党章修正后，由党部办理。

据中国国民党中央文化传播委员会党史馆藏一般档案 052/359

---

① 赵从宾当时在北方军阀中活动，来函报告情况，表示拟以天津为中心设立机关，并要求经费。原件无日期，据《国父批牍墨迹》编者订为1922年9月中旬。

② 此件系对关于奉天党务问题的批示。

批吴泽理函①

（一九二二年九月）

代答奖勉，并着暂候时机，以决灭贼而后已。

据中国国民党中央文化传播委员会党史馆藏一般档案 052/733

批宋大章函②

（一九二二年九月以后）

交觉生代答：调和两方，共图党势之发展。

据中国国民党中央文化传播委员会党史馆藏一般档案 052/379

批田清涛函③

（一九二二年九月至十月间）

代答：此间已与吴通信，使冀彼有彻底觉悟，以协力救国，非至失望于彼之后，不能赞成所陈之计划也。

据中国国民党中央文化传播委员会党史馆藏一般档案 052/1276

---

① 吴泽理当时任讨贼联军第二军第一独立支队司令，率部在广东新会、江门、左兜山一带进行反陈炯明统治的活动。
② 宋大章原函询问东三省民治俱进会干事长赵锄非是否为党人。
③ 田清涛来函密陈灭吴佩孚计划。原批日期不明，据其内容，似在此年9月至10月间。

批景梅九函①

（一九二二年十月一日）

代答奖励,并告以刻下无力,俟将得当,当助之。

据中国国民党中央文化传播委员会党史馆藏一般档案
052/907

批居正函

（一九二二年十月三日）

款已支竭,俟再有来源,方能分给。

文

据中国国民党中央文化传播委员会党史馆藏一般档案
052/292

批陈烜函②

（一九二二年十月四日）

代答:函悉,相机而行可也,惟不可接洽民军。

据中国国民党中央文化传播委员会党史馆藏一般档案
052/781

---

① 景梅九（字定成）当时在北京活动,来函请求孙中山资助恢复《国风日报》。此件所标时间系来函日期。
② 陈烜来函报告广东情况。此件所标时间系来函日期。

批赵士觐函[①]

（一九二二年十月七日）

代答：函悉。着积极进行，俟时机一到，则同时灭贼。

据中国国民党中央文化传播委员会党史馆藏一般档案 052/732

批孙镜亚函[②]

（一九二二年十月十一日）

约下星期日（二十二）午后三时来可也。

据中国国民党中央文化传播委员会党史馆藏一般档案 052/397

批某君函[③]

（一九二二年十月十一日）

作函奖谢。并着在京同志协力谋国家之幸福。

据中国国民党中央文化传播委员会党史馆藏一般档案 052/788

---

① 赵士觐当时任广州军务处长。此件所标时间系来函日期。
② 孙镜亚来函，介绍何世桢等四人入党，并请孙中山亲自主盟。来函无年代，应在1922年。
③ 该函系慰问孙中山广州脱险，并请指导工作。

批徐维绘函

（一九二二年十月十二日）①

代答：屡接来信，甚感烦劳。惟先生对北京局面，毫无办法，故不置一词。

据中国国民党中央文化传播委员会党史馆藏一般档案
052/561

批梅冠林函②

（一九二二年十月十三日）

代答：当往福州与李司令③接洽。

据中国国民党中央文化传播委员会党史馆藏一般档案
052/456

---

① 此件所标时间系来函日期。
② 梅冠林来函请求任务。
③ 指北伐军李福林部。12日，李福林、黄大伟两部在北军王永泉配合下，进抵福州。闽督李厚基溃败，李及其卫队被海军缴械。

批张祖杰函

（一九二二年十月十八日）①

代答嘉慰，并着他对于广东军事，仍与林树巍交涉便可。

据中国国民党中央文化传播委员会党史馆藏一般档案 052/731

批廖湘芸函②

（一九二二年十月十九日）

作答：着他努力进行，随时报告。

据中国国民党中央文化传播委员会党史馆藏一般档案 052/723

任命状应加东路二字于讨贼军之上手谕

（一九二二年十月十九日）③

昨日任命状三件应加东路二字于讨贼军之上。又任状要我亲签，办好即送来。

文

据秦孝仪主编《国父全集》第六册（台北近代中国出版社一九八九年版）

---

① 此件所标时间系来函日期。
② 廖湘芸原任总统府参军，陈炯明叛变后，由孙中山派往西江一带做联络工作。
③ 原件无日期，惟据其内容系指民国十一年十月十八日任命许崇智为讨贼军总司令兼第二军军长、蒋中正为讨贼军参谋长、黄大伟为讨贼军第一军军长、李福林为讨贼军第三军军长事，故可推定为10月19日所发。

批盘鸿钧函

（一九二二年十月二十日）

代答如后：不必再来沪，可就近向港办事人报告，候命进行。

据中国国民党中央文化传播委员会党史馆藏一般档案 052/730

批张启荣函

（一九二二年十月二十一日）①

代答：张②已出来，其军队由他路另图接洽。八属军队望惟力所至，积极进行，得有结果，可向港中同志互为联络可也。

据中国国民党中央文化传播委员会党史馆藏一般档案 052/32

批李福林函

（一九二二年十月二十一日）③

作答：枪枝已与谭君设法。

据罗家伦主编《国父批牍墨迹》（台北"中央文物供应社"一九五五年版）

---

① 此件未署年代。按张启荣联络驻桂滇军，事在1922年。
② 张，指张开儒。此时张开儒失势，所部为杨希闵所控制，孙中山已委杨为讨贼滇军总司令。
③ 此件所标时间系来函日期。

收到香港总工会助款之收据

（一九二二年十月二十一日）

收到香港总工会助款三千元正。此据。

孙　文

民国十一年十月二十一日

据秦孝仪主编《国父全集》第六册（台北近代中国出版社一九八九年版）

批张启荣函①

（一九二二年十月二十三日）

代答：滇军已有滇中同志接洽，以后不必转接矣。

据中国国民党中央文化传播委员会党史馆藏一般档案052/643

批张启荣函②

（一九二二年十月二十四日）

代答：接洽滇军事，已交朱培德办理，着前途就近磋商可也。

据中国国民党中央文化传播委员会党史馆藏一般档案052/642

---

① 此件所标时间系来函日期。
② 此件所标时间系来函日期。

批方瑞麟等函①

（一九二二年十月二十五日）

代答：着与港办事人接洽，但接济一层办不到。

> 据中国国民党中央文化传播委员会党史馆藏一般档案 052/680

批黄隆生函②

（一九二二年十月二十九日）

作答嘉许，并云已着谢良牧与之接洽。

> 据中国国民党中央文化传播委员会党史馆藏一般档案 052/679

批福建自治军电③

（一九二二年十月）

作答：海外华侨同志外属〈望〉④于林子超，或借此望华侨接济。然省长当由省会选举方妥。

> 据罗家伦主编《国父批牍墨迹》（台北"中央文物供应社"一九五五年版）

---

① 此件所标时间系来函日期。
② 黄隆生函中报告，驻钦廉之陈炯明部黄业兴，愿率部归诚。日期据来函。
③ 福建自治军张贞等来电，请任命黄展堂为福建省长。原件无年月，据其复函应在1922年10月。
④ 据《国父批牍墨迹》编者注，此处疑脱"望"字，今酌补。

批刘玉山函①

（一九二二年十月）

代答勉励，并云各军到了广东，当设法接济。

> 据中国国民党中央文化传播委员会党史馆藏一般档案
> 052/1113

批蒋光亮函②

（一九二二年十月）

作答：款已交邓卢带去，此外又托沈鸿英处挪借，以应发动之需。

> 据中国国民党中央文化传播委员会党史馆藏一般档案
> 052/864

批欧阳豪函③

（一九二二年秋后）

着自行设法速解散。

> 据中国国民党中央文化传播委员会党史馆藏一般档案
> 052/647

---

① 刘玉山当时系桂军一旅长。
② 蒋光亮当时任滇军之混成旅旅长，来函请求资助李伯涛在粤活动。
③ 欧阳豪来函请接济军械。

批陈荣广函①

（一九二二年十一月一日）

代答：赖欲表明心迹，只有先击陈炯明。

据中国国民党中央文化传播委员会党史馆藏一般档案
052/699

饬每月发给飞鹰福安舞凤三舰伙食费令

（一九二二年十一月一日）

大元帅令

着军政部长由今日起，每月发给飞鹰舰火食一千四百元；福安舰一千二百元；舞凤舰六百元；共三千二百元。此令。

孙　文
中华民国十一年十一月一日
据中国国民党中央文化传播委员会党史馆藏一般档案
051/288

---

① 陈荣广来函，报告陈炯明部赖世璜、洪兆麟、翁式亮等表示愿服从孙中山。原函无年代，按其内容，当在1922年。

批廖湘芸函

（一九二二年十一月四日）①

代答：函悉，当就近与港中同志接洽进行便可。

据中国国民党中央文化传播委员会党史馆藏一般档案 052/722

批管鹏李廼璟函②

（一九二二年十一月四日）

可与联络。

据罗家伦主编《国父年谱》增订本下册（台北一九六九年版）

批护法议员办事处函

（一九二二年十一月八日）

代答：日来甚困，俟筹有的款，当张溥泉来京助理宣传。

据中国国民党中央文化传播委员会党史馆藏一般档案 052/564

---

① 此件所标时间系来函日期。
② 管鹏、李廼璟上书孙中山"由豫入皖之军，与我有无联络"，孙中山准与自豫入皖之靖国军联络。

饬交夏重民债券收条及取货证各一本谕

（一九二二年十一月九日）①

交夏重民债券收条一本、取货证一本。

孙　文
十一月九日

据中国国民党中央文化传播委员会党史馆藏一般档案051/268

批徐瑞霖函②

（一九二二年十一月十日）

作答，努力进取。

据罗家伦主编《国父年谱》增订本下册（台北一九六九年版）

批杨大实函

（一九二二年十一月十一日）

代答：函悉，以后要事，仍望常常通报。

据中国国民党中央文化传播委员会党史馆藏一般档案052/594

---

① 原件无年代，经考订应在1922年。
② 徐瑞霖上书孙中山，请"肃清闽南，征讨粤东"。

批 黄 德 函

（一九二二年十一月十二日）

代答：以后无力接济，如能自行办理，立功后当予承认。

据中国国民党中央文化传播委员会党史馆藏一般档案 052/84

批 黄 日 权 函①

（一九二二年十一月十四日）

代答：函悉，先生甚为喜慰，属转致明堂司令坚持，以待得款，则各路筹备，则齐发讨贼。

据中国国民党中央文化传播委员会党史馆藏一般档案 052/857

批 赵 士 觐 函

（一九二二年十一月十五日）②

代答：发难后准由地方征发，入城后则由指定港商担任接济。信由直勉转。

据中国国民党中央文化传播委员会党史馆藏一般档案 052/678

---

① 黄日权系黄明堂之子，来函报告黄明堂近况，并请拨款。此件所标时间系来函日期。
② 此件所标时间系来函日期。

饬财政部发给公债收条谕

（一九二二年十一月十七日）①

财政部照。发给公债收条三万元交邓三收。

孙文　十一月十七日

据中国国民党中央文化传播委员会党史馆藏一般档案
051/268

批焦易堂函②

（一九二二年十一月二十二日）

作答：现适奇困，俟稍宽裕，当为设法，望同志为国奋斗。着寄书去北京，答函抄底。

据中国国民党中央文化传播委员会党史馆藏一般档案
052/562

批杨大实函

（一九二二年十一月二十六日）③

作答：闽事内部无事，言者过耳。并问候佟君。

据中国国民党中央文化传播委员会党史馆藏一般档案
052/587

---

① 原件无年代，经考订应在1922年。
② 焦易堂系国会议员，当时在北京活动。
③ 来函无年代，按其内容，应为1922年。

批前年彰年函①

（一九二二年十一月二十九日）

代答：孙先生无暇握管，但寄近照一枚。

据中国国民党中央文化传播委员会党史馆藏一般档案 052/169

批黎工倾函

（一九二二年十一月二十九日）

代答：函悉。此间已〈派〉邓和卿、卢锡卿为代表，往促滇军速发各事，请与二君接洽便可。

据中国国民党中央文化传播委员会党史馆藏一般档案 052/728

批郑次豪函②

（一九二二年十一月）

代答：此间不日当开设飞行学校，如欲专飞机，请即回国便可，现时已得有高等飞机师，与美国无异。

据中国国民党中央文化传播委员会党史馆藏一般档案 052/168

---

① 前年彰年系日本人。

② 其君系美洲哥斯达黎加华侨，闻陈炯明叛变，来函表示欲返国参加平叛。秦孝仪主编《国父全集》标发函者为郑次豪，来函为10月16日，地址为"驻中美洲葛打李架国洋大连埠 Costa Rica, C. A. 中国国民党分部"。

批高致和函①

（一九二二年十一月至十二月间）

代答函悉，各事请与邓和卿、卢锡卿协商可也。

据中国国民党中央文化传播委员会党史馆藏一般档案 052/859

批张启荣函

（一九二二年十二月二日）②

代答：先生已交款托邓、卢二君带往，与藻林商量，能动则交，不动则不交。

据中国国民党中央文化传播委员会党史馆藏一般档案 052/858

批许春草函③

（一九二二年十二月二日）

代答：如确有新式枪枝者，当请许总司令改编入伍，以为保存；无枪者，当即遣散归农。

据中国国民党中央文化传播委员会党史馆藏一般档案 052/649

---

① 高致和系滇军代表，来函请拨款以充军实。
② 来函无年代，按其内容，应为1922年。
③ 许春草当时任福建讨贼军总指挥。

批方瑞麟函

（一九二二年十二月二日）①

十二月二日两函俱悉，先生甚注意，然为一致动作，种种方面皆要调和共济，乃望有成。香港会议并非由此间之命，今乃由港中自行协定。良牧已往港，想已见面。

据中山大学孙中山纪念馆藏原件

附录　方瑞麟致孙中山函

大总统钧鉴：

密禀者：徐陈二君传我大总统谕，敬悉。军财两政应求统一，自应遵照办理。邓泽如君办事实心尽忠本党，素为同志所钦仰，瑞麟现办各事均与邓君妥商，然后进行。惟邹鲁则平生作事好出风头、私心甚重，且对于陈逆素甚接近，对于本党则甚冷淡。综核其经过事实，疑点殊多，谨分列于后，为我大总统陈之。

查邹鲁原与陈逆同学于广东公立法政学校，素称莫逆，入本党后，亦常与陈逆共同作事，取同一之行动，疑点一也。

大总统改组中华革命（党）时，渠在南洋一带助陈逆反对并与陈逆合组水利社，此事同志多知之，疑点二也。

讨莫时期，渠原奉我大总统委为救国军，后竟遵陈逆命改为义勇军，疑点三也。

回粤后于运使任内所办一切事宜，均受陈逆支配，狼狈为奸，甚且将国家税之盐款移交省库，疑点四也。

---

① 此件所标时间系来函日期。

大总统改道北伐时,渠赴肇劝阻我大总统回粤。迨陈逆逃往惠州,渠亦同往且提出辞职,疑点五也。

渠在运使任一切用人,除用妻妾系及大埔系外,仅用海丰系所举荐者,对于本党同志,并未委用一人,疑点六也。

迨陈逆围攻公府时,渠弃职来港,旋即赴沪北上,在表面上似反对陈逆者,实则因叶逆等拟敲其竹杆二十万,为此而逃,非为他故,疑点七也。

现见陈逆众叛亲离,为社会攻击,而我大总统光明磊落,为各界钦崇,舆论已归一致,料陈逆必败,于是才南来声言拨款帮助,若甚热心者,实则善看风头为自己个人位置计耳,非有爱于本党者,疑点八也。

渠虽加入本党,惟其誓约上未印指摹,疑点九也。

凡兹种种,本党热心同志多能知之。瑞麟追随我大总统以来垂二十年,向未妄攻一人。此次鉴于陈逆之背叛,心甚伤之,故心有所知不敢不告,应请大总统察夺。切勿予以重任,免蹈覆辙。所有驻港重要事件,望委邓泽如君料理为妥。冒昧密陈,尚冀我大总统鉴察,曷胜盼祷,肃禀。敬颂
勋祺

方瑞麟谨上
十二月二日

再者:邹鲁与古襄勤一渡人,观彼近日接洽滇军一节,将款虚掷便可知之。倘再任以重职,则大局必受其破坏,迫切密陈,统望大总统鉴察。

瑞麟再上
据中山大学孙中山纪念馆藏原函

批欧阳格电

(一九二二年十二月三日)

代答:当俟大局定后乃能办到。

据中国国民党中央文化传播委员会党史馆藏一般档案
052/389

批张煊函[①]

（一九二二年十二月四日）

代答：着与邹海滨接洽。

据中国国民党中央文化传播委员会党史馆藏一般档案
052/677

批焦易堂函[②]

（一九二二年十二月五日）

代答：对于政局主张极合，各同志能本主义以奋斗，甚为快慰云云。各书当速寄去。

据中国国民党中央文化传播委员会党史馆藏一般档案
052/601

批梁栋函[③]

（一九二二年十二月六日）

代答：所言甚是，当采纳施行。

据中国国民党中央文化传播委员会党史馆藏一般档案
052/673

[①] 张煊当时任广东大埔县长。此件所标时间系来函日期。

[②] 焦易堂来函称："刻下北方情形，变化愈烈。前此某方倒阁，实因最高问题之紧迫，欲取财部以达其最后之目的。黄陂知其不利于己，故此次遂以迅雷不及掩耳之手段，发表研究、政学与各实力派混合之内阁，此汪大燮组阁之所由来也。"批件日期据来函。

[③] 梁栋来函报告黄明堂近况，并请函奖林俊廷接济黄部。

批廖湘芸函

（一九二二年十二月六日）①

作答：已托邓泰中带款往与藻林相商，并属其协助藻林，速统滇军立即发动进攻。

据中国国民党中央文化传播委员会党史馆藏一般档案052/724

批皮广生函

（一九二二年十二月八日）②

代答：如确实可靠，请与港中同志相商，但事前不能给款。

据中国国民党中央文化传播委员会党史馆藏一般档案052/726

批于应祥函

（一九二二年十二月八日）

发给百元，并代答：刻下甚困，若大局无转机，则断难为继，务望早日为计可也。

据中国国民党中央文化传播委员会党史馆藏一般档案052/91

---

① 批函日期据来函。
② 此件所标时间系来函日期。

批张兆函①

（一九二二年十二月十日）

代答：可称讨贼军司令，不得称东路总司〈令〉，盖第三军即在东路总司令许崇智之下也。如能立功，则名目由李军长委便可。

据中国国民党中央文化传播委员会党史馆藏一般档案
052/645

批张启荣函

（一九二二年十二月十日）

作答：函悉，惟至今尚未见发，有无变动，甚念。

据中国国民党中央文化传播委员会党史馆藏一般档案
052/676

批李福林请添购枪械函

（一九二二年十二月十一日）②

作答：枪枝已与谭君③设法。

据中国国民党中央文化传播委员会党史馆藏一般档案
052/644

---

① 张兆即张福兆。此件所标时间系来函日期。
② 李福林来函日期为1922年10月21日，收件日期及先生批签日期不详，惟本全集第五卷收1922年12月11日《复李福林函》，有"承嘱添购枪枝一节，业与谭君设法矣"句，则当为此批之复函，今时间依复函日期。
③ 谭君，据复函知为谭礼庭。

批张启荣函

（一九二二年十二月十二日）

代答：函悉，滇军各事，请与邓和卿接洽。

据中国国民党中央文化传播委员会党史馆藏一般档案 052/672

批王永泉函

（一九二二年十二月十六日）①

作答：详言大势，并讨贼军不日回粤讨陈，北京不可靠，闽人将有不容外之思潮，问彼将何以善其后？

据中国国民党中央文化传播委员会党史馆藏一般档案 052/692

批林少梅函②

（一九二二年十二月十七日）

代答：戒勿招民军，徒扰地方，无益大局。

据中国国民党中央文化传播委员会党史馆藏一般档案 052/657

---

① 此件所标时间系来函日期。
② 林少梅当时经邓泽如任为广东讨贼军第三路司令，在潮梅一带活动，上书孙中山谈组军讨贼。此件所标时间系来函日期。

批刘文辉函[①]

（一九二二年十二月十九日）

作答：并以近最近情形告之。

据中国国民党中央文化传播委员会党史馆藏一般档案 052/57

批外交部函

（一九二二年十二月二十一日）

作答：王使所报当是一面之词，按余和鸿果是犯法，当有墨国法律以处分之。今不出于法律，而出于总统之特权，是足证明余并未有犯法之事，而勒余出境，乃全由该使之偏帮一面，而尽力运动总统，乃有此结果。观词语有北伐字样，已足证实是为国内战争。国内战争由于护法，北京今日已自称恢复传统，而其外使犹欲加罪于护法之人，此其所为，已与现在承认法统政府相背驰。

如王公使不肯取消其压迫余和鸿之手段，是违北京政府之命，北京政府明知之，而仍由其公使以任性妄为，是佯认法统而暗仇护法之人也。是否如此，当以余案为证也。

此信当查明余案详细申言之，并发表海外各党报。

据中国国民党中央文化传播委员会党史馆藏一般档案 052/1218

[①] 刘文辉当时系川军旅长。

批焦易堂函

（一九二二年十二月二十一日）

作答：溥泉因家稍延，但必来。

据中国国民党中央文化传播委员会党史馆藏一般档案
052/460

批张金钊等函①

（一九二二年十二月二十三日）

代答：并未允弥补，只允证明用去此款为公用去而已。

据中国国民党中央文化传播委员会党史馆藏一般档案
052/648

批罗翼群函②

（一九二二年十二月二十四日）

作答慰劳，并着鼓动各将士火速回粤，以赴时机。

据中国国民党中央文化传播委员会党史馆藏一般档案
052/751

---

① 来函请求弥补因招兵所致损失。
② 罗翼群当时任东路讨贼军总司令部参谋处长兼第二军参谋长。

批龚师曾函①

（一九二二年十二月二十四日）

作答奖励，并着鼓励将士速回粤，勿失时机。

据中国国民党中央文化传播委员会党史馆藏一般档案
052/752

颁给陈辉石奖状

（一九二二年十二月二十四日）

三等有功章奖状

  陈辉石君慷慨捐资，赞襄义举，赍兹永宝，用彰厥功。

中华民国十一年十二月二十四日
中华革命党总理　孙　文
据中国国民党中央文化传播委员会党史馆藏一般档案
051/208

颁给林采昆奖状

（一九二二年十二月二十五日）

三等有功章奖状

  林采昆君慷慨捐资，赞襄义举，赍兹永宝，用彰厥功。

中华民国十一年十二月二十五日
中华革命党总理　孙　文
据中国国民党中央文化传播委员会党史馆藏一般档案
051/213

---

① 龚师曾当时任东路讨贼军步兵第四旅旅长。

颁给李庆标奖状

（一九二二年十二月二十五日）

三等有功章奖状

李庆标君慷慨捐资，赞襄义举，赍兹永宝，用彰厥功。

中华民国十一年十二月二十五日
中华革命党总理　孙　文

据中国国民党中央文化传播委员会党史馆藏一般档案
051/208

批何克夫函

（一九二二年十二月二十五日）

作答：此间已有定策，不招民军。至若有见义勇为、起而杀贼、得有土地，始予以承认。

据中国国民党中央文化传播委员会党史馆藏一般档案
052/715

批宋渊源函

（一九二二年十二月二十五日）①

作答：函悉，五权宪法将拟作详细要义，但一时不能应急。

据中国国民党中央文化传播委员会党史馆藏一般档案
052/465

---

① 此件所标时间系来函日期。

批张启荣函①

（一九二二年十二月二十七日）

作答：着竭力联络钦廉各属感情，以谋大举。

据中国国民党中央文化传播委员会党史馆藏一般档案
052/46

批廖湘芸函

（一九二二年十二月二十九日）

代答：该师已愿归魏丽堂指挥。师长一节，此时碍难发表，俟粤局定后，当有办法也。（二十九日）

据中国国民党中央文化传播委员会党史馆藏一般档案
052/278

批林支宇函②

（一九二二年十二月三十日）

代答以：先生以分县自治为立国，联省只能成官治，不能达自治。

据中国国民党中央文化传播委员会党史馆藏一般档案
052/627

---

① 张启荣来函，报告联络钦廉籍军队情形。
② 林支宇来函，论述自治问题，认为巩自决之基础，期政化之改进，非厉行联省自治不为功，建议孙中山返广东后建立联省政府。

批谢良牧函①

（一九二二年十二月三十日）

作答：此间财用甚困，无从为力。故凡有响应之军队，皆当静候以待他军发之后，乃再约动。

据中国国民党中央文化传播委员会党史馆藏一般档案052/861

批田铭璋李希莲函②

（一九二二年）

元冲代答以：可印与否，此间毫无成见。惟付印时，必当出名，否则众必以匿名揭帖相视，反失效力。

据中国国民党中央文化传播委员会党史馆藏一般档案052/131

批李烈钧电③

（一九二二年）

筹款不易，港商亦必畏缩，然当尽力去做，沪上潮商或有希望。着潮汕

---

① 谢良牧来函，报告在两广联络各军情形，并请筹款接济。原件无年月，今据复信日期酌定。
② 田铭璋等来函，送吉林、黑龙江两省同胞呼吁书。
③ 李烈钧来电报告，联络潮梅陈炯明部尹骥、赖世璜部甚有进展，"现计划将全力离开潮梅，向凶寇方面进行，详情确定续报。需用开动作战费数十万元，恳电港沪筹助"。发电仅签"冬未"，月份不明。《国父批牍墨迹》注为秋后某月。

各官联名发函来潮州会馆,请各潮商协力。

据罗家伦主编《国父批牍墨迹》(台北"中央文物供应社"一九五五年版)

批马光晔请电责北京当局干涉国会函

(一九二二年至一九二三年间)①

代答:此事先生未便干涉,只望继续奋斗以唤起舆论,则为成功也。

据中国国民党中央文化传播委员会党史馆藏一般档案 052/499

批张恶石来函②

(一九二二年至一九二三年间)

代答:嘉之。并言党务当行扩张改良,公开于各省。凡为党人,务期竭力奋斗,使吾党主义遍布于全国。

据中国国民党中央文化传播委员会党史馆藏一般档案 052/65

---

① 来函无年月,应在1922年至1923年间。
② 张恶石即张冈。原件无年月,当在1922年至1923年间。

批《中国国民党入党志愿书》格式

（一九二三年一月一日）

行。

文

据全国政协文史资料研究委员会、中国革命博物馆联合编辑《孙中山先生画册》（中国文史出版社一九八六年版）

批张兆基呈①

（一九二三年一月三日）

代答：请他通信彼方，联络一致，以待时机。（西北事当汇为一部，以便查考。）

据中国国民党中央文化传播委员会党史馆藏一般档案 052/776

批复黄展堂等电②

（一九二三年一月八日）

发电大骂假冒公民，此间当维林排萨，必极力之所至以达此。

据中国国民党中央文化传播委员会党史馆藏一般档案 052/64

---

① 张兆基呈报，建议把管匪所部编为陕北新编步兵团。
② 黄展堂、林赤民等于1月8日电告孙中山，北京政府任命之福建军务会办萨镇冰利用皖系军人王永泉和林森的矛盾，嗾使其党羽假冒公民集会，拥萨为省长，迫原民选省长林森辞职。

批邵元冲函①

（一九二三年一月十一日）

可照准，以后当免留学生入党基金。

文

据中国国民党中央文化传播委员会党史馆藏一般档案 052/299

批鲍应隆等称已集饷千余元即汇函

（一九二三年一月十九日）②

作答奖励。③

据中国国民党中央文化传播委员会党史馆藏一般档案 052/89

批王亚樵等函

（一九二三年一月二十日）

交党务部集皖热心同志公评。

据中国国民党中央文化传播委员会党史馆藏一般档案 052/358

---

① 邵元冲函请免除留学生程天放入党基金。
② 日期依信封上邮戳。
③ 答函见函电部分。

批梅光培函①

（一九二三年一月中旬）

代答：所言种种，皆有防备。福建主力军已启程回，当无他虞。务要转各同志，不可捕风捉影，布散流言，以免误会为好。

据中国国民党中央文化传播委员会党史馆藏一般档案 052/725

批何成濬函

（一九二三年一月二十一日）

作答：闽局将入于无办法之境，当以解决粤局为解决闽局之先导。

据中国国民党中央文化传播委员会党史馆藏一般档案 052/694

批袁兴周谭惟详呈②

（一九二三年一月二十二日）

代答：管③并未有报告过张克瑶④之事。运动无熟，交由他路之报告，则

---

① 梅光培于1月2日自香港上书给孙中山，报告广东方面魏邦平、政学系联合桂系将领沈鸿英，图谋驱逐陈炯明，以便从中渔利，希望福建主力军回粤主持。批答称，"福建主力军已启程回"，而许崇智等于1月9日发布回粤佳电，故批答时间应在1月中旬。

② 袁兴周、谭惟详具呈攻讦管鹏，孙中山作此批答。原呈无年代，按其内容有"今者义师重复粤城"，当系指1923年。

③ 管，即管鹏。时任中国国民党执委会宣传部宣传委员，兼任安徽总支部筹备处长，于上年11月经孙中山批准，与自豫入皖之靖国军联络。

④ 张克瑶，系当时直系旅长。

所攻不实。

<blockquote>据中国国民党中央文化传播委员会党史馆藏一般档案052/381</blockquote>

委何世桢等办分部手谕

（一九二三年一月二十三日）①

上海第二分部长何世桢、上海第三分部长连瀛、上海第四分部长周颂西，以上三人委办分部。

孙　文
一月二十三日

<blockquote>据中国国民党中央文化传播委员会党史馆藏一般档案051/264</blockquote>

命洪兆麟翁式亮立功自赎令②

（一九二三年一月二十八日）

令潮梅善后处长洪兆麟、第六独立旅长翁式亮

据黄维潘、姜汉翘面陈各节，并阅该处长、旅长等来缄电，情辞恳切，本大总统与人为善，准予责成该处长、旅长等立功自赎，仰即切实联络东北两江、广东原有各部军队为讨贼军前锋，进讨沈鸿英所部桂军，毋任祸粤，破坏大局，并仰会商李参谋总长、许总司令③妥迅进行，毋负重任。所有办理情

---

① 原件无年代，据《委任吴公干等职务状》考订。另周颂西之职，旋即谕令取消。
② 洪兆麟、翁式亮原系陈炯明亲信。滇、桂联军于本月15日攻克肇庆后，洪等被迫在潮汕宣布离陈独立，并伪表欢迎孙中山回粤。
③ 李参谋总长、许总司令，即李烈钧、许崇智。

形,着随时具报。切切。此令。

孙　文

据中国国民党中央文化传播委员会党史馆藏一般档案051/358

批陈肇英函①

（一九二三年一月下旬）

作答奖勉,并闽局情形复杂,当暂听其自然,俟粤局彻底解决之后,再想办法。

据中国国民党中央文化传播委员会党史馆藏一般档案052/691

命召集中央干部会议令

（一九二三年一月）

定二月二日召集中央干部会议,着总务部即发通知并预备一切。

总理　文

据中国国民党中央文化传播委员会党史馆藏一般档案051/336

---

① 东路讨贼军运输队总队长陈肇英自福州来函,报告福建局势复杂,恐许崇智部离闽赴粤后,福建或有意外事件发生。原函仅署1月19日。从福州发往上海,途中尚需数日,故酌定批来函日期为1月下旬。

颁给黄壬戌奖状

（一九二三年一月）

三等有功章奖状：黄壬戌君慷慨捐资，赞襄义举，赍兹永宝，用彰厥功。

中华民国十二年一月　日

中华革命党总理　孙　文

据中国国民党中央文化传播委员会党史馆藏一般档案051/208

批于应祥函①

（一九二三年二月一日）

代答：着即往粤见程颂云，相机办理。

据中国国民党中央文化传播委员会党史馆藏一般档案052/675

批李烈钧电②

（一九二三年二月二日）

筹款不易，港商亦必畏缩，然当尽力去做。沪上潮商或有望，着潮汕各

---

① 于应祥拟收编湘、粤、桂边界之散兵，向孙中山请示办法。
② 李烈钧于1923年1月21日由香港抵广州，旋即转赴潮汕，收抚陈炯明部洪兆麟、尹骥、李云复等，曾自汕头致电孙中山报告收抚情况并请孙中山恳电港、沪筹助军饷数十万元。原件无年月，原电为冬日（2日），据李烈钧自传，应在1923年2月。

官联名发电来潮州会馆,请各潮商协力。

> 据中国国民党中央文化传播委员会党史馆藏一般档案
> 052/300

谕发给刘醒吾旅费令

(一九二三年二月五日)

发给刘醒吾旅费一百元。

孙　文
十二年二月五日

> 据中国国民党中央文化传播委员会党史馆藏一般档案
> 051/282

批彭素民呈

(一九二三年二月八日)

入党与受职,皆当宣誓,乃能振起本党精神。

> 据中国国民党中央文化传播委员会党史馆藏一般档案
> 052/326

批彭素民函[①]

(一九二三年二月八日)

如有必要时,可用总理之名招集干部会议。

> 据中国国民党中央文化传播委员会党史馆藏一般档案
> 052/325

---

① 总务部部长彭素民函请孙中山召集中央干部临时会议。

批总务部呈[①]

（一九二三年二月八日）

与会而不必连署，若代部长，乃得投票及连署。

据中国国民党中央文化传播委员会党史馆藏一般档案 052/327

福建省内中央直辖各行政机关着由省长暂行兼管令

（一九二三年二月九日）

大总统令

二月九日。所有福建省内中央直辖之各行政机关，着由该省省长暂行兼管。此令

孙 文

据中国国民党中央文化传播委员会党史馆藏一般档案 051/228

---

① 总务部向孙中山呈述各副部长职权范围。

批胡汉民电①

（一九二三年二月十日）

转电汝为②，着严备击贼。

据罗家伦主编《国父批牍墨迹》（台北"中央文物供应社"一九五五年版）

着每月发给民国日报津贴令

（一九二三年二月十四日）

民国日报馆自三月份起每月给津贴一千元，着照发。此令。

孙　文
十二年二月十四日

据中国国民党中央文化传播委员会党史馆藏一般档案051/227

---

① 胡汉民当时在广州代行大总统职权并兼广东省长，他于2月10日致电孙中山，报告陈炯明在香港召集会议，图谋卷土重来。
② 汝为，许崇智字。

通告以农林试验场为驻跸地的电令

（一九二三年二月十四日）①

孙总统电令

于寒日由沪起跸来粤,以农林试验场为驻跸地。

> 据上海《申报》一九二三年二月二十五日《粤省筹备欢迎孙中山》

批朱晋经来函②

（一九二三年二月二十二日）

不复。

> 据中国第二历史档案馆编《中华民国史档案资料汇编》第四辑《广州国民政府档案》（江苏古籍出版社一九八六年版）

指定在粤各军防地令

（一九二三年二月二十三日）

陈逆叛国,我滇、桂、粤各军奉命讨贼,不浃旬而戡定国难,曾经本大元帅下令褒嘉,以彰勋劳。现当粤局粗定,各军麇集于省城及北江一带,各该将领对于军队管理诸多未便,亟应指定防地分别驻守,俾资统率。

---

① 此件未署日期,据孙中山定于2月14日由沪来粤酌定2月14日为发电日期。
② 中央直辖讨贼军总指挥朱晋经上书孙中山,请恢复国会,并声讨军阀事。此件时间据来函日期。

桂军总司令沈鸿英,着将所率全部移驻肇庆北岸,上至梧州各地方,择要防守。所遗北江一带防地,着滇军总司令杨希闵迅即派队接防;其现驻肇庆属内之粤军,着移驻罗定各地方。该总司令等务各督率所部,申明纪律,保卫地方,以期毋负本元帅抚兵恤民之至意。此令。

据上海《民国日报》一九二三年三月二日《孙总统返粤之两令》

给杨希闵的训令

（一九二三年二月二十四日）

大元帅训令第一号

令讨贼军滇军总司令杨希闵

辛亥之役,滇军将士光复云南,构成民国。自是以后,宣劳于国,干城之望,与日俱隆。丙辰护国,实为功首。丁巳以后,护法军兴,转战西南,厥勋至伟。前岁,本大元帅督师北伐,该军将士忠义奋发,间关会师,方期奠安中原,削平大难,而去岁奸宄窃作,百粤沦陷,该军将士奉命讨贼,不避艰险,卒能摧锋破敌,驱除大憝,克复名城,使正义复明,国命不坠,劳苦功高,实深嘉慰。滇军总司令杨希闵,忠诚特著,督率有方,允为元功,宜加特褒,并着该总司令将有功将士择优奖励,全军将士一律犒劳。当此国难未靖,凡我将士,务宜同心一德,始终不懈,以酬夙志,而竟全功,有厚望焉。此令。

（中华民国陆海军大元帅之印）

中华民国十二年二月廿四日

据大本营秘书处编《陆海军大元帅大本营公报》第一号
（广州一九二三年三月九日）

给沈鸿英的训令

(一九二三年二月二十四日)

大元帅训令第二号

　　令桂军总司令沈鸿英

　　去夏粤中变作,正义沦晦,本大元帅分命诸将出师讨贼,该总司令沈鸿英,躬率所部,会合西路诸军举兵东下,军威所指,贼势披靡,遂使元恶窜奔,南都光复,奇勋伟绩,嘉尚实深。该总司令暨所部各将士,于护法之役,久著勋劳,近复不避险艰,同扶大义,允宜褒奖,以励戎行。尤望共矢公忠,勉成大烈,使六年以来之护法事业得竟全功,分崩离析之邦家终归安定,有厚望焉。此令。

(中华民国陆海军大元帅之印)

中华民国十二年二月廿四日

据大本营秘书处编《陆海军大元帅大本营公报》第一号

(广州一九二三年三月九日)

给刘震寰的训令

(一九二三年二月二十四日)

大元帅训令第三号

　　令讨贼军西路总司令刘震寰

　　十年援桂之役,讨贼军西路总司令刘震寰,建义梧州,遂立奇功,自是驰驱全桂,备历贤劳。去岁粤中变作,正义幽晦,该总司令躬受密命,矢志讨贼,于逆焰鸱张之际,坚苦经营,忠信以结军心,和衷以联诸将,终能会师东下,驱除巨憝,克复名城。该总司令忠勇兼备,勋劳特著,允宜褒嘉,用彰殊绩，所有该军将士，均着犒赏，以示激劝。当此百粤粗定，国难未平，尤宜益矢忠勤，卒成伟业，有厚望焉。此令。

（中华民国陆海军大元帅之印）

中华民国十二年二月廿四日

据大本营秘书处编《陆海军大元帅大本营公报》第一号
（广州一九二三年三月九日）

给朱培德的训令

（一九二三年二月二十四日）

大元帅训令第四号

令中央直辖滇军总司令朱培德

去岁本大元帅督师北伐，分命诸将略定赣中，中央直辖滇军总司令朱培德，率百战之健儿，转战千里，军锋所指，无坚不摧。及闻粤中变作，政府播迁，慷慨旋师，气吞狂虏，忠义激烈，允为军人之楷模。迨至元恶稽诛，师行蹉跌，该总司令揩挂危难，固结军心，崎岖湘桂之间，备尝艰苦，终能会合各军，削平粤难，前功获竟，嘉慰实深。该总司令朱培德，捍卫正义，懋著勋诚，允宜褒奖，所部各将士均加犒劳，以慰劳苦，尤望益励忠荩，为国宣劳，终成护法之全功，共奏建国之大业，有厚望焉。此令。

（中华民国陆海军大元帅之印）

中华民国十二年二月廿四日

据大本营秘书处编《陆海军大元帅大本营公报》第一号
（广州一九二三年三月九日）

给程潜的训令

（一九二三年二月二十四日）

大元帅训令第五号

　　令驻江办事处程潜

　　粤军将士自随从护法以来，转战闽海，返旆粤中，戡定桂疆，勋劳著于天下。本大元帅久视为干城腹心之寄。去夏陈炯明负义作乱，几使百战之健儿，蒙万劫之奇耻，至深痛愤，各该将士隐忍待时，志存匡复，及西路讨贼诸军举兵东下，第一、三、四师首先响应，以振军威，各路将士翕然从风，共扶大义，遂使元恶成瓦解之势，士民慰来苏之望，令名克保，可为嘉尚。尤望各该将士，念前功之难继，国难之未已，益加奋发，共矢真诚，俾建国之乐，臻于完成，上不负先烈，下以示来者，其共勉之。此令。

（中华民国陆海军大元帅之印）

中华民国十二年二月廿四日

据大本营秘书处编《陆海军大元帅大本营公报》第一号
（广州一九二三年三月九日）

给杨希闵的训令

（一九二三年二月二十四日）

大元帅训令第六号

　　令滇军总司令杨希闵

　　陈逆叛国，我滇、桂、粤各军奉命讨贼，不浃旬而戡定国难，曾经本大元帅下令褒嘉，以彰勋劳。现当粤局粗定，各军麇集于省城及北江一带，各该将领对于军队管理，诸多未便，亟应指定防地，分别驻守，俾资统率。桂军总司令沈鸿英，着将所率全部，移驻肇庆并西江北岸，上至梧州各地方，择要防守;所遗北江一带防地,着滇军总司令杨希闵迅即派队接防。西路讨贼军总司令刘震寰所部,着驻石龙、东莞、虎门各处。东路讨贼军第四师长吕春荣所部,着移驻罗定各地方。此外各部军队着就现驻地点驻扎。自经规定以后,各部军队,非奉本大元帅命令,不得擅自移动,致滋纷扰。该总司令等务各督率所部,申明纪律,保卫地方,以期毋负本大元帅抚兵恤民之至意。此令。

(中华民国陆海军大元帅之印)

中华民国十二年二月廿四日

据大本营秘书处编《陆海军大元帅大本营公报》第一号
(广州一九二三年三月九日)

给海军官兵的训令

(一九二三年二月二十四日)

大元帅训令第七号

　　令海军各舰舰长及官佐士兵

　　往者护法之役,本大元帅躬率海军来粤,首倡义师,西南诸省相继响应。我海军将士为国宣劳,厥功至为宏伟。去年粤变,海军守义至坚,本大元帅督率诸舰,亲讨贼军,中经三战,我亲爱之海军将士,死伤各数十人,本大元帅躬与其役,睹兹惨烈,为之陨涕。我中华民国之海军,于历史著莫大之光荣者,实以是役为最。本大元帅感怆之情,尤为特深。今幸滇、桂联军讨贼成功,本大元帅重返广州,愿念前劳,允堪嘉尚,褒恤之典,将以次颁给。而所以殷殷期望于诸将士者,则在念国难之未平,历史之足贵,长保初志,共襄伟业,勿为奸人播弄,以自丧其荣名,而贻先烈以羞。本大元帅亦与诸将士永相终始,共保无疆之庥,勉之勿怠。此令。

(中华民国陆海军大元帅之印)

中华民国十二年二月廿四日

据大本营秘书处编《陆海军大元帅大本营公报》第一号
(广州一九二三年三月九日)

发给姚雨平等公费令

（一九二三年二月二十六日）

工兵局筹备委员姚雨平、罗翼群、周之贞、朱卓文、吴铁城、黄芸苏自任事之日起，每月着各支领公费三百元。此令。

孙 文

中华民国十二年二月二十六日

据中国国民党中央文化传播委员会党史馆藏一般档案051/32

发给周雍能旅费令

（一九二三年二月二十七日）

着会计司发给周雍能公费五百元。此令。

孙 文

民国十二年二月二十七日

据中国国民党中央文化传播委员会党史馆藏一般档案051/63

发给秘书参军等公费令

（一九二三年二月二十八日）

着会计处发给秘书参军本月公费各一百、副官各六十元、卫士各三十元。此令。

孙　文

中华民国十二年二月二十八日

据中国国民党中央文化传播委员会党史馆藏一般档案051/27

谕发徐苏中等人奖金

（一九二三年二月）①

徐苏中、周雍能、陈树枏、朱蔚然、周柏祥办公勤苦，请每奖百元。

孙　文

据中国国民党中央文化传播委员会党史馆藏一般档案051/474

追赠邓荫南令②

（一九二三年二月）

邓荫南为国尽瘁，老而弥坚；今忽溘逝，殊深震悼。邓荫南着授陆军上将，并给银一千元治丧。所有应行议恤事宜，大局底定，即由陆军部从优拟议。此令。

据《孙大总统令》，载郑东梦主编《檀山华侨》（檀香山华侨编印社一九二九年版）

---

① 原件无日期，据附件说明"系民国十一年农历岁尾总理亲签"，按：徐苏中、周雍能于1923年1月30日任命为总理办公室秘书，该年2月16日为正月初一日，依此推断本件当在1923年2月发。

② 《檀山华侨》刊载本令时未注明时间。按邓荫南于1923年2月5日在澳门去世，令中说到"今忽溘逝，殊深震悼"，应在邓去世后不久，故定为1923年2月。

给谢文炳的指令①

（一九二三年三月二日）

中山令谢文炳旅停攻肇庆,准备随谭延闿回湘。

据天津《大公报》一九二三年三月三日《专电》

给杨西岩的指令②

（一九二三年三月三日）

大元帅指令第一号

　　令广东财政厅长杨西岩

　　呈请明令划分军费,由大本营军需处发给,暨收回各征收机关,俾资整理由

　　呈悉。财政固应统一,军饷亦宜同时兼顾,仰该厅长先行筹款一批,俾固军心。至划分军费及收回各征收机关,自应次第施行。各军长官均深明大义,该厅长勿庸鳃鳃过虑也。此令。

（中华民国陆海军大元帅之印）

中华民国十二年三月三日

据大本营秘书处编《陆海军大元帅大本营公报》第一号（广州一九二三年三月九日）

---

① 此件系天津《大公报》报载要点。
② 3月1日,广东财政厅长杨西岩呈报:屡经变乱之后,生产严重破坏,税源枯竭,军人又占据税收机关,故无法筹措军饷,以应急需,要求收回各税收机关,由大本营军需处统一划拨军费。

命李章达会同办理电报局令

（一九二三年三月四日）

着电政监督李章达,会同交涉员办理沙面电报局事。此令。

孙　文

据中国国民党中央文化传播委员会党史馆藏一般档案051/17

发给周道腴张九维旅费令

（一九二三年三月四日）

着会计司发给周道腴、张九维二人旅费共二千元。此令。

孙　文

中华民国十二年三月四日

据中国国民党中央文化传播委员会党史馆藏一般档案051/102

给徐绍桢的训令

（一九二三年三月五日）

大元帅训令第二十四号

　　令广东省长徐绍桢

　　照得司法独立,宜不受地方行政干涉。现在广东司法官吏,应一律由本大元帅委用,以昭慎重。此令。

(中华民国陆海军大元帅之印)

中华民国十二年三月五日

据大本营秘书处编《陆海军大元帅大本营公报》第一号
(广州一九二三年三月九日)

给胡汉民的指令①

(一九二三年三月六日)

大元帅指令第九号

令广东省长胡汉民呈报移交清楚并卸事日期由。

呈悉。此令。

(中华民国陆海军大元帅之印)

中华民国十二年三月六日

据大本营秘书处编《陆海军大元帅大本营公报》第一号
(广州一九二三年三月九日)

给刘玉山的训令

(一九二三年三月七日)

大元帅训令第二十五号

令中央直辖桂军第二师师长刘玉山

去岁大军攻赣,迭克名城,不图陈逆炯明终始参差,苍黄反覆,竟有六月十六日之变,致民国中兴之局,蹉跎至今。中央直辖桂军第二师师长刘玉

---

① 2月22日胡汉民呈报,已于当日将原刊印信及一切文卷移交新任广东省长徐绍桢。

山,远在柳州,屡思讨贼。当逆焰方张之际,有国仇必蕲之心,故师次濛江,特伸大义,始与监〔盟〕于白马,旋奏捷于苍梧。提兵而东,转战千里,卒得驱除陈逆,克奏肤功。该师长刘玉山为国宣劳,深堪嘉尚,所部各将士,均着传语慰劳。尤望该师长当益念国难未已,民困未苏,以讨逆伐暴之初衷,成拨乱反正之伟业,本大元帅有厚望焉。此令。

（中华民国陆海军大元帅之印）
中华民国十二年三月七日

据大本营秘书处编《陆海军大元帅大本营公报》第二号
（广州一九二三年三月十六日）

给杨希闵的训令

（一九二三年三月七日）

大元帅训令第二十六号

  令滇军总司令兼广州卫戍总司令杨希闵

  前兼广州卫戍总司令刘震寰因事辞职,继复特任该总司令在案。旋接来电请辞,具见谦衷。查卫戍一职,关系维持治安至为重要,仰该总司令迅即遵照前令克日就职,勿负本大元帅倚畀之至意。此令。

（中华民国陆海军大元帅之印）
中华民国十二年三月七日

据大本营秘书处编《陆海军大元帅大本营公报》第二号
（广州一九二三年三月十六日）

发给赵植之公费令

（一九二三年三月七日）

着会计司发给赵植之公费六百元。此令。

孙　文

中华民国十二年三月七日

据中国国民党中央文化传播委员会党史馆藏一般档案 051/28

给伍学熀的指令

（一九二三年三月七日）

大元帅指令第一十六号

　　令两广盐运使伍学熀

　　呈报整理盐务及筹借税款情形由

　　呈悉。所请尚属可行，应准如所拟办理。此令。

（中华民国陆海军大元帅之印）

中华民国十二年三月七日

据大本营秘书处编《陆海军大元帅大本营公报》第二号（广州一九二三年三月十六日）

给杨希闵的指令

（一九二三年三月八日）

大元帅指令第一八号

　　令滇军总司令杨希闵

　　呈请转饬地方长官维持纸币由

　　呈悉。纸币低折，重苦吾民，皆由陈逆等滥发于先，复不能维持于后，致滋纷扰，言之殊堪痛恨。查恶币之害，由无固定基金，以致信用全失。应俟财政统一，别筹根本整理之方。枝节补救，殊未有良策以善其后也。此令。

（中华民国陆海军大元帅之印）

中华民国十二年三月八日

据大本营秘书处编《陆海军大元帅大本营公报》第二号
（广州一九二三年三月十六日）

给徐绍桢的训令

（一九二三年三月八日）

大元帅训令第二七号

　　令广东省长徐绍桢

　　照得司法官吏应由本大元帅任命，经训令该省长遵照在案。兹任命陈融为广东高等审判厅厅长，该省长所委伍岳，着毋庸到任，仰即转饬遵照。此令。

（中华民国陆海军大元帅之印）

中华民国十二年三月八日

据大本营秘书处编《陆海军大元帅大本营公报》第二号
（广州一九二三年三月十六日）

给莫鸿秋的训令

(一九二三年三月八日)

大元帅训令第二十八号

　　令广东高等审判厅厅长莫鸿秋

　　照得广东高等审判厅厅长一职,已任命陈融充任,仰该厅长克日交代,勿违。此令。

(中华民国陆海军大元帅之印)

中华民国十二年三月八日

据大本营秘书处编《陆海军大元帅大本营公报》第二号

(广州一九二三年三月十六日)

令大本营参军处转饬两广盐运使将贮存军盐查封变卖谕

(一九二三年三月九日前)①

　　查前军盐处存有大本营军盐六万余包,去年六月间,陈逆炯明叛乱时,逆党假名启泰公司将军盐私卖,现尚存三万八千九百余包,均贮存大涌口怡昌仓、洲头嘴安荣仓,仰转两广盐运使将该军盐查封变卖具报。此令。

孙　文

据大本营秘书处编《陆海军大元帅大本营公报》第三号

(广州一九二三年三月二十三日)

---

①　此谕取自《陆海军大元帅大本营公报》第三号,3月14日两广盐运使伍学煜呈文,呈文内有"遵令于三月九日邀集……商定盐税及盐价"语,故此谕在3月9日之前。

给徐绍桢的训令

（一九二三年三月九日）

大元帅训令第二九号

  令广东省长徐绍桢

  据云南陆军第七旅兼三水城防司令朱世贵等代电称：微日申刻，河口街市棚厂失火，全埠商店民居，焚烧殆尽。商民露宿山岗，哀鸿遍途。现经世贵等捐款及将所部士兵饷项暂为挪垫，办理急赈。谨代灾民呼号，乞迅赐拨款散赈，以惠灾黎等情前来。本大元帅览悉，殊深悯恻。仰该省长遴派委员，迅赴灾区查勘实情，量予赈济，仍将查勘情形具报。此令。

（中华民国陆海军大元帅之印）

中华民国十二年三月九日

据大本营秘书处编《陆海军大元帅大本营公报》第二号
（广州一九二三年三月十六日）

给徐绍桢的指令

（一九二三年三月九日）

大元帅指令第一九号

  令广东省长徐绍桢

  呈报规复保商卫旅营办法，并请特颁明令，饬各军于驻防地段抽调劲旅，沿江要隘担负卫戍河道之责由

  呈悉。所请各节应准暂行试办，并候饬令各军一体保护可也。此令。

（中华民国陆海军大元帅之印）

中华民国十二年三月九日

据大本营秘书处编《陆海军大元帅大本营公报》第二号
（广州一九二三年三月十六日）

发给孙祥夫公费令

（一九二三年三月九日）

着会计司发给孙祥夫公费五百元。此令。

孙　文
中华民国十二年三月九日

据中国国民党中央文化传播委员会党史馆藏一般档案051/41

批谢文炳来电[①]

（一九二三年三月十日）

〈孙文亲批〉：不理。

据陈旭麓、郝盛潮主编，王耿雄等编《孙中山集外集》（上海人民出版社一九九〇年版）

给陈天太的训令

（一九二三年三月十日）

大元帅训令第三〇号

　　令代理直辖桂军第一军军长、中央直辖桂军第三师师长陈天太

　　去岁联军东下，所向有功，未及浃旬，而粤局以定。该代军长陈天太，陈

---

① 谢文炳来电请示调换驻防地点。

师鞠旅,戮力同心,方吊民伐罪之初,有见义勇为之举,卒共削平大难,以成讨贼之功,每念贤劳,实堪嘉尚。所部各将士,均着传语慰劳。该代军长等大猷丕著,务当益笃忠贞,作国家之干城,垂勋名于永久,本大元帅有厚望焉。此令。

（中华民国陆海军大元帅之印）
中华民国十二年三月十日

据大本营秘书处编《陆海军大元帅大本营公报》第二号（广州一九二三年三月十六日）

发给欧阳格公费令

（一九二三年三月十日）

着会计司发给欧阳格公费五百元。此令。

孙　文
中华民国十二年三月十日

据中国国民党中央文化传播委员会党史馆藏一般档案051/105

撤销东江商运局令

（一九二三年三月十二日）

东江商运局着即撤销。此令。

孙　文
中华民国十二年三月十二日

据谭延闿编《总理遗墨》第三辑（印行时间不详,广东省社会科学院藏）

给王棠的指令

（一九二三年三月十三日）

大元帅指令第二四号

  令大本营会计司司长王棠

  呈报拟定官制，恳准予公布施行由

  呈悉。准各所拟办理。此令。

（中华民国陆海军大元帅之印）
中华民国十二年三月十三日

据大本营秘书处编《陆海军大元帅大本营公报》第二号（广州一九二三年三月十六日）

发给杨熙绩公费令

（一九二三年三月十三日）

着会计司发给杨熙绩公费一百元。此令。

中华民国十二年三月十三日
孙　文（大元帅章）

据中国第二历史档案馆藏原件

给李易标的指令

(一九二三年三月十四日)

大元帅指令第三一号

　　令广东陆军第一军军长李易标

　　电请肃清东江逆党愿为前驱由

　　侵电①阅悉。比者陈逆披猖,纪纲扫地,该军长随沈总司令及滇粤诸将领奉命讨贼,躬冒矢石,奋厉无前,至使旬日之间,逆军溃败,大憝潜逃。该军长勇战之功,实为炳著。兹复以逆党稽诛,负隅抗命,未纾东顾之忧,因切请缨之愿,爱国爱乡,尤堪嘉许。惟用兵东江,事体重大,须方略之既定,斯乃武之维扬。务希整饬戎行,静听后命,平时能勤搜讨之实,将来定收肃清之效,本大元帅有厚望焉。此令。

　　　　　　　　　　　　(中华民国陆海军大元帅之印)

中华民国十二年三月十四日

据大本营秘书处编《陆海军大元帅大本营公报》第三号
(广州一九二三年三月二十三日)

---

① 3月12日,沈鸿英部广东陆军第一军军长李易标致电孙中山,表示愿意率师进军东江肃清逆党。

发给杜墨林旅费令

（一九二三年三月十四日）

着会计司发给杜墨林旅费二百元。此令。

孙　文

中华民国十二年三月十四日

据中国国民党中央文化传播委员会党史馆藏一般档案051/61

发给钟百毅紧急公费令

（一九二三年三月十四日）

着会计司发给钟百毅紧急公费二千元。此令。

孙　文

中华民国十二年三月十四日

据中国国民党中央文化传播委员会党史馆藏一般档案051/104

发给成国屏旅费令

（一九二三年三月十六日）

着会计司送成国屏旅费五百元。此令。

孙　文

中华民国十二年三月十六日

据中国国民党中央文化传播委员会党史馆藏一般档案051/94

发给路孝忱办礼物费令

（一九二三年三月十六日）

着会计司发给路参军办礼物费五百元。此令。

孙　文

中华民国十二年三月十六日

据秦孝仪主编《国父全集》第六册（台北近代中国出版社一九八九年版）

裁撤大本营金库令

（一九二三年三月十七日）

大元帅令

大本营金库着即裁撤，所有事务，并归大本营财政部办理。此令。

（中华民国陆海军大元帅之印）

中华民国十二年三月十七日

据大本营秘书处编《陆海军大元帅大本营公报》第三号（广州一九二三年三月二十三日）

给刘震寰的训令

（一九二三年三月十七日）

大元帅训令第十七号

　　令粤桂联军西路讨贼军总司令刘震寰

　　据两广盐运使伍学熀面呈：据盐商报告，现有大号盐船三十余艘，在香港满载盐斤，因惧虎门炮台扣留，不敢运省。查此批盐船，如能通过到省，运署可得盐税约一百二十余万元。当此军饷奇绌，请予令行刘总司令转饬虎门所驻军队，不得扣留，以便盐船早日通运，而裕饷源。又据港探呈报：有米船六十余艘，亦虑留难，留港不敢运省各等情。着由该总司令速饬所部，一律保护放行。切切。此令。

（中华民国陆海军大元帅之印）

中华民国十二年三月十七日

据大本营秘书处编《陆海军大元帅大本营公报》第三号
（广州一九二三年三月二十三日）

给伍学熀的指令[①]

（一九二三年三月十七日）

大元帅指令第三六号

　　令两广盐运使伍学熀

---

① 3月14日，两广盐运使伍学熀呈称：孙中山曾面谕大本营参军处："查前军盐处存有大本营军盐六万余包。去年六月间，陈逆炯明叛乱时，逆党假名启泰公司将军盐私买，现尚存三万八千九百余包，均贮存大涌口怡昌仓、洲头咀安荣仓，仰转两广盐运使将该军盐查封变卖具报。"参军处奉此函请伍学熀查照办理。伍遵令于3月9日邀集济安公堂研究公会全体运商集资承领，商定盐税及盐价，并订定办法六条，报呈孙中山审批。

呈及清折均悉,准予备案,未用税单应即取消。
此令。

（中华民国陆海军大元帅之印）

中华民国十二年三月十七日

据大本营秘书处编《陆海军大元帅大本营公报》第三号
（广州一九二三年三月二十三日）

给杨西岩的指令①

（一九二三年三月十七日）

大元帅指令第三七号

　　令广东财政厅长杨西岩

　　呈报支过大本营各项经费数目由

　　呈悉。此令。

（中华民国陆海军大元帅之印）

中华民国十二年三月十七日

据大本营秘书处编《陆海军大元帅大本营公报》第三号
（广州一九二三年三月二十三日）

---

①　3月18日,广东财政厅长杨西岩奉令呈报2月26日至3月9日该厅向大本营共支经费16200元及其具体项目。

给蒋光亮的指令①

（一九二三年三月十七日）

大元帅指令第三九号

　　令讨贼军滇军中路总指挥蒋光亮

　　呈据广三铁路局管理李志伟呈称，拟将附义失业工人一律恢复原职，可否补发薪工，乞核定办法，指令遵行由

　　呈悉，准予酌量补发，以资奖励。此令。

（中华民国陆海军大元帅之印）

中华民国十二年三月十七日

据大本营秘书处编《陆海军大元帅大本营公报》第三号

（广州一九二三年三月二十三日）

给黄隆生的指令②

（一九二三年三月十七日）

大元帅指令第四十号

　　令广东财政厅纸币发行监督黄隆生

　　呈拟金库券发行条例草案请核示施行由

　　呈及折呈均悉，所拟尚属可行，除令行广东财政厅长查照外，着即遵照

---

①　陈炯明叛变时，孙中山曾密令马超俊召集各铁路暨电灯局工人，阻止叛军运输，接应义军回师。事败后，附义工人遭到陈炯明的通缉，被迫逃亡海外。陈炯明被驱出广州后，附义工人陆续返省。孙中山对他们十分关切。当时担任广东省长的胡汉民为此函请广三铁路局，迅即恢复附义工人原职，并补发工资。3月12日，蒋光亮根据该局管理李志伟所呈情节，向孙中山呈报。

②　3月12日，黄隆生将拟具的金库券发行监督条例草案五条向孙中山呈报。

切实办理。此令。

（中华民国陆海军大元帅之印）

中华民国十二年三月十七日

据大本营秘书处编《陆海军大元帅大本营公报》第三号
（广州一九二三年三月二十三日）

给伍学熀的指令①

（一九二三年三月十七日）

大元帅指令第四一号

　　令两广盐运使伍学熀

　　呈请令饬各军协缉私盐，并准加给花红，以资鼓励由

　　呈悉。所呈各节，事属可行，应即准如所请办理。除令饬各军一体遵照外，仰即知照。此令。

（中华民国陆海军大元帅之印）

中华民国十二年三月十七日

据大本营秘书处编《陆海军大元帅大本营公报》第三号
（广州一九二三年三月二十三日）

---

① 1917年广东宣布独立后，即截留广东盐税，备供政府及各军经费，盐务行政管理和缉私诸费亦取给于此项收入。为杜绝贩盐走私，保证政府收入，伍学熀于3月14日呈请孙中山令饬各军协缉私盐，并批准协缉私盐的各军及地方团警，每缉获私盐一包，加增花红三角五分，以资鼓励。

发给吴煦泉公费令

（一九二三年三月十八日）

着会计司发给吴煦泉公费五百元。此令。

孙　文

中华民国十二年三月十八日

据中国国民党中央文化传播委员会党史馆藏一般档案051/36

发给陈煊旅费令

（一九二三年三月二十日）

着会计司发给陈煊旅费一百元，往港接春阳丸宋子文及 Bronsen Rea 二人来省。此令。

孙　文

中华民国十二年三月二十日

据中国国民党中央文化传播委员会党史馆藏一般档案051/29

发给吴敌旅费令

（一九二三年三月二十日）

着会计司发给吴敌旅费四百元。此令。

孙　文

中华民国十二年三月二十日

据中国国民党中央文化传播委员会党史馆藏一般档案051/72

发给谢良牧公费令

（一九二三年三月二十日）

着会计司发给谢良牧公费一千元。此令。

孙　文

中华民国十二年三月二十日

据中国国民党中央文化传播委员会党史馆藏一般档案051/96

给程潜等的训令

（一九二三年三月二十日）

大元帅训令第四十号

　　令大本营军政部长程潜、大本营驻江门办事处、第一师师长梁鸿楷、第二师师长周之贞、第三师师长郑润琦、广东海防司令陈策据大本营驻江办事处古应芬、梁鸿楷、周之贞、郑润琦、张国桢、陈策等巧电呈称："各军于本日遵令将陈逆德春所部悉数缴械,陈逆受伤潜匿"等情。查陈德春于去年六月之变,出兵助逆,叛迹已著,旋据其悔罪投诚,本大元帅予以自新,怨其既后,先后授以粤军第四军军长及八属总司令等职。讵陈德春居心险诈,反覆性成,近复勾通逆党,希图扰乱大局,定期三月二十三日起事。本大元帅经密令驻江办事处及各将领,将陈德春严行查办,所部全数缴械去后,兹据电呈前因,陈德春着即免去本兼各职,由驻江办事处及各将领转令所属一体严拿,务获究办。该主任等调度有方,忠诚卫国,深堪嘉慰。此役出力人员,着由大本营军政部详细调查,分别优予奖励,以示本大元帅彰善瘅恶之至意。此令。

(中华民国陆海军大元帅之印)

中华民国十二年三月二十日

据大本营秘书处编《陆海军大元帅大本营公报》第三号

(广州一九二三年三月二十三日)

批福州黄展云来电①

(一九二三年三月二十日)

答:粤局陈逆虽倒,沈贼又来,此与吴佩孚大有关系。彼辈以为既已得粤,遂敢伸手于闽。此时必彻底固粤,乃能救闽,望诸兄竭力维持,不日当有大解决也云云。

据中国国民党中央文化传播委员会党史馆藏一般档案052/256

---

① 原函年月未详,仅署电报代日期号字,号为20日。按北京政府发表沈鸿英督粤、孙传芳督闽为1923年3月10日。沈鸿英公开称兵叛变为4月16日,被击败为4月19日。故来电日期可定为民国十二年三月二十日。时孙先生已在广州任大元帅。

命傅秉常与英领事交涉令

（一九二三年三月二十一日）

着广东交涉员傅秉常即与驻广州英总领事交涉,请香港政府放逐陈炯明、叶举、翁式亮、金章、黄强、钟景棠、钟秀南、陈永善、黄福之等逆首迅出香港,免至扰我治安。此令。

孙　文
十二、三、二十一日

据中国国家博物馆藏原件

给陈兴汉的指令

（一九二三年三月二十一日）

大元帅指令第四六号
　　令大本营庶务司司长陈兴汉
　　拟具大本营庶务司官制及办事细则,呈请核示由
　　呈悉。准如所拟办理。此令。

（中华民国陆海军大元帅之印）
中华民国十二年三月廿一日

据大本营秘书处编《陆海军大元帅大本营公报》第四号
（广州一九二三年三月三十日）

给李易标的训令

（一九二三年三月二十三日）

大元帅训令第四一号

令中央直辖第五军军长李易标

据广东省长徐绍桢呈称："现准两广盐运使函开：现据黄沙兼连江口查缉厂总办吴镇呈称：窃镇二月十三日奉委任令第五号内开：照得黄沙兼连江口查缉厂总办令委该员暂行代理，除分令外，合行令委，仰该员即便遵照到差，并将接管钤记、文卷及一切军装、器具，逐一核明列册报核。等因奉此。遵即驰赴黄沙查缉厂与张前总办星辉接洽交替事宜。据张前总办云，该差前系奉陆军第一军军长李委任权理，现须请命李军长核示等语。兹由张前总办交来函内开：径复者：顷展大函，敬悉一是。当将来函面呈李军长核示。奉李军长命令开：查黄沙查缉厂系属本军范围，为本军饷源之一，嗣后无论何人来接，非担认本军饷项有着，本军长概不承认。倘有率队来扰，敢于尝试，本军长即作土匪惩办。除派兵一连前往该厂保护外，仰该总办遵照办理。等因奉此。合亟函复台端，请烦查照为荷等语。为此，谨将奉委未能到差情形，详为呈复，即乞察核示遵等情。据此，查省城各机关，现在均已一致回复原状，由各该主管衙门委员办理，不至如日前之紊乱无章。该黄沙查缉厂系专管车上运盐，为敝署直辖机关，与军事绝对无涉，在理应由本署遴员接办，以昭慎重，而明统系。即谓军饷一层，自有主管衙门负担，似不必牵入盐务范围，致生枝节。且该厂收入无多资藉，军饷有限。李军长明达事理，运使一缺，业经商令李前运使耀廷退让，是则区区查缉厂差，何致顾惜不交，甘与迭次宣言抵触！据呈前情，诚恐不无误会，除由敝署函请李军长转饬照案移交外，理合具函恭请钧署察照，俯赐转函李军长易标转饬张星辉，将黄沙查缉厂务移交吴总办，以重盐政，实为公便等由。伏查黄沙兼连江口查缉厂，向系运使直接管辖机关，准函前由，理合据情呈请大元帅鉴核，俯赐饬令该军遵照，迅速交代，实为公便"等情前来。查现在大局渐定,所有各财政机关,自应归主管机关委员办理,以专责成。除指令外,合行令仰该军长查照办理具复。此令。

（中华民国陆海军大元帅之印）

中华民国十二年三月廿三日

据大本营秘书处编《陆海军大元帅大本营公报》第四号
（广州一九二三年三月三十日）

发给孙祥夫公费令

（一九二三年三月二十四日）

着会计司发给孙祥夫公费五百元。此令。

孙　文

中华民国十二年三月二十四日

据中国国民党中央文化传播委员会党史馆藏一般档案 051/127

发给于应祥公费令

（一九二三年三月二十四日）

着会计司发给于应祥公费一千元。此令。

孙　文

中华民国十二年三月二十四日

据中国国民党中央文化传播委员会党史馆藏一般档案 051/112

发给海军伙食费令

（一九二三年三月二十四日）

着财政厅长发给海军火食一万元。此令。

孙　文
中华民国十二年三月廿四日

据秦孝仪主编《国父全集》第六册（台北近代中国出版社一九八九年版）

给杨仙逸的指令

（一九二三年三月二十四日）

大元帅指令第五一号

　　令航空局局长杨仙逸

　　呈报将水机修理完竣暨演放安置情形由

　　呈悉。此令。

（中华民国陆海军大元帅之印）
中华民国十二年三月二十四日

据大本营秘书处编《陆海军大元帅大本营公报》第四号（广州一九二三年三月三十日）

饬将观音山开放为公园以后不准驻军手令

（一九二三年三月二十六日）①

发命令令李易标将驻扎观音山军队移往他处，并饬省长出示通告居民，将观音山开放为公园，以后不准扎军队。此令。

据谭延闿编《总理遗墨》第一辑（一九二八年印行，广东省社会科学院藏）

给李易标的训令

（一九二三年三月二十六日）

大元帅训令第四四号

令中央直辖第五军军长李易标

仰该军长将该部所驻观音山军队，克日另择市外适当地点移往驻扎。此令。

（中华民国陆海军大元帅之印）
中华民国十二年三月廿六日
据大本营秘书处编《陆海军大元帅大本营公报》第五号
（广州一九二三年四月六日）

---

① 原件无日期，依《陆海军大元帅大本营公报》所载下列四件相关令文而定。

给程潜的训令①

（一九二三年三月二十六日）

大元帅训令第四十五号

  令大本营军政部长程潜

  查广州观音山一带，地处市内，驻扎军队，诸多不便。业经明令李军长易标，将所部现驻观音山队伍，克日另择市外适当地点移往驻扎，并令行广东省长，俟李部移驻后，即行出示通告居民人等，将观音山开放为公园，嗣后不得再行驻扎军队。经复令知杨总司令查照办理各在案。除分令外，仰即查照。此令。

（中华民国陆海军大元帅之印）
中华民国十二年三月廿六日

据大本营秘书处编《陆海军大元帅大本营公报》第五号

（广州一九二三年四月六日）

给徐绍桢的指令②

（一九二三年三月二十六日）

大元帅指令第五十三号

  令广东省长徐绍桢

  转呈广东政务厅长陈树人呈报就职日期由

---

① 同日，孙中山将同内容的训令分发给广东省长徐绍桢及广州卫戍总司令、讨贼滇军总司令杨希闵。

② 据广东省长徐绍桢转呈：陈树人于12日接到广东政务厅厅长任命后，15日就职。他在接事呈报中，对于广东政局复杂深怀惧虑，但表示愿殚竭心力，尽义务于万一。

呈悉。此令。

（中华民国陆海军大元帅之印）

中华民国十二年三月廿六日

据大本营秘书处编《陆海军大元帅大本营公报》第五号

（广州一九二三年四月六日）

饬徐绍桢开放观音山为公园令

（一九二三年三月二十六日）

大元帅训令第四十六号

　　令广东省长徐绍桢

　　查广州观音山一带，地处市内，驻扎军队诸多不便。业经明令李军长易标，将所部现驻观音山队伍，克日另择市外适当地点移往驻扎，仰该省长一俟李军长所部移驻后，即行出示通告居民人等，将观音山开放为公园，嗣后不得再行驻扎军队。除分令外，仰即遵照。此令。

（中华民国陆海军大元帅之印）

中华民国十二年三月廿六日

据大本营秘书处编《陆海军大元帅大本营公报》第五号

（广州一九二三年四月六日）

饬杨希闵观音山不得驻军令

（一九二三年三月二十六日）

大元帅训令第四七号

　　令广东卫戍总司令、讨贼滇军总司令杨希闵

　　查广州观音山一带，地处市内，驻扎军队，诸多不便，业经明令李军长易标,将所部现驻观音山队伍,克日另择市外适当地点移往驻扎,并令行广东省长,俟李部移驻后,即行出示通告居民人等,将观音山开放为公园,嗣后不得再行驻扎军队各在案。除分令外,仰即查照。此令。

(中华民国陆海军大元帅之印)

中华民国十二年三月廿六日

据大本营秘书处编《陆海军大元帅大本营公报》第五号(广州一九二三年四月六日)

着邓泽如速行恢复广东支部令

(一九二三年三月二十六日)

着邓泽如速行恢复中国国民党广东支部,以利宣传三民主义。委任黄隆生为总务科、邓慕韩为宣传科、林丽生为财务科、赵公璧为党务科。此令。

据邓泽如著《中国国民党二十年史迹》(上海正中书局一九四八年版)

给周之贞的训令

(一九二三年三月二十七日)

大元帅训令第四八号

令四邑、两阳、香顺八属绥靖处长周之贞

据中央直辖第五军军长李易标呈称:窃职部前由梧州会师入粤,雇到天和洋行电轮一艘名电生,随同出发,声明到省遣还。抵粤后,复俘获敌人电船一艘,改名粤秀,以备差遣。省局粗定,旋派两轮运载战利品返肇,便将电生一轮归还梧州洋商。讵该轮开至甘竹滩,被周司令之贞所部扣留,至今迄未归还。伏查电生轮系属洋商物业,万难据为己有,致贻外人口实。其粤秀一轮,为职部运输所必需,现方筹议移防,该轮实不可缺。又该两轮除载军实外,并有鄂、湘、赣省军用地图多份,均被截去。现当国家多事之秋,军长渥受恩知,尤必熟察地形,方克枕戈待命。况今同隶骈幪,周司令苟顾全大局,当必乐为赞助。事关交涉军用,不得已惟有仰恳大元帅,俯念职部困难情形,迅赐饬令周司令之贞,立将电生轮放还洋商,并将粤秀轮暨外省军用地图,一并交还职部点收,以便分别存发,实为公便等情。据此,除指令呈悉,候令行周绥靖处长之贞发还外,合行令仰该处长即便遵照,克日发还。此令。

(中华民国陆海军大元帅之印)

中华民国十二年三月廿七日

据大本营秘书处编《陆海军大元帅大本营公报》第五号
(广州一九二三年四月六日)

给李易标的指令①

(一九二三年三月二十七日)

大元帅指令第五四号

　　令中央直辖第五军军长李易标

　　呈复遵令移防,并将军司令部移扎石井由

　　呈悉。此令。

(中华民国陆海军大元帅之印)

中华民国十二年三月廿七日

据大本营秘书处编《陆海军大元帅大本营公报》第五号
(广州一九二三年四月六日)

---

① 李易标于是日呈报已遵令将原驻观音山和广雅书院之部队撤至小坪、石井。

发给赵珊林旅费令

（一九二三年三月二十八日）

着会计司发给赵珊林旅费一百元。

孙　文

中华民国十二年三月二十八日

据中国国民党中央文化传播委员会党史馆藏一般档案 051/116

给徐绍桢的训令

（一九二三年三月二十八日）

大元帅训令第五十号

　　令广东省长徐绍桢

　　据中央直辖第五军军长李易标呈复称："民国十二年三月二十四日，奉大元帅第四十一号训令内开：'据广东省长徐绍桢呈称：准两广盐运使函开：据黄沙兼连江口查缉厂总办吴镇呈称：窃镇二月十三日奉委任令第五号内开：照得黄沙兼连江口查缉厂总办令委该员暂行代理。除原文有案邀免重录外，后开：查现在大局渐定，所有各财政机关，自应归主管机关委员办理，以专责成。除指令外，合行令仰该军长查照办理具复。此令'等因奉此，遵查原办黄沙兼连江口查缉厂总办张星辉，前经饬令将所管钤记、文卷及一切军装、器具，逐一点交吴镇接管"等情。据此，除指令呈悉外，合行令仰该省长查照。此令。

（中华民国陆海军大元帅之印）

中华民国十二年三月廿八日

据大本营秘书处编《陆海军大元帅大本营公报》第五号（广州一九二三年四月六日）

发给报界公会津贴令

（一九二三年三月二十八日）

着会计司发给报界公会津贴每月一百元。（由三月起。）此令。

孙　文

中华民国十二年三月廿八日

据中山大学孙中山纪念馆藏原件

发给梅光培公费令

（一九二三年三月二十九日）

着会计司发给梅光培公费一百元。此令。

孙　文

中华民国十二年三月廿九日

据中国国民党中央文化传播委员会党史馆藏一般档案052/122

给程潜的训令

（一九二三年三月二十九日）

大元帅训令第五十一号

令大本营军政部长程潜

大本营军法处应即裁撤。所有军法事宜，着由大本营军政部兼理。此令。

（中华民国陆海军大元帅之印）

中华民国十二年三月廿九日

据大本营秘书处编《陆海军大元帅大本营公报》第五号（广州一九二三年四月六日）

命大理院长暂行兼管司法行政事务令

（一九二三年三月三十日）

大元帅令

　　司法行政事务着归大理院长暂行兼管。此令。

（中华民国陆海军大元帅之印）

中华民国十二年三月三十日

据大本营秘书处编《陆海军大元帅大本营公报》第五号
（广州一九二三年四月六日）

给杨廷培的指令①

（一九二三年三月三十日）

大元帅指令第六八号

　　令广东江防司令杨廷培

　　呈拟将候修旧舰择其损坏过甚者变价补充修葺经费，请鉴核遵行由呈悉。准如所请办理。此令。

（中华民国陆海军大元帅之印）

中华民国十二年三月三十日

据大本营秘书处编《陆海军大元帅大本营公报》第五号
（广州一九二三年四月六日）

---

① 杨廷培于3月27日呈报孙中山：江防司令部所辖船舰、雷艇，停驶候修者已过总额之半，饷、煤消耗甚大，很不合算，而又无足够修理经费，故提出变卖损坏过甚的部分旧舰，补充修葺经费。

发给黄节公费令

（一九二三年三月三十日）

着会计司发给黄节每月公费八百元。此令。

孙　文

中华民国十二年三月卅日

据中山大学孙中山纪念馆藏原件

命将东校场无线电台归广东无线电总局管理令

（一九二三年四月一日至二日间）①

着电政监督将东校场无线电台交归广东无线电总局局长管理，并将该台经费照常由沙面电报局支给。此令。

民国十二年四月

据中国国民党中央文化传播委员会党史馆藏一般档案 051/148

---

①　原件无日，依给广东无线电报总局第九十九号训令，此令为第五十四号训令，按五十五号训令为4月2日。则此令当在4月1日至2日间。

给古应芬等的训令

（一九二三年四月二日）

大元帅训令第五五号

令大本营驻江办事处主任古应芬等

据广东财政厅长杨西岩呈称："现奉大本营驻江办事处第一一二号训令开：'查江门东口会河厘厂，经已批准恒源公司商人郭民发承充，咨请省长令行该厅照准在案。该厂监办委员，现经遴委刘秉刚充任，饬即到差，合行令仰该厅知照，并加发委状，呈处转给，俾专责成，此令'等因。奉此，查江门东口会河厘厂，原归汉荣公司商人谭德尉承办，年认饷银一十三万六千元，扣至十二年四月二十日止，即届期满。钟前厅长任内，曾将该商饷额减为大元一十二万元，准予续办，惟未给谕遵守。嗣据义利公司商人冯耀南呈称：该商对于江门一带情形熟悉，于厘务一途，尤为深知利弊，际此军糈紧急，库款待支，情愿照旧商汉荣公司减定年饷一十二万元缴纳，请准承办前来。当经批准，并饬缴按、预饷去后，随据该商将按饷一个月、预饷一个月共银大元二万元缴厅核收，即经呈明，核给文告，准予承办在案。现若改由别商揽承，似与原案不符。厅长奉令综管全省财政，职权所关，未便示商民以不信，且财权不专，措置尤多窒碍，奉令前因，理合呈请钧座察核，俯赐令行大本营驻江办事处，即将批准恒源公司郭民发承办江门东口会河厘厂一案注销，饬令交回义利公司商人冯耀南，依期于十二年四月二十一日接办，以一事权，而维信用。是否有当，伏乞迅赐核办饬遵"等情前来。查现在粤局渐定，所有全省财政，自宜由广东财政厅综管，以一事权，而免纷歧。除指令该厅长所请应即照准，候令行大本营驻江办事处遵照办理外，仰即知照。此令。

（中华民国陆海军大元帅之印）

中华民国十二年四月二日

据大本营秘书处编《陆海军大元帅大本营公报》第六号
（广州一九二三年四月十三日）

给邓泽如的训令

（一九二三年四月二日）

大元帅训令第五六号

　　令大本营兼理财政部长邓泽如

　　广东全省印花税，应一律归大本营财政部办理。此令。

（中华民国陆海军大元帅之印）

中华民国十二年四月二日

据大本营秘书处编《陆海军大元帅大本营公报》第六号
（广州一九二三年四月十三日）

给李安邦的训令

（一九二三年四月二日）

大元帅训令第五七号

　　令大本营游击司令李安邦

　　查前山①一带防务，该司令接管以来，办事尚属得力，着仍照常驻扎防范，非有本大元帅命令调遣，不得将所部擅自移动。切切。此令。

（中华民国陆海军大元帅之印）

中华民国十二年四月二日

据大本营秘书处编《陆海军大元帅大本营公报》第六号
（广州一九二三年四月十三日）

---

① 前山，在今中山市。

给朱培德的训令

（一九二三年四月二日）

大元帅训令第五八号

令大本营参军长朱培德

大本营军法处应即裁撤，所有军法事宜，着由大本营军政部兼管。除训令军政部遵照外，合行令仰该参军长即便遵照。此令。

（中华民国陆海军大元帅之印）

中华民国十二年四月二日

据大本营秘书处编《陆海军大元帅大本营公报》第六号

（广州一九二三年四月十三日）

给杨希闵徐绍桢的训令

（一九二三年四月二日）

大元帅训令第五九号

令广州卫戍总司令杨希闵、广东省长徐绍桢

查广州市内竟有白昼抢劫情事，甚至日有数起，惊扰闾阎，妨害治安，殊堪痛恨。着由该卫戍总司令、省长督饬所属，一体严防密查，遇有抢劫案犯，一经拿获，讯明即依军法从事，以儆效尤，而清匪患。除训令卫戍总司令、广东省长遵照外，合行令仰该卫戍总司令、省长即便遵照办理。切切。此令。

（中华民国陆海军大元帅之印）

中华民国十二年四月二日

据大本营秘书处编《陆海军大元帅大本营公报》第六号

（广州一九二三年四月十三日）

发给安健公费令

(一九二三年四月二日)

着会计司发给安健公费三百元。此令。

孙　文
民国十二年四月二日

据中国国民党中央文化传播委员会党史馆藏一般档案 051/99

批林焕廷请汇蒋介石安家费电

(一九二三年四月二日)①

电汇五千元由焕廷交。冬。

附：林焕廷来电："介石安家费请电汇，业明。"

据中国国民党中央文化传播委员会党史馆藏一般档案 050/123

---

① 秦孝仪主编《国父全集》原注：原件无年代，上有"四月二日译发"字样，据考订与《国父全集》第四册载1923年4月2日"饬汇林焕廷五千元手令"内容一致，则应为民国十二年。

给林焕廷汇款令

（一九二三年四月二日）

着会计司即汇沪洋五千元往上海环龙路四十四号林焕廷收。此令。

孙　文

中华民国十二年四月二日

据中国国民党中央文化传播委员会党史馆藏一般档案051/30

派宋子文调查财政厅档案令

（一九二三年四月二日）

派宋子文赴财政厅调查各宗档案。此令。

孙　文

据中国革命博物馆藏原件

发给霍汗公费令

（一九二三年四月三日）

着会〈计〉司发给霍汗公费，每月四百元，由三月份起。此令。

孙　文

民国十二年四月三日

据中国国民党中央文化传播委员会党史馆藏一般档案051/92

发给夏百子恩俸令

（一九二三年四月三日）

着会计司每月发给夏百子恩俸五十元。此令。

孙　文
民国十二年四月三日

（大元帅面谕由三月份起。四月十日棠①批。）

据中国国民党中央文化传播委员会党史馆藏一般档案051/52

给杨仙逸的指令二件

（一九二三年四月三日）

一

大元帅指令第七五号

　　令航空局局长杨仙逸

　　呈请建设工场以利航空事业,于工场未设之时,先制一船聊作工场之用;并以许军②现无飞机,殊不足以制敌,拟向安南择购飞机两架以作军前之助,乞分别令遵由

　　呈悉。所请各节,均属可行,应予照准。此令。

（中华民国陆海军大元帅之印）
中华民国十二年四月三日

---

① 棠,即王棠,时任大本营会计司司长。
② 许军,指许崇智部。

二

大元帅指令第七十六号

令航空局局长杨仙逸

呈请设一飞航站于江门以便与省会飞航站互相策应,并称如邀核准请即训令驻江办事处筹饷局按照该站所需经费源源接济由

呈悉。飞航站暂缓设置,经费应筹专款。所请各节,着毋庸议。此令。

中华民国十二年四月三日

据大本营秘书处编《陆海军大元帅大本营公报》第六号
（广州一九二三年四月十三日）

发给那文月俸令

（一九二三年四月三日）

着会计司发给那文顾问月俸一千元。由三月起。此令。

孙　文

民国十二年四月三日

据中山大学孙中山纪念馆藏原件

发给刘玉山部伙食费令

（一九二三年四月三日）

着市政厅垫刘玉山军队伙食三千元。此令。

孙　文

民国十二年四月三日

据秦孝仪主编《国父全集》第六册（台北近代中国出版社一九八九年版）

给程潜等的训令①

（一九二三年四月四日）

大元帅训令第六十号

　　令大本营军政部长程潜、桂军总司令沈鸿英、代理中央直辖第一军军长陈天太

　　该（沈）总司令所部军队遵令移防西江，所有肇庆防地，应归接收填驻。其原驻肇庆各地陈代军长（该代军长）所部，着即从速调防三、罗②一带驻扎，并将换防情形，分别具报。除分令外，仰即遵照办理（知照）。此令。

（中华民国陆海军大元帅之印）

中华民国十二年四月四日

据大本营秘书处编《陆海军大元帅大本营公报》第六号
（广州一九二三年四月十三日）

给邓泽如孙祥夫的训令③

（一九二三年四月五日）

大元帅训令第六十一号

　　令兼理大本营财政部长邓泽如、广东印花税分处处长孙祥夫

　　查广东印花税，业经明令归该部（大本营财政部）办理在案。兹令广东印花税分处（仰该处长孙祥夫）克日将该处印花税事务交由该部（大本营财

---

① 此件括号内系给沈鸿英、陈天太训令的文字。
② 三、罗，指三水、罗定两县。
③ 此件括号内系给孙祥夫训令的文字。

政部）派员接收办理。除分令外，仰即遵照办理。此令。

（中华民国陆海军大元帅之印）

中华民国十二年四月五日

据大本营秘书处编《陆海军大元帅大本营公报》第六号
（广州一九二三年四月十三日）

给徐绍桢等的训令

（一九二三年四月六日）

大元帅训令第六二号

令广东省长徐绍桢、大本营军政部长程潜、大理院长赵士北

案查十年十月五日曾经明令清理庶狱，以普惠泽。旋值粤乱发生，此令迄未实行，甚非本大元帅慎重庶狱之意，亟应重申前令，切实办理。应即由大理院督率广东高等审、检两厅，暨所属各厅、庭，各派专员清查现在监狱中执行刑罚之罪犯，择其情有可原者呈请减刑。至羁押民事被告人，无论有无保人，应一律释放。其刑事被告人，证据不充分或系应处五年有期徒刑以下之刑者，及案经上告，卷宗于上年变乱损失一时难结者，均应取保释出候审。仍督所属，以后务遵刑事审限，并依法励行缓行〔刑〕、假释、责付保释。此外，军事犯及受行政处分被羁押、或因犯已废止之治安警察法被惩治者，并应由各军事长官及广东省长遵照前令分别办理，统限三个月办理完竣具报，勿稍延玩。此令。

（中华民国陆海军大元帅之印）

中华民国十二年四月六日

据大本营秘书处编《陆海军大元帅大本营公报》第七号
（广州一九二三年四月二十日）

给杨希闵的训令

（一九二三年四月六日）

大元帅训令第六三号

令广州卫戍总司令杨希闵

查广州市内地方，近有假冒军人擅入民家，以搜查为名，借端掠取财物，并有军人擅入民家劫财伤人情事，殊堪痛恨。仰该总司令转知各军，并通饬所属一体严密查拿，遇有此等案犯，审讯明确，即以军法从事。以安闾阎，而肃军纪。切切。此令。

（中华民国陆海军大元帅之印）

中华民国十二年四月六日

据大本营秘书处编《陆海军大元帅大本营公报》第七号
（广州一九二三年四月二十日）

发给程步瀛津贴令

（一九二三年四月六日）

着会计司发给程步瀛每月津贴一百元。此令。

孙　文

民国十二年四月六日

据中国国民党中央文化传播委员会党史馆藏一般档案051/73

派梅光培接管官产处令

（一九二三年四月六日）

大元帅令

派梅光培即日接收官产处，归大本营财政部直接管理。此令。

（中华民国陆海军大元帅之印）

中华民国十二年四月六日

据大本营秘书处编《陆海军大元帅大本营公报》第七号
（广州一九二三年四月二十日）

给温树德等的训令

（一九二三年四月七日）

大元帅训令第六五号

令海军舰队司令温树德、江防司令杨廷培、海防司令陈策、长洲要塞司令苏从山、闽赣边防督办李烈钧、大本营军政部长程潜、滇军总司令杨希闵、桂军总司令沈鸿英、西路讨贼军总司令刘震寰、东路讨贼军总司令许崇智、大本营驻江办事处全权主任古应芬、南路讨贼军总司令黄明堂、高雷讨贼军总司令林树巍

据两广盐运使伍学熴呈称："案据小靖场知事唐镜湖呈报：'现驻陆丰粤军警备队司令马永平所部统领叶德修，以军用支绌，运盐接济，先后用船运去场盐二十一载，计一千四百二十八担。又陈统领汉南派队押船十四艘，在淡水厂由雍合等运馆配去盐四百七十六担。二共运去军用盐一千九百零四担。又三月十日该司令部副官马方平，遣兵运配下尾厂存盐四载，计二百七十二担。似此假借军用名义，擅提军盐，毫无限制，将见场盐立尽，税收损

失,何堪设想。目下实无抵拒之方,理合先行呈报核销备案,如军队继续载运,再行具报'。又据代理双恩场知事姚世俨具呈:'本年二月二十五日东路讨贼军第三路司令官梁,派副官梁士衡、黄日伟到场辖之双鱼厂采卖官盐二百五十包,又派委员任心符将北寮厂存盐采卖七百包,该价提解司令部充作军饷,呈请核销备案'各等情。据此,查场产盐斤,为国税之根源,如果驻近军队自由提售,将价充饷,是盐法军纪,藩篱尽抉。税源既塞,国用无资,关系大局,殊非浅鲜。除令复各该知事切实劝阻,其以前提过盐斤,向之补取收据送使署备案外,理合据情呈报帅座鉴核,俯赐设法维持,以顾产销,并乞指令祗遵"等情前来。查盐课纯为国税,关系外债,自应由盐政法定机关管理征收,不得任凭军人滥行干涉,以乱税则,而招责言。为此通令各军,嗣后无论何部军队,所需饷项火食,应各向该管长官直接具领,不得假借军费名义,擅在驻地有提征盐税或变卖官盐情事,如违,定行重究。合行令仰部长、总司令、督办、主任、司令知照,并转饬所属一体遵照毋违。切切。此令。

（中华民国陆海军大元帅之印）

中华民国十二年四月七日

据大本营秘书处编《陆海军大元帅大本营公报》第七号（广州一九二三年四月二十日）

发给陈天太部伙食费令

（一九二三年四月七日）

着市政厅垫陈天太军队火食五千元。此令。

孙　文

民国十二年四月七日

据秦孝仪主编《国父全集》第六册（台北近代中国出版社一九八九年版）

褒扬顾品珍令

（一九二三年四月九日）

大元帅令

　　前云南总司令顾品珍，忠诚纯笃，勇略冠时，治军有方，勋劳夙著。护国护法，无役不从，艰阻备尝，志气弥厉。本大总统特任为云南总司令，绥辑军民，有功边缴〔徼〕。前年自请率师北伐，董率将士，为国驰驱，不幸中道陨于寇乱。所部将士，秉承遗志，间关千里，以赴国难，遂能攘除叛逆，戡定广州。本大元帅每维教战之绩，益怀赴义之勋，宜有褒荣，用彰遗烈。顾品珍着追赠陆军上将，照上将阵亡例给恤，由军政部查照定章办理。生平事迹并宣付国史馆立传，以昭崇报，而示来兹。此令。

（中华民国陆海军大元帅之印）

中华民国十二年四月九日

据大本营秘书处编《陆海军大元帅大本营公报》第七号
（广州一九二三年四月二十日）

褒扬赵又新令

（一九二三年四月九日）

大元帅令

　　前靖国军第二军军长赵又新，志虑忠纯，韬略娴习。护国、护法两役，转战黔蜀，躬在行间，所向有功，军民爱戴。民国九年之役，陨于行阵，见危授命，无愧军人。本大元帅每轸干城之寄，益兴鼙鼓之思，特予褒扬，用彰遗绩。赵又新着追赠陆军上将，照上将阵亡例给恤，由军政部查照定章办理，以昭义烈,而励戎行。此令。

(中华民国陆海军大元帅之印)

中华民国十二年四月九日

据大本营秘书处编《陆海军大元帅大本营公报》第七号(广州一九二三年四月二十日)

发给金华林黄昌谷旅费令

(一九二三年四月九日)

着会计司发给金华林、黄昌谷二人旅费二千元。此令。

孙 文

中华民国十二年四月九日

据中国国民党中央文化传播委员会党史馆藏一般档案051/117

给徐绍桢的训令

(一九二三年四月十日)

大元帅训令第六七号

令广东省长徐绍桢

据大本营军政部长程潜呈称:"案据官煤局总办黄实呈称:'呈为呈请事:窃查江、海防司令部及职局,原同属广东省长公署范围。现江、海防司令部饷薪经费,业经奉令改由钧部支放,各舰需用煤吨,为数綦巨,与职部关系至为密切,倘无明文规定,俾有率循,受令无所适从,手续殊形纷杂,如何之处,伏候饬遵'等情。据此,查江、海防舰需用煤吨甚多,事权若稍分离,应付深感困难,似应将该官煤局改隶职部直接办理,俾收支放便利之效。所有请将官煤局改隶职部办理缘由,是否可行,伏候指令祗遵"等情前来。查官煤关系军需,管辖应取一致,该部长所陈,事属可行。除指令呈悉,准如所请办理,候令行广东省长遵照外,合行令仰该省长即便遵照。此令。

(中华民国陆海军大元帅之印)

中华民国十二年四月十日

据大本营秘书处编《陆海军大元帅大本营公报》第七号
(广州一九二三年四月二十日)

给李烈钧许崇智的训令

(一九二三年四月十日)

大元帅训令第六八号

令闽赣边防督办李烈钧、东路讨贼军总司令许崇智

汕头无线电台已着无线电工程总管梁志宏克日兴工建筑完备,以便通电。除令知该总管办理外,合行令仰该督办、总司令知照。此令。

(中华民国陆海军大元帅之印)

中华民国十二年四月十日

据大本营秘书处编《陆海军大元帅大本营公报》第七号
(广州一九二三年四月二十日)

给梁志宏的训令

(一九二三年四月十日)

大元帅训令第六九号

令无线电工程总管梁志宏

汕头无线电台着即日建筑完备,以便通电。除分令李督办及许总司令

知照外,合行令仰该员克日兴工办理。此令。

（中华民国陆海军大元帅之印）
中华民国十二年四月十日

据大本营秘书处编《陆海军大元帅大本营公报》第七号
（广州一九二三年四月二十日）

附录　着梁志宏将汕头无线建筑完备令①

（一九二三年四月九日）

令无线电工程总管梁志宏即日将汕头无线建筑完备,以便通电。此令。

孙　文

并分令李督办及许总司令

十二、四、九

据中国国民党中央文化传播委员会党史馆藏一般档案
051/150

给赵士北的训令

（一九二三年四月十日）

大元帅训令第七十号

　　令大理院长赵士北

　　据侨商潘嘉呈称:"窃侨商潘嘉,奔走国事十三年,皆以国事、党事为务。在小吕宋所设商号,专办国货。因我民国政府提倡实业,欢迎侨商投资,是以集资返国,复在河南凤凰冈凤宁北开设大强织造厂,地方偏僻,不入

---

① 此令与大元帅训令第六九号内容相同,惟日期不同,附录并存。

警察范围,且无更保,常受盗扰。不料去年五月十三夜,又来强徒,在墙外挖洞。厂中工伴陈祥、胡德、潘成三人醒觉,突起开门瞯之。火光中,已认得为屡偷厂物之匪。匪闻门开,反挥刀扑来,三伴急以铁钊〔锹〕、木棍抵御,将其戳伤,匪始急窜,遂不穷追,实不知该匪逃至中途受伤倒毙。伏思地无兵警,门有凶徒,喊叫无从,迫得自出防卫。自卫固无干罪,御盗更可奖巧〔功〕。莫奈时当大总统蒙难离粤,潘嘉亦逃避回岷,未暇为之营救,故陈、叶①窃政,司法界之黑暗,已尽人皆知,何待赘溯,竟于十一年十〔七〕月十六日判决,处拒盗之工伴三人四等有期徒刑一年。扣至本年三月底,已被押八个月。窃念侨商投资归国,既无保护,不得已出于自卫。而自卫反受滥刑,不特工伴之冤无可伸,即侨商归国之心,何难因是而灰冷。今幸大总统回粤,如云开见天,人民冤苦,必蒙矜悯,故前月十日曾茹痛泣叩公府,乞念侨商横受冤押,特赦出狱,虽蒙面许,未见明令。今陈祥等双脚受镣,初而肿涨〔胀〕,继而溃烂,日夜呻吟,势成废疾。似此无辜被祸,莫不矜怜,故孙市政厅长、吴公安局长皆曾为三人设法,请主张公道,使昭雪冤狱。为此,万不得已,再叩崇辕,乞念侨商受窃政者所摧残,受枉法者所滥罚,立下明令,特赦出狱,使陈祥等三人不至无辜瘦〔瘐〕毙,则永感者不特潘嘉与工伴三人,即一般投资归国者,亦闻风颂德,讴歌国父不置矣"等情前来。查陈祥、胡德、潘成等三名,事出自卫,情有可原,业经执行徒刑数月,应予从宽减刑省释,仰该院长转饬该管检察厅遵照办理。此令。

(中华民国陆海军大元帅之印)

中华民国十二年四月十日

据大本营秘书处编《陆海军大元帅大本营公报》第七号

(广州一九二三年四月二十日)

---

① 陈、叶,指陈炯明、叶举。

给程潜的指令

（一九二三年四月十日）

大元帅指令第八五号

　　令大本营军政部长程潜

　　呈请将官煤局改隶军政部直接办理由

　　呈悉。准如所请办理，候令行广东省长遵照可也。此令。

（中华民国陆海军大元帅之印）

中华民国十二年四月十日

据大本营秘书处编《陆海军大元帅大本营公报》第七号（广州一九二三年四月二十日）

批胡思舜来函[①]

（一九二三年四月十日）

〈孙文亲批〉：不理。

中国第二历史档案馆编《中华民国史档案资料汇编》第四辑《广州国民政府档案》（江苏古籍出版社一九八六年版）

---

① 中央直辖滇军第二旅长胡思舜来函为防范沈鸿英部，请发给薪饷和弹药。

给徐绍桢的训令二件

（一九二三年四月十一日）

一

大元帅训令第七三号

  令广东省长徐绍桢

  据广东电政监督李章达呈称："窃维此次电报局罢工风潮，实沙面电报局长陈昌为首，收聚徒众，接济金钱，妨害交通，扰乱电政，实应受刑事上之制裁。经将该局长撤差，听候查办，遗缺即委电报毕业生麦萼楼接充，又被多方推宕，抗不交代。前经呈请帅座饬行通缉在案。忖电报关系交通，不容停滞，特派员督匠四出修整杆线，复电省外各局协修，方期指日功成，恢复原状。讵迩来叠接广局及各局员司报告，各线随修随阻。查系陈昌唆使奸人暗中搅乱，冀遂其破坏电政之私。始则滥觞于广州一隅，继而波及于广东全省。似此行为，不法已极，其心不可测，其罪不容诛，理应咨会军警将该犯拿获解办。惟该电报局落在沙面英段租界，陈昌常匿居是间，倘若直接逮捕，手续上不无窒碍。基此原因，理合将陈昌为首滋事、聚众罢工及抗不交代各情，备文呈恳帅座俯准，迅饬省长转饬交涉员向英领交涉，务将陈昌驱逐出局，引渡归案究办，以维国法而重主权"等情。据此，除指令呈悉，应照准，候令行广东省长转饬交涉外，合行令仰该省长转饬交涉员，迅向英领交涉，并将办理情形具复。此令。

            （中华民国陆海军大元帅之印）

            中华民国十二年四月十一日

二

大元帅训令第七四号

令广东省长徐绍桢

据广东无线电报总局局长冯伟呈称："窃职局无线杆塔两座,其左便①一座,安设于局所相连旁地,塔下空地,面积甚宽。其右便一座,安设与局所相隔较远,即今之天天楼茶居右边,塔下空地,面积一如左便;惟现在堆积瓦砾及为人摆卖盘〔盆〕花,有用木板装成房舍者,又有筑作商店者一间,现开德新荣字号,形式亦极矮小简单,每于修整电杆,诸多障碍。因思该处已系电塔所在,想属公地,迨派员查问,据该商人声称,系同合益公司黄文硕租赁,并据黄文硕将财政厅给予管业凭照缴验。查核该照系民国八年一月发给,所填上手来历,只注宣统年间成德堂将此地在前清官银钱局按揭巨款,逾期弗赎,早经没归公有,并未载有成德堂之姓名,已造成无可追问。查此电杆塔于宣统三年移设该处,如果该地址系成德堂私产,其时公家亦必以价购买,始能在该地建筑;假使成德堂按押在先,该地已属公有,亦必划明阔狭。查民国六年间,曾经官银钱局清理处派员与职局工程师司徒瀛会同勘明,划定电塔脚下两旁地址,留余三丈之宽,南通大马路,北通二马路,原为电塔损坏应行修整时有所通往。今案卷因变乱虽失,而原勘人员尚可查问。况该公司呈请承买事又在民国八年,每井价银只二百五十元。其时长堤业已建筑,不特无此低贱价格,且电杆塔设在中间,而四围准商人承买,势必建造铺屋,将来完全造起,四维圈塞,试问修整电杆从何出入?此中已多疑窦,难保无商同瞒承之弊。所幸该公司原领地段共列十三号,现尚未完全建筑,只称第六第九两号经筑洋楼。局长以该公司既有财厅所给凭照,无论上手清白与否,姑不深究。现拟按照凭照内所列每井二百五十元,共一百井零零八十二方尺,除第六、第九两号共十四井零八尺六寸业经建筑免议外,其余

---

① 左便,粤语左面,下同。

第一、第二、第三、第四、第五、第七、第八、第十、第十一、第十二、第十三等号,按照原价如数给还,即将财厅所出凭照十一张收回涂销,然后由职局测量规划,除留电杆塔脚下附近空地照原案计划外,大约可盈余地七十井有奇。若按照近日时价比较,该公司原领价格不无大相悬殊,估计尚可盈余多数。当此公家财窘之际,以盈款拨作计划推广无线电经费,实属不无裨益。局长为整顿扩充起见,理合具文并粘抄合益公司所缴财厅凭照一纸,呈请察核。是否有当,伏乞训示祗遵"等情。据此,除指令呈悉,所请各节,仰候令行广东省长转饬市政厅工程局查明再夺外,合行令仰该省长查照办理具复。此令。

(中华民国陆海军大元帅之印)

中华民国十二年四月十一日

据大本营秘书处编《陆海军大元帅大本营公报》第八号

(广州一九二三年四月二十七日)

给赵士北的训令

(一九二三年四月十一日)

大元帅训令第七五号

令大理院长赵士北

据袁兆祺、陈德呈称:"窃工人袁兆祺、陈德,皆受广东电车有限公司雇充电车司机。于民国十年九月二十五日,袁兆祺因驶车至万福路欲避一老叟,遂至辗毙市人尹洪顺。同年十一月二十日,陈德因驶车至天字码头,适有手车伕温金,拖车由永汉路横过电车之前,陈德制止车机不及,遂至辗毙手车伕温金。依法应由公安局查照广州市行驶车辆交通罚则处断,乃法庭竟向公安局提案自办,舍弃交通罚则,强用普通刑律,判处袁兆祺执行有期徒刑四年,赔偿抚恤费共八千三百五十元;判处陈德执行有期徒刑二年零六月,赔偿抚恤费一千五百元。除赔偿抚恤费,已由被害人亲属先后依照广州市行驶车辆交通罚则规定数目先后领取完案外,工等对于判处徒刑被押经年,坐困囹圄,终日饮泣,莫奈伊何。伏读中华民国约法第二十八条,大总统有宣告大赦、特赦、减刑之规定,工等因行驶车辆犯事,法庭偏舍弃行驶车辆之单行法,强以普通刑律处断,实为非常冤屈,迫得匍匐崇辕,恳请依法宣告减刑,将袁兆祺判处执行有期徒刑四年减去三年零六月;陈德判处执行有期徒刑二年零六月,减去一年零六月,未决期内羁押之日数,准照现行新刑律第八十条规定,以二日抵徒刑一日,依法扣减省释,实为德便"等情。查该工人等以执行业务过失杀人,业经执行徒刑一年以上,所有吁恳减刑省释之处,应即照准,仰该院长转饬该管检察厅遵照办理。此令。

(中华民国陆海军大元帅之印)

中华民国十二年四月十一日

据大本营秘书处编《陆海军大元帅大本营公报》第八号(广州一九二三年四月二十七日)

发给姚雨平部开拔费令

(一九二三年四月十一日)

着财政厅长发给姚雨平军队开拔费三万元。此令。

孙　文

中华民国十二年四月十一日

据秦孝仪主编《国父全集》第六册(台北近代中国出版社一九八九年版)

发给刘玉山制弹费令

（一九二三年四月十一日）

着财政厅长发给刘玉山制弹费六千元。此令。

孙　文

中华民国十二年四月十一日

据秦孝仪主编《国父全集》第六册（台北近代中国出版社一九八九年版）

命黄隆生收管金库券令

（一九二三年四月十二日）

着黄隆生将财政厅印成之金库券全数收管。此令。

孙　文

中华民国十二年四月十二日

据谭延闿编《总理遗墨》第一辑（一九二八年印行，广东省社会科学院藏）

给黄焕庭的指令

（一九二三年四月十二日）

大元帅指令第八八号

令卸广南船厂总办黄焕庭

呈报点交广南船澳及解除总办职务，请核准销差由呈及清册均悉。准予销差。此令。

（中华民国陆海军大元帅之印）

中华民国十二年四月十二日

<small>据大本营秘书处编《陆海军大元帅大本营公报》第七号
（广州一九二三年四月二十日）</small>

给程潜等的训令

（一九二三年四月十三日）

大元帅训令第七九号

　　令大本营军政部长程潜、大本营驻江办事处全权主任古应芬、广东讨贼军第四军军长梁鸿楷

　　广东讨贼军第一师师长李济深所部，及中央直辖第四独立旅旅长张振武所部、现驻新兴第一独立旅旅长余六吉所部，均归广东讨贼军第四军军长梁鸿楷指挥，仍遵照前令，由大本营驻江办事处全权主任古应芬节制、调遣。此令。

（中华民国陆海军大元帅之印）

中华民国十二年四月十三日

<small>据大本营秘书处编《陆海军大元帅大本营公报》第八号
（广州一九二三年四月二十七日）</small>

给程潜的训令

（一九二三年四月十三日）

大元帅训令第八十号

　　令大本营军政部长程潜

　　中央直辖第二、三两师，着改编为中央直辖第七军。其军长一职，业经

任命刘玉山充任在案。所有该军编配及驻扎、点验各事宜,着由军政部转饬该军长、师长等妥为办理。此令。

(中华民国陆海军大元帅之印)

中华民国十二年四月十三日

据大本营秘书处编《陆海军大元帅大本营公报》第八号
(广州一九二三年四月二十七日)

给程潜等的训令

(一九二三年四月十三日)

大元帅训令第八一号

令大本营军政部长程潜、警备军军长姚雨平,师长杨坤如

据警备军军长姚雨平、师长杨坤如电称:"遵令于佳日拂晓,将驻惠阳之翁辉腾所部全数缴械,并派队向海丰、汕尾进发,肃清余孽"等情。查该师长勇敢善战,于回粤、援桂两役,颇立奇功。昨年六年之变,为陈逆诱胁,不能自拔;每念前劳,深致痛惜。近据其自请立功,用赎前愆;本大元帅念其夙劳,许以自新,密令该军长责以肃清余孽之任。兹据前情,足征该师长勇于为善不远,而复爱护国家,犹本初志。方今贼氛未靖,正壮士立功之会,一俟该师长克日将海丰、汕尾一带逆军完全扑灭,本大元帅论功行赏,自当与起义诸将,一体从优奖励。至此次出力人员,着由军政部详细调查汇案核办。除分令外,仰即遵照。此令。

(中华民国陆海军大元帅之印)

中华民国十二年四月十三日

据大本营秘书处编《陆海军大元帅大本营公报》第八号
(广州一九二三年四月二十七日)

给程潜的指令

（一九二三年四月十三日）

大元帅指令第九十号

　　令大本营军政部长程潜

　　呈为徐汉臣等九名希图扰乱，乞明令通缉归案究办由

　　呈悉。据称徐汉臣等蓄谋叛乱，逆迹昭著，实属罪无可逭。着照该部所请，即由该部遵令分行各军事长官，通饬所属一体严密缉拿，务获究办，毋稍宽纵。切切。此令。

（中华民国陆海军大元帅之印）
中华民国十二年四月十三日

附录　程潜原呈

　　为呈请事：谨案已革东路讨贼军第八师师长徐汉臣、旅长黄定中及徐芳廷、徐〈鸿〉钧、徐春波、林炳南等，野心未戢，希图扰乱，暗受陈逆炯明接济指使，屡次派人前往江门，勾结大本营直辖陆军第四旅营连长徐参衡、曹扬武、欧建标等运动兵士，约期举动。幸该旅团长等察觉尚早，立将该徐参衡等呈请撤换。讵该徐汉臣等甘心从逆，一意谋乱，一再与该已革营连长徐参衡等，派人携款到江运动各营官兵，并在沙坪、省城两处假借名义设立机关，私招军队，冀遂乱谋。迭据大本营直辖第四旅旅团长及江门各军处报告，均属实情。该徐汉臣等前因不法，致被革斥；近复怙恶不悛，一志谋逆，希图破坏大局，实属不法已极。应请大元帅明令通饬各军，将徐汉臣、黄定中、徐庭芳、徐春波、徐鸿钧、林炳南、徐参衡、曹扬武、欧建标等九名一律缉获归案惩治，以肃军纪而清乱源。所有呈请明令通缉徐汉臣等九名归案各缘由，是否

有当,理合具文呈请钧座,俯赐裁核示遵。谨呈

大元帅

军政部长程潜

中华民国十二年四月七日

据大本营秘书处编《陆海军大元帅大本营公报》第八号

(广州一九二三年四月二十七日)

给温树德的指令

(一九二三年四月十四日)

中山令温树德抽编舰队入闽,协助许、王、臧①兵队驱逐北军。拟先令李烈钧所辖之永翔舰②试探路线。

据天津《大公报》一九二三年四月十四日《粤闽要讯》

给王棠陈兴汉的训令

(一九二三年四月十四日)

大元帅训令第八二号

令大本营会计司长王棠、大本营庶务司长陈兴汉

据大本营秘书长杨庶堪呈称:"窃查大本营公报及直辖各机关印信、牙章,历由职处分别刊铸、颁发,并有一切印刷品,亦经职处随时经理。所有此项人工、材料,月需数目亟应酌予规定。拟请每月暂行规定经费毫洋一千元。伏乞察核批准。饬由会计司按月如数拨交庶务司具领,以资办公"等

---

① 许、王、臧,指许崇智、王永泉、臧致平。
② 应是永丰舰。

情。据此,除指令呈悉,应照准外,合行令仰该司令即便遵照。此令。

（中华民国陆海军大元帅之印）

中华民国十二年四月十四日

据大本营秘书处编《陆海军大元帅大本营公报》第八号
（广州一九二三年四月二十七日）

批答沈鸿英"和平统一"宣言

（一九二三年四月十四日）①

代答：此间获得沈鸿英电稿,证实曹无诚意,与之言和平统一,是犹对牛弹琴,不如其已,此后只有对国民宣传和平统一,而促人民之大觉悟,以备群众之大革命而已,政府暂尚不设。

据中国国民党中央文化传播委员会党史馆藏一般档案052/155

讨伐沈鸿英令

（一九二三年四月十六日）

大元帅令

沈逆鸿英,反复无常,奸诈成性,阴谋内乱,逆迹久彰。本大元帅念其微劳,恕其既往,屡示优容,冀与感化。不意狼子野心始终不悛,一面呈报移防,一面阴行鬼蜮,竟于昨夜擅自称兵,进袭省城。幸我军将士用命,戒备有素,当经击退。似此恣行叛逆,甘为戎首,扰乱军纪,贻害地方,实属罪不容逭,法所必诛。沈鸿英应即褫夺桂军总司令本职,着滇军总司令兼广州卫戍

---

① 据秦孝仪主编《国父全集》注：原件无年月,按沈鸿英之宣言在1923年4月14日。

总司令杨希闵、东路讨贼军总司令许崇智、西路讨贼军总司令刘震寰、大本营驻江办事处全权主任古应芬、东路讨贼军第三军军长李福林、中央直辖第七军军长刘玉山、中央直辖第三军军长卢师谛、海军舰队司令温树德、驻汕海军各将领、广东江防司令杨廷培、广东海防司令陈策等,各督饬所部,分途兜剿,迅速扑灭,以正法纪,而遏乱源。此令。

（中华民国陆海军大元帅之印）

中华民国十二年四月十六日

据大本营秘书处编《陆海军大元帅大本营公报》第八号
（广州一九二三年四月二十七日）

饬发给伍毓瑞出入证手谕

（一九二三年四月十六日）

伍毓瑞特别出入证一枚。

孙　文

民国十二年四月十六日

据中国国民党中央文化传播委员会党史馆藏一般档案051/80

发给李福林部出发费令

（一九二三年四月十六日）

着财政厅发给李福林军队出发费二万元。此令。

孙　文

民国十二年四月十六日

据秦孝仪主编《国父全集》第六册（台北近代中国出版社一九八九年版）

取消变卖公产的命令

(一九二三年四月十七日)

孙令取消变卖公产,遵章开投。

据天津《大公报》一九二三年四月十七日《粤电志要》

发给王之南用费令

(一九二三年四月十七日)

着会计司发给王之南用费五百元。此令。

孙　文
中华民国十二年四月十七日

据中国国民党中央文化传播委员会党史馆藏一般档案 051/100

发给刘玉山军费令

(一九二三年四月十七日)

着会计司发给刘玉山军费一万元。此令。

孙　文
中华民国十二年四月十七日

(罗桂芳手收五千元)

据中国国民党中央文化传播委员会党史馆藏一般档案 051/114

发给黄骚药料等费令

（一九二三年四月十七日）

着会计司发给黄骚药料、仓租并保险运输共二千七百九十八元半港纸。此令。

孙　文

中华民国十二年四月十七日

据中国国民党中央文化传播委员会党史馆藏一般档案051/43

给赵士北的指令

（一九二三年四月十七日）

大元帅指令第一〇二号

令大理院长兼管司法行政事务赵士北

呈为拟办坟山登记，先行派员筹议，在筹办期内不动支款项以节糜费由呈悉。所请尚属可行，应准如所拟办理。此令。

（中华民国陆海军大元帅之印）

中华民国十二年四月十七日

据大本营秘书处编《陆海军大元帅大本营公报》第八号（广州一九二三年四月二十七日）

命赵士觐将电话局交黄垣收管令

（一九二三年四月十八日）

着广州市电话局局长赵士觐,即将该局交替与大本营技师黄垣收管,以利军用。此令。

孙　文

民国十二年四月十八日

据谭延闿编《总理遗墨》第一辑（一九二八年印行,广东省社会科学院藏）

派黄垣收管广州电话局令

（一九二三年四月十八日）

派大本营技师黄垣即往收管广州市电话局,以利军用。此令。

孙　文

民国十二年四月十八日

据谭延闿编《总理遗墨》第一辑（一九二八年印行,广东省社会科学院藏）

发给谢心准公费令

（一九二三年四月十八日）

着会计司发给谢心准公费五百元。此令。

孙　文

中华民国十二年四月十八日

据中国国民党中央文化传播委员会党史馆藏一般档案051/38

发给马源恤款令

（一九二三年四月十八日）

着会计司发给马源恤款一千元。此令。

孙　文

民国十二年四月十八日

据中国国民党中央文化传播委员会党史馆藏一般档案051/74

发给黄骚购军米款令

（一九二三年四月十八日）

着会计司每日发给黄骚买军米银七千元。此令。

孙　文

民国十二年四月十八日

据中国国民党中央文化传播委员会党史馆藏一般档案051/70

给杨希闵的训令

（一九二三年四月十八日）

大元帅训令特字第一号

  令中央直辖滇军总司令杨希闵

  沈逆搆乱，称兵犯我省会，经滇军总司令杨希闵督率将士分道攻讨，贼众崩溃。两日以来，诸将士杀敌致果，忠勇奋发；本大元帅顾念贤劳，实深嘉尚。所有此次滇军之士、兵、夫，着先发给犒赏毫洋四万元，由财政厅长杨西岩赍送该总司令分别颁发，以励有功。此令。

（中华民国陆海军大元帅之印）
中华民国十二年四月十八日

据大本营秘书处编《陆海军大元帅大本营公报》第八号
（广州一九二三年四月二十七日）

命胡谦在军政部服务令

（一九二三年四月十八日）

大元帅令

  大本营高级参谋胡谦，着在大本营军政部服务。此令。

（中华民国陆海军大元帅之印）
中华民国十二年四月十八日

据大本营秘书处编《陆海军大元帅大本营公报》第八号
（广州一九二三年四月二十七日）

嘉慰前敌将士令

（一九二三年四月十九日）

此次沈逆叛变，扑攻省城，意图扰乱粤局，倾覆国家。滇军总司令杨希闵，督率所部，力遏敌氛；西路讨贼军总司令刘震寰、巩卫军司令朱培德、中央直辖第三军军长卢师谛、第七军军长刘玉山、东路讨贼军第三军军长李福林，迅速赴援，同心杀贼；遂于三日之间，尽破叛军，克复白云山、兵工厂等处，省城附近一带，已告肃清。诸将士忠勇性成，深明大义，苦战奋斗，迅奏肤功，皆因各军长官训练夙著，调度有方。本大元帅嘉慰之余，深念劳苦。现在逆军崩裂，已不能成军，迅速穷追，易就殄灭，务各努力前进，扫除逆敌，以竟全功，本大元帅有厚望焉。此令。

中华民国十二年四月十九日

据上海《民国日报》一九二三年五月一日《孙总统严申赏罚》

发给战伤官兵调养费令

（一九二三年四月十九日）

着会计司发给战伤官长、兵士调养费九千四百元。此令。

孙　文

民国十二年四月十九日

据中国国民党中央文化传播委员会党史馆藏一般档案051/67

发给刘震寰军费令

（一九二三年四月十九日）

着财政厅长发给刘震寰军费五万元。此令。

孙　文

民国十二年四月十九日

据中国国民党中央文化传播委员会党史馆藏一般档案051/47

发给何克夫军费令

（一九二三年四月十九日）

着会计司发给何克夫军费三千元。此令。

孙　文

民国十二年四月十九日

据中国国民党中央文化传播委员会党史馆藏一般档案051/46

发给杨映波公费令

（一九二三年四月十九日）

着会计司发给杨映波公费一千元。此令。

孙　文

民国十二年四月十九日

据中国国民党中央文化传播委员会党史馆藏一般档案051/57

给粤汉铁路公司董事局的指令

（一九二三年四月十九日）

大元帅指令第一〇三号

  令商办粤汉铁路公司董事局

  呈悉。查该路久为沈逆占据，现因收复伊始，路政急须整理。又值军事紧急，不得不利用铁道交通，经本大元帅令派陈兴汉管理粤汉铁路事务在案。兹据呈称：陈兴汉、张少棠、刘锦江等，既由该局公推为该路临时总理、协理、董事长各职，所请备案之处，应即照准。惟值军事时期，如凡事皆须会签会定，未免手续繁重，作事迟滞。陈兴汉既经令派，兼受公推，自宜畀以全权，令负专责，以期作事敏活，庶能裨益路政，不误戎机。合行令仰该局即便遵照办理。此令。

（中华民国陆海军大元帅之印）

中华民国十二年四月十九日

据大本营秘书处编《陆海军大元帅大本营公报》第八号
（广州一九二三年四月二十七日）

给吴铁城的训令

（一九二三年四月二十日）

大元帅训令第九一号

  令广州市公安局长吴铁城

  据确探报告，本月十八日下午七时，有一着军服及〈着〉常服者共九名，手携灯笼，有东路讨贼军第十路第二梯团司令部蔡字样，并各手持短枪，携带封条，将市桥渡及鹤山渡①两艘封用等情。查现在军事方殷，在省军队悉

---

① 市桥渡、鹤山渡，指往市桥（番禺）及鹤山的客船。

出应战,省会警备单薄,难保无不轨之徒,乘间窃发。据探报所见东路讨贼军第十路第二梯团等名称,是否假托名义,借端滋扰,仰该局长确切查明,呈候核办;并着督饬所属各警区遵照前令,一体严防密查,遇有冒称军队、私携兵器、擅生事端、扰害商旅一切人犯,应行即时拿获,从重惩办。切切。此令。

（中华民国陆海军大元帅之印）
中华民国十二年四月廿日

据大本营秘书处编《陆海军大元帅大本营公报》第八号
（广州一九二三年四月二十七日）

给邓泽如等的训令二件

（一九二三年四月二十日）

一

大元帅训令第九二号

　　令财政部长邓泽如、广东财政厅长杨西岩、广州市市政厅长孙科

　　该部、厅、厅投卖公产,应一律收纳现银,不得以印收、借单、债券等类抵缴。此令。

（中华民国陆海军大元帅之印）
中华民国十二年四月二十日

二

大元帅训令第九三号

　　令财政部长邓泽如、广东财政厅长杨西岩、广州市市政厅长孙科

　　现在军用浩繁,亟须筹集大宗款项,以应急需,所有公产,应速开投,以

资公用。切切。此令。

（中华民国陆海军大元帅之印）

中华民国十二年四月廿日

据大本营秘书处编《陆海军大元帅大本营公报》第八号
（广州一九二三年四月二十七日）

给王棠的训令二件

（一九二三年四月二十日）

一

大元帅训令第九四号

令大本营会计司司长王棠

据大本营内地侦探长李天德呈称："职处现因沈逆捣乱粤局，人心浮动，诸逆党纷纷往来，意图窃发，若不严密缉拿惩办，则此辈更无忌惮。惟职处当此纷扰之时，费用必逾越常轨，兹拟请由钧座迅饬会计司发给职处临时需费银二千元，俾得措置裕如，办事不致棘手，实为公便"等情前来。除指令呈悉，候令行大本营会计司如数发给，仰即知照外，合即令仰该司长遵照办理。此令。

（中华民国陆海军大元帅之印）

中华民国十二年四月廿日

二

大元帅令第九六号

令大本营会计司司长王棠

据大本营参军长朱培德呈称："因收回军用电信处，请发给款项，提前架设军用专线电话,以利戎机"等情。经已指令照准。仰该司长从速发给毫银三千元,以便刻日兴工。此令。

（中华民国陆海军大元帅之印）

中华民国十二年四月二十日

据大本营秘书处编《陆海军大元帅大本营公报》第八号
（广州一九二三年四月二十七日）

给程潜等的训令

（一九二三年四月二十日）

大元帅训令第九七号

令大本营军政部长程潜、中央直辖滇军总司令兼广州卫戍总司令杨希闵、大本营巩卫军司令朱培德、中央直辖西路讨贼军总司令刘震寰、东路讨贼军总司令许崇智、南路讨贼军总司令黄明堂、闽赣边防督办李烈钧、东路讨贼军第三军军长李福林、中央直辖第三军军长卢师谛、中央直辖第七军军长刘玉山、海军舰队司令温树德、广东江防司令杨廷培、大本营驻江办事处全权主任古应芬、广东海防司令陈策、高雷讨贼军总司令兼绥靖处处长林树巍、警备军军长姚雨平。

兹令派赵士觐为管理俘虏主任委员,黄馥生、关汉光为管理俘虏委员。除饬该委员等遵照赶行筹备办理外,合行令仰该部长、总司令、司令、督办、军长、主任转令所部前敌将领一体知照。此令。

（中华民国陆海军大元帅之印）

中华民国十二年四月廿日

据大本营秘书处编《陆海军大元帅大本营公报》第九号
（广州一九二三年五月四日）

发给徐树荣军费令

（一九二三年四月二十日）

着会计司发给徐树荣军费一千元。此令。

孙　文

民国十二年四月二十日

据中国国民党中央文化传播委员会党史馆藏一般档案051/101

给李天德的指令

（一九二三年四月二十日）

大元帅指令第一〇四号

　　令大本营内地侦探长李天德

　　呈请迅饬大本营会计司发给该处临时需费二千元由

　　呈悉。候令行大本营会计司如数发给，仰即知照。此令。

（中华民国陆海军大元帅之印）

中华民国十二年四月廿日

据大本营秘书处编《陆海军大元帅大本营公报》第八号（广州一九二三年四月二十七日）

给冯伟的指令

(一九二三年四月二十日)

大元帅指令第一〇五号

　　令广东无线电报总局局长冯伟

　　呈缴本年四月份支付预算书,请察核备案由

　　呈及预算书均悉,准予备案。此令。

（中华民国陆海军大元帅之印）
中华民国十二年四月廿日

据大本营秘书处编《陆海军大元帅大本营公报》第八号
(广州一九二三年四月二十七日)

给朱培德的指令

(一九二三年四月二十日)

大元帅指令第一〇六号

　　令大本营参军长朱培德

　　呈为收回军用电信处,经恳请发给款项,提前架设军用专线电话由

　　呈悉。应即照准,经训令大本营会计司从速发毫银三千元,仰即遵照具领。此令。

（中华民国陆海军大元帅之印）
中华民国十二年四月二十日

据大本营秘书处编《陆海军大元帅大本营公报》第八号
(广州一九二三年四月二十七日)

发给江门军队伙食费令

（一九二三年四月二十日）

着会计司发给江门军队伙食费二万元。此令。

孙　文
民国十二年四月二十日
据中山大学孙中山纪念馆藏原件

发给兵工厂长筹备费令

（一九二三年四月二十日）

着会计司发给兵工厂长筹备费一千元。此令。

孙　文
民国十二年四月二十日
据中山大学孙中山纪念馆藏原件

发给刘玉山军费令

（一九二三年四月二十一日）

着会计司发给刘玉山军费一万元。此令。

孙　文
民国十二年四月二十一日
据中国国民党中央文化传播委员会党史馆藏一般档案 051/69

给杨希闵的指令

（一九二三年四月二十一日）

大元帅指令第一一〇号

  令中央直辖滇军总司令杨希闵

  呈请发给制弹费四万元由

  呈悉。所请提前发给制弹厂经费四万元，除已令由会计司照发外，着即前往该司具领。惟兵工厂现已收回，业经任命厂长切实经理，购办原料已有计划。此后制弹厂事宜，应由兵工厂长管理，以便统一军实而利进行。所有制出子弹，准予提前补充该军之需要。仰即遵照。此令。

（中华民国陆海军大元帅之印）

中华民国十二年四月廿一日

据大本营秘书处编《陆海军大元帅大本营公报》第八号
（广州一九二三年四月二十七日）

着邓慕韩往财政厅调查津贴报界详细情形令

（一九二三年四月二十二日）

着邓慕韩往财政厅，调查该厅向来津贴报界详细情形。此令。

孙　文

民国十二年四月二十二日

据中国国民党中央文化传播委员会党史馆藏一般档案
051/293

裁撤庶务司令

（一九二三年四月二十三日）

大元帅令

　　大本营庶务司应即裁撤，所有该管事务，着归大本营会计司庶务科办理。此令。

（中华民国陆海军大元帅之印）

中华民国十二年四月廿三日

据大本营秘书处编《陆海军大元帅大本营公报》第八号（广州一九二三年四月二十七日）

给程潜的指令

（一九二三年四月二十三日）

　　孙令程潜赴江门，指挥各军攻西江。①

据天津《大公报》一九二三年四月二十三日《各地要电》

给程潜等的训令

（一九二三年四月二十三日）

大元帅训令第九十八号

　　令大本营军政部长程潜、中央直辖滇军总司令兼卫戍总司令杨希闵、大

---

①　指攻击广东西江（珠江一支流）的逆军。

本营巩卫军司令朱培德、中央直辖西路讨贼军总司令刘震寰、东路讨贼军总司令许崇智、南路讨贼军总司令黄明堂、闽赣边防督办李烈钧、东路讨贼军第三军军长李福林、中央直辖第三军军长卢师谛、中央直辖第七军军长刘玉山、海军舰队司令温树德、广东江防司令杨廷培、大本营驻江办事处全权主任古应芬、广东海防司令陈策、高雷讨贼军总司令兼绥靖处处长林树巍、警备军军长姚雨平

各部军队所有扣用商轮渡，应一律即日放行，以利交通。如因军事确有需用船只之处，着向大本营呈请核准指拨。仰即转令所属，一体遵照办理。切切。此令。

（中华民国陆海军大元帅之印）

中华民国十二年四月廿三日

据大本营秘书处编《陆海军大元帅大本营公报》第九号
（广州一九二三年五月四日）

发给刘震寰部犒赏金令

（一九二三年四月二十三日）

着会计司发给刘震寰部前敌兵士犒赏每名二元，官长赏酒席，共二万五千。此令。

孙　文

中华民国十二年四月二十三日

据中国国民党中央文化传播委员会党史馆藏一般档案 051/106

发给杨赓笙公费令

（一九二三年四月二十三日）

着会计司发给杨赓笙公费一千元。此令。

孙　文

民国十二年四月二十三日

据中国国民党中央文化传播委员会党史馆藏一般档案051/58

发给黄骚办军米费令

（一九二三年四月二十三日）

着财政厅长发给黄骚办军米费二万元。此令。

孙　文

中华民国十二年四月二十三日

据秦孝仪主编《国父全集》第六册（台北近代中国出版社一九八九年版）

给冯伟的训令

（一九二三年四月二十三日）

大元帅训令第九九号

令广东无线电报总局局长冯伟

据广东电政监督李章达呈称："窃章达昨奉钧府第五十四号训令，内开

'东较场无线电台着即交由广东无线电总局局长冯伟接管。所有该台经费,仍照常由沙面电报局支给。此令'等因。奉此,自应遵令照办,惟查该无线电台向归职处管理,而沙面电报局乃属职处管辖范围,向来指令该沙面局直接拨款接济该无线电台,自属简当办法。今该台既交由广东无线电总局接管,则该台经费自当划归该局接济,对上〔于〕统系上、手续上似属清楚。奉令前因,理合备文呈请帅座察核,准予将沙面电报局拨给东较场无线电台一案注销。如何之处,伏乞训令祗遵"等情前来。除指令照准外,合行令仰该局长即便查照办理。此令。

（中华民国陆海军大元帅之印）

中华民国十二年四月廿三日

据大本营秘书处编《陆海军大元帅大本营公报》第九号（广州一九二三年五月四日）

给谢铁良的手令

（一九二三年四月二十三日）

大元帅令

着鱼雷局长发给炸弹二十个,交海防司令用。此令。

孙　文（大元帅章）

中华民国十二年四月廿三日

据陈旭麓、郝盛潮主编,王耿雄等编《孙中山集外集》（上海人民出版社一九九〇年版）

给荣业公司借款收据

（一九二三年四月二十三日）

兹揭到荣业公司双毫银五万元。

订明月息一分算。此据。

孙　文（印）
民国十二年四月二十三日

据陈旭麓、郝盛潮主编，王耿雄等编《孙中山集外集》（上海人民出版社一九九〇年版）

给林树巍的训令

（一九二三年四月二十四日）

大元帅训令第一〇〇号

令高雷绥靖处长林树巍

据两广盐运使伍学熀呈称："窃电茂场知事员缺，前经运使委任伍时贤接理；三亚场知事员缺，则委邝锡尧接理；梅菉分局委员，则委赵子澜接充，该员等均经起程赴任。兹接伍时贤函称，以电茂场知事员缺，已先由高雷绥靖处林处长树巍令委李词垣接代，不允交代；三亚场知事邝锡尧，亦以前知事刘亚威既不接见，亦不交代；梅菉分局委员赵子澜，均〔亦〕以梅菉局委员已由林处长树巍令委邹培豪权理，抗不交代等情函报前来。查各处盐务场局，前因地方秩序未定，有先经由该处司令、处长就近委员暂代者，均属一时权宜之举。现在大局已定，既经由省委人，自应交代，以期事权统一，藉以督率整理而顾税收。据呈前情，理合呈请察核，俯赐电饬高雷绥靖处林处长树巍，转饬现代电茂场知事李词垣、梅菉分局委员邹培豪赶速交代；并恳电饬琼崖善后处邓处长本殷,转饬三亚场知事刘亚威即日移交,不得抗延,俾明统系,实为公便"等情前来。查现在大局渐定,所有各财政机关,自应归主管机关委员办理,以专责成。除指令外,合行令仰该处长查照办理具复。此令。

（中华民国陆海军大元帅之印）

中华民国十二年四月廿四日

据大本营秘书处编《陆海军大元帅大本营公报》第九号（广州一九二三年五月四日）

给程潜的指令

（一九二三年四月二十四日）

大元帅指令第一一四号

令大本营军政部长程潜

呈送该部军法处组织条例请鉴核由

呈悉,所拟条例业经审定,仰即遵照办理。条例并发。此令。

（中华民国陆海军大元帅之印）

中华民国十二年四月廿四日

附录　大本营军政部军法处组织条例

第一条　军法处设处长一人,委员三人,直隶军政部长,专管本处事务。

第二条　凡陆海军军官、军属、士兵犯罪以及人民触犯军法之逮捕、审问、判决执行事项,概归军法处办理。

第三条　军法处适用《陆海军审判条例》及《陆海军刑事条例》各法令。

第四条　凡因被告人之身分,有必须高等军法会审时,得临时呈请组织之。

第五条　书记官、录事因事务之繁简设置之。

第六条　本条例自呈请大元帅核准公布日起实行。

中华民国十二年四月廿四日

据大本营秘书处编《陆海军大元帅大本营公报》第九号（广州一九二三年五月四日）

给朱培德的指令①

（一九二三年四月二十四日）

大元帅指令第一一五号

　　令大本营参军长兼理军政部务朱培德

　　呈报遵令兼理军政部务由。

　　呈悉。此令。

（中华民国陆海军大元帅之印）

中华民国十二年四月廿四日

据大本营秘书处编《陆海军大元帅大本营公报》第九号（广州一九二三年五月四日）

派金华林赴前线视察令

（一九二三年四月二十四日）

派大本营高级参谋金华林赴北江方面前线视察。此令。

孙　文

据谭延闿编《总理遗墨》第一辑（一九二八年印行，广东省社会科学院藏）

---

① 孙中山因军政部长程潜已派往三水指挥左路军队，故于程未回任前，命朱培德暂行兼理军政部部务。朱遵令于21日到部视事，并于是日向孙中山呈报。

给卢师谛等的训令

（一九二三年四月二十五日）

大元帅训令第一〇一号

　　令中央直辖第三军军长卢师谛、中央直辖西路讨贼军总司令刘震寰、中央直辖滇军总司令杨希闵、中央直辖第七军军长兼第二师〈师〉长刘玉山、管理粤汉铁路事务陈兴汉、中央直辖滇军第一师师长杨池生、中央直辖滇军第二师师长杨如轩、中央直辖滇军第三师师长范石生

　　各军官兵乘坐火车到达目的地时，须立刻下车，将车头及客车、货车一律放回总站，以便应用，不得扣留车辆，及在车辆上住宿，以免妨害交通，阻碍输运。切切。此令。

（中华民国陆海军大元帅之印）

中华民国十二年四月廿五日

据大本营秘书处编《陆海军大元帅大本营公报》第九号（广州一九二三年五月四日）

发给江门军队药料费令

（一九二三年四月二十五日）

　　着会计司发江门军队药料费一千元。此令。

孙　文

民国十二年四月二十五日

据中国国民党中央文化传播委员会党史馆藏一般档案051/68

发给周道腴公费令

（一九二三年四月二十五日）

着会计司发给周道腴公费一千元。此令。

孙　文

中华民国十二年四月二十五日

据中国国民党中央文化传播委员会党史馆藏一般档案051/98

发给李福林军费令

（一九二三年四月二十五日）

着会计司陆续发给李福林军费五万元。此令。

孙　文

中华民国十二年四月二十五日

据中国国民党中央文化传播委员会党史馆藏一般档案051/65

发给江固舰伙食费令

（一九二三年四月二十五日）

着会计司发给江固火食六百元。此令。

孙　文

中华民国十二年四月二十五日

据中国国民党中央文化传播委员会党史馆藏一般档案051/56

发给孙勇党款令

（一九二三年四月二十五日）

着会计司发给孙勇党款一百元。此令。

孙　文

中华民国十二年四月二十五日

据中国国民党中央文化传播委员会党史馆藏一般档案051/51

发给孙勇公费令

（一九二三年四月二十五日）

着会计司发给孙勇公费三百元。此令。

孙　文

中华民国十二年四月二十五日

据中国国民党中央文化传播委员会党史馆藏一般档案051/34

发给朱培德伤兵恤款及杂费令

（一九二三年四月二十六日）

着会计司发给朱培德伤兵恤款及杂费三千元。此令。

孙　文

中华民国十二年四月二十六日

据中国国民党中央文化传播委员会党史馆藏一般档案051/40

发给罗拔工务洋行款令

（一九二三年四月二十六日）

着会计司发给罗拔工务洋行七千五百元。此令。

孙 文

中华民国十二年四月二十六日

据中国国民党中央文化传播委员会党史馆藏一般档案051/37

发给梅光培招待费令

（一九二三年四月二十六日）

着会计司发给梅光培招待费二百元。此令。

孙 文

中华民国十二年四月二十六日

据中国国民党中央文化传播委员会党史馆藏一般档案051/123

严拿古日光令

（一九二三年四月二十六日）

大元帅令

　　工兵局筹备委员古日光,甘心从逆,罪无可逭,着即褫夺本职。仰各军长官一体严拿,务获惩办。此令。

（中华民国陆海军大元帅之印）
中华民国十二年四月廿六日

据大本营秘书处编《陆海军大元帅大本营公报》第九号（广州一九二三年五月四日）

命财政厅等将收入悉解大本营会计司令

（一九二三年四月二十六日）

近日军事紧急,需用浩繁,所有政府欠债悉停止还期两月,着财政厅、盐运使及各机关,将各项收入悉解到大本营会计司收,以应军用。各宜禀〔凛〕遵毋违。此令。

孙　文
中华民国十二年四月廿六日

据谭延闿编《总理遗墨》第一辑（一九二八年印行,广东省社会科学院藏）

命取消梁士诒通缉令

（一九二三年四月二十七日）

着取消梁士诒通缉令。此令。

孙　文
中华民国十二年四月廿七日

据谭延闿编《总理遗墨》第一辑（一九二八年印行,广东省社会科学院藏）

发给梁鸿楷军费令

（一九二三年四月二十八日）

着会计司发给梁鸿楷军费五千元。此令。

孙　文

中华民国十二年四月二十八日

据中国国民党中央文化传播委员会党史馆藏一般档案051/115

发给江固舰饷及杂费令

（一九二三年四月二十八日）

着会计司发给江固舰四月份饷并杂用共一千四百二十六元。此令。

孙　文

中华民国十二年四月廿八日

据中山大学孙中山纪念馆藏原件

给财政厅等命令二件[①]

（一九二三年四月二十九日）

令省署财厅、市政厅等本月发薪，五十元以上对折，百元以上四折。（孙中山以军费缺乏）令总商会、九善堂于五日内代筹五十万。

据天津《大公报》一九二三年四月二十九日《陈炯明发难之密谋》

[①] 此二件系天津《大公报》报载要点。

发给徐于密电本令

（一九二三年四月二十九日）

着秘书处发给密电一本交徐于。此令。

孙　文

中华民国十二年四月廿九日

据谭延闿编《总理遗墨》第一辑（一九二八年印行，广东省社会科学院藏）

批蒋介石签

（一九二三年四月二十九日）

请发马伯麟君管理子弹人员费银一百元整。蒋中正。

准。

孙　文

据秦孝仪主编《国父全集》第六册（台北近代中国出版社一九八九年版）

发给喻毓西旅费令

（一九二三年四月三十日）

着会计司发给喻毓西旅费二百元。此令。

孙　文

中华民国十二年四月三十日

据中国国民党中央文化传播委员会党史馆藏一般档案051/48

给傅秉常的训令

（一九二三年四月三十日）

大元帅训令第一一〇号

　　令粤海关监督傅秉常

　　据大本营驻江办事处全权主任古应芬呈称："窃职现准江门海关税务司许礼雅第五十六号函开：'本月二十一日曾致一函，并声明容日将何者应税、何者应免之军用物品开列函送，计已上达台端。兹将定章所载持有护照应税、应免之各项军用物品分别列单送上，希为查收。至于输运军用物品之护照，如贵主任呈请大元帅行知敝关，准凭大本营护照照章分别征、免验放，则日后可省文牍，并可免稽延军用矣等由。计送单二纸。'准此。查职处前因军事吃紧，军用物品不时派员赴港购买，比到江门，往往为该税关误会扣留，当经函致该税务司，将应行免税理由理合备文并缮呈送单，一经呈请钧府察核，伏恳俯赐令饬粤海关监督咨行税务司，转令该关，以后准凭职处护照免验放行"等情。据此，除指令呈及送单均悉候令行粤海关监督遵照办理外，合行令仰该监督迅即函知该税务司转饬江门海关，无论应税免税各军用物品，概凭大本营驻江办事处护照，随时免验放行，以利戎机。送单抄发。此令。

　　　　　　　　　　　　　　　（中华民国陆海军大元帅之印）
　　　　　　　　　　　　　　中华民国十二年四月卅日

据大本营秘书处编《陆海军大元帅大本营公报》第十号
（广州一九二三年五月十一日）

给古应芬的指令

（一九二三年四月三十日）

大元帅指令第一一一号

令大本营驻江办事处全权主任古应芬

呈请令饬粤海关监督咨行税务司,转令江门海关税务司,以后凡输运军用物品,准凭该处护照免验放行由

呈及送单均悉,候令行粤海关监督遵照办理可也。此令。

（中华民国陆海军大元帅之印）

中华民国十二年四月三十日

据大本营秘书处编《陆海军大元帅大本营公报》第十号
（广州一九二三年五月十一日）

命江门海关放行电话机令①

（一九二三年四月三十日）

着广州税务司饬江门税关放行。此令。

孙　文

民国十二年四月

据中国国民党中央文化传播委员会党史馆藏一般档案051/150

---

① 古应芬来电称,大本营驻江门办事处从香港购运军用电话机四部,被江门海关税司扣留,请求孙中山命令海关监督咨税务司转行江门海关监督立予免税放行。原文无日期,令后附有古应芬之呈电,知与前令为同一事,故亦应为4月30日。

饬发给谢铁良陈仲斌出入证

（一九二三年四月）①

谢铁良特别出入证一枚，陈仲斌一枚。

孙　文

据中国国民党中央文化传播委员会党史馆藏一般档案051/79

批陈天太借款原据

（一九二三年四月）

着财政厅发给。（大本营军政部部长程潜具领颁发给陈天太部毫洋一万元原据。）

据许师慎《〈国父全集〉未刊载之重要史料》，载黄季陆等编《研究中山先生的史料与史学》（台北"中华民国"史料研究中心一九七五年版）

命安北舰暂留省河令

（一九二三年五月一日）

着安北舰长暂留省河，以待后命。此令。

孙　文
民国十二年五月一日

据中国国家博物馆藏原件

---

① 原件无日期，系"大本营公用笺"，当与《饬发给伍毓瑞出入证手谕》在同一时期。

给关景星的训令

（一九二三年五月一日）

大元帅训令第一一一号

令前广东盐务稽核分所经理关景星

查广东盐务稽核分所经理一职,前经委任伍汝康接任,并令该员刻日交代各在案。除令饬伍汝康克日到任外,合行令仰该员刻日交代,毋得违抗干咎。切切。此令。

（中华民国陆海军大元帅之印）

中华民国十二年五月一日

据大本营秘书处编《陆海军大元帅大本营公报》第十号
（广州一九二三年五月十一日）

给伍汝康的训令

（一九二三年五月一日）

大元帅训令第一一二号

令广东盐务稽核分所经理伍汝康

查广东盐务稽核分所经理一职,前经委任该员接任在案。现已日久,未据将到任日期具报,合行令仰该经理克日赴任具报,勿得迟延。切切。此令。

（中华民国陆海军大元帅之印）

中华民国十二年五月一日

据大本营秘书处编《陆海军大元帅大本营公报》第十号
（广州一九二三年五月十一日）

发给杨希闵犒赏费令

（一九二三年五月二日）

着会计司发给杨总司令犒赏费一万元。此令。

孙　文

中华民国十二年五月二日

据中山大学孙中山纪念馆藏原件

给先施公司借款收据

（一九二三年五月三日）

兹借到先施公司双毫银二万元正。

孙　文

十二年五月三日

据上海革命历史博物馆筹备处藏原件照片

给徐绍桢的训令

（一九二三年五月三日）

大元帅训令第一一八号

　　令广东省长徐绍桢

　　此次沈逆叛乱，各军奋勇杀贼，迭奏肤功。而北江一带各处民团，亦能乘机出奇，协同兜剿，毙敌无算，殊堪嘉许。仰该省长详查，所有得力民团立功较著者,一律转令慰劳,并将所有战绩分别切实呈报,以凭核办。此令。

（中华民国陆海军大元帅之印）
中华民国十二年五月三日

据大本营秘书处编《陆海军大元帅大本营公报》第十号（广州一九二三年五月十一日）

给杨西岩的借款收据

（一九二三年五月三日）

收到杨西岩先生借到洋毛银十万元正。此据。孙文。五月三日。余款本息着市政厅长拨市产偿还。此批。

文

据秦孝仪主编《国父全集》第六册（台北近代中国出版社一九八九年版）

发给梁醉生旅费令

（一九二三年五月四日）

着会计司发给梁醉生旅费二百元。此令。

孙　文
中华民国十二年五月四日

据中国国民党中央文化传播委员会党史馆藏一般档案051/124

发给夏醉雄旅费令

（一九二三年五月四日）

着会计司发给夏醉雄旅费五百元。此令。

孙　文

中华民国十二年五月四日

据中国国民党中央文化传播委员会党史馆藏一般档案051/54

给周之贞的命令

（一九二三年五月四日）

八邑绥靖处着即撤消,并着将该处所驻各县之队伍悉调赴前敌。此令。周之贞

孙　文

据中国国民党中央文化传播委员会党史馆藏一般档案051/148

裁撤八属绥靖处令

（一九二三年五月五日）

大元帅令

四邑两阳香顺八属绥靖处应即裁撤,所有善后事宜,着该地方官切实办

理。此令。

（中华民国陆海军大元帅之印）

中华民国十二年五月五日

据大本营秘书处编《陆海军大元帅大本营公报》第十号
（广州一九二三年五月十一日）

给古应芬周之贞的训令

（一九二三年五月五日）

大元帅训令第一二〇号

令大本营驻江办事处全权主任古应芬、四邑两阳香顺八属绥靖处处长周之贞

四邑两阳香顺八属绥靖处应即裁撤，该处所属分驻各县队伍，着一律调赴前敌。此令。

（中华民国陆海军大元帅之印）

中华民国十二年五月五日

据大本营秘书处编《陆海军大元帅大本营公报》第十号
（广州一九二三年五月十一日）

发给梁醉生旅费令

（一九二三年五月六日）

着会计司发给梁醉生旅费三百元。此令。

孙　文

中华民国十二年五月六日

据中国国民党中央文化传播委员会党史馆藏一般档案
051/125

发给卢师谛部伙食费令

（一九二三年五月六日）

着会计司发给卢师谛军队伙食三千元。此令。

中华民国十二年五月六日

孙　文（大元帅章）

据中国第二历史档案馆藏原件

发给杨希闵伙食费令

（一九二三年五月八日）

着会计司发给滇军总司令伙食二万元。此令。

孙　文

中华民国十二年五月八日

据中山大学孙中山纪念馆藏原件

关于印花问题的指令

（一九二三年五月九日）

自印花一千万元，并收回造币厂。

据天津《大公报》一九二三年五月九日《各地要电》

发给黄骚取消定船赔补费令

（一九二三年五月九日）

着会计司发给黄骚取消定船赔补费二千五百元港币。此令。

孙　文

中华民国十二年五月九日

据中国国民党中央文化传播委员会党史馆藏一般档案 051/44

发给西江军队军费令

（一九二三年五月九日）

着会计司发给西江军队军费一万元。此令。

孙　文

中华民国十二年五月九日

据中山大学孙中山纪念馆藏原件

发给长洲要塞司令伙食费令

（一九二三年五月十日）

发给长洲要塞司令伙食费一千元。此令。

孙　文

中华民国十二年五月十日

据中山大学孙中山纪念馆藏原件

官产收归大本营办理令

（一九二三年五月十日）

即日要收回官产，归大本营办理。

民国十二年五月十日

据中国国民党中央文化传播委员会党史馆藏一般档案051/149

发给孙祥夫等公费令

（一九二三年五月十日）

着会计司发海军委员三人公费一千五百元，另孙祥夫往汕头宣慰公费一千元。此令。

孙 文

中华民国十二年五月十日

据中国国民党中央文化传播委员会党史馆藏一般档案051/35

发给吴世英常庭兰旅费令

（一九二三年五月十日）

着会计司发给吴世英、常庭兰二人旅费共二百元。此令。

孙 文

中华民国十二年五月十日

据中国国民党中央文化传播委员会党史馆藏一般档案051/53

命查明有功乡团颁奖令

（一九二三年五月十日）

大元帅令

　　沈逆叛变，勾结北军，进窥粤垣，冀危大局。赖我各军将士戮力同心，勇猛杀贼，不兼旬而追奔逐北，逆氛以戢。西、北两江名城大邑次第克复，诸将士劳苦功高，一俟残贼肃清，自应另案一体分别从优叙奖。惟查此次讨逆军兴，沿粤汉铁路各地乡团，深明大义，乘机杀贼，或协助我军作战，或扰乱逆敌后方，致收迅克之功。该乡团等为国效命，甚属可嘉，着军政部调查明确，分别呈候颁给匾额，以彰义声而昭激劝。此令。

（中华民国陆海军大元帅之印）

中华民国十二年五月十日

据大本营秘书处编《陆海军大元帅大本营公报》第十一号（广州一九二三年五月十八日）

通缉黄大伟手令

（一九二三年五月十日）

命令通缉黄大伟。

民国十二年五月十日

据中国国民党中央文化传播委员会党史馆藏一般档案051/149

通缉黄大伟令

（一九二三年五月十日）

大元帅令

　　前东路讨贼军第一军军长黄大伟,近受北廷嗾使,挟陈逆重金,潜伏香港,派遣党羽,散布谣言,运动军队,希图扰乱治安,破坏大局。该前军长以青年学子,受本大元帅训诲培植十有余年,内预机要,外参戎行,优渥隆重,鲜有伦比,乃桀骜放纵,屡抗军令,善诱严督,讫无悛改。本大元帅犹曲予优容,冀终悔悟。前讨贼军进驻福建,该前军长一意孤行,刚愎自用,上级长官命令,均等弁髦。本大元帅为统一军令起见,不获已饬令解职,并拟任以他项重寄,以酬前劳。乃该前军长毫不思过,倒行逆施,悍然无忌,以至此极。兹特宣布罪状,交各军长官一体传令通缉,务获究办,以儆背叛,而肃军纪。此令。

　　　　　　　　　　　　（中华民国陆海军大元帅之印）

中华民国十二年五月十日

据大本营秘书处编《陆海军大元帅大本营公报》第十一号
（广州一九二三年五月十八日）

饬滇军赴韶关令

（一九二三年五月十日）

大总统令

　　驻省滇军全部乘粤汉路车赴韶关,预备大举进攻。十日。

据上海《民国日报》一九二三年五月十二日《本社专电》

命杨廷培将炮交回李福林令

（一九二三年五月十一日）

着杨旅长廷培将前借李福林军长之炮二门交回该军长应用。此令。

孙　文

民国十二年五月十一日

据谭延闿编《总理遗墨》第一辑（一九二八年印行，广东省社会科学院藏）

命派员调查沿海盐务令

（一九二三年五月十一日）

大元帅令

着广东盐务稽核分所经理伍汝康，派员乘安北舰前往广东沿海产盐场所调查盐务事宜，仰各该处所驻军队，一体协同办理。此令。

（中华民国陆海军大元帅之印）

中华民国十二年五月十一日

据大本营秘书处编《陆海军大元帅大本营公报》第十一号（广州一九二三年五月十八日）

发给刘玉山军费令

（一九二三年五月十二日）

着会计司陆续发给刘玉山军费一万元。此令。

孙　文

中华民国十二年五月十二日

据中国国民党中央文化传播委员会党史馆藏一般档案051/120

着沿海盐场驻军协同办理盐务调查令

（一九二三年五月十二日）

兹着稽核分所经理，派员乘安北舰前往广东沿海产盐场所调查盐务事宜，仰各该处驻防军队一体协同办理。此令。

孙　文

据秦孝仪主编《国父全集》第六册（台北近代中国出版社一九八九年版）

发给周伯甘谢愤生出发费令

（一九二三年五月十三日）

着会计司发给周伯甘、谢愤生二旅长出发费共二千元。此令。

孙　文

中华民国十二年五月十三日

据中国国民党中央文化传播委员会党史馆藏一般档案051/75

发给李元著杂费令

（一九二三年五月十四日）

着会计司发给海军委员李元箸〔著〕杂费三百元。此令。

孙　文

中华民国十二年五月十四日

据中国国民党中央文化传播委员会党史馆藏一般档案051/132

给王棠的训令

（一九二三年五月十四日）

大元帅训令第一二五号

令大本营会计司司长王棠

据广东无线电报总局局长冯伟呈称："窃职局每月经常费业经按月编造预算书呈报在案。惟自去年陈军败走时，各局机件多被损坏，现又值军事加紧时期，亟应从速修理；更兼汕头创设分局，工程一门尤不能不特别注意。前月特在上海聘工程师两员：一黎福强，月薪三百元；一林心泉，月薪二百元；另由上海来粤旅费二百元。该两员均于四月一日到差。查前缴四月份预算书内并无列入该两员月薪及旅费等项，理合追加专文呈报钧帅察核备案，伏乞俯准令行会计司补发给领，实为公便。一俟军事稍松，再行酌量裁撤"等情前来。除指令照准外，合行令仰该司长即便补发给领。此令。

（中华民国陆海军大元帅之印）

中华民国十二年五月十四日

据大本营秘书处编《陆海军大元帅大本营公报》第十一号（广州一九二三年五月十八日）

给程潜等的训令

（一九二三年五月十四日）

大元帅训令第一二六号

令大本营军政部长程潜、中央直辖滇军总司令兼广州卫戍总司令杨希闵、大本营巩卫军司令朱培德、中央直辖西路讨贼军总司令刘震寰、东路讨贼军第三军军长李福林、中央直辖第三军军长卢师谛、中央直辖第七军军长刘玉山、大本营驻江办事处全权主任古应芬、广东海防司令陈策

据大本营兵站总监罗翼群呈称："为厘定兵站路线统筹接济，恳请通令各军查照，以明统系而免虚糜，恭呈仰祈鉴核事。窃职部成立以来，已逾旬日，各路站所设置，略有端倪。惟各军旧日有自行设置兵站者，领取物料每不一致，有向职辖各兵站领取者，有直接到职部领取者，亦有由职部直接运送前线供给者，名目歧异，于统系上难归一致，于经济上亦不免虚糜。职总监兵站，愚见所及，应行改革之处，不敢含默。兹由职部略为厘定，以一事权。现拟分为东、西、北三路，各路设支部一处，分站若干处，视兵力之大小、战事之进度如何，逐渐增加站所，以期能达普及任务。北路支部专接济粤汉铁路附近及琶江口以上大小北江一带作战军队之给养；站所位置，则随前方战况之进步移设，以韶关为支部驻地。西路支部固定位于河口，专接济西江、绥江两河沿岸附近及清远以下作战军之给养。东路专接济沿广九铁路及石龙、增城以上东路作战军之给养。至兵站线所辖区域内之作战军队，统归职部所辖各部、站直接供给。其旧日各军原有自行设备之兵站，似无庸设置，亦不再向各方领取，庶省手续繁冗，且免重领、滥取、浪费之弊。所有以上各缘由，理合厘定计划，附图呈请鉴核。伏乞俯赐通令各军查照职部计划，派员到职部妥协接洽，庶明统系而省虚糜。是否有当，恭候训示祗遵"等情，并附图前来。据此，除指令照准外，合亟令行各军一体查照办理。队

线略图随发。此令。

（中华民国陆海军大元帅之印）

中华民国十二年五月十四日

据大本营秘书处编《陆海军大元帅大本营公报》第十一号
（广州一九二三年五月十八日）

给王棠的训令

（一九二三年五月十四日）

大元帅训令第一二七号

  令大本营会计司司长王棠

  据广东无线电报总局局长冯伟呈称："窃职局每月经常费,曾经编造预算书按月呈请准予发给照领。查临时费一门,向来规定每年七千元。自民国十年八月间,奉准每年增加五千元,合共一万二千元。如有开支,届时呈准实报实销,于临时特种活支并修整、添购机件尚不在内,历经遵照办理各在案。现当军事时期,职局为专办军事传达机关,特种活支较诸寻常自必更多,理合将四月份〈临〉时特种活支造册随文呈报钧帅鉴核。伏乞训示祇遵。并请令行会计司发给祇领,实为公便"等语,并造具清册前来。除指令照准外,合行令仰该司长即便如数发给。清册并发。此令。

（中华民国陆海军大元帅之印）

中华民国十二年五月十四日

据大本营秘书处编《陆海军大元帅大本营公报》第十一号
（广州一九二三年五月十八日）

给古应芬的训令

（一九二三年五月十四日）

大元帅训令第一二八号

　　令大本营驻江办事处全权主任古应芬

　　东路讨贼军第十四路司令周少棠所部，着拨归大本营兵站总监指挥调遣。此令。

　　　　　　　　　　　　　（中华民国陆海军大元帅之印）

　　　　　　　　　　　　　中华民国十二年五月十四日

　　　　　据大本营秘书处编《陆海军大元帅大本营公报》第十一号

　　　　　（广州一九二三年五月十八日）

给罗翼群的训令

（一九二三年五月十四日）

大元帅训令第一二九号

　　令大本营兵站总监罗翼群

　　东路讨贼军第十四路司令周少棠所部，着拨归该总监指挥调遣。此令。

　　　　　　　　　　　　　（中华民国陆海军大元帅之印）

　　　　　　　　　　　　　中华民国十二年五月十四日

　　　　　据大本营秘书处编《陆海军大元帅大本营公报》第十一号

　　　　　（广州一九二三年五月十八日）

给罗翼群的指令

(一九二三年五月十四日)

大元帅指令第一六四号

　　令大本营兵站总监罗翼群

　　呈为厘定兵站路线统筹接济,请通令各军查照以明统系而免虚糜由

　　呈暨略图悉。所拟尚属可行,准予通令各路军事长官一体查照办理。此令。

　　　　　　　　　　　　　　　　　　　　(中华民国陆海军大元帅之印)

　　　　　　　　　　　　　　　　　　　中华民国十二年五月十四日

据大本营秘书处编《陆海军大元帅大本营公报》第十一号
(广州一九二三年五月十八日)

给朱和中的指令

(一九二三年五月十四日)

大元帅指令第一六七号

　　令广东兵工厂厂长朱和中

　　呈请将每日制出枪枝子弹照旧章解交军械局由

　　呈悉。该厂每日所制枪弹,着暂解交兵站部备用。此令。

　　　　　　　　　　　　　　　　　　　　(中华民国陆海军大元帅之印)

　　　　　　　　　　　　　　　　　　　中华民国十二年五月十四日

据大本营秘书处编《陆海军大元帅大本营公报》第十一号
(广州一九二三年五月十八日)

发给黄昌谷公费令

（一九二三年五月十五日）

着会计司每月（由四月起）发给黄昌谷公费三百元。此令。

孙　文

中华民国十二年五月十五日

据中国国民党中央文化传播委员会党史馆藏一般档案051/95

发给徐于旅费令

（一九二三年五月十五日）

着会计司发给徐于旅费三百元。此令。

孙　文

中华民国十二年五月十五日

据中国国民党中央文化传播委员会党史馆藏一般档案051/76

发给徐树荣军费令

（一九二三年五月十五日）

着会计司发给徐树荣军费一千元。此令。

孙　文

中华民国十二年五月十五日

据中国国民党中央文化传播委员会党史馆藏一般档案051/131

命谢文炳部归军政部编制令

（一九二三年五月十六日）

谢文炳所部着归军政部编制。此令。

孙 文

据谭延闿编《总理遗墨》第三辑(印行时间不详,广东省社会科学院藏)

给赵士北的指令①

（一九二三年五月十六日）

大元帅指令第一六九号

　　令大理院长兼管司法行政事务赵士北

　　呈请将广州登记局直接考核,始曷〔易〕统筹兼愿〔顾〕由

　　呈悉。现在军需孔急,财厅〔于〕应支常款,未能照给。所有司法各机关经费,自应先假司法收入,分配应用。所请将广州登记局由该院直接考核,以便统筹兼顾之处,应予照准。仰即知照。此令。

（中华民国陆海军大元帅之印）

中华民国十二年五月十六日

据大本营秘书处编《陆海军大元帅大本营公报》第十二号
(广州一九二三年五月二十五日)

---

① 5月11日,赵士北呈请将广州登记局直接由大理院考核,以便筹措大理院经费。

发给刘玉山军费令

（一九二三年五月十七日）

着会计司发给刘玉山军费五千元。此令。

孙　文

中华民国十二年五月十七日

据中国国民党中央文化传播委员会党史馆藏一般档案051/108

命将盖印之手令编号注册令

（一九二三年五月十七日）

着秘书处须将盖印之手令编号注册。此令。

孙　文

中华民国十二年五月十七日

据谭延闿编《总理遗墨》第一辑（一九二八年印行，广东省社会科学院藏）

发给无线电局经费令

（一九二三年五月十七日）

着会计司发给无线电局经费三千元。此令。

孙　文

中华民国十二年五月十七日

据秦孝仪主编《国父全集》第六册（台北近代中国出版社一九八九年版）

发给肇庆赏恤费令

（一九二三年五月十八日）

着会计司发给肇庆赏恤费五千元。此令。

孙　文

中华民国十二年五月十八日

据中国国民党中央文化传播委员会党史馆藏一般档案 051/136

给杨希闵等的训令

（一九二三年五月十八日）

大元帅训令第一三三号

令广州卫戍总司令杨希闵、大本营兵站总监罗翼群、广州市公安局长吴铁城

查得近有无业痞棍，假冒军人，藉名拉夫，肆行勒索，实属胆玩已极。着广州卫戍总司令杨希闵、大本营兵站总监罗翼群、广州市公安局长吴铁城，即便转令所属，一体严密查拿，务获重究，以做奸回，而安闾阎。切切。此令。

（中华民国陆海军大元帅之印）

中华民国十二年五月十八日

据大本营秘书处编《陆海军大元帅大本营公报》第十二号（广州一九二三年五月二十五日）

附录　饬严拿假冒军人手令

查得近有假冒军人到处拉夫，借端讹索，实属罪大恶极。着广州卫戍总司令、兵站总监、广州公安局长严行拿办，不得疏渝。此令。

据谭延闿编《总理遗墨》第三辑（印行时间不详，广东省社会科学院藏）

批范石生呈

（一九二三年五月十八日）

着市政厅长垫发二万元①。此批。

孙　文
民国十二年五月十八日

据秦孝仪主编《国父全集》第六册（台北近代中国出版社一九八九年版）

发给刘玉山军费令

（一九二三年五月十九日）

着会计司发给刘玉山军费五千元。此令。

孙　文
中华民国十二年五月十九日

据中国国民党中央文化传播委员会党史馆藏一般档案051/138

---

① 范石生签呈："现因需款出发，请大元帅发给三万元，以应急需。师长范石生呈。十八。"

发给杨如轩紧急费令

（一九二三年五月十九日）

着会计司发给杨师长如轩紧急费一万元。此令。

孙　文

中华民国十二年五月十九日

据中国国民党中央文化传播委员会党史馆藏一般档案 051/39

饬魏邦平即着邓演达所部即日来省电令

（一九二三年五月十九日）

三水古主任速转魏总指挥鉴：礼大密。希即着邓演达所部即日来省（为大本营卫队）。此令。

孙　文

据中国国民党中央文化传播委员会党史馆藏一般档案 050/121

给杨希闵的训令

（一九二三年五月十九日）

大元帅训令第一三五号

　　令中央直辖滇军总司令杨希闵

　　据东路讨贼军第三军军长李福林呈称："去年韶州一役，职部转战入闽,遗下旧部散匿始兴、仁化一带。夏历岁杪,福林返粤,正在派员招集回省,均为沈逆间阻不得下。此次沈军败退,密饬该兵等四处要截。现拟在韶设立办事处,以便整理一切,并派员率领回部,庶免苦战士卒散漫无归。恳请钧座令饬杨总司令,转饬所属一体知照,俾免误会"等情前来。查该军长所陈,尚属实在情形,除指令照准外,合行令仰该总司令,转饬所属一体知照。此令。

(中华民国陆海军大元帅之印)

中华民国十二年五月十九日

据大本营秘书处编《陆海军大元帅大本营公报》第十二号
(广州一九二三年五月十五日)

给王棠的训令三件

(一九二三年五月十九日)

一

大元帅训令第一三七号

令大本营会计司司长王棠

据大本营建设部长邓泽如呈称:"窃职部自四月十一日开始办公,所有各职员四月份薪俸,理合造具预算表,呈请钧帅俯赐鉴核,饬司照发,以便转给"等语,并造具预算表前来。除指令照准外,合行令仰该司长查照发给。预算表并发。此令。

(中华民国陆海军大元帅之印)

中华民国十二年五月十九日

二

大元帅训令第一三八号

　　令大本营会计司司长王棠

　　据兼大本营财政部长邓泽如呈称："窃职部自三月二十一日开始办公,所有各职员二〔三〕月份薪俸,理合造具预算表,呈请钧帅俯赐鉴核,饬司照发,以便转给"等语,并造具预算表前来。除指令照准外,合行令仰该司长查照发给。预算表并发。此令。

（中华民国陆海军大元帅之印）

中华民国十二年五月十九日

三

大元帅训令第一三九号

　　令大本营会计司司长王棠

　　据兼大本营财政部长邓泽如呈称："窃职部各职员三四月份薪俸,已编造预算表呈请核发在案。五月份各职员薪俸,理合先期造具预算表,呈请钧帅俯赐鉴核,饬司照发,以便转给支领"等语,并造具预算表前来。除指令照准外,合行令仰该司长查照发给。预算表并发。此令。

（中华民国陆海军大元帅之印）

中华民国十二年五月十九日

据大本营秘书处编《陆海军大元帅大本营公报》第十二号
（广州一九二三年五月二十五日）

给傅秉常的指令[1]

（一九二三年五月十九日）

大元帅指令第一七八号

　　令特派广东交涉员傅秉常

　　呈为德侨纷纷请求发还个人私有房屋，未奉规定明文，不敢擅便，请指令祗遵由

　　呈悉。准予发还可也。此令。

（中华民国陆海军大元帅之印）

中华民国十二年五月十九日

据大本营秘书处编《陆海军大元帅大本营公报》第十二号
（广州一九二三年五月二十五日）

给廖仲恺的指令

（一九二三年五月十九日）

大元帅指令第一八二号

　　令广东省长廖仲恺

　　呈为崔尚战前犯杀人罪，又系现役军人，请示可否饬下军政部提审，抑仍由法庭处理，请令祗遵由

　　呈悉。应仍由法庭处理，仰即转饬遵照。此令。

（中华民国陆海军大元帅之印）

中华民国十二年五月十九日

据大本营秘书处编《陆海军大元帅大本营公报》第十二号
（广州一九二三年五月二十五日）

---

[1]　5月10日，傅秉常上呈孙中山，就德侨要求发还第一次世界大战期间在广东被封存的财产一事请示处理办法。

给杨总司令的手令

（一九二三年五月二十日）

近日查有各师旅部,有缉获奸细即自行处决,市内大场广众之中而竟至陈尸数日者,殊于文明人道大相违背。着该总司令严行禁止各师旅部自行处决人犯,所获奸细务令解至总司令部办理。此令。

又查各处之有无兵而犹某某司令等名目以招摇舞弊者,着该总司令严行拿办。此令。

孙　文

民国十二年五月二十日

据中国国民党中央文化传播委员会党史馆藏一般档案051/148

给广州市政厅的命令

（一九二三年五月二十日）

除商会缴过五万元,其余四十五万由滇军杨希闵直接收取。善堂之五十万元,由刘震寰收二十五万,李福林收十二万五千,刘玉山与〔收〕十二万五千。

据天津《大公报》一九二三年五月二十四日《各地要电》

给王棠的训令

（一九二三年五月二十一日）

大元帅训令第一四〇号

　　令大本营会计司司长王棠

　　据大本营建设部长邓泽如呈称："窃职部四月份各职员薪俸，已编造预算表呈请核发在案。五月份各职员薪俸，理合先期编造预算表，呈请钧帅俯赐鉴核，饬司照发，以便转给支领"等语，并造具预算表前来。除指令照准外，合行令仰该司长查照发给。预算表并发。此令。

　　　　　　　　　　　　　　　（中华民国陆海军大元帅之印）

　　　　　　　　　　　　中华民国十二年五月廿一日

　　　　　　据大本营秘书处编《陆海军大元帅大本营公报》第十三号

　　　　　　（广州一九二三年六月一日）

给杨希闵的训令

（一九二三年五月二十一日）

大元帅训令第一四一号

　　令广州卫戍总司令杨希闵

　　查广州市内及省会附近地方，竟有未经任命自称某某司令等名目，设立机关，招摇舞弊情事，殊堪痛恨。仰该总司令一律严行拿办。切切。此令。

　　　　　　　　　　　　　　　（中华民国陆海军大元帅之印）

　　　　　　　　　　　　中华民国十二年五月二十一日

　　　　　　据大本营秘书处编《陆海军大元帅大本营公报》第十三号

　　　　　　（广州一九二三年六月一日）

饬各师旅不得自行处决犯人令①

（一九二三年五月二十一日）

大元帅训令第一四二号

　　令广州卫戍总司令杨希闵

　　查近日各师旅部,缉获奸细即自行处决,并多于市内广众之中执行,甚至陈尸数日,尚未收殓,殊于文明人道,大相违背,仰该总司令严令禁止。嗣后各师旅部毋得自行处决人犯,所获奸细,应一律解至该总司令部办理。切切。此令。

（中华民国陆海军大元帅之印）

中华民国十二年五月二十一日

据大本营秘书处编《陆海军大元帅大本营公报》第十三号
（广州一九二三年六月一日）

给赵士北的指令

（一九二三年五月二十一日）

大元帅指令第一九二号

　　令大理院长兼司法行政事务赵士北

　　呈报减刑办法由

　　呈悉。此次申令清理庶狱,重在平反冤狱,省释无辜。凡在疑狱,从宽免刑;轻罪可原,迅予开释。至于减刑一节,除真正命、盗要案外,宜详加审

---

① 此令与5月20日"着杨总司令严禁各师旅处决人犯及严行拿办招摇舞弊者令"内容大致相同唯日期不同,且无后半之又令,故仍分别据在。

查，视其情罪之轻重与在监执行刑罚之久暂，分别等差，呈请减免，以副本大元帅哀矜庶狱之至意。有厚望焉。此令。

（中华民国陆海军大元帅之印）
中华民国十二年五月廿一日
据大本营秘书处编《陆海军大元帅大本营公报》第十三号
（广州一九二三年六月一日）

给王棠的训令

（一九二三年五月二十一日）

大元帅训令第一四三号

令大本营会计司司长王棠

据大本营财政部长邓泽如呈称："窃职部三月份各职员薪俸，已造具预算表呈请核发在案。四月份各职员薪俸，理合造具预算表呈请帅钧鉴核，饬司照发，以便转给"等语，并造具预算表前来。除指令照准外，合行令仰该司长查照发给。预算表并发。此令。

（中华民国陆海军大元帅之印）
中华民国十二年五月廿一日
据大本营秘书处编《陆海军大元帅大本营公报》第十三号
（广州一九二三年六月一日）

命悬赏购拿杨坤如令

（一九二三年五月二十二日）

大元帅令

杨逆坤如，反复无常，奸诡成性。去年陈逆之变，称兵首难，此贼实为祸先。及联军奉命致讨,杨逆窘穷失据,指天誓日,服罪乞降。本大元帅特示优容,恕其既往,委以重任,冀终感化。而狼子野心,怙恶不悛,一面呈请自效,一面阴结逆党,竟于本月十一日,擅自称兵,进窥石龙。赖我将士用命,合力迎剿。逆贼败窜,惠城犹复收合,余烬负嵎固守。似此恣行叛逆,视为固常,恶盈衅积,法所必诛。杨坤如应即褫夺代理警备军军长及第一师师长本兼各职。着各军长官转饬前敌将领,将杨逆坤如悬赏购拿,务获惩办,以伸国法,而快人心。此令。

（中华民国陆海军大元帅之印）
中华民国十二年五月廿二日

据大本营秘书处编《陆海军大元帅大本营公报》第十三号
（广州一九二三年六月一日）

命拿办李耀汉令

（一九二三年五月二十二日）

大元帅令

桂盗余孽李耀汉,于沈逆叛乱之际,竟敢率领丑类,肆行抢劫,骚扰地方,涂炭生灵,实属罪无可逭,仰前敌各军长官,一体悬赏购拿,务获惩办。此令。

（中华民国陆海军大元帅之印）
中华民国十二年五月廿二日

据大本营秘书处编《陆海军大元帅大本营公报》第十三号
（广州一九二三年六月一日）

命拿办沈子良杨梅宾令

（一九二三年五月二十二日）

大元帅令

此次陈逆余孽,乘沈逆之乱相率背叛,业经分命将士提兵进讨。查有沈子良、杨梅宾接济叛徒,居中策画,甘心同恶,罪无可逭。着广东省长及各军长官转令所属,一体严拿,务获惩办。此令。

（中华民国陆海军大元帅之印）

中华民国十二年五月廿二日

据大本营秘书处编《陆海军大元帅大本营公报》第十三号（广州一九二三年六月一日）

给王棠的训令

（一九二三年五月二十二日）

大元帅训令第一四五号

令大本营会计司司长王棠

据大本营参军长朱培德呈称:"窃据战地通信所长赵育庠呈称:'窃查战地通信总所及一、二、三、四分所,信差各补四名,以资传达,经于四月十九日呈报,当奉批示准补在案。查战地信差饷银,旧章规定每月毫洋十二元。惟通信所自成立以来,该信差火食均由各所长由办公费项下垫发。现据各分所长报称,信差仅发火食均不愿意服务。此间战线较远,若不预为设法,诚恐中途逃逸,有误要公。况作战地区顶补信差尤非易易。务请将其火食饷银照章发下,始有办法。等情。据此,查战时信差传达较为劳苦,自非请发饷项,实不足以固心理。拟请由四月十九日起发饷银一月,以示鼓励,而免误事。除将该信差等姓名造册附呈外,理合具文呈请核转示遵'等情,附名册一本前来。据此,查所呈各节尚属实情,应即具呈缮造清册汇呈备案,并恳补发各所信差月饷,以资鼓励。所有呈请备案及补发各缘由,理合恭呈鉴核指令祗遵"据此,除指令呈悉,准予令行会计司照案发给外,合行令仰该司长即行按数发给月饷。清册一本附发。此令。

(中华民国陆海军大元帅之印)

中华民国十二年五月廿二日

据大本营秘书处编《陆海军大元帅大本营公报》第十三号
(广州一九二三年六月一日)

给罗翼群的训令

(一九二三年五月二十二日)

大元帅训令第一四六号

令大本营兵站总监罗翼群

据大本营审计局长刘纪文呈称:"窃职局前奉钧帅委办大本营兵站总监部及所属支部、分站、派出所、运输站、野战病院等暂行编制薪饷表一案,当即遵令查核。查我国陆军编制,无兵站之名称,不过对于军事上利便起见,临时设立,于编制上无所根据,其用人行政,似应由该部总监负完全责任。惟各薪饷表所列各数,核与军政部所订定各军暂行编制饷章略有不符。根据军政部订定各军暂行编制饷章,则中将月支五百五十元,少将月支四百元,上校月支三百元,中校月支二百二十元,少校月支百六十元,皆八折支给;其余上尉月支八十元,中尉月支五十元,少尉月支四十元,皆九折支给。今该部所列薪饷未有折算,与军政部所定编制不符,殊失军政统一之旨,似应发还更正,饬令依照军政部所订编制办理,再行编造预算,呈由钧帅发局备案,实为公便。除将表册十三本连同原呈二件送交秘书处外,奉委前因,理合具文呈复察核"等情前来。据此,除指令呈悉,已令行该总监依照军政部所定各军暂行编制饷章再行编造呈核外,合行令仰该总监即行依照办理,以期军政一致可也。表册十三本附发。此令。

（中华民国陆海军大元帅之印）

中华民国十二年五月廿二日

据大本营秘书处编《陆海军大元帅大本营公报》第十三号
（广州一九二三年六月一日）

给廖仲恺的训令

（一九二三年五月二十二日）

大元帅训令第一四七号

令广东省长廖仲恺

据驻江门大本营主任古应芬删日快邮代电称:"据郑师长[①]快邮称:'广宁县长李济源,对于此次讨贼资助甚力。近日沈逆健飞等,纠率党羽千余,啸聚怀集,图扰广宁,进窥四会。该县长能先事预防,一面飞报敝部戒备。本月真日,匪分两路扑广宁,一由古水,一由大汕,声势浩大,牵动我军后方,该县长又能督率团警,据险截击,毙匪甚夥,卒能将敌击散。似此贤明勇敢之县长,实所罕觏,自应电呈钧座转呈大元帅,酌予嘉奖,以励贤劳'等语。查该县长李济源,办事热心,智勇兼全,用能御寇安民,应请钧座传令嘉奖,以励贤良,是否可行,仍乞钧裁"等情前来。据此,该县长既能先事预防,又能临阵杀敌,卒以御寇安民,不忝职守,殊堪嘉尚。仰该省长即行传令嘉奖,以励贤良。此令。

（中华民国陆海军大元帅之印）

中华民国十二年五月廿二日

据大本营秘书处编《陆海军大元帅大本营公报》第十三号
（广州一九二三年六月一日）

---

① 郑师长,即郑润琦。

发给金华林旅费令

（一九二三年五月二十三日）

着会计司发给金华林旅费二百元。此令。

孙　文

中华民国十二年五月二十三日

据中国国民党中央文化传播委员会党史馆藏一般档案051/62

发给李健民旅费令

（一九二三年五月二十三日）

着会计司发给李健民旅费二百元。此令。

孙　文

中华民国十二年五月二十三日

据中国国民党中央文化传播委员会党史馆藏一般档案051/118

发给喻毓西旅费令

（一九二三年五月二十三日）

着会计司发给喻毓西旅费二百元。此令。

孙　文

中华民国十二年五月二十三日

据中国国民党中央文化传播委员会党史馆藏一般档案051/49

给王棠的训令

（一九二三年五月二十三日）

大元帅训令第一五〇号

　　令大本营会计司司长王棠

　　据大本营审计局长刘纪文呈称："窃职局成立以来，系附设钧府，故当时除仅将职官俸给暨员役薪工开列预算呈请核定外，其余号房、厨役、跑差均无设置，即办公、杂费等项，亦均由庶务司直接领用，是以并无编列。现因地方狭隘，不敷办公，经蒙谕准迁往广东省长公署，遵于本月十一日迁移，经具文呈报在案。伏查职局现既迁移，则号房、厨役、跑差等自不能不另为设置，以供差使。其办公、杂费等项，为明统系而资利便起见，亦不便仍前办理。局长一再考虑，拟将必需之费，核计每月第一项追加工食四十二元，及追加第二项办公费二百八十二元，第三项杂支一百九十五元，合计每月追加经常费五百一十九元，本年度由本月起计至六月度止，实追加一千零三十八元。又职局为登记各机关经临预决算数，每年须用簿记极多，故一次径购置簿籍约需二百元。又职局办理决算，于每年度终结，须将审计经过报告，则缮写之件繁多，不能不临时增设雇员，以资因应。惟本年度将届终了，且当军务倥偬之时，事务较少，故仅列八十元，若在承平之时，当不敷用，合计临时费拟追加二百八十元，经临统计追加一千三百一十八元。所有呈请追加经临各费缘由，理合具文连同经、临预算书各二份呈请鉴核，伏祈俯赐核准，仍乞指令袛遵"等情。据此，除指令呈悉照准，并已令行会计司查照外，合行令仰该司长即便查照按表发给。经临预算书并发。此令。

　　　　　　　　　　　　（中华民国陆海军大元帅之印）
中华民国十二年五月廿三日

据大本营秘书处编《陆海军大元帅大本营公报》第十三号
（广州一九二三年六月一日）

给赵士觐的训令

（一九二三年五月二十三日）

大元帅训令第一五一号

　　令大本营管理俘虏主任委员赵士觐

　　据大本营审计局局长刘纪文呈称："查管理俘虏处经费清册内薪俸及开办费等开列数目，未免过巨，似应节省。查我国陆军编制，未有俘虏处之名称，不过此次战事捕获良多，予以相当之收容，临时设立，实为创举。细查俘虏原敌之军人，败为我获，与罪人无异。职局以为，俘虏处与陆军监狱同，称谓虽别，大致相似。参照粤军军需造报程式汇编内载陆军监狱暂行编制饷章表，其典狱员不过一上尉，月支八十元，且九折支给。今该处职员薪俸表内列明主任委员、委员由大元帅规定外，其余文牍主任等六员，月支百二十元，似应酌予核减，饬令依照陆军监狱办理。又开办费内修缮费，开列一万六千余元。案会计法第二十八条，凡政府工程，价格在千元以上者，均应公告招人投标，以昭公正。但细案管理俘虏处之设，不过沈逆称兵犯顺，天诱其衷，逆为我获，予以收容，实一时的，并非永久的。现沈逆败亡西江，将近收束；东江小丑，亦旦夕可平。若以一时之俘虏处，修缮费糜至一万六千余元，其余服装寝具等亦费至五千余元，殊非体念国艰，似应酌予核减"等情前来。除指令呈悉，已分别令行管理俘虏主任及无线电报总局查照更正再行编造外，合行令仰该主任委员等即便查照办理。

　　规程细则暨经费清册一本，连同工程节略价单一本、图式一纸附发。此令。

（中华民国陆海军大元帅之印）

中华民国十二年五月廿三日

据大本营秘书处编《陆海军大元帅大本营公报》第十三号

（广州一九二三年六月一日）

给冯伟的训令

（一九二三年五月二十三日）

大元帅训令第一五二号

　　令广东无线电报总局局长冯伟

　　据大本营审计局局长刘纪文呈称："查无线电报局五月份预算书开列各数，散总不符，应令更正。但局长月支舆马费一百元，谓援照大本营直辖各局之例，实无充分理由。际此财政支绌之秋，似应删节，以免虚縻，是否有当，伏祈明察"等情前来。除指令呈悉，已分别令行管理俘房主任及无线电报总局查照更正再行编造外，合行令仰该局长即便查照办理。五日〔月〕份支付预算书一本附发。此令。

　　　　　　　　　　　　　　　　　（中华民国陆海军大元帅之印）

　　　　　　　　　　　　　　　　中华民国十二年五月廿三日

<small>据大本营秘书处编《陆海军大元帅大本营公报》第十三号
（广州一九二三年六月一日）</small>

发给海军伙食费令

（一九二三年五月二十三日）

　　着会计司发给海军伙食三千元。此令。

　　　　　　　　　　　　　　　　　　　　　孙　文

　　　　　　　　　　　　　　　　中华民国十二年五月廿三日

<small>据中山大学孙中山纪念馆藏原件</small>

发给徐永丰旅费令

（一九二三年五月二十四日）

着会计司发给徐永丰旅费二百元。此令。

孙 文

中华民国十二年五月二十四日

据中国国民党中央文化传播委员会党史馆藏一般档案051/110

发给刘玉山军费令

（一九二三年五月二十四日）

着会计司发给刘玉山军费五千元。此令。此款拨为陈天太用。

孙 文

中华民国十二年五月二十四日

据中国国民党中央文化传播委员会党史馆藏一般档案051/119

命在前线直接核发军粮令

（一九二三年五月二十四日）

近闻出征各军，其留省办事人员有浮领米石屯积甚多、且领之兵站而卖之商人等情弊。着兵站总监此后停止在省发，须将米粮运往前线，由各分站直接核实发给作战队,以省耗费。此令。

孙　文

据秦孝仪主编《国父全集》第六册(台北近代中国出版社一九八九年版)

发给地雷队出发费令

（一九二三年五月二十四日）

发给地雷队出发费三百元。此令。

中华民国十二年五月廿四日

据中山大学孙中山纪念馆藏原件

发给刘震寰部军费令

（一九二三年五月二十五日）

着会计司提前发给刘震寰部军费五千元。此令。

孙　文
中华民国十二年五月二十五日

据中国国民党中央文化传播委员会党史馆藏一般档案051/126

加发涂震亚旅费令

（一九二三年五月二十七日）

着会计司加发涂震亚旅费一百元。此令。

孙　文

中华民国十二年五月二十七日

据中国国民党中央文化传播委员会党史馆藏一般档案051/77

发给岑静波用费令

（一九二三年五月二十七日）

着会计司发给岑静波用费一百元。此令。

孙　文

中华民国十二年五月二十七日

据中国国民党中央文化传播委员会党史馆藏一般档案051/103

发给徐树荣伙食费令

（一九二三年五月二十七日）

着会计司发给徐树荣伙食费五百元。此令。

孙　文

中华民国十二年五月二十七日

据中国国民党中央文化传播委员会党史馆藏一般档案051/130

发给马伯麟公费令

（一九二三年五月二十七日）

着会计司发给马伯麟公费一百元。此令。

孙　文

中华民国十二年五月二十七日

据中国国民党中央文化传播委员会党史馆藏一般档案051/33

给彭澄的训令

（一九二三年五月二十七日）

大元帅训令第一五六号

令前江固舰舰长彭澄

查江固舰舰长一职，业经委任袁良骅接充。着该员克日交代。毋违。此令。

（中华民国陆海军大元帅之印）

中华民国十二年五月廿七日

据大本营秘书处编《陆海军大元帅大本营公报》第十四号（广州一九二三年六月八日）

给袁良骅的训令

（一九二三年五月二十七日）

大元帅训令第一五七号

令江固舰舰长袁良骅

查江固舰舰长一职，业经分别任免，并已令行前舰长彭澄克日交代。着该员即日到舰接收，毋负委任，并将接收情形具报。此令。

（中华民国陆海军大元帅之印）

中华民国十二年五月二十七日

据大本营秘书处编《陆海军大元帅大本营公报》第十四号（广州一九二三年六月八日）

命马伯麟赴长洲令

（一九二三年五月二十七日）

着特务委员马伯麟往长洲会同该要塞司令苏从山严防海军各舰自由出入省河。此令。

孙　文

民国十二年五月二十七日

据《孙公历年书牍函电》（上海三民公司印行一九二七年版）

发给邓慕韩杂费令

（一九二三年五月二十八日）

着会计司发给邓慕韩杂费一百零五元。此令。

孙　文

中华民国十二年五月二十八日

据中国国民党中央文化传播委员会党史馆藏一般档案051/139

给王棠的训令

（一九二三年五月二十八日）

大元帅训令第一六〇号

令大本营会计司司长王棠

据大本营审计局局长刘纪文呈称："窃职局经费当经先后呈奉钧帅核准及追加各在案，兹谨将本年五月份应支俸给薪工及办公杂费等，照案编造支付预算书二份呈请鉴核，伏祈俯赐令行会计司照案支付，俾便领发，实为公便。再，临时费本月暂不请领，故无编造，合并呈明"等语，并造具预算书前来。除指令照准外，合行令仰该司长照案发给。预算书并发。此令。

（中华民国陆海军大元帅之印）

中华民国十二年五月廿八日

据大本营秘书处编《陆海军大元帅大本营公报》第十四号（广州一九二三年六月八日）

给伍岳的指令①

（一九二三年五月二十八日）

大元帅指令第二一五号

　　令代理广东高等审判厅厅长伍岳

　　呈请变卖所存省行纸币，以应急需，请核示令遵由

　　呈悉。所请应予照准。此令。

（中华民国陆海军大元帅之印）

中华民国十二年五月廿八日

据大本营秘书处编《陆海军大元帅大本营公报》第十四号
（广州一九二三年六月八日）

给杨西岩的训令

（一九二三年五月二十九日）

大元帅训令第一六二号

　　令广东财政厅长杨西岩

　　据广东财政厅纸币发行监督黄隆生呈称："窃隆生前奉钧令，饬将财政厅印就之金库券全数收管等因，遵即与财政厅长杨西岩接洽办理。讵磋商往返，时日久稽，延至四月二十五日始准该厅长将金库券开始移交，计至五月十一日止，前后移交金库券额共二百七十六万六千七百三十四元；据金库主任面称尚有二十七万余元存放银号，一时未能收缴等语。当经再行咨催

---

　① 伍岳鉴于司法收入异常短绌，厅中各员薪俸已积欠两月，于5月23日呈请孙中山将存省行纸币变换现洋，以清发欠薪。

该厅长从速清理，一面布告商民人等，如有收存此项金库券者，限于五月二十二日以前一律缴回该厅，以便清厘各在案。讵现已逾限，未准该厅长咨复，迭经隆生亲自往催，该厅长托故疲延，迄无清理办法。似此推延诿卸，不知是何居心。且其从前订印之金库券，总额究竟若干，已发若干，未发若干，数月以来，迄未准该厅长切实开报，迭催罔应，其中如何实情，更属无从稽核。隆生愚昧自觉，进退俱难，既不能任其长此含糊，又不能促其赶行清理，再四思维，迫将奉命收管金库券各情形备文连同表册汇呈钧座，应如何办理之处，伏乞迅赐指令祗遵"等情前来。据此，除指令呈悉，候令广东财政厅从速交管外，合行令仰该厅长即便遵照，从速将该金库券余额悉数交由该监督接管，勿稍延缓。此令。

（中华民国陆海军大元帅之印）

中华民国十二年五月廿九日

据大本营秘书处编《陆海军大元帅大本营公报》第十四号

（广州一九二三年六月八日）

给徐绍桢的指令

（一九二三年五月三十日）

大元帅指令第二一七号

　　令大本营内政部长徐绍桢

　　呈请褒扬寿民钟光传，并给予褒章由

　　呈悉。准予题颁"德劭年高"四字，并给予银质褒章一枚，交内政部咨行广东省长转给。此令。

（中华民国陆海军大元帅之印）

中华民国十二年五月三十日

据大本营秘书处编《陆海军大元帅大本营公报》第十四号

（广州一九二三年六月八日）

给赵士北的指令

（一九二三年五月三十日）

大元帅指令第二一九号

  令大理院院长兼管司法行政事务赵士北

  呈述改良司法之除弊考绩概略，并拟具先行整顿司法十条，缮附清折，请鉴核示遵由

  呈悉。〈呈〉及清折所陈，尚属可行，应予照准。仰即遵照办理。此令。

（中华民国陆海军大元帅之印）
中华民国十二年五月三十日

据大本营秘书处编《陆海军大元帅大本营公报》第十四号（广州一九二三年六月八日）

宣布要塞戒严令

（一九二三年五月三十日）

  凡居〔驻〕海军舰暨海防舰①非奉大元帅令不得通过。除训令温树德、陈策外，仰该司令饬属遵照。

据长沙《大公报》一九二三年六月七日《孙三十日宣布要塞戒严令》

---

① 驻海军舰，指大本营海军舰队的军舰；海防舰，指广东省海防司令部所辖的军舰。

给廖湘芸的指令①

（一九二三年五月三十一日）

大元帅令

上令廖司令湘芸

兹有肇平舰奉命来省，应予通过虎门要塞。此令。

孙　文（大元帅章）

中华民国十二年五月卅一日

据《中华之光》画册（译林出版社一九九一年版）

给王棠的训令

（一九二三年五月三十一日）

大元帅训令第一六三号

令大本营会计司司长王棠

据大本营建设部长邓泽如呈称："窃泽如前因奉命交代，所有建设部各职员五月份上半月薪俸，已造具预算表呈请核发。经奉钧帅指令照准，饬令发给在案。兹接准谭部长函开，定期本月二十八日到部就职等由。查泽如任内所有各职员五月份下半月薪俸，自交卸前一日止共十二日，应由泽如请领支给，理合造具预算表，具文呈请钧帅俯赐鉴核，饬司照发，以便转给。"等语，并造具预算表前来。除指令照准外，合行令仰该司长查照发给。预算表并发。此令。

（中华民国陆海军大元帅之印）

中华民国十二年五月卅一日

据大本营秘书处编《陆海军大元帅大本营公报》第十四号
（广州一九二三年六月八日）

---

① 廖湘芸系虎门要塞司令。

海军兵舰暂由大元帅直接管辖令

（一九二三年五月三十一日）

大元帅令

　　海军舰队司令温树德业经明令免职，继任舰队司令未经任命以前，所有现驻省河、赤湾、汕头海军各舰，着一律暂由本大元帅直接管辖。此令。

（中华民国陆海军大元帅之印）
中华民国十二年五月三十一日

据大本营秘书处编《陆海军大元帅大本营公报》第十四号
（广州一九二三年六月八日）

给海军将士的训令

（一九二三年五月三十一日）

大元帅训令第一六五号

　　令海军各舰长、处长、队长等

　　据海军舰长、处长、队长等报告："舰队司令温树德于本月三十一日离职他往，不知去向，经该舰长等召集各舰官兵，一致宣言，拥护大元帅，服从命令"等语。温树德擅离职守，已有明令免职，海军各舰暂由本大元帅直接管辖，官长士兵照常供职服务，应领饷项由大本营会计司按月发给。各该舰长等追随本大元帅有年，素明大义，此后当益励忠贞，戮力国家，以副本大元帅期望之至意，并着将此传谕士兵，一体周知。此令。

（中华民国陆海军大元帅之印）
中华民国十二年五月三十一日

据大本营秘书处编《陆海军大元帅大本营公报》第十四号
（广州一九二三年六月八日）

命杨庶堪致函杨廷培令

（一九二三年五月）①

着沧白即写信杨廷培云：东江战事已发生，前由李福林所借之炮二门，务即还他，以应东江攻敌之用。（此信交谭礼庭带交。）

文

据谭延闿编《总理遗墨》第一辑（一九二八年印行，广东省社会科学院藏）

命虎门要塞放行李军所乘船令

（一九二三年五月）

兹有李福林军队，乘汕头民船（俗名大眼鸡船）十二只、轮船名南海一只、绍平一只回省，一二日当过虎门，到时着该要塞司令查明放行。此令。

孙　文
民国十二年五月

据中国国民党中央文化传播委员会党史馆藏一般档案051/148

---

① 原件未署时间。5月11日，孙中山曾命令杨廷培将借自李福林之炮二门归还，故本件酌定为5月。

饬卫戍总司令部等协同缉拿不法之徒令

（一九二三年五月）

兹有不法之徒，专投入各军队，领有军章为护符，无恶不作，致人民与军队日生恶感，此与本大元帅救国爱民之旨，大相违背。今特派大本营侦探长李天德，严为侦察，如查得该匪徒之机关所在，即行报告卫戍总司令部、宪兵司令部并公安局，协同缉拿严究。此令。

卫戍总司令杨、宪兵司令陈、公安局长吴

孙　文

民国十二年五月

据秦孝仪主编《国父全集》第六册（台北近代中国出版社一九八九年版）

命航空局派机察看军情令

（一九二三年五月）

今日飞机报，石滩与石下之间，见有军士驻扎，着航空局派机飞低察看明白。

民国十二年五月

（李福林报称：有福军四营在增城，现尚无消息，未知是否仍被困，请拨兵往增城探助。）

据秦孝仪主编《国父全集》第六册（台北近代中国出版社一九八九年版）

致虎门长洲两要塞司令的电令

（一九二三年五月三十一日至六月初）①

电虎门、长洲要塞司令：此数日内，飞鹰、舞凤两舰奉命进驻省河，经过虎门、长洲时，着该两要塞放行。此令。孙文。

据中国国家博物馆藏原件

接济梁鸿楷部伙食费令

（一九二三年六月二日）

着会计司酌量接济梁鸿楷所部火食。此令。

孙　文

民国十二年六月二日

据中国国民党中央文化传播委员会党史馆藏一般档案 051/66

饬发给孙勇公费令

（一九二三年六月二日）

着会计司发给孙勇公费三百元。此令。

胡汉民代行

中华民国十二年六月二日

据中国国民党中央文化传播委员会党史馆藏一般档案 051/83

---

① 原件未署日期。今所标时间，系据汤锐祥考证。（参见汤锐祥《孙中山致虎门长洲要塞司令电日期考》，载《孙中山与护法海军论集》）

饬发给孙文元公费令

（一九二三年六月二日）

着会计司发给孙文元公费一百元正。此令。

胡汉民代行

中华民国十二年六月二日

据中国国民党中央文化传播委员会党史馆藏一般档案 051/86

给伍汝康的指令①

（一九二三年六月二日）

大元帅指令第二三〇号

　　令广东盐务稽核分所经理伍汝康

　　呈报整顿盐税情形由

　　呈悉。所陈各节，事属可行，仰该经理认真整顿，以裕税源，有厚望焉。此令。

（中华民国陆海军大元帅之印）

中华民国十二年六月二日

据大本营秘书处编《陆海军大元帅大本营公报》第十四号（广州一九二三年六月八日）

---

① 伍汝康鉴于盐务积弊情况，于5月28日上呈提出整顿办法：修准秤尺，务使公平配放；剔除积弊，保护商人利益，以增加税源；规复盐警，以杜偷私漏税。

饬发给伏彪旅费令

（一九二三年六月三日）

着会计司发给伏彪旅费二百元。此令。

汉民代行
中华民国十二年六月三日

据中国国民党中央文化传播委员会党史馆藏一般档案051/85

饬发给陈汉公费令

（一九二三年六月三日）

着会计司发给陈汉赴汕公费五百元。此令。

汉民代行
中华民国十二年六月三日

据中国国民党中央文化传播委员会党史馆藏一般档案051/89

给王棠的训令

（一九二三年六月四日）

大元帅训令第一六九号

　　令大本营会计司司长王棠

　　据广东无线电报总局局长冯伟呈称："窃东较场无线电台经费，前奉钧帅手令着电政监督转饬沙面电报局长继续发给,本日接林监督函开:'昨承枉顾嘱拨款接济一节,经将敝局困难情形向大元帅面陈,蒙俯允着敝局无庸筹拨,贵局果需款孔亟,请另行筹措可也'等由。伏思该台经费,四、五两月尚在停发,各职员到局坐索及面诉家计困难情形,不无可原。查该台经费,向来规定每月毫洋五百元有案,似可毋庸编造预算,所有该台四、五两月经费,合毫洋一千元,理合呈请鉴核,俯准改饬大本营会计司照发,以便转给,实为公便"等情前来。除指令仰候令行会计司暂行照发外,合行令仰该司长查照办理。此令。

(中华民国陆海军大元帅之印)
中华民国十二年六月四日

据大本营秘书处编《陆海军大元帅大本营公报》第十五号
(广州一九二三年六月十五日)

给廖仲恺的训令

(一九二三年六月五日)

大元帅训令第一七〇号

　　令广东省长廖仲恺

　　此次沈逆叛乱,各军奋勇杀贼,迭奏肤功,而北江一带,民团乘机助力,战绩甚懋,业经令仰该省长传令嘉奖在案。现据报告,我军左翼于四会、清远作战,及围攻肇庆、追击余逆,通过广宁、大湾等处之际,各该地民团均能出奇应敌,协同兜剿,收效颇多,殊堪嘉许。仰该省长援照前案,详查所有得力民团,一律传令慰劳,并将所有战绩分别切实呈报,以凭核办而励有功。此令。

(中华民国陆海军大元帅之印)
中华民国十二年六月五日

据大本营秘书处编《陆海军大元帅大本营公报》第十五号
(广州一九二三年六月十五日)

饬发给胡霖川资令

（一九二三年六月六日）

着会计司发给胡霖川资一百元。此令。

汉民代行

中华民国十二年六月六日

据中国国民党中央文化传播委员会党史馆藏一般档案 051/88

饬发给孙勇特别公费令

（一九二三年六月七日）

着会计司发给孙勇特别公费四百元。此令。

汉民代行

中华民国十二年六月七日

据中国国民党中央文化传播委员会党史馆藏一般档案 051/87

给王棠的训令三件

（一九二三年六月八日）

一

大元帅训令第一七二号

令大本营会计司司长王棠

据广东宪兵司令陈可钰呈称："窃查职部宪兵，自陈逆炯明逃后，粤中军权未归一,衣服军装绝未补充,迄全〔今〕士兵衣褴褛,实有失军容观瞻,更无以执行任服〔务〕。职现接事伊始,诸事亟应整理。为此,恳请发给购置服装费六千元,以便补充。除后造册报销外,理合预先呈请核示祗领"等语。并具印领前来。除指令照准外,合行令仰该司长查照发给。印领并发。此令。

(中华民国陆海军大元帅之印)

中华民国十二年六月八日

二

大元帅训令第一七三号

　　令大本营会计司司长王棠

　　据广东宪兵司令陈可钰呈称:"前奉钧令批,着会计司照发职部开办及修缮费三千元,除前领得一千元外,余二千元至今延不发给。查职部重新成立,绝无上手交代器物可用,故修缮费用甚巨。为此,恳请钧座再行指令克日发给,以便军需"等语,并具印领前来。除指令照准外,合行令仰该司长查照发给。印领并发。此令。

(中华民国陆海军大元帅之印)

中华民国十二年六月八日

三

大元帅训令第一七四号

　　令大本营会计司司长王棠

　　据中央直辖讨贼军第一师第三团团长邓演达呈称:"五月二十九日案奉钧令开:'东路讨贼军驻省炮兵,着暂归邓团长演达指挥,该炮兵伙食由该团长领发。此令'等因。奉此,当将该炮兵营薪饷表按照普通营制函送大本营会计司转呈钧座核准发给在案。惟查该营原有公费等级,系照特种规制,自与普通营制不同,理合按照该营原定饷章,再造官兵员伕名册一本,呈缴钧座核准。恳请饬令会计司自五月二十九日起，照章按日如数发给，俾资转给祇〈领〉"等语，并造具薪饷表前来。除转知照准外，合行令仰该司长查照发给。薪饷表并发。此令。

（中华民国陆海军大元帅之印）
中华民国十二年六月八日
据大本营秘书处编《陆海军大元帅大本营公报》第十五号
（广州一九二三年六月十五日）

给黄骚朱和中的训令

（一九二三年六月八日）

大元帅训令第一七六号

令广东造币厂监督黄骚、广东兵工厂厂长朱和中

广东造币厂所存废铜料，着即移交广东兵工厂接收。除分令外，合行令仰该监督、该厂长即便遵照办理。此令。

（中华民国陆海军大元帅之印）
中华民国十二年六月八日
据大本营秘书处编《陆海军大元帅大本营公报》第十五号
（广州一九二三年六月十五日）

饬王棠发给萧萱医药费令

（一九二三年六月九日）

着会计司给发萧秘书萱医药费一百元。此令。会计司司长王。

汉民代行
中华民国十二年六月九日
据中国国民党中央文化传播委员会党史馆藏一般档案051/84

饬王棠发给陈杰夫公费令

（一九二三年六月九日）

着会计司发给陈杰夫公费三百元。此令。会计司司长王。

汉民代行

中华民国十二年六月九日

据中国国民党中央文化传播委员会党史馆藏一般档案051/82

给广东省长及各军事长官的训令

（一九二三年六月九日）

大元帅训令第一七五号

令广东省长及各军事长官

查侦查等队之设，原期巡缉奸宄，防范逆谋，妥慎保卫地方之安宁。近闻各部、署所派出稽查队、巡缉队、侦查队，名目既有不同，办法未能一律，遂致市井无赖窃名招摇，骚扰闾阎，搜取财物，陷害良善，甚至开枪示威，伤及行人，迭据报告，殊堪痛恨。除分令外，合行令仰该省长、军长、督办、总司令、总指挥、司令、主任切实查办，并严订取缔章程，转饬所属一体遵守，以副除暴安良之至意。切切。此令。

（中华民国陆海军大元帅之印）

中华民国十二年六月九日

据大本营秘书处编《陆海军大元帅大本营公报》第十六号（广州一九二三年六月二十二日）

给黄骚的训令

（一九二三年六月九日）

大元帅训令第一七七号

　　令广东造币厂监督黄骚

　　据卸广东造币厂总办刘焕等呈称："四月二十四日奉钧府手令开：'着黄骚迅往接收广东造币厂。此令'等因。奉此，遵于二十五日先将关防移交黄委员骚接收，并将移交关防、交卸日期分呈财政部、省署在案。除会计表册、收支簿据因手续未完未能即日点交外，其余全厂机械、枪械、军装、原料、物料、家具、合同、文卷、名册，亦于二十七日逐件点交，由黄委员派员点收清楚，签回字据在案。兹会计、收支两处手续，经已办完多时，屡催黄委员收接，均未见到。卸总、会办为清理手续、慎重公事起见，理合具呈钧府，伏乞令知黄委员早日将造币厂会计、收支各表册据簿接收，俾得办理总交代，以重钧令，实为德便"等情前来。除转知照准外，合行令仰该监督查照接收。此令。

（中华民国陆海军大元帅之印）

中华民国十二年六月九日

据大本营秘书处编《陆海军大元帅大本营公报》第十五号
（广州一九二三年六月十五日）

给邓泽如的训令

（一九二三年六月九日）

大元帅训令第一七九号

　　令兼大本营财政部长邓泽如

　　据广东电政监督兼广州电报局局长林直勉呈称："窃直勉于去年电政

监督任内准参军处函称:'奉大总统面谕:"饬广东电政监督林直勉建设广州至南雄电话线路"等因。奉此,相应函请查照办理'等由前来。当经遵照办理。旋将该项工程所需线料、工、运等费及一切杂支,切实估计,共需大洋八千八百零八元,详列清单,函送该参军处转呈大总统核准,奉谕饬'依价办理,该款暂由广州电报局支拨,工竣时核明实数呈报,交财政部给领'等因,接准秘书处函知在案。当时该广韶电话线路工程,确已派员督工购料兴修,经于十一年六月十四日工竣。计由广州局实支付大洋九千五百元,其时皆有单据数目存案。适工竣后,因陈逆叛变,秩序大乱,单数散失,刻下无可勾稽,当日亦未能报销请领。兹幸逢帅座南旋,日月重光,理合将遵令兴修广韶军用电话线路经过情形,备文呈请鉴核,准予将支拨修造广韶电话费大洋九千五百元核销,并恳饬部将款如数给领,俾清手续,伏候指令祗遵"等情前来。除指令呈悉,准予核销,仰候令行财政部查照发给外,合行令仰该部长查照发给。此令。

(中华民国陆海军大元帅之印)

中华民国十二年六月九日

<small>据大本营秘书处编《陆海军大元帅大本营公报》第十五号(广州一九二三年六月十五日)</small>

给黄骚的训令

(一九二三年六月九日)

大元帅训令第一八〇号

令广东造币厂监督黄骚

据卸广东造币厂总办刘焕等呈称:"窃查卸总、会办任内,因公款支绌,积欠员司四月份薪水七千九百余元,工人工食计至四月二十四日止,积欠一万三千一百九十余元,合计二万一千一百余元。此等欠饷,原因政变停工,铸造短少,故经费支绌,遂至拖延。兹据员工等以'停工月余,日用无着,新总、会办尚未接办,无从接洽,请求发给欠饷'等情前来。现卸总、会办既经交卸,欠饷似应由新任办理,惟员工等所禀困难情形亦属实况,不无可矜。查卸总、会办移交项下积存铜仙、铜钱、废铜、废料等项,为数尚多,贮存日久,锈蚀亦归无用,可否仰恳饬令黄委员骚将移交项下积存铜仙、铜钱、废铜、废物等招商投变,清发卸总、会办任内积欠四月份薪工,俾清手续而恤员工。是否之处,伏乞批示饬令祗遵"等情前来。查该厂积欠薪工应由政府担任,不得向卸职人员追索。所存铜料,不得变卖。除转知遵照外,合行令仰该监督知照。此令。

（中华民国陆海军大元帅之印）
中华民国十二年六月九日

据大本营秘书处编《陆海军大元帅大本营公报》第十六号（广州一九二三年六月二十二日）

批廖仲恺来电①

（一九二三年六月十一日）

答电：应按法惩办,以警效尤。文。

据陈旭麓、郝盛潮主编,王耿雄等编《孙中山集外集》（上海人民出版社一九九〇年版）

---

① 廖仲恺电告孙中山,新任广东省财政厅长邹鲁至厅接事,前厅长杨西岩违抗命令,匿印不交,请予惩处。此件时间据来电日期。

给广东省长及各军事长官的训令

(一九二三年六月十一日)

大元帅训令第一八一号

　　令广东省长及各军事长官

　　据大本营兵站总监罗翼群呈称："现据职部交通局长周演明呈称：'现据职局第一科科长梁鸣一折称："窃自战事发生以来，本市人民对于募伕一事非常惊惧，虽经将本局《暂行募伕优待章程》分别宣布，务使乐于投效，而人民鉴于前此各役，赴募者仍属寥寥。旬日以来，虽据南、番两县①署并各警察区解到伕役数千名，分配各方出发军队，而一种强迫悲苦情形，道路相传，莫可言状。现在默察市面，一般苦力工人，几至绝迹。而各军每日要求伕役，又动称千人，窃恐募之不足，出于强拉，拉之不获，行将拘捕。市民有限，而需伕无穷，势必至酿成不可思议之事。伏思自大军出发，本局解送伕役数逾万人，前方军队若能照章优待，必不至动辄逃亡，乃此则募之甚难，彼则弃之甚易。本局既日须备后方出发之伕，又当筹解前方挑运之人，而各方面劝禁止拉伕函件复纷至沓来，再四思维，几形束手。夫服务国家虽匹夫有责，而情所恶，似亦应略为变通。所有各种困难情形，可否呈请总监转呈大元帅鉴核，准予通令各军，于附近战地各行政长官，及各区署暨各墟市场商会，就近设法招募，以补助后方之不逮，并饬各军长官嗣后务节省伕力，为地方稍留元气。一面仍查照优待伕役定章办理，庶一伕得一伕之力，而免滥发滥用之忧，本局复极力招募以备调遣。是否有当，理合呈请转呈察核"等情。据此，查该科长所陈各节，委系实在情形。夫以迭遭政变之五羊城，谋生者实已陷于绝境，而一般苦力只靠肩挑背负以赡养一家，有儿女累，无隔宿粮，朝去充伕，夕不举火，即使前方优待，而举室经已断炊，强充无罪之徒

---

①　南、番，即南海、番禺两县。

形〔刑〕,更受无穷之羁绊。是以每奉募伕之令,四顾徬皇,继闻哭送之声,寸心忐忑,屡欲为伕请命,免市民有伯有之惊。转念一旦停止募伕,则军队必借意强拉,更难收拾,不得不暂行忍谤,补救来兹。况社团工会多属民党中人,今无伕可拉,则工人势必殃及,固交涉之不已,复罢市之堪虞,尤属筹饷前途大受影响。迩来冒军拉伕事迭见报端,若不设法维持,市民宁有安枕?思维再四,惟有查照旧章办法,由各军预定路程,以远近、行李、军品之多寡,约需伕役若干,优工价,交由就近之区署、商会代雇,声明送达地点立即遣回,军队不得擅行拉伕。夫如是则乡人必乐于应募,即临时亦可召集,较之强迫募充者相去奚啻霄壤,一举两善,无逾于此。职目睹情形,难安寝席,重以该科长所陈,不觉有动于中,亟思补救。为此,将变通募伕办法各情,据情呈请察核,是否有当,伏候钧裁'等情前来。

据此,查近来各军出发,索取伕役动辄盈千累百,供应稍迟,则曰贻误戎机;强拉充数,又觉骚扰市廛。一月以来,对于各军索取伕役,几穷应付。若不另谋善法救济,将必至行路绝迹,人不聊生,军民交受其影响。迩复迭接各方劝止拉伕信函,核与该局长所陈各节,大致相同。理合据呈察核,俯准通令各军:嗣后应用伕役查照该局长所拟办法,各交由前方就近警署、商会代任雇募,庶本市苦力不偏蒙军输之劳,而各部需伕亦乐得取携之便。是否有当,祗候指令示遵"等情前来。除指令照准并分令外,合行令仰该省长、军长、督办、总司令、总指挥、司令、主任,转饬所属一体遵照。此令。

(中华民国陆海军大元帅之印)
中华民国十二年六月十一日
据大本营秘书处编《陆海军大元帅大本营公报》第十六号
(广州一九二三年六月二十二日)

给傅秉常的训令

（一九二三年六月十一日）

大元帅训令第一八二号

令特派广东交涉员傅秉常

据大本营内政部次长杨西岩折呈称："为偏听谣言，误令离港，请令饬照会港政府解释，以凭安居，仰祈鉴核事。窃西岩在香港经商二十有余年，安份治生，一向无异。迨去夏省垣政变，西岩遄回港寓，匆奉港官传令离港，遂致往来弗克自由。闻命以来，无任骇诧。窃思省会政变，原属本国政治问题，既无涉于港地治安，港政府何致辄令离境？而西岩在港经商有年，有商业之关系，取得住所，并未违反国际法，当然不受何等制裁。乃港政府无故强谕离港，无非偏听风谣，致滋误会。既值帅座反粤主持政局。中英两国交谊日敦，理合备文呈请钧座，令行特派广东交涉员照会港政府详加解释，俾西岩此后回港安居乐业，以重两国睦谊，而维通商本旨，实叨德便"等情前来。

查该次长所陈均属实情，应即照准。合行令仰该员照会香港政府详加解释，取消前令，以敦睦谊，并将办理情形具复。此令。

（中华民国陆海军大元帅之印）

中华民国十二年六月十一日

据大本营秘书处编《陆海军大元帅大本营公报》第十六号（广州一九二三年六月二十二日）

给王棠的训令

（一九二三年六月十二日）

大元帅训令第一八五号

  令大本营会计司司长王棠

  据兼大本营财政部长邓泽如呈称："窃职部每月经费，均经按月造具全月预算表呈请核发祗领，历蒙照准在案。惟五月份因准备交卸，该月预算表只由五月一日起核算至十五日止，并未将下半月经费列入。现在五月份已过，各职员仍照常办公，自应续由五月十六日起核算至月底止，补具预算表呈请鉴核，伏乞准予饬司连前一并发给，实为公便"等语，并具预算表前来。除指令照准外，合行令仰该司长查照发给。预算表并发。此令。

              （中华民国陆海军大元帅之印）

              中华民国十二年六月十二日

据大本营秘书处编《陆海军大元帅大本营公报》第十六号
（广州一九二三年六月二十二日）

给陈可钰的训令

（一九二三年六月十二日）

大元帅训令第一八六号

  令广东宪兵司令陈可钰

  据大本营审计局长刘纪文呈称："前文在卷免录。查广东宪兵司令部六月份预算书全部经费内列一万三千五百一十六元六毫，当属核实，似应准予备案。该预算书四本存职局备查，仍请饬令添造一份呈缴钧府备案"等情。据此,除指令照准外,合行令仰该司令即便遵照办理。此令。

（中华民国陆海军大元帅之印）

中华民国十二年六月十二日

据大本营秘书处编《陆海军大元帅大本营公报》第十六号
（广州一九二三年六月二十二日）

给罗翼群的训令

（一九二三年六月十二日）

大元帅训令第一八七号

　　令大本营兵站总监罗翼群

　　据大本营审计局长刘纪文呈称："前文在卷免录。大本营兵站总监部各饷表所列委员等级,均既列明同准尉,应按照军政部订定各军暂行编制饷章一律九折计算,以昭划一。总监部暂行编制薪饷表内列合计数一万零一百三十八元,减准尉折薪一百二十元,实一万零一十八元;兵站支部暂行编制薪饷表内列合计数一千六百五十二元,减准尉折薪一十八元,实一千六百三十四元;分站部暂行编制薪饷表内列合计数七百五十六元,减准尉折薪九元,实七百四十七元;派出所暂行编制薪饷表内列合计数三百五十九元,减准尉折薪六元,实三百五十三元;运输站暂行编制薪饷表内列合计数二百七十五元,减准尉折薪六元,实二百六十九元;电信大队暂行编制薪饷表内列合计数一千八百一十二元,卫生局第一卫生队暂行编制薪饷表内列合计数一千一百九十元,担架队暂行编制薪饷表内列合计数八百零四元,第一野战医院暂行编制薪饷表内列合计数一千四百三十二元,均尚无浮滥之弊,似应一律准予备案。各表由职局抽存一份,余缴还钧府。其电信大队、第一卫生队、担架队、第一野战病院各表均只得一份,应请饬令添造一份呈缴钧府备案。所有奉委查核兵站总监部薪饷数目完竣情形,理合具文呈复察夺施行。再,该总监部正式支付预算书,仍请饬令速行编造三份呈由钧帅发局办理"

等语,并缴呈该兵站总监部薪饷各表五本前来。除指令照准外,合行令仰该总监依照改正并添造预算书呈核。此令。

(中华民国陆海军大元帅之印)

中华民国十二年六月十二日

据大本营秘书处编《陆海军大元帅大本营公报》第十六号(广州一九二三年六月二十二日)

饬发给广东宣传局开办费令

(一九二三年六月十三日)

着发广东宣传局开办费三百元。此令。会计司司长王。

汉民代行

中华民国十二年六月十三日

据中国国民党中央文化传播委员会党史馆藏一般档案051/90

饬发给刘民畏医药费令

(一九二三年六月十三日)

着发给刘民畏(东路讨贼军许总司令部秘书)医费五十元。此令。会计司司长王。

汉民代行

中华民国十二年六月十三日

据中国国民党中央文化传播委员会党史馆藏一般档案051/81

给赵士觐等的训令

（一九二三年六月十四日）

大元帅训令第一九〇号

　　令卸俘房管理委员主任黄馥生、赵士觐、关汉光

　　据大本营审计局长刘纪文呈称："现准秘书处第三三四号公函开：'顷奉大元帅发下赵士觐等呈缴余款及清册单据等项呈一件，谕交审计局核办。等因。奉此，相应函送贵局查照办理为荷'等由，附原呈及单据清册各一本到局。准此，查俘房处所开列数目，大致尚属妥协，惟表内列支二百元一数，事由备考栏内书明筹办时期各办事员伙食及往返车马等费，本处办事员十员，各支二十元共如上数等字样，只一次支出，并不开列细数，又无经领人签收，未便遽准核销。准函前由，理合呈请钧帅饬令该处将二百元之数开列细数，补足收据，呈由钧帅转发职局审查，实为德便"等情前来。查审查最重签据，合行令仰该员即便依照办理。此令。

（中华民国陆海军大元帅之印）

中华民国十二年六月十四日

据大本营秘书处编《陆海军大元帅大本营公报》第十六号
（广州一九二三年六月二十二日）

给廖仲恺的训令

（一九二三年六月十四日）

大元帅训令第一九一号

　　令广东省长廖仲恺

　　据广东电车有限公司总理伍学熀呈称："窃商前呈钧府转饬省长规定

车辆交通罚则,以便遵守。经省长令广州市政厅拟定,呈复省署,复经省署开司法会议议决,该项罚则由省署公布,执行权归公安局,如公安局于执行中发见有过失嫌疑时,方由公安局转送法庭,查照新刑律因过失致人死伤条例办理,经省长呈复钧府备案,并由省署于本年四月二十三日公布施行,登载广东公报。复于本年五月一日,奉大理院批:查广州市车骄〔辆〕交通罚则,现经广东省长将原则修正议决施行咨会在案,此后该公司车伕操业,遇有违反本则各条,当可按照分别处理矣。仰即知照。理合沥情呈明,恳请分令大理院、总检察厅转饬广东高等审、检两厅,暨广州市政厅转饬公安局,照省署公布车辆交通罚则分别办理,实为公便"等情前来。除该省长前呈缴修正广州市车骄〔辆〕交通罚则业经备案外,合行令仰该省长查照定例,分别行知转批该公司知照。此令。

（中华民国陆海军大元帅之印）

中华民国十二年六月十四日

据大本营秘书处编《陆海军大元帅大本营公报》第十六号
（广州一九二三年六月二十二日）

给邹鲁的指令

（一九二三年六月十五日）

大元帅指令第二五四号

令广东财政厅长邹鲁

呈报就职日期及广东财政困难情形由

呈悉。仰该厅长积极整理,勉为其难,以副厚期。此令。

（中华民国陆海军大元帅之印）

中华民国十二年六月十五日

据大本营秘书处编《陆海军大元帅大本营公报》第十六号
（广州一九二三年六月二十二日）

给李福林的指令

（一九二三年六月十五日）

大元帅指令第二五六号

　　令东路讨贼军第三军军长李福林

　　呈请准将西江护商事宜，依照成案，由保商卫旅营统领专办以维原案由呈悉。护商事宜，已准古主任办理在案，目前西江尚在追击余逆之际，未便遽行变更，所请碍难照准。此令。

　　　　　　　　　　　　　　　　　　　　（中华民国陆海军大元帅之印）

　　　　　　　　　　　　　　　中华民国十二年六月十五日

据大本营秘书处编《陆海军大元帅大本营公报》第十六号（广州一九二三年六月二十二日）

筹给参军处伤兵费令

（一九二三年六月十六日）

着公安局长筹给参军处伤兵费五千元。此令。

　　　　　　　　　　　　　　　　　　　　　　　　孙　文

　　　　　　　　　　　　　　　中华民国十二年六月十六日

据中国国民党中央文化传播委员会党史馆藏一般档案051/137

给杨希闵等的训令

（一九二三年六月十六日）

大元帅训令第一九四号

　　令卫戍总司令杨希闵、宪兵司令陈可珏、公安局长吴铁城

　　近有不法之徒，运动投入各军，领得军章为护符，无恶不作，致人民与军队日生恶感，此与本大元帅救国爱民之旨大相违背。兹派大本营侦探长李天德严行侦察，如查有此等匪徒机关所在，即行报告卫戍总司令部、宪兵司令部并公安局协同缉拿，严行究办。切切。此令。

（中华民国陆海军大元帅之印）
中华民国十二年六月十六日

据大本营秘书处编《陆海军大元帅大本营公报》第十六号
（广州一九二三年六月二十二日）

着刘成禺前往汉口调查吴佩孚没收民产事令

（一九二三年六月十七日）

　　据报吴佩孚没收汉口刘、周两姓民产，值千余万，着刘成禺前往调查实情具报。此令。

　　上令大本营谘议刘成禺

孙　文
中华民国十二年六月十七日

据中国国民党中央文化传播委员会党史馆藏一般档案
051/218

发给孙万乘端木璜生公费令

（一九二三年六月十八日）

着会计司由六月起，发给孙万乘、端木璜生两谘议各公费二百元。此令。

孙　文

据中国国民党中央文化传播委员会党史馆藏一般档案 051/150

发给宋绍殷医药费令

（一九二三年六月十九日）

着会计司发给宋营长绍殷医药费二百元。此令。

孙　文

民国十二年六月十九日

据中国国民党中央文化传播委员会党史馆藏一般档案 051/59

发给杜羲公费令

（一九二三年六月十九日）

着发给军事委员杜羲每月公费二百元。由六月起。此令。

孙　文

中华民国十二年六月十九日

据中国国民党中央文化传播委员会党史馆藏一般档案 051/134

给王棠的训令

（一九二三年六月十九日）

大元帅训令第一九七号

　　令大本营会计司司长王棠

　　据广东无线电报总局局长冯伟呈称："窃职局经常费业经按月呈报钧帅核准，先后照发在案。兹谨将本年六月份应支经常费照案编造支付预算书一份呈请鉴核，伏乞府赐令行会计司照案支付，俾便领发"等情前来。据此，查现在军事紧急，无线电用途颇关重要，除指令照准外，合行令仰该司长即便遵照，赶行发给。该局十二年六月份预算书一册并发。此令。

（中华民国陆海军大元帅之印）
中华民国十二年六月十九日

据大本营秘书处编《陆海军大元帅大本营公报》第十六号（广州一九二三年六月二十二日）

给程潜的指令

（一九二三年六月十九日）

大元帅指令第二六一号

　　令大本营军政部长程潜

　　呈称所属军械局尚存有废铁废弹等物，可否变卖以充军饷，请察核示遵由呈悉。该部军械局所呈废铁、废弹应准予变卖以充军饷，仰即遵照办理。此令。

（中华民国陆海军大元帅之印）
中华民国十二年六月十九日

据大本营秘书处编《陆海军大元帅大本营公报》第十六号（广州一九二三年六月二十二日）

发给航空局买料费令

（一九二三年六月十九日）

发给航空局买料费五百元。此令。

孙　文

着孙市长①先行垫给。此批。

中华民国十二年六月十九日
据中山大学孙中山纪念馆藏原件

发给刘玉山部伙食费令

（一九二三年六月十九日）

着会计司本日起每日发给刘玉山军队伙食一千元。此令。

民国十二年六月十九日

据许师慎《〈国父全集〉未刊载之重要史料》，载黄季陆等编《研究中山先生的史料与史学》（台北"中华民国"史料研究中心一九七五年版）

---

① 孙市长，即孙科。

给邹鲁的训令

（一九二三年六月二十日）

大元帅训令第一九八号

　　令广东财政厅长邹鲁

　　据广东财政厅纸币发行监督黄隆生呈称："窃隆生前奉钧令委充广东财政厅纸币发行监督，业将前后收管金库券各情形呈报钧座核示在案。旋奉钧府指令第二一六号开：'呈悉。候令广东财政厅从速交管可也。此令'等因。隆生经再咨催财政厅扫数清理交管，嗣准财政厅咨开：'查金库券发行总额，当日原定六百万元，现只印就一元、五元、十元券共三百零五万元，内有库券式样一万六千元，除由库先后点交贵监督收管运库券式样两共二百七十六万六千七百三十四元，又由厅分发各机关暨各代销商号库券式样八千元外，尚余已发出未收回者共二十七万五千二百六十六元，适符三百零五万之数。除饬库详列表册呈缴到厅再行咨送外，准咨前由，相应先行咨复，希烦查照。再，前项未收回库券数目，内有锦全银号领销三万元，昨据金库呈报，该号经缴回二万八千八百六十元，经饬库如数续交贵监督收管'等由。复于六月八日收到金库移交五元券二千元，十元券二万八千元，合计前后共收到财政厅移交金库券连式样二百七十九万六千七百三十四元，尚余存券数二十五万三千二百六十六元，财政厅迄未清交。计隆生自受委以来，数月蹉跎，整理乏术，若仍尸位素餐，扪心实愧；况尚存之库券交管无期，亦未便久事延候，惟有仰恳钧座俯察愚诚，准予免去广东财政厅纸币发行监督职务。其存放库券二十五万余元，责成财政厅自行清理呈报缴销，伏乞俯准施行，实为德便"等情前来。除指令照准外，合行令仰该厅长即行清理呈报为要。此令。

（中华民国陆海军大元帅之印）

中华民国十二年六月廿日

据大本营秘书处编《陆海军大元帅大本营公报》第十七号

（广州一九二三年六月二十九日）

给王棠的训令

（一九二三年六月二十日）

大元帅训令第一九九号

　　令大本营会计司长王棠

　　据广东无线电报总局局长冯伟呈称："窃此次肇庆兵燹，全城遭殃，敌之狼〔狠〕毒，实为从来所未有。职局肇庆分局内〔云〕无线电器具暨家私，一切损失殆尽。兹当军事时期，电报传达军情，最关紧要，亟应从速规复，以利戎机。昨经派员前往修理，已可照常通电，所有修理及购置费用，经该委员列单呈报前来，局长复核属实，理合转呈察核，伏乞俯准令行会计司照数支付，俾便领发"等情前来。除指令照准外，合行令仰该司长即便遵照发给。修理费数目清册一本并发。此令。

（中华民国陆海军大元帅之印）

中华民国十二年六月廿日

据大本营秘书处编《陆海军大元帅大本营公报》第十七号
（广州一九二三年六月二十九日）

给各军长官的训令

（一九二三年六月二十日）

大元帅训令第二〇一号

　　令各军长官

　　据大本营兵站总监罗翼群呈称："现据交通局长周演明呈称：'职局船务股科员刘天眷报称："转据八号轮船主诉称：本月十日下午十一时，滇军第四旅廖旅长①副官李宽带同兵士八、九名到船,着即升火开往东江博罗,各船员签〔佥〕以此船吃水太深,不能开往东江,将理由详细说明,彼不特不听,并诸多恐吓,船中存下粮食尽行用去。至十一日下午十二时,复将船内各伴银物、衣服掠夺而逃。迫得呈请局长察核追领,失单一纸粘呈等情。据此,查廖旅长于本月九日来函借船运子弹往东江,经局长函复,以现在无船请由火车转运去后,乃该副官李宽恃强于十日下午十一时,率同兵士八、九名到局,硬将八号开船证夺去,下船后盘踞两天,将船中各人之衣物、银两、粮食于十一日下午十二时尽数夺掠而去。似此藉开差为名,强抢为实,关系船务前途甚巨,理合将实在情形呈请局长查核,转呈究追"等情。查迩来各军到局取船、取车、取伕,动以威气凌人,或恃武力威胁,持枪恐吓,数见不鲜。今复以开差为名,既用去船中粮食,复掠去船中银物、衣服,此种不肖士兵,实有玷滇军名誉,然事实俱在,无可讳言,若不从严究追,后患何堪设想。廖旅长治军素严,想决不肯庇纵一二不肖士兵,致隳全军名望。为此,将该轮失单备文粘呈察核,伏恳迅赐转行廖旅长,请其严密押追究办,并将原赃追出交回职局,转给船主领回,庶维军誉而儆将来,实为公便。抑局长更有不能已于言者,现在军队庞杂,以致冒军拉伕、骑船、掳劫等事,时有所闻,即使正式军队一经取用,往往去而不返,或任便扣留;若不明定限制,设法维持,本部益蒙其害。兹拟嗣后毋论何军到局取船、取车、取伕备用者,如无正式印信或高级长官签名盖章及不声明往返时间,本局概不给与,庶杜假冒而利军行。是否有当,伏乞分别呈咨令遵'等情,并粘抄八号轮船失单、廖旅长原函各一纸前来。据此,当经咨请滇军杨总司令转饬究追,按办在案。惟查现在各江军事方殷,交通勤务致〔至〕为繁重,该局长拟请设法维持,嗣后各军到局取船、车、伕役,如无正式印信或高级长官签名盖章及不声明往返时间者,概不给与,于限制之中,杜冒混之弊,实为利便运输起见,合无〔行〕仰恳钧座,通令各军长官查照办理,于履行兵站任务前途不无所裨。是否有当,祗候指令示遵"等情前来。除指令照准外,合行令仰该总司令、司令、军

① 廖旅长,即廖行超。

长转饬所属一体查照,以肃军纪而利运输。此令。

（中华民国陆海军大元帅之印）

中华民国十二年六月廿日

据大本营秘书处编《陆海军大元帅大本营公报》第十七号
（广州一九二三年六月二十九日）

核复广东财政厅纸币发行监督黄隆生呈请免职并责成财政厅自行清理其未交之库券令

（一九二三年六月二十日）

大元帅指令第二六五号

令广东财政厅纸币发行监督黄隆生

呈请免职并责成财政厅自行清理其未交之库券呈报缴销等由

呈悉。黄隆生准免本职,其未交之库券,候令行广东财政厅自行清理呈报可也。此令。

（中华民国陆海军大元帅之印）

中华民国十二年六月廿日

据大本营秘书处编《陆海军大元帅大本营公报》第十七号
（广州一九二三年六月二十九日）

给赵士北的指令

（一九二三年六月二十日）

大元帅指令第二六八号

　　令大理院长兼管司法行政事务赵士北

　　呈为奉令清理庶狱，择情减刑，遵将犯罪轻微、情可原宥之人犯列册，呈请鉴核明令减免，并乞示遵由

　　呈及清册均悉，应予照准。仰即转令遵照办理。此令。

　　　　　　　　　　　　　　　　　　　（中华民国陆海军大元帅之印）

　　　　　　　　　　　　　　　　　　　　中华民国十二年六月廿日

　　　　　　　　据大本营秘书处编《陆海军大元帅大本营公报》第十七号
　　　　　　　（广州一九二三年六月二十九日）

给徐绍桢的指令

（一九二三年六月二十日）

大元帅指令第二六九号

　　令大本营内政部长徐绍桢

　　呈请褒扬寿民陈缉承，并题字给章，请察核示遵由

　　呈悉。准予题颁"共和人瑞"四字，并给予银质褒章一枚，交该部转给，仰即知照。此令。

　　　　　　　　　　　　　　　　　　　（中华民国陆海军大元帅之印）

　　　　　　　　　　　　　　　　　　　　中华民国十二年六月廿日

　　　　　　　　据大本营秘书处编《陆海军大元帅大本营公报》第十七号
　　　　　　　（广州一九二三年六月二十九日）

巡视东江时给许崇智等的指令①

（一九二三年六月二十日）

限于二十五日以前先克复惠城。

据天津《大公报》一九二三年七月一日《东北两江战事之趋势》

给廖仲恺的指令②

（一九二三年六月二十一日）

大元帅指令第二七三号

　　令广东省长廖仲恺

　　呈称西江战事方殷，古主任应芬所请设置西江船泊〔舶〕检查所似宜准予设立由

　　呈悉。已电令该主任准予设立。仰该省长即转令交涉员查照成案，知令驻粤各国领事查照可也。此令。

（中华民国陆海军大元帅之印）
中华民国十二年六月廿一日
据大本营秘书处编《陆海军大元帅大本营公报》第十七号
（广州一九二三年六月二十九日）

---

① 孙中山于6月20日午由广州赴博罗与许崇智会商攻击惠州城，随后转赴鹅岭会晤刘震寰、范石山。此系对许崇智、刘震寰、范石山的面谕。

② 大本营驻江办事处主任古应芬，为断绝广西叛军交通，曾于6月上旬两次来电，要求宣布西江为戒严区域，设置船舶检查所。并令行交涉员知会洋商轮船开至德庆县止。据此，6月16日，廖仲恺上呈孙中山说明船舶检查所应予设立缘由，呈请鉴核令遵。

褒扬伍廷芳令

（一九二三年六月二十二日）

大元帅令

　　前外交总长兼财政总长、广东省长伍廷芳,学术闳通,名重中外。民国肇造,翊赞共和,厥功至伟。当督军团作乱,拒绝副署解散国会命令,大节凛然。随本大元帅南来,以护法倡率各省,屡经艰阻,志气不挠。非惟民国之元勋,实乃人伦之楷模。去岁广州之变,愤慨成疾,遂以不起。凡在邦人,所同痛悼,日月云迈,忽已岁周。本大元帅眷怀往事,弥念同心,感国步之多艰,叹斯人之不作。本月二十三日,为伍前总长身殉国难之期,应设奠致祭,以申追悼。本大元帅因督师东江,特派总参议胡汉民恭代行礼,并着内政部查取民国成例,优议褒扬之典,昭示崇报,用诏来兹。此令。

（中华民国陆海军大元帅之印）

中华民国十二年六月廿二日

据大本营秘书处编《陆海军大元帅大本营公报》第十七号
（广州一九二三年六月二十九日）

给王棠的训令

（一九二三年六月二十三日）

大元帅训令第二〇五号

　　令大本营会计司司长王棠

　　据中央直辖广东讨贼军第一师第三团团长邓演达呈称:"窃职前奉钧令,将东路讨贼军驻省炮兵营拨归职团指挥,所有该炮兵营一切工作,业既准备完毕,其应用器具亦既分别购置,计共垫支银八十二元零七仙,理合列单连同单据汇呈钧座,恳请核准如数补给,以资归垫"等语,并具清单前来。除令秘书处转知照准外,合行令仰该司长查照发给。清单并发。此令。

（中华民国陆海军大元帅之印）

中华民国十二年六月廿三日

据大本营秘书处编《陆海军大元帅大本营公报》第十七号

（广州一九二三年六月二十九日）

给廖仲恺的训令

（一九二三年六月二十四日）

大元帅训令第二〇六号

令广东省长廖仲恺

查广东造币厂久停工作,所有该厂督办、会办、监督等职,应即取销,一切公文、物件,着由该省长转令财政厅派员保管。此令。

（中华民国陆海军大元帅之印）

中华民国十二年六月廿四日

据大本营秘书处编《陆海军大元帅大本营公报》第十七号

（广州一九二三年六月二十九日）

官产沙田两清理处仍归财政厅管辖令

（一九二三年六月二十五日）

大元帅令

官产清理处及沙田清理处着仍归财政厅管辖处理。此令。

（中华民国陆海军大元帅之印）

中华民国十二年六月廿五日

据大本营秘书处编《陆海军大元帅大本营公报》第十七号

（广州一九二三年六月二十九日）

给梅光培的训令

（一九二三年六月二十五日）

大元帅训令第二〇八号

　　令广东全省官产清理处处长梅光培

　　据大本营秘书处案呈：大本营内政部公函内称："现接广府学宫明伦堂黄福元等来函：'请令行官产清理处，凡郡学宫墙界内地方，勿予投变'等语。查所称未悉已否另呈大元帅钧察，兹将原函送达贵处，即烦转呈大元帅核阅，仍发回为荷"等语，并将黄福元等原函转呈核阅前来。除令秘书处函知内政部，广州学宫墙界内地准予令饬广东全省官产清理处不得投变外，合行令仰该处长即便遵照办理。黄福元等原函抄发。此令。

（中华民国陆海军大元帅之印）

中华民国十二年六月廿五日

据大本营秘书处编《陆海军大元帅大本营公报》第十七号
（广州一九二三年六月二十九日）

给王棠的指令

（一九二三年六月二十五日）

大元帅指令第二七八号

　　令大本营会计司司长王棠

　　呈请将各军饷项及各机关经费划归财政部发给由

　　呈悉。前据呈请再令各收入机关迅速解款，业经分别令催。现值军事紧急之际,该司长勿得推延卸责,所请碍难照准。此令。

(中华民国陆海军大元帅之印)

中华民国十二年六月廿五日

据大本营秘书处编《陆海军大元帅大本营公报》第十七号
(广州一九二三年六月二十九日)

着刘甫臣等嘉勉川军扫清残寇申讨国贼令

(一九二三年六月二十五日)①

大元帅训令

此次川系军阀,勾结川省不肖军人,扰乱川境,妄希以武力统一全国。逆军所至,闾里骚然,人民何辜,丁兹酷毒。本大元帅和平统一之旨,亦被此辈阴谋阻害进行,不获早与吾民休息。所幸该总司令等赫然振旅,兴师讨贼,不出旬日,成都克复,西北底定,远道闻之,至为嘉慰。惟东路余孽尚未能清,吾民日在水深火热之中,莫由救护,每一念及,忧隐如捣。今北变突兴,黎氏亡走,曹锟〔锟〕觊觎非分,不惜弁髦一切,专恃武力,凶威所播,足召灭亡。仰该总司令等迅率所部,扫清残寇,奠定川局,然后会师东下,申讨国贼,貌彼顽梗,不难平殄,并仰该总司令宣传各师旅团官兵等共体时艰,勉纾国难,本大元帅有厚望焉。此令。

据《广州民国日报》一九二三年八月九日

---

① 据上海《民国日报》1923年11月13日《大元帅勖川军讨贼》中《大元帅嘉劳赖总指挥》云:"川军总指挥赖心辉昨奉广东大元帅第二○九号训令……",该训令内容与本令完全相同,兹据第二○九号训令之时间酌定本令为6月25日。

着函知邓泽如等的手令

（一九二三年六月二十五日）

大元帅令

　　着秘书处函知邓泽如、林云陔、刘纪文、周之贞、罗翼群、朱卓文、吴铁城、赵公璧、谢良牧、李章达、李天德、李卓峰、林丽生，每日午后六时到大本营筹商各事。此令。

据邓泽如著《中国国民党二十年史迹》（上海正中书局一九四八年版）

发给杨大实公费及川资令

（一九二三年六月二十六日）

　　着会计司发给杨大实六、七、八等月公费六百元，并川资四百元，合共一千元。此令。

孙　文
中华民国十二年六月二十六日

据中国国民党中央文化传播委员会党史馆藏一般档案 051/64

给王棠的训令二件

（一九二三年六月二十七日）

一

大元帅训令第二一二号

　　令大本营会计司司长王棠

　　据卸大本营建设部长邓泽如呈称："泽如奉钧命特任为大本营建设部长等因。泽如遵于四月十一日就职,开始办公。除呈报在案外,所有开办费二千元即由泽如先行借垫开支,该项计算书表容当呈报核销。兹值交代,理合具文及出具印领,呈请钧帅俯赐鉴核,饬司发给,以归垫款而清手续,实为公便"等语。并具印领前来。除指令照准外,合行令仰该司长查照发给。印领并发。此令。

（中华民国陆海军大元帅之印）

中华民国十二年六月廿七日

二

大元帅训令第二一三号

　　令大本营会计司司长王棠

　　据兼大本营财政部长邓泽如呈称："泽如奉钧命特任兼大本营财政部长等因。泽如遵于三月二十一日就任兼职,开始办公。除呈报在案外,所有开办费二千元,即由泽如先行垫借开支,该项计算书表容当呈报核销。兹值交代,理合具文及出具印领呈请钧帅俯赐鉴核,饬司发给,以归垫款而清手续"等语,并具印领前来。除指令照准外,合行令仰试司长查照发给。印领并发。此令。

(中华民国陆海军大元帅之印)

中华民国十二年六月廿七日

据大本营秘书处编《陆海军大元帅大本营公报》第十七号
(广州一九二三年六月二十九日)

给各军长官的训令

(一九二三年六月二十七日)

大元帅训令第二一四号

令各军长官

据广东财政厅长邹鲁呈称:"窃维粤省频年军兴,需饷浩繁,计吏穷于搜括,民力日以颓敝,与言理财固戛乎其难。矧以此次军兴,义军蜂起,机关分立,事权未能统一,举凡职厅直辖省内外各属厘税饷捐收入,悉为各驻防军队收办,饷款概行截留,省库几同守府。筹饷者智穷力竭,索饷者纷至沓来。无米成炊,巧妇有难为之叹;点金乏术,司农兴仰屋之嗟。若不亟图整理,破碎堪虞,于财政前途固日形棼乱,而于军民两政亦关系匪轻。厅长奉命危难之间,受事以来,殚精竭虑,以为当今急务,舍统一财政其道末由,惟有就据报各军收办厘税饷捐情形,分别开列清单呈请钧座鉴核。俯赐通令各军司令,对于职厅直辖各属厘税饷捐,如已派员或另招商承者,立予撤销,一律交回职厅办理,饷项应径行缴厅,勿得截留。所有请领各军军饷,应向大本营具领。其距省窎远,各军如须提拨饷项,并应先行报由职厅核准后,方可截留,以维统一而明系统。除呈请省长察核外,理合具文呈请鉴核,指令祗遵"等情前来。查收入必须统一,支出始有准绳。该厅长所呈,系属实在情形,除指令照准外,合行令仰该总司令、军长、司令转饬所属一体遵照。凡有截留各属厘税饷捐等项,迅即交回财政厅办理。应领军饷,由该长官造具清册,呈报大本营核发。切切。此令。

(中华民国陆海军大元帅之印)

中华民国十二年六月廿七日

据大本营秘书处编《陆海军大元帅大本营公报》第十八号
(广州一九二三年七月六日)

给廖仲恺杨希闵的训令

(一九二三年六月二十七日)

大元帅训令第二一五号

令广东省长廖仲恺、兼卫戍司令杨希闵

前因广州市内竟有白昼抢劫情事,惊扰闾阎,妨害治安,经令行该省长、兼卫戍总司令督饬所属一体严防密查。遇有枪〔抢〕劫案犯一经拿获讯明,即依军法从事在案。近闻更有冒充军人,擅自逮捕商民,或入民居搜索,或滥封船渡,或强拉伕役等类情事,愈堪痛恨。兹颁发《临时军律》六条开列于后,合行令仰该省长转饬公安局兼卫戍总司令执行,并出示布告,俾众周知。除分令外,仰即遵照办理,以安闾阎,而清匪患。切切。此令。

附录 临时军律

一、抢劫财物者枪决。

一、冒充军队及不知会警察,擅自拉伕者枪决。

一、未奉长官命令,不知会警察,擅自逮捕商民或入铺屋搜索者枪决。

一、不经由兵站,擅用封用船渡者枪决。

一、强占商民铺屋者枪决。

一、掳人勒索及打单①吓诈者枪决。

（中华民国陆海军大元帅之印）

中华民国十二年六月廿七日

据大本营秘书处编《陆海军大元帅大本营公报》第十八号（广州一九二三年七月六日）

发给永翔楚豫两舰伙食公费令

（一九二三年六月二十七日）

着市政厅提前垫给永翔、楚豫两舰伙食、公费共四千元。此令。

孙　文

中华民国十二年六月二十七日

据秦孝仪主编《国父全集》第六册（台北近代中国出版社一九八九年版）

给伍朝枢的训令

（一九二三年六月二十八日）

大元帅训令第二一六号

令大本营外交部长伍潮〔朝〕枢

据大本营驻江办事处全权主任古应芬漾电称："帅座删电敬悉。所请照九年成案，速设西江船舶检查所，截断敌人交通之处，应予照准。等因。奉此，自应遵照筹设，业由本处派琼海关监督兼交涉员黄建勋办理。应请帅座加给委派黄建勋为西江船舶检查所所长，以专责成，并请知会各国领事查

---

① 打单：用写威吓信等手段勒索钱财，粤语称作打单。

照"等情前来。除电复照准并令派外,合行令仰该部长转饬照会各国领事查照。此令。

（中华民国陆海军大元帅之印）

中华民国十二年六月廿八日

据大本营秘书处编《陆海军大元帅大本营公报》第十八号
（广州一九二三年七月六日）

给王棠的训令

（一九二三年六月三十日）

大元帅训令第二一七号

令大本营会计司司长王棠

据前兼理大本营财政部长邓泽如呈称："窃职部五月份职员薪俸及一切经费,业经列表呈请饬司核发,邀准在案。兹将六月份职员薪俸及一切经费,计自一日起至交卸前之一日止,共二十四天,应由泽如请领支给,理合造具预算表呈请钧核,伏乞俯赐饬司照发,以便转给支领,实为公便"等语,并造具预算表前来。除指令照准外,合行令仰该司长查照发给。预算表并发。此令。

（中华民国陆海军大元帅之印）

中华民国十二年六月卅日

据大本营秘书处编《陆海军大元帅大本营公报》第十八号
（广州一九二三年七月六日）

给张开儒程潜的训令

（一九二三年六月三十日）

大元帅训令第二一八号

　　令大本营参谋长张开儒、军政部长程潜

　　据兵站总监罗翼群呈称："窃准中央直辖湘粤联军总司令张开儒公函内开：'现奉大元帅命令移驻北江，出发在即，所需给养及各种军用物品，列表函请发给到部'。伏查来表所列给养物品量数，如米、盐、草鞋等物，与职部原有规定略有出入，且该部系新编军队，所有给养物品等项，应否给予，未奉明令，未敢擅便。准函前由，理合照录来表，呈请睿鉴衡核，指令饬遵"等情前来。查此等名称并〔未〕经任命，应立即取消，除分令外，仰即遵照办理。此令。

（中华民国陆海军大元帅之印）

中华民国十二年六月三十日

据大本营秘书处编《陆海军大元帅大本营公报》第十九号
（广州一九二三年七月十三日）

给罗翼群的指令

（一九二三年六月三十日）

大元帅指令第三〇二号

　　令大本营兵站总监罗翼群

　　呈为湘粤联军总司令张开儒所部系新编军队，应否给发给养、物品等项，乞指令遵行由

　　呈悉。查此等名称，并未经任命，应立即取消。业令行大本营参谋处暨

军政部遵照办理。仰即知照。此令。

（中华民国陆海军大元帅之印）

中华民国十二年六月三十日

据大本营秘书处编《陆海军大元帅大本营公报》第十九号（广州一九二三年七月十三日）

发给航空局修理机场费令

（一九二三年六月三十日）

着会计司发给航空局修理机场费五百元。此令。

孙　文

中华民国十二年六月三十日

据中山大学孙中山纪念馆藏原件

电令长洲要塞司令

（一九二三年六月三十日）①

电令长洲要塞司令：永翔、楚豫两舰，开往西江助战。明后两日当过长洲，着该司令放行。此令。孙文。

据谭延闿编《总理遗墨》第一辑（一九二八年印行，广东省社会科学院藏）

---

① 原件未署时间，按两舰赴西江助战事在7月2日，故定为6月30日。

发给平刚徐昌侯川资令

（一九二三年七月一日）

着会计司发给平刚、徐昌侯川资各二百元，共四百元，交周仲良转。此令。

孙　文

中华民国十二年七月一日

据中国国民党中央文化传播委员会党史馆藏一般档案 051/133

发给邱鸿钧医药费令

（一九二三年七月二日）

着会计司发给邱鸿钧医药费一千元。此令。

孙　文

中华民国十二年七月二日

据中国国民党中央文化传播委员会党史馆藏一般档案 051/60

命朱卓文周之贞来大本营电

（一九二三年七月二日）

电令香山朱卓文、顺德周之贞，即来大本营，勿延。孙文。

中华民国十二年七月二日

据谭延闿编《总理遗墨》第一辑（一九二八年印行，广东省社会科学院藏）

命追赠并优恤杨锦堂陈培鎏令

（一九二三年七月二日）

大元帅令

　　据杨总司令希闵东电呈称"此次左翼军第二路李指挥济深所部团长杨锦堂及参谋陈培鎏,于马口墟之役,身先士卒,冲入敌阵,伤中要害,即时阵亡,请从优抚恤,以慰英魂,而励将来"等情。该故团长杨锦堂,努力戎行,历有年所。自讨贼军兴,转战千里,尤著勤劳。此次北江战役,复能率部先登,以身报国,兹闻噩耗,悼惜殊深。杨锦堂着追赠陆军少将,并给治丧费一千元,以慰忠烈,而志哀荣。并着由大本营军政部照少将阵亡例,从优议恤。至该故参谋陈培鎏应如何议恤之处,着并由该部汇案办理。此令。

（中华民国陆海军大元帅之印）
中华民国十二年七月二日

据大本营秘书处编《陆海军大元帅大本营公报》第十九号
（广州一九二三年七月十三日）

给刘纪文的指令

（一九二三年七月三日）

大元帅指令第三〇四号
　　令大本营审计局长刘纪文
　　呈报修理该局办公处合计工料银七百三十一元五毫,请准予核销,并饬会计司照数支发由呈悉。准予核销,仰候令行会计司查照发给可也。此令。

(中华民国陆海军大元帅之印)

中华民国十二年七月三日

据大本营秘书处编《陆海军大元帅大本营公报》第十九号
(广州一九二三年七月十三日)

给王棠的训令

(一九二三年七月四日)

大元帅训令第二二一号

令大本营会计司司长王棠

据大本营内地侦探长李天德呈称:"窃职处五月份、六月份所有各员薪水,及处内暨各区经费,合共欠发两个月,迭经亲踵会计司王司长处具领,始终均未蒙照发。此际各员虽能热心毅力,勉强从公,然长此枵腹,何能久持,况东西北江战务,亟宜严密侦察,而广州市地方秩序,更须异常注意。今各探员既因办公经费无着,所有侦查各事,不免着着为难,此中苦处,可想而知。理合将各探员办事困难情由,备文呈请钧座,体念苦衷,俯赐迅饬会计司设法如数照给,以资办公,而利进行,实为德便"等情前来。据此,除指令照准外,合行令仰该司长即行遵照发给为要。此令。

(中华民国陆海军大元帅之印)

中华民国十二年七月四日

据大本营秘书处编《陆海军大元帅大本营公报》第十九号
(广州一九二三年七月十三日)

命筹发何成濬部伙食费令

（一九二三年七月五日）

着官产处长梅，火速筹发何雪竹军队伙食五万元。此令。

孙　文

中华民国十二年七月五日

据中国国民党中央文化传播委员会党史馆藏一般档案051/287

发给赴北江军费令

（一九二三年七月五日）

着会计司发给赴北江军费二万元。此令。

孙　文

中华民国十二年七月五日

据中国国民党中央文化传播委员会党史馆藏一般档案051/31

给梅光培的指令

（一九二三年七月五日）

大元帅指令第三〇八号

令广东全省官产清理处处长梅光培

呈报该处奉财政部令，直辖财政部缘由，请鉴核由呈悉。广东全省官产清理处已令归广东财政厅直辖,仰即知照。此令。

(中华民国陆海军大元帅之印)

中华民国十二年七月五日

据大本营秘书处编《陆海军大元帅大本营公报》第十九号
(广州一九二三年七月十三日)

命发给无线电总局修理费令

(一九二三年七月五日)

着会计司发给无线电总局修理费三百元。此令。

孙　文

中华民国十二年七月五日

据中山大学孙中山纪念馆藏原件

命限期拿获劫车土匪令

(一九二三年七月六日)

着李天德会同朱培德、卢师谛、徐树荣等,限五日将劫南岗火车之土匪拿获归案。切切。此令。

孙　文

据谭延闿编《总理遗墨》第一辑(一九二八年印行,广东省社会科学院藏)

给朱培德的训令

（一九二三年七月六日）

大元帅训令第二二四号

  令大本营巩卫军司令朱培德

  据大本营兵站总监罗翼群呈称："顷准巩卫军司令部副官处函称：'昨日曾向兵工厂朱厂长领取七九子弹一万发，六八弹七千发，九响五千发，共二万二千发。惟向来领取手续，应由贵总监部向兵工厂领取，再发给敝军，昨因军情紧急，特变通办法，直接向兵工厂领取，当时贵总监部派往兵工厂提解子弹专员亦在场，当面言明，仍由贵总监部补具收据，请将收据交由敝部转交兵工厂查收，以符信用'等由。查兵工厂制出子弹，向迭奉帅令由职部全行提取配发各军，况现值战事方殷，各部队对于子弹均视为唯一之要品，或函电催取，或派员领取，职部斟酌支配，几费踌躇，尚恐不能将至公无私之苦衷使前敌各职员令行谅解。今该军副官处竟自行向厂截取支领，不惟破坏职部均平配备之计划，窃恐此风一开，各部相率效尤，将启内竞之渐。语曰：星星不绝，将致燎原。职为大局计，为吾党计，用敢函恳俯赐另案通令各军，支领子弹务由职军部配发，毋得自向厂截取"等情前来。查各部军队领取子弹，向须呈经本大元帅允准，然后发给手令，饬由兵站总监拨给，迭经办理在案。该司令部副官处，何得借军情紧急，私自径向兵工厂擅行提取，仰该司令迅予严行查办，以儆效尤，而肃军纪。切切。此令。

            （中华民国陆海军大元帅之印）

中华民国十二年七月六日

    据大本营秘书处编《陆海军大元帅大本营公报》第十九号

      （广州一九二三年七月十三日）

发给滇军赏款令

（一九二三年七月六日）

着会计司发给赏滇军款一万元。此令。

孙　文

民国十二年七月六日

据中国国民党中央文化传播委员会党史馆藏一般档案 051/91

给王棠的训令

（一九二三年七月六日）

大元帅训令第二二五号

　　令大本营会计司司长王棠

　　据广东宣传局长邓慕韩呈称："职局经费业经呈明钧座察核在案，兹谨将本年六月份应领俸给薪工及办公费等，照案编造预算书一份，呈请鉴核，伏乞俯赐令行会计司照案支付，俾便领发，实为公便。再职局各宣传员，现未经荐任，暂未请领，故无编造，合并呈明"等语。并具预算表前来。除指令照准外，合行令仰该司长查照发给。预算表并发。此令。

（中华民国陆海军大元帅之印）

中华民国十二年七月六日

据大本营秘书处编《陆海军大元帅大本营公报》第十九号（广州一九二三年七月十三日）

给罗翼群的指令

（一九二三年七月六日）

大元帅指令第三一〇号

  令大本营兵站总监罗翼群

  呈报站务繁难情形，并拟定办公时间，请通令各军，以免延误由

  呈悉。所拟办公时间尚属可行，仰即自行通知各军查照可也。此令。

（中华民国陆海军大元帅之印）
中华民国十二年七月六日

据大本营秘书处编《陆海军大元帅大本营公报》第十九号（广州一九二三年七月十三日）

着制弹厂发给陈理明部子弹令①

（一九二三年七月六日）

大元帅令

  着制弹厂发给陈理明所部七九子弹三万枚。此令。

孙　文
中华民国十二年七月六日

据秦孝仪主编《国父全集》第六册（台北近代中国出版社一九八九年版）

---

① 原件存日本。

给廖仲恺等的训令

（一九二三年七月七日）

大元帅训令第二二六号

令广东省长廖仲恺、文武各机关

据大本营审计局长刘纪文呈称："窃纪文前由财政部委办发行大本营度支处军用钞票事宜，当经印就一元、五角、二角各种军用钞票，以便北伐时利便军用。惟后经去年六月十六日之变，该票因而散失，但该票面有经加盖大本营度支处及刘兆铭印章，虽未经公布发行，诚恐不法之徒，持票吓诈商民，流弊不堪设想，理合具文呈请钧座，伏乞通令各文武机关，布告军民人等，一律取消，禁止使用，如有持该前大本营度支处印就而未发行之军用钞票强行勒使者，严行究办，以维信用，而杜弊端"等情前来。除指令照准外，合行令仰该省长转饬所属并布告军民人等、两广盐运使转饬所属、总司令、部长、处长转饬所属，一体遵照勿违。切切。此令。

（中华民国陆海军大元帅之印）

中华民国十二年七月七日

据大本营秘书处编《陆海军大元帅大本营公报》第二十号

（广州一九二三年七月二十日）

命江门办事处不得干涉公产令

（一九二三年七月八日）

江门官产公产，由官产处长梅光培全权办理，着江门大本营办事处不得干涉。所得款项,尽数解缴帅府,不得截留。此令。

孙　文

中华民国十二年七月八日

据谭延闿编《总理遗墨》第一辑(一九二八年印行,广东省社会科学院藏)

发给徐树荣军费令

（一九二三年七月九日）

着会计司发给徐树荣军费一千元。此令。

孙　文

中华民国十二年七月九日

据中国国民党中央文化传播委员会党史馆藏一般档案051/78

发给胡舰长公费令

（一九二三年七月九日）

着市政厅长①发给胡舰长②公费一千元。此令。

孙　文

中华民国十二年七月九日

据秦孝仪主编《国父全集》第六册(台北近代中国出版社一九八九年版)

---

① 当时市政厅厅长为孙科。
② 胡舰长,即楚豫舰舰长胡文溶。

发给程潜旅费令

（一九二三年七月十日）

着会计司发给军政部长旅费三百元。此令。

孙　文

民国十二年七月十日

据中国国民党中央文化传播委员会党史馆藏一般档案051/55

发给谭延闿回湘费令

（一九二三年七月十日）

着会计司发给谭延闿回湘费十万元。此令。

孙　文

民国十二年七月十日

据中山大学孙中山纪念馆藏原件

遣散冗兵令

（一九二三年七月十一日）①

大元帅令

被裁之兵于二十四小时内离城。

据上海《民国日报》一九二三年七月十二日《孙大元帅着手裁兵》

---

① 此件未署日期，所标日期系路透社报道此令的电讯日期。

给孙科的训令

（一九二三年七月十二日）

大元帅训令第二三〇号

令广州市市政厅市长孙科

为训令事：据大本营兵站总监罗翼群呈称："现接广东公医校院长函称：自讨贼军兴，由各军先后送到伤兵留院医治者，每日药、膳等费，垫支约数百金，数月积计，其数甚巨。现留医者，尚多需款，接济孔亟，迭经呈明贵总监拨款接济在案。惟贵总监以财政困难，现款难拨，只有划拨公产，准予任便择取呈请给领抵偿。兹查有市内红花岗地段，纵横约有四十亩，与校院附近，堪为扩充校院地址之用。该地原为丛葬坟场，有数千丈之夥，将来择地迁葬，需费亦巨。现因本校议决，年内九月开办医科大学，扩充地址，亟应预早筹备，迫得函恳贵总监，据情转呈帅座核准，饬令市厅执行，早日将红花岗给领发照管业，以维公益"等情。据此，除指令照准外，合行令仰该市长即便遵照办理。此令。

（中华民国陆海军大元帅之印）

中华民国十二年七月十二日

据大本营秘书处编《陆海军大元帅大本营公报》第二十号
（广州一九二三年七月二十日）

命查办卢象森令

（一九二三年七月十二日）

闻参谋处副官卢象森，在外有干涉官产处行政之行为，着该参谋长张严行查办。此令。

孙　文

据中国国民党中央文化传播委员会党史馆藏一般档案 051/148

给程潜的指令①

（一九二三年七月十二日）

大元帅指令第三二二号

　　令大本营军政部长程潜

　　呈报据张汪镜清呈称阵亡指挥张惟圣恤金业蒙准给五千元核与定章不符，乞鉴核示遵由

　　呈悉。张惟圣着照追赠陆军中将，准给恤金二千元，并从优赠给三千元。仰即知照。此令。

（中华民国陆海军大元帅之印）
中华民国十二年七月十二日

据大本营秘书处编《陆海军大元帅大本营公报》第二十号
（广州一九二三年七月二十日）

---

① 7月5日，程潜向孙中山呈报，1922年6月阵亡的左翼总指挥张惟圣，原已明令追赠陆军中将，议给其遗孤5000元，后因陈炯明叛变未发给，张妻汪镜清要求补发，但原定5000元超过章程规定的2000元，请孙中山鉴核。

发给李天德伙食费令

（一九二三年七月十二日）

着庶务科长借给李天德伙食一千五百元。此令。

孙　文

民国十二年七月十二日

（已由会计司交妥，七月十四日，王棠。）

据中国国民党中央文化传播委员会党史馆藏一般档案 051/45

发给宣传委员办公费令

（一九二三年七月十三日）

着会计司发给宣传委员四人办公费一千元。此令。
此款交谢良牧分配。

孙　文

中华民国十二年七月十三日

据中国国民党中央文化传播委员会党史馆藏一般档案 051/42

发给朱世贵津贴令

（一九二三年七月十三日）

着会计司发给朱世贵津贴二千元。此令。

孙　文
中华民国十二年七月十三日

据中国国民党中央文化传播委员会党史馆藏一般档案051/50

发给张兆基旅费令

（一九二三年七月十四日）

着会计司发给张兆基旅费三百元。此令。

孙　文
中华民国十二年七月十四日

据中国国民党中央文化传播委员会党史馆藏一般档案051/135

命调离兵工厂驻兵令

（一九二三年七月十五日）

着朱培德将驻扎兵工厂之兵士调离，免与新派保护该厂之部队混杂为要。此令。

孙　文
中华民国十二年七月十五日

据谭延闿编《总理遗墨》第一辑（一九二八年印行，广东省社会科学院藏）

发给孙祥夫公费令

（一九二三年七月十五日）

着会计司发给孙祥夫公费五百元。此令。

孙　文

中华民国十二年七月十五日

据中国国民党中央文化传播委员会党史馆藏一般档案051/107

命拨官产价予江门办事处令

（一九二三年七月十五日）

着官产处长将四邑所投官产之价，拨四成归江门办事处支用。此令。

孙　文

中华民国十二年七月十五日

据谭延闿编《总理遗墨》第一辑（一九二八年印行，广东省社会科学院藏）

取消巩卫军令

（一九二三年七月十六日）

大元帅令

大本营巩卫军应即取消。此令。

（中华民国陆海军大元帅之印）

中华民国十二年七月十六日

据大本营秘书处编《陆海军大元帅大本营公报》第二十号（广州一九二三年七月二十日）

发给永丰舰回省费令

（一九二三年七月十六日）

着会计司发给永丰舰回省费二千元并煤炭二百顿〔吨〕。此令。

中华民国十二年七月十六日

据中山大学孙中山纪念馆藏原件

通缉金汉鼎黄毓成令

（一九二三年七月十六日）

大元帅令

据报：金汉鼎串同黄毓成暗降吴佩孚，妄冀作乱。金汉鼎着即免去大本营高级参谋本职，与黄毓成一并通缉，以儆愚顽，而申国纪。此令。

（中华民国陆海军大元帅之印）

中华民国十二年七月十六日

据大本营秘书处编《陆海军大元帅大本营公报》第二十号
（广州一九二三年七月二十日）

发还陈群欠款令

（一九二三年七月十七日）

着会计司十五日后发还陈群欠款四千二百元。此令。

孙　文

中华民国十二年七月十七日

据中国国民党中央文化传播委员会党史馆藏一般档案
051/111

着将香山缴款拨交会计司急用令

（一九二三年七月十八日）

着财政厅长将香山县长今日解省之一万五千元拨交会计司以应急用。此令。

孙　文
民国十二年七月十八日

据中国国民党中央文化传播委员会党史馆藏一般档案051/11

给王棠的训令二件

（一九二三年七月十八日）

一

大元帅训令第二三二号
　　令大本营会计司长王棠
　　据广东无线电报总局局长冯伟呈称："窃职局经常费向系按月编造预算书，缴呈钧帅核准，令行会计司照发在案。兹届十二年七月份理合将该月应支经常费，援案编造支付预算书呈请鉴核，伏乞俯赐令行会计司照案支付，俾便领发，以资办公"等情前来。据此，除指令照准外，合行令该司长即便查照办理为要。广东无线电报总局七月份预算书一册附发。此令。

（中华民国陆海军大元帅之印）
中华民国十二年七月十八日

二

大元帅训令第二三三号

　　令大本营会计司长王棠

　　据广东无线电报总局局长冯伟呈称："窃职局韶州分局前于沈逆背叛时,该局职员密受机宜,已能随机应付,克尽厥职,业经呈请准予赏给奖章在案。此次沈、北两军复犯韶关,痛恨无线电报〈局〉前次所为,下令缉拿该局领班张介眉等,幸该领班闻风潜逃,躲匿乡间,得免于难。机生陈炳楷卒被拿获,监禁二十七天,敌退始出。所有该局机件器具,多所损失。而于该领班、机生各职员,衣服、行李抢掠殆尽。及至敌人败走,报生胡荣首先返局,将仍存未失机件查点保管,尤为异常出力。至所失机件,现有在韶州有线电报局内查起,是否该局乘机攫取抑买自敌人,应请下令从严查究,以儆将来。所有此次沈、北两军复犯韶关,职局韶关分局在事人员,遽遭缉拿监禁及损失情形,合并仰恳帅座俯准查照前敌奖励士兵例,奖赏该领班张介眉毫洋五十元,机生陈炳楷三十元,报生胡荣二十元,以资鼓励,藉补损失。如荷核准,请即令行会计司如数发给,并乞指令祗遵"等情前来。据此,除指令照准外,合行令仰该司长即便查照发给,以资奖劝。此令。

　　　　　　　　　　　　　　　　　　（中华民国陆海军大元帅之印）

中华民国十二年七月十八日

据大本营秘书处编《陆海军大元帅大本营公报》第二十一号（广州一九二三年七月二十七日）

命调回顺德驻防部队令

（一九二三年七月十九日）

着周之贞将驻扎四邑各部队全数调回顺德驻防。此令。

孙　文

据谭延闿编《总理遗墨》第一辑（一九二八年印行，广东省社会科学院藏）

发给任鹤年医药费令

（一九二三年七月十九日）

着财政厅长发给任旅长鹤年医药费五百元。此令。

孙　文

据谭延闿编《总理遗墨》第三辑（印行时间不详，广东省社会科学院藏）

命滇军速增兵平定东江叛军令

（一九二三年七月十九日）

大元帅谕

西北江已肃清，东江尚危，宜速增兵定之。如轻敌，恐稍有挫失，则西北又有事矣。潮汕初有进步，现颇滞。我能于十日内下惠、潮、梅，则北方亦无从捣乱。若持久，则即不败于兵，亦必败于财政。滇军年来辛苦，不可失之，于十日内战事平，则财政即可整理。

据秦孝仪主编《国父全集》第六册（台北近代中国出版社一九八九年版）

给谭延闿的指令①

(一九二三年七月十九日)

大元帅指令第三三〇号

  令大本营建设部长谭延闿

  呈报宁路筹备军饷情形并拟具办法请核示由

  呈折均悉。仰该部长酌量办理可也。此令。

(中华民国陆海军大元帅之印)

中华民国十二年七月十九日

据大本营秘书处编《陆海军大元帅大本营公报》第二十一号(广州一九二三年七月二十七日)

给赵士北的指令

(一九二三年七月十九日)

大元帅指令第三三一号

  令大理院长兼管司法行政事务赵士北

  呈为修正律师暂行章程,请审定公布由

  呈悉。准如所拟办理。此令。

(中华民国陆海军大元帅之印)

中华民国十二年七月十九日

据大本营秘书处编《陆海军大元帅大本营公报》第二十一号(广州一九二三年七月二十七日)

---

① 7月11日,谭延闿向孙中山呈报:鉴于向新宁路筹借军饷一事,该公司经理把持路事,以致饷项无着,贻误戎机。根据民业路法第六十一条,及授引美国政府战时总统可宣布暂时管理民业铁路之权,拟具对该公司采取暂时收管之办法。

给黄镇磐的指令

（一九二三年七月十九日）

大元帅指令第三三二号

　　令前广东高等检察厅检察长黄镇磐

　　呈报于新任未到任以前,已交由该厅首席检察官湛湘芬代行职务由

　　呈悉。查该厅检察长职务,于新任车显承未到任以前,已由大理院令派广州地方检察厅检察长区玉书暂行兼代。所请以湛湘芬代行职务之处,着毋庸议。此令。

（中华民国陆海军大元帅之印）

中华民国十二年七月十九日

据大本营秘书处编《陆海军大元帅大本营公报》第二十一号(广州一九二三年七月二十七日)

给叶恭绰等的训令

（一九二三年七月二十日）

大元帅训令第二三四号

　　令大本营财政部长叶恭绰、大本营军政部长程潜、大本营兵站总监罗翼群、广东省长廖仲恺、两广盐运使邹鲁、各军民长官

　　为令遵事:照得国家货币定制,向以银元为主币,小银币、镍币、铜币为辅币,主辅相济,意美规良。粤省自八年发行镍币以来,市面流通,商民称便。乃日前市面遽尔停止行使,致辅币缺少,人民生活程度复因之顿高,殊非维持币政调剂金融之道。查此项镍币,现散存民间,实居多数,亟应疏通壅滞,规定收支搭成办法,以利推行。应自八月一日起,所有政府征收税捐

及支发款项,均搭镍币二成;至市面零星交易,概照额面半毫计算,不得低折歧视,以维币政。除分令外,合行令仰该部长、省长、总司令、运使、总监、军长即便遵照办理,并转令所属暨布告商民人等一体遵照。此令。

(中华民国陆海军大元帅之印)

中华民国十二年七月廿日

据大本营秘书处编《陆海军大元帅大本营公报》第二十一号(广州一九二三年七月二十七日)

发给向炯旅费令

(一九二三年七月二十日)

着会计司发给向炯旅费二百元。此令。

孙 文

中华民国十二年七月二十日

据中国国民党中央文化传播委员会党史馆藏一般档案 051/113

给赵士北的指令

(一九二三年七月二十日)

大元帅指令第三三六号

令大理院长兼管司法行政事务赵士北

呈请由院转行各级法院造具囚犯名册,逐一记明情罪轻重、执行久暂及应予减免之刑期,呈请明令宣告由

据呈所拟,仍由该院转行各级法院造具囚犯名册,逐一记明情罪轻重、执行久暂,及应予减免之刑期,呈请明令宣布等情,自系正当办法,仰即转饬

造册,报由该院转呈听候核示可也。此令。

（中华民国陆海军大元帅之印）

中华民国十二年七月二十日

据大本营秘书处编《陆海军大元帅大本营公报》第二十一号(广州一九二三年七月二十七日)

着市政厅提前垫给航空局杂费手令

（一九二三年七月二十一日）

着市政厅长提前垫给空局由港运机杂费四千元,至急勿延。此令。

孙　文

中华民国十二年七月二十一日

据中国国民党中央文化传播委员会党史馆藏一般档案051/16

命蒙仁潜等部编入中央直辖广西讨贼军令

（一九二三年七月二十四日）

大元帅令

编蒙仁潜、冯葆初等部为中央广西讨贼军。

据上海《民国日报》一九二三年七月二十五日《本社专电》

给程潜的训令

（一九二三年七月二十四日）

大元帅训令第二三六号

令大本营军政部长程潜

据大本营参军长朱培德呈称："请令行军政部按期发给前粤军伤废士兵月饷，以资接济而示体恤事。案奉帅府谕交广州市市长孙科呈称：'为呈请鉴核事：窃据普济三院长巍畅茂呈称："奉案钧厅市字第四二六号训令开：现奉粤军总司令部第五四四号训令开：照得伤废官兵，业经资遣回籍，该所亦已饬令裁撤，以节縻费在案。惟该所内一等伤废士兵徐中华等十八名，或则肢体全废，已失动作之机能，或则亲友俱无，难觅一枝之寄托。此伤废士兵，皆从征有年，殊可悯念，亟应妥筹安置，以励有功。查男老人院，地方宽厂〔敞〕，足资容纳，合行令仰该市长即便转饬普济三院院长巍畅茂，拨出房舍妥为收留。至该士兵等服装，每年发给冬夏衣各二袭，士兵伙食每名每月十元，按期具册来部请领可也。仰即转饬遵照。此令。计附伤废士兵姓名一纸等因。奉此，合行令仰该院长即便查照办理具报。此令"等因。计抄发伤废士兵姓名一纸。奉此。又本年一月十五日，由粤军总司令部先后函送伤废士兵李玉林等共七名，送院收留，业将该伤废士兵徐中华等十八名及李玉林七名，拨出房舍妥为收养；而服装伙食等，因粤军总司令部久已解散，无从请领转给，仍由医院供给伙食。现该士兵等以无饷发给，日夕聚众滋闹，谓陆军医院各伤兵等均有饷发，独令彼等向隅等语。查该士兵等既饱食暖衣，自应安分以守规，不当纠众而滋闹，院长不堪其扰，并恐有意外之事发生。第该伤废士兵徐中华等，前奉钧厅发下收养，理合呈请察核，迅将伤废士兵徐中华、李玉林等共二十五名另行安置，或资遣回籍，以免骚扰而杜意外，实为公便。等情。据此，理合备文呈请鉴核，伏乞请示祇遵，实为公便'等由下处。窃查伤废官兵徐中华等二十五名，向隶属粤军，由前粤军总司令部令行市政厅,转饬普济三院长巍畅茂收容,并按月发给该士兵等每名每月伙食费十元,每年发给冬夏衣各二袭在案。现粤军总司令部名义既已取消,该伤废士兵等亦无从领取此项费用,饥寒堪虞,情殊可悯。窃念该伤废士兵等,虽隶属前粤军总司令部,与此次受伤官兵微有区别,然皆从征有年,因战负伤,以致残废,无计谋生,倘不设法维持,任其坐以待毙,殊失我大元帅体恤伤兵之至意。且皆〔该〕士兵等既属残废,而废兵院尚未筹设安置,无从资遣回籍,需款又属不资,且仍不能久远生活。职再四思维,不如留养该院,较为便妥。伏恳令行军政部,仍援前粤军总司令部前例,发给该伤废士兵等月费十元,并衣服等项,以示格外体恤,一视同仁。在该士兵等雨露普沾,敢忘覆载之恩?而我大元帅仁声远播,大张怀柔之义。是否有当,理合呈请鉴核,训示祗遵,实为德便"等情前来。据此,除指令照准外,合行令仰该部长即便遵照,按月发给该伤废士兵月饷,以示体恤为要。此令。

(中华民国陆海军大元帅之印)

中华民国十二年七月廿四日

据大本营秘书处编《陆海军大元帅大本营公报》第二十二号(广州一九二三年八月三日)

非经大元帅签字不准支款令

(一九二三年七月二十四日)

无论何人,非经大元帅签字,不准支款。

孙 文

据秦孝仪主编《国父全集》第六册(台北近代中国出版社一九八九年版)

命拟文奖励西江海陆军令

（一九二三年七月二十四日）

着拟文奖励西江海陆军，并犒二万元（海军四千，余万六千）（指定一二机关限期筹拨）。海军此次最出力者升海军中将，次者升少将，余分别升级。

孙　文

据谭延闿编《总理遗墨》第一辑（一九二八年印行，广东省社会科学院藏）

发给大元帅室杂支令

（一九二三年七月二十六日）

着会计司发给大元帅室杂用二百元。此令。

孙　文

民国十二年七月二十六日

据秦孝仪主编《国父全集》第六册（台北近代中国出版社一九八九年版）

给陈策的训令

（一九二三年七月二十七日）①

着该司令即带得力军队，督同地方长官，及调和团代表吴东启、余斌臣、

---

① 发令时间据报载"昨特令"酌定。

高亮清,前赴古井,实力调息,制止吴、赵两姓械斗,监视其立约息争,解散帮斗匪徒。如不遵令息斗,准其便宜行事,并相机责令罚款缴械,毁拆炮台,以安地方。此令。

据《现象报》一九二三年七月二十八日《帅令陈策制止吴赵械斗》

给邹鲁的训令

（一九二三年七月二十七日）

署财政厅长邹鲁,提前清发前任各职员薪俸。此令。

（大元帅印）

孙　文

据《现象报》一九二三年七月三十日《帅令清发财厅旧员欠薪》

给王棠的训令

（一九二三年七月二十八日）

大元帅训令第二三八号

令大本营会计司司长王棠

据大本营参军长朱培德呈称:"窃职处办理伤兵事宜,派驻医院各员,前所规定驻院办公费月计约近千元。关于传达命令及其他特别任务出差者,旅费亦属不赀。若每遇一事须向会计司领取一事之费,手续既属繁难,时间必至迟滞。职处求事实利便起见,特派副官一员,专司庶务一切事项。凡关于领取上项各费者,径向庶务副官领取,但此费用非用存储难应仓卒,拟请钧座令饬会计司每月提前拨交职处二千元,以作驻院办公费及旅费等项之用。每届月终若有盈余或短绌,当造具清册,据实呈请钧核,庶几便于应付。是否有当,理合备文呈请钧座察核施行"等情前来。除指令照准外,仰该司长即便遵照办理。此令。

(中华民国陆海军大元帅之印)
中华民国十二年七月廿八日

据大本营秘书处编《陆海军大元帅大本营公报》第二十二号(广州一九二三年八月三日)

给古应芬李济深的训令

（一九二三年七月二十八日）

大元帅训令第二三九号

令大本营驻江办事处全权主任兼西江筹饷督办古应芬、兼西江善后督办李济深

大本营驻江办事处暨西江筹饷督办,着一并克日裁撤。所有西江流域由梧州至江门以及四邑各处地方,一切善后事宜,应责成西江善后督办切实办理,除分令外,仰即遵照。此令。

(中华民国陆海军大元帅之印)
中华民国十二年七月廿八日

据大本营秘书处编《陆海军大元帅大本营公报》第二十二号(广州一九二三年八月三日)

给罗翼群的指令

（一九二三年七月二十八日）

大元帅指令第三四〇号

　　令大本营兵站总监罗翼群

　　呈请令饬广州市政厅征收码头租捐，专解兵站，以济军需由

　　呈悉。照准。此令。

（中华民国陆海军大元帅之印）

中华民国十二年七月廿八日

附录　罗翼群呈

　　呈为呈请事：据职部交通局长周演明呈称："窃惟兵站之设，关系接济前方军食、输送军品，至为重要。而筹办一切，在在需款。本部自开办以来，数月于兹，接济东、西、北三江作战，各军粮食、用品，需款极巨。迩来财政奇绌，的款无着，罗掘俱穷，莫能应付，而前方接济，不容稍缓，加以逆氛未靖，战事迁延，自不得不亟思筹措方法，尤于无扰于民，有益于事者方易举办。查本市沿岸码头数百座，其可湾泊船渡者，每一码头辄泊数艘，月租数千元；即不能湾泊大船或仅上落货物、租赁横水渡①等，其月租亦逾百金。兹拟照铺主捐租办法，通通各码头业主捐租两月，由租客代缴，计此项收入，可得数万金，虽杯水车薪，然亦可稍资挹注。且历次军兴，捐助铺租，各码头均未与列，即使捐助两月租金，取之无伤，亦属所应。谨将管见所及具陈察核，可否转呈大元帅令行公安局限期缴收，指定作兵站用度之处，伏候钧裁"等情。据此，查兵站来款，已成弩末，经职部迭开财政会议，尚无简捷办法，该局长

---

①　横水渡，指过江轮船。

所陈征收码头租捐,虽增益无多,而义协均输,事无骚扰,尚属切近可行,应请令行广州市政厅转饬公安局,克日举办,拟定办法,限期征集,专解兵站,不得挪作别用,庶来源较活,挹注有资,于军食前途不无裨益。是否有当,理合备文呈请衡核,祗候令遵。谨呈
大元帅

大本营兵站总监罗翼群(印)
中华民国十二年七月十八日

据大本营秘书处编《陆海军大元帅大本营公报》第二十二号(广州一九二三年八月三日)

给程潜的训令

(一九二三年七月三十日)

大元帅训令第二四一号
　　令大本营军政部长程潜
　　据大本营秘书处案呈转大本营兵站总监罗翼群函称:"兹寄上审判厅看守所在押人林瀛洲函乙件,恳代为转报帅座,请予提交军法处集讯彻办,以维军纪。至祷。"并附转林瀛洲函称:"窃瀛于去年十二月,受中央直辖警备军第一路司令罗伟强委充该部参议官兼军事委员长,瀛于本年三月,因拟组织新开事业,故将职务辞去。后罗司令奉大元帅改为东路警备军第一司令官,瀛因事业不成,本拟不往,奈罗司令频招到部,瀛不忍太拂人情,故于六月十四日到黎村大凹乡该司令部,相机进退。嗣见其全军兵额不满十名,查其在黎村、樟木头、石龙等兵站所领之军米,由该司令授意该部副官长李及英、书记余子光、委员罗进兴等贱价而沽。瀛聆悉种种弊端,恐被其拖累,故不肯受其委任,遂于六月二十日遄返广州。临别时该司令罗伟强亲自送瀛至山凹,然后折回,并给瀛以军人乘车券一张。二十三日罗司令来省,寓南汉旅店二十二号房,瀛闻悉之下,登即到访,并劝其不可私卖军米,致干罪

戾。讵料罗司令因瀛苦谏再三,至老羞成怒,乃于二十四日俟瀛到南汉旅店,即唤警将瀛带回警察五区一分署讯办,诬瀛窃去劈仔手枪一枝,并冒称委员长四出招摇等语。查军营重地,窃枪事宜岂作平常,如果确系知瀛所为,奚以送瀛回省时不为处置?假使因细查以致延缓,何以瀛初次到访不为拘拿?且罗司令自云失枪,又不知失枪时日,此其情虚者一也;况毫无证据,任意诬陷,揆其用心,不过惧瀛发泄其所为,即架以大题,欲杀瀛以灭口。今瀛于本月五日由公安局送瀛至地方审判厅审讯,瀛不幸蒙冤被押,情实不甘,伏恳先生垂念公谊私情,早日代瀛昭雪。倘瀛若有巧言以图漏网者,愿受军法无辞。事关无辜被害,故敢沥情呼吁,恳即俯为昭雪,则感德靡涯矣"等情前来。据此,查林瀛洲一案,既涉及军事,应由军法处审办,合行令仰该部,即将林瀛洲提交军法处严密讯办,以维军纪为要。此令。

(中华民国陆海军大元帅之印)

中华民国十二年七月卅日

据大本营秘书处编《陆海军大元帅大本营公报》第二十三号(广州一九二三年八月十日)

给伍学熀的指令

(一九二三年七月三十日)

大元帅指令第三四六号

　　令大本营建设部次长伍学熀

　　呈为因病请辞本职由

　　呈悉。建设之事,百端待理,该次长仍应力疾从公,以济时艰,而副厚望。所请辞职之处,着毋庸议。此令。

(中华民国陆海军大元帅之印)

中华民国十二年七月卅日

据大本营秘书处编《陆海军大元帅大本营公报》第二十三号(广州一九二三年八月十日)

给程潜的指令①

（一九二三年七月三十日）

大元帅指令第三四八号

  令大本营军政部长程潜

  呈请饬发广九铁路军车管理处经费由

  呈悉。已令行广州市公安局按日发给该处经费矣。仰即知照。此令。

（中华民国陆海军大元帅之印）
中华民国十二年七月卅日
据大本营秘书处编《陆海军大元帅大本营公报》第二十三号（广州一九二三年八月十日）

给罗翼群的指令

（一九二三年七月三十日）

大元帅指令第三四九号

  令大本营兵站总监罗翼群

  呈请示发给谭启秀部军米额数由

  呈悉。着该总监查明该部兵额再行酌量发给。此令。

（中华民国陆海军大元帅之印）
中华民国十二年七月三十
据大本营秘书处编《陆海军大元帅大本营公报》第二十三号（广州一九二三年八月十日）

---

  ① 7月17日，程潜转呈广九铁路军车管理处公费、伙食费待支孔亟，呈请按造具编制预算表册，按期发给该处每月经常费，俾资维持。

给廖仲恺等的训令

（一九二三年七月三十一日）

大元帅训令第二四二号

　　令广东省长廖仲恺、大本营驻江办事处全权主任古应芬、西江善后督办李济深

　　大本营驻江办事处业经明令裁撤，所有向由该处直接筹发各部队饷项事宜，着广东省长转饬财政厅遴派专员，迅赴江门暂行接办，除分令外，仰即遵照。此令。

　　　　　　　　　　　　　　　（中华民国陆海军大元帅之印）

　　　　　　　　　　　　　　中华民国十二年七月卅一日

据大本营秘书处编《陆海军大元帅大本营公报》第二十二号(广州一九二三年八月三日)

给赵士北的指令

（一九二三年七月三十一日）

大元帅指令第三五○号

　　令大理院长兼管司法行政事务赵士北

　　呈拟司法官任用暨甄别法官办法请鉴核公布由

　　呈及章程均悉。所拟任用及甄别法官办法，应俟详加核议，再行饬遵。现时本省高等所辖各地方审检厅长，除业经任命外，应由院派署。其高等各厅及各厅庭长、推检、高厅书记官长等，应由各该厅直辖高等厅审检长先行分别派代，俟考核确能胜任，再呈院核明转呈任命。至各厅庭书记官长、书记官，概由该直辖高等厅直接任免，以专责成，而利进行。仰即遵照，并分令

高等厅一体遵照办理。此令。

（中华民国陆海军大元帅之印）

中华民国十二年七月卅一日

据大本营秘书处编《陆海军大元帅大本营公报》第二十二号（广州一九二三年八月三日）

给廖仲恺的训令

（一九二三年七月三十一日）

大元帅训令第二四三号

令广东省长廖仲恺

据广东兵工厂长朱和中呈称："职厂三等军需正周鹤年，现因就广东全省官产清理处总务科长，未遑兼顾兵工厂军需正职务，呈请辞职前来，业经呈报钧座察核，并请另委周梓骥接充该职在案。乃查卸职三等军需正周鹤年，在厂所办军需各项经手账目，迁延多日，尚未结算清楚，竟行离职他去，致使职厂无从报销，迫得备文呈请钧座察核，伏乞令行广东全省清理处长，转饬前广东兵工厂三等军需正、现任广东全省官产清理处总务科长周鹤年遵照，刻日回厂，务将任内经手各项账目结算清楚，方能卸职，俾重公款而清手续"等情。据此，除指令照准外，合行令仰该省长即便令行财政厅，转饬官产清理处查照办理。此令。

（中华民国陆海军大元帅之印）

中华民国十二年七月卅一日

据大本营秘书处编《陆海军大元帅大本营公报》第二十三号（广州一九二三年八月十日）

给叶恭绰的指令

（一九二三年七月三十一日）

大元帅指令第三五四号

　　令大本营财政部长叶恭绰

　　呈为故员谢廷俊请恤由

　　呈悉。应照准。即由该部给予恤金二百四十元可也。此令。

（中华民国陆海军大元帅之印）

中华民国十二年七月卅一日

据大本营秘书处编《陆海军大元帅大本营公报》第二十三号（广州一九二三年八月十日）

命民产保证局担任子弹费令

（一九二三年七月）

官产处撤销，所担任每日子弹费二千元，拨归民产保证局担任缴款。此令。

孙　文

民国十二年七月

据中国国民党中央文化传播委员会党史馆藏一般档案051/150